十三辙新韵书（修订本）

马志伟　编著

创于1897
商務印書館
The Commercial Press
2018年·北京

图书在版编目(CIP)数据

十三辙新韵书/马志伟编著. —修订本. —北京：商务印书馆，2018
ISBN 978-7-100-16127-5

Ⅰ.①十… Ⅱ.①马… Ⅲ.①汉语—韵律(语言)—研究 Ⅳ.①H11

中国版本图书馆 CIP 数据核字(2018)第 108198 号

十三辙新韵书
修订本
马志伟 编著

商务印书馆出版
(北京王府井大街 36 号 邮政编码 100710)
商务印书馆发行
北京市艺辉印刷有限公司印刷
ISBN 978-7-100-16127-5

2018 年 11 月第 1 版　　开本 787×1092 1/32
2018 年 11 月北京第 1 次印刷　　印张 12⅞
定价：36.00 元

序

经乔永同志介绍，认识了马志伟先生。马先生是商务印书馆的资深编辑。他把他的已经杀青的《十三辙新韵书》书稿送来给我看，要求我写个序。平素我对诗歌用韵也很感兴趣，又被他十几年来，为写此书孜孜以求、艰辛备尝的过程所感动；于是抱着学习的态度和试试看的打算，勉为其难地应允了下来。

经过了一个多月阅读书稿，揣摩其内容，觉得这的确是一部好书。下面，我想就着《十三辙新韵书》这个书名，分做两段来谈谈自己的认识。

先说十三辙。

汉语的语音是以一个一个的音节为基本单位。一个音节写成一个字。字音是由声母、韵头、韵腹、韵尾、声调等五个元素组成的一个统一的整体。例如天字音：

天	t	i	a	n	–(阴平)
	声母	韵头	韵腹	韵尾	声调

这五个元素的位次是固定的。其中第三位韵腹是由响亮度比较大的元音构成，富乐律性。第五位声调是由音高曲线造成

的抑扬顿挫的语音效果。所以，这两位是字音必不可少的元素，其余的三位可有可无。这两位再加上第四位的韵尾就构成韵基。

合辙押韵是增进语言艺术效果的一种手段。是创造诗词歌赋有韵之文的基本原理——在语句的固定位置上（一般在句尾），采用同一个韵基的字使之形成语音上的回环美。

类聚同韵基的字编成的字书就叫韵书。汉语韵书起源于汉末。当时发明了反切，反切是用两字注一字的音。反切上字表声，反切下字表韵和调。这是汉字注音手段的一次飞跃。有了反切注音法，就产生了韵书。相传最早的韵书是魏代李登《声类》，尔后有晋代吕静《韵集》，南北朝时期夏侯咏《韵略》等。现存最完整的韵书是隋代陆法言父子所编《切韵》的增订本。唐代有《切韵》和《唐韵》。宋代有《广韵》《集韵》和《礼部韵略》。金代有《五音集韵》和《新刊韵略》。元代有《蒙古字韵》和《古今韵会举要》，还有专为作词而设的《中原音韵》。明代有《洪武正韵》。清代有《五方元音》等。韵书本来是供人们检字正音用的，可是在古代方言复杂和语音随时而变的情况下，用反切固定下来的字音很难适应这种变异。以《切韵》为例，支韵与脂韵，古时能分，《切韵》时代不分；东韵与冬韵、鱼韵与虞韵，北方人不分，南方能分。所以有人认为《切韵》分韵如此繁复（193 韵或 195 韵，后来《广韵》206 韵），是综合了古今南北读音的结果。唐代科举取士，诗、赋作为考试的重要科目，韵书分韵繁复，也苦了这帮士子们。于是，在唐开元五年

（公元717年），开始有了独用、同用的规定。（参看王兆鹏《唐代科举考试诗赋用韵研究》，齐鲁书社2004）“独用”是只能用本韵的字；“同用”是两三个韵的字可以通押，例如支韵与脂韵、之韵，冬韵与钟韵，鱼韵与虞韵可以通押。到了金代的《新刊韵略》，索性把同用的韵加以归并，成为106韵，这就是所谓“平水韵”。（参看宁忌浮《古今韵会举要及相关韵书》，中华书局1997）这是科举考试用韵，对韵部规定得比较严；平素诗人们的实际用韵，比这要宽泛得多。

传统韵书的分韵跟十三辙有很大的不同。前者偏重于已死的书面语，后者偏重于活生生的口语。后者是在北京地区流行的，从民间口头文字的创作中自然而然地形成起来的新韵辙。它分韵简明，又能反映实际语音的变化发展，因而具有广泛的群众基础和强大的生命力。明清以来，北京及其周边地区流传的诗词、民歌、戏曲以及现代的诗歌、京剧、评剧、曲艺，说说唱唱，无不以十三辙为押韵的标准。据魏建功先生说，早先在北京地区流行的十三辙“有目无书”；（参看魏建功《说“辙儿”》，《魏建功文集》叁，江苏教育出版社2001）从张洵如的《北平音系十三辙》（国语推行委员会中国大辞典编纂处发行，1936初版）才开始了用十三辙编制韵书。

新中国成立以来，新编的韵书大多采用以北京语音为标准音的普通话语音18个韵基形成的十八韵。其实，十三辙跟十八韵并不矛盾，而是有着工整的对应关系，只不过是宽严上略有出入。按照“审音从严，押韵从宽”的原则，我认为：押韵以十三辙为宜；本书采用十三辙是完全正确的，就是好。

再说新韵书。

本书从形式到内容都给人一种耳目一新的感觉。

本书的编纂不像以往的韵书那样，仅以先分韵，然后编排同音字组的作法为满足；而是别出心裁，增添了许多新的内容，以韵辙为单元，加以论述和编制。新增的内容，头一项是“声律启蒙”，用改编后的笠翁对韵韵语引起读者辨韵的兴趣，这也是帮助读者进行辨韵的上好材料。第二项是诗歌欣赏，引用古今韵文的名篇佳作作为范本，激发读者创作激情和提高文学欣赏水平。第三项是对各韵辙语音特色的描写与分析，富有原创性，可谓不错的成果。第四项是列出各韵辙的全部音节，用“开、齐、合、撮”分类排序，增进读者有关字音的知识。本书的常见同韵字词篇，也有不少新意，比如：对所收词目注明词性类别，标识出 名 动 形 等，对酌量收入的成语、熟语等注明 语 。对古入声今变平声的字以及轻声字也加以标识……

总之，本书在韵书编纂理论和方法方面有不少创获，又对新诗的创作和旧诗的阅读欣赏都很有用处。所以，**我觉得它“老少咸宜”，是我见到的上好的一部新韵书。**

杨耐思

北京西外昌运宫

2007年8月8日

目　　录

前　　言

这是一部新韵书。新在它是以汉语普通话语音作为研究基础。

韵书是对汉语的“韵”进行分类、排比，以表明汉字字音的字典。我国有悠久的韵书传统。起初的韵书，甚至可以追溯到三国时代。然而，在文学十分发达的今天，为什么一提韵书，人们反倒有些“不识之无”呢？我认为这或许与韵书采用的注音法不无关系。到了近现代，诞生了更为科学的注音字母、汉语拼音方案，较之反切注音是一次极大飞跃，这必然使得流行了一千七八百年的反切注音法老韵书大受冷落。与此同时，新诗取代旧诗，新诗在韵律方面远不像旧诗那般严刻，人们可以不受拘束、凭自己的韵感自由创作。这些情况，应是形成当前图书市场上韵书寥寥的主要原因。

我们还应注意到事情的另一方面：尽管汉语拼音方案使识字正音变得容易，但容易不等于完成，推广普通话、规范现代汉语语音的任务还相当艰巨；尽管新诗创作在韵律方面变得宽松，但宽松不等于没有，当作者为选定一个韵脚字而“捻断数茎须”时，他肯定不会拒绝得到一部韵书的帮助。本人在商务印书馆从事编辑工作，曾多次听到“贵馆应出部新韵书”的呼吁；比如 1993 年 12 月，我就接到一封来自河南的、在县文化馆工作的牛先生的信，信一开头就说：“我从多年的创作实践中，深为没能找到一部韵辙工具书而遗憾。”他甚至谈到自己理想的韵辙工具书所应具备的功能：它不仅能帮助写韵文的作者“迅速地选得韵辙，及时地找出同韵词汇”，而且还能“进一步丰富作者思维，诱发创作激情。”既然广大群众中存在此种客观需要，那么，韵书在新形式、新内容的探索过程中再度繁荣起来不是没有可能的。

毛泽东主席在与诗人臧克家谈诗时曾提议：“搞一部新韵书——专为写新诗用的较宽的韵书。”（见 1993 年 12 月 6 日《光明日报》第 5 版）这里的“较宽”，应是相对于“平水韵”（106 韵）“中原音韵”（19 韵部）的较宽，应是符合当前写诗用韵实际状况的较宽；而依据近现代北京语音音系归纳建立起来的“十三道辙”，它不仅是明清以来北方说唱文学用以押韵的广泛流行的韵部，而且基本上能反映普通话的语音情况（参见本书附录五）；这套押韵系统被新诗作家们共同遵守着，即使有小的改动（如纠正了老“十三辙”中的湖广音偏差，将 deng、teng、neng、leng、geng、keng、heng、zheng、cheng、sheng、reng、zeng、ceng、seng、bing、ping、ming、ding、ting、ning、ling、jing、qing、xing、ying 等韵由属壬辰改为属中东；将 ü 韵由属姑苏改为属衣期；将 er 韵由属遥迢改为属衣期），也是越改越好，越来越符合汉语普通话语音。这些现象说明，“专为写新诗用的较宽的韵书”的搞法，终应在“十三道辙”框框内进行。

编写这部《十三辙新韵书》，主要目的是为作者写诗选韵、为读者欣赏诗歌、为学生组词造句、为人们查阅字音服务。除此之外，编者仍有希图：(1)希望随着十三辙的深入人心，带来词典检索方面的一场革新：词典检索按十三道辙（韵母）的次序排列，代替目前按23个拼音字母（主要是声母）的次序排列。这样，不仅能提高效率，而且将现代工具书与传统韵书集于一身。(2)希望随着十三辙的深入人心，广大群众的用韵能力以及文学作品的艺术水平能有长足前进：比如最近几年，涌现许多新小品，其之所以备受欢迎，台词既通俗又押韵应是重要原因。愿今后产生出更多、更好的小品，整个社会沉浸于浓厚而和谐的诗的气氛。(3)希望随着十三辙的深入人心，传统音韵学能在新时代的建设中发挥作用，柳暗花明又一村。(4)“十三辙”与“诗韵”“词韵”“曲韵”一脉相承，是祖先留下来的极可珍贵的非物质文化遗产，望国人一定要认真继承与钻研。

编著者

2007年3月

凡　　例

一、《十三辙新韵书》每道辙的名目代表字(如"乜邪辙"),以《现代汉语词典》中"十三辙"条目的释义文字为标准。十三辙的排列先后,基本按照《汉语拼音方案》"韵母表"中单韵母→复合韵母→鼻韵母的顺序。

二、每道辙前,先以《声律启蒙》(根据成都古籍书店影印《声律启蒙·笠翁对韵附》改编)开篇,再继以若干首古今著名诗歌的欣赏,再继以对此韵特色的简单分析。以期尽量有助于诗文作者诱发创作激情、进一步活跃思维、迅速选定韵辙。

三、按《汉语拼音方案》中"声母表(b、p、m、f、d、t、n、l……)"及开、齐、合、撮四呼顺序,展示每道辙所含音节情况。

四、书中收通用字约 8200 个(包含平声字约 4300 个、仄声字约 3900 个;其中有多音字约 1550 个,用加底网表示,如和)。在所列韵脚字后,又铺陈若干以该字收尾的复音词,复音词根据所属[名]、[动]、[形]等不同词类分别集中排列。以期方便使用者修辞对偶、选词构句。

五、声调是汉语语音特点之一,古代汉语有"平、上、去、入"四声,古人写诗对平仄(声调上的抑扬顿挫)亦颇为讲究。

为继承这一优良传统，本韵书根据普通话声调规律，将平声(阴平、阳平)字词用宋体表示，将仄声(上声、去声)字词用黑体表示。平声与仄声间用“‖”隔开；阴平与阳平间、上声与去声间用“◎”隔开。

韵脚字之右肩标“★”号者，表示此字为常见古入今平字(如“拔★”)。

韵脚字下面画“—”者，表示此字读轻声(如“哑巴”)。

六、书后附有“上古韵部及字表”“诗韵韵目及字表”等六项，目的是帮助读者通古今之变。古代入声字，也可通过“曲韵韵目及常用字表”查到。

第一道　麻沙辙

一、麻沙辙声律启蒙

其　一

松对柏，纱对麻；蚁阵对蜂衙。
赪鳞对白鹭，冻雀对昏鸦。
白堕酒，碧沉茶；品笛对吹笳。
秋凉梧落叶，春暖杏开花。
喜肃静，厌喧哗；
雨长苔痕侵壁砌，月移梅影上窗纱。
飒飒秋风度城头之筚篥，
迟迟晚照冻江上之琵琶。

赪（chēng）：赤也。白堕（duò）：酒名。筚篥（bìlì）：胡人用以警马者。

其　二

优对劣，凸对凹；翠竹对黄花。
松杉对杞梓，菽麦对桑麻。
山不断，水无涯；煮酒对烹茶。

鱼游池面水，鹭立岸头沙。

听笑语，闻嗟呀；

百亩风翻陶令秫，一畦雨熟邵平瓜。

闲捧竹根饮李白一壶之酒，

偶擎桐叶啜卢同七碗之茶。

陶令秫：秫（shú），即今糯禾也；陶潜为彭泽令，种秫百亩。邵（shào）平瓜：邵平种瓜长安城，有五色，甚美。竹根：酒杯名。桐叶：茶盏名。七碗："七碗吃不得，但觉两腋习习生清风。"（卢同茶歌）

其　三

吴对楚，蜀对巴；落日对流霞。

酒钱对诗债，柏叶对松花。

驰驿骑，泛仙槎；碧玉对丹砂。

设桥偏送笋，开道竟还瓜。

整衣冠，脱鞋袜；

楚国大夫沉汨水，洛阳才子谪长沙。

书箧琴囊乃士流活计，

药炉茶鼎实闲客生涯。

酒钱：刘延之与陶潜两万钱，还酒家。诗债："口业不停诗有债。"（东坡诗句）仙槎（chá）：槎，木筏；昔有人寻河源，泛槎至天河，逢织女。送笋：范元授见人盗笋，苦于过沟，乃伐树为桥与盗过；盗惭，将笋还之。还瓜：晋桑虞见人盗瓜，以园篱多刺，乃开一道；盗感之，乃还瓜叩头请罪。汨（mì）水：楚大夫屈原以忠见疑于楚怀王，乃自沉汨水。长沙：贾谊为洛阳才子，文帝谪其为长沙太傅。

二、麻沙辙诗歌欣赏

《浪淘沙》(唐・刘禹锡)

九曲黄河万里沙，浪淘风簸自天涯。
如今直上银河去，同到牵牛织女家。

* 沙、涯、家，押韵(麻韵)

《泊秦淮》(唐・杜牧)

烟笼寒水月笼沙，夜泊秦淮近酒家。
商女不知亡国恨，隔江犹唱后庭花。

* 沙、家、花，押韵(麻韵)

《四时田园杂兴・其七》(宋・范成大)

昼出耘田夜绩麻，村庄儿女各当家。
童孙未解供耕织，也傍桑阴学种瓜。

* 麻、家、瓜，押韵(麻韵)

《天净沙・秋思》(元・马致远)

枯藤老树昏鸦。
小桥流水人家。
古道西风瘦马。
夕阳西下，断肠人在天涯。

* 鸦、家、马、下、涯，押韵(家麻)

《朝天子·咏喇叭》(明·王磐)

喇叭,喇叭,曲儿小,腔儿大。
官船往来乱如麻,全仗它抬身价。
军听了军愁,民听了民怕,
哪里去辨什么真共假?
眼见得吹翻了这家,吹伤了那家,
只吹得水尽鹅飞罢。

* 叭、大、麻、价、怕、假、家、罢,押韵(家麻)

《淮南王他把令传下》(京剧《淮河营》蒯彻唱段)

[散板]淮南王他把令传下,分做三班去见他。
分明是先把虎威诈,不由蒯彻笑哈哈。
[流水]此时间不可闹笑话,胡言乱语怎瞒咱。
在长安,是你说大话,
为什么事到如今要奸猾?
左手拉定了李左车,右手再把栾布拉。
三人同把鬼门关上爬,生死二字且由它。

《回娘家》(民歌)

风吹着杨柳唰沙啦啦啦啦啦啦,
小河的水流得哗啦啦啦啦啦啦。
谁家的媳妇她走呀走得忙呀?原来她要回娘家。

身穿大红袄，头戴一枝花，胭脂和香粉她的脸上搽。
左手一只鸡，右手一只鸭，身上还背着一个胖娃娃，呀依呀依得喂。
一片乌云来，一阵风儿刮，眼看着山中就要把雨下。
躲又没处躲，藏又没处藏，豆大的雨点往我身上打，呀依呀依得喂。
淋湿了大红袄，吹落了一枝花，胭脂和香粉变成红泥巴。
飞了那只鸡，跑了那只鸭，吓坏了背后的胖娃娃，呀依呀依得喂。
哎呀，我怎么去见我的妈？

三、麻沙辙特色分析

麻沙辙的韵脚字声音响亮，因此，表现积极的思想感情多选用此韵。比如刘禹锡的《浪淘沙》气象广大，范成大的《四时田园杂兴》情趣盎然。当然，这也不是绝对的，比如杜牧的《泊秦淮》、马致远的《天净沙》，表现出的情调就较为深沉。到了王磐的《朝天子》，则增加了嘲讽的意味。民间诗歌中用麻沙辙的，往往充满幽默。你看《淮南王他把令传下》唱词，哪有过鬼门关的紧张害怕？分明是吵吵闹闹、放松得很。你看《回娘家》歌词，那年轻媳妇虽经受风吹雨打，出尽“洋相”，但这后面你觉到的只是想笑、只是可乐而已。现代京剧《沙家浜》里为表现军民鱼水情，有沙奶奶和郭建光的大段对唱（沙奶奶：“同志们杀敌挂了花，沙家浜就是你们的家。乡亲们若有怠慢处，说出来我就去批评他。”郭建光：“那一天同志们把话拉，在一起议论你沙妈妈。七嘴八舌不停口……一个个伸出拇指把你夸。——你待同志亲如一家，精心调理总不差，缝补浆洗不停手，一日三餐有鱼虾。同志们说，似这样长期来住下，只怕是心也宽，体也胖，路也走不动，山也不能够爬，怎能上战场把敌杀？待等同志们伤痊愈，"沙奶奶接唱："伤痊愈也不能离开我家。要你们一日三餐九碗饭，一觉睡到日西下。直养得腰圆膀又奓，一个个像座黑铁塔，到那时，"郭建光接唱："到那时，身强力壮跨战马，驰骋疆场把敌杀，消灭汉奸清匪霸，打得那日本强盗回老家。待到那，云开日出，家家都把那红旗挂，再来看望您这革命的老妈妈。"）这唱词也是选的麻沙辙。人们都赞叹这唱词写得好，唱词写得好离不开作者的深厚功力，这功力中自然也包含选韵精当这一项。

四、麻沙辙同韵音节情况

【此辙含-a（ㄚ）、-ia（ㄧㄚ）、-ua（ㄨㄚ）三种韵母，出音节 32 个】

〈开口呼〉【1】a（ㄚ）［啊］

【2】ba（ㄅㄚ）［八］【3】pa（ㄆㄚ）［趴］

【4】ma（ㄇㄚ）［妈］【5】fa（ㄈㄚ）［发］

【6】da（ㄉㄚ）［哒］【7】ta（ㄊㄚ）［他］

【8】na（ㄋㄚ）［那］【9】la（ㄌㄚ）［拉］

【10】ga（ㄍㄚ）［呷］【11】ka（ㄎㄚ）［咔］【12】ha

(ㄏㄚ)[哈]

【13】zha(ㄓㄚ)[扎]【14】cha(ㄔㄚ)[叉]【15】sha(ㄕㄚ)[杀]

【16】za(ㄗㄚ)[匝]【17】ca(ㄘㄚ)[擦]【18】sa(ㄙㄚ)[仨]

〈齐齿呼〉【19】ya(ㄧㄚ)[丫]

【20】dia(ㄉㄧㄚ)[嗲]【21】lia(ㄌㄧㄚ)[俩]

【22】jia(ㄐㄧㄚ)[加]【23】qia(ㄑㄧㄚ)[掐]【24】xia(ㄒㄧㄚ)[虾]

〈合口呼〉【25】wa(ㄨㄚ)[凹]

【26】gua(ㄍㄨㄚ)[瓜]【27】kua(ㄎㄨㄚ)[夸]【28】hua(ㄏㄨㄚ)[花]

【29】zhua(ㄓㄨㄚ)[抓]【30】chua(ㄔㄨㄚ)[欻]

【31】shua(ㄕㄨㄚ)[刷]【32】rua(ㄖㄨㄚ)[挼]

＊麻沙辙 32 音节,每个音节的韵腹都是 a。a[a],前、低、不圆唇舌面元音。

五、麻沙辙常见同韵字词

【1】a(ㄚ)啊(叹词;阴平声表惊异或赞叹,阳平声表追问)锕(金属元素)‖啊(叹词;上声表惊疑,去声表应诺、明白了等)啊(语气助词) 非韵脚字 ā 阿腌

【2】ba(ㄅㄚ)八★[名 初八/腊八/丘八/三八/王八/九一八 数 第八/二八/十八/丈八 语 横七竖八/夹七夹八/杂七杂八/

鱼找鱼，虾找虾，乌龟恋的是王八]巴[名大巴（大巴士，还有中巴、小巴）/锅巴/力巴/淋巴/伦巴/泥巴/尾巴/下巴/丫巴/哑巴/盐巴/嘴巴/狗尾巴/狼尾巴/狐狸尾巴/兔子尾巴 动哈（hà）巴/拉巴/掐巴/眨巴 形干巴/窄巴/紧巴/倔巴/结巴/磕巴/急巴巴/眼巴巴/结结巴巴/磕磕巴巴 语翘尾巴/脱裤子，割尾巴/自己打自己嘴巴/别当群众的尾巴]扒[往下扒/生拽硬扒]叭[喇叭]朳（无齿的耙子）芭（一种香草）吧[名 酒吧/网吧 拟声咔吧]岜（石山）疤[名疮疤/伤疤语脑袋掉了碗大个疤]捌笆[名篱笆/竹笆语没有不透风的篱笆]粑[粑粑/糍粑/糌粑（zānba，藏族人的主食）]豝（母猪）鲃◎茇（草根）拔★[名海拔/鞋拔动超拔/擢拔/开拔/起拔/提拔/选拔/振拔/自拔 形峻拔/峭拔/清拔/挺拔 语一毛不拔/草要连根拔/瓷公鸡，铁仙鹤，玻璃耗子，琉璃猫——一毛不拔]胈（腿毛）跋★[题跋/序跋]魃★[旱魃]鼥[鼧鼥（tuóbá，古书指旱獭）]‖**把[名车把/火把/拖把/摇把/一大把 语投机倒把/屎一把，尿一把/油瓶倒了也不知扶一把/猫爪子伸进鱼塘里——也想捞一把]钯（金属元素）靶[名红靶/环靶/箭靶/枪靶 动打靶/脱靶/中（zhòng）靶]◎坝[暗坝/大坝/堤坝/丁坝/坪坝/水坝/塘坝/拦洪坝/连拱坝 动打坝/开坝/筑坝]把[名刀把/话把/缸子把/掸子把语自己刀削不了自己把]爸[名爸爸/干爸/亲爸语学好数理化，不如有个好爸爸]耙[名耥耙/圆盘耙/钉齿耙语千金犁头万斤耙]罢[唱罢/吃罢/也罢/饮罢/作罢/罢罢罢]霸[名恶霸/渔霸/春秋五霸 动称霸/反霸/图霸/争霸/称王称霸 形强**

霸］灞（水名）◎ **吧**［助 冬天的扇子——歇凉快去吧/拉洋片的敲锣——等着瞧吧］

【3】pa（ㄆㄚ）趴［马趴］啪（拟声词）葩［奇葩］◎扒［打扒（打击扒窃）］杷［枇pí杷］爬［满地爬/向上爬/自己跌倒自己爬/王八吃西瓜——滚的滚，爬的爬］耙［名 钉耙/粪耙 语 倒打一耙］琶［琵琶］掱（同“扒”）潖（潖江口，地名）‖ **帕［手帕/头帕］怕［动 不怕/害怕/后怕/惊怕/惧怕/生怕 形 可怕 副 恐怕 连 哪怕］**

【4】ma（ㄇㄚ）妈［名 大妈/姑妈/后妈/舅妈/老妈/妈妈/奶妈/姨妈 形 婆婆妈妈］孖（成对）抹★（擦）◎吗［干吗］麻［名 蓖麻/大麻/红麻/胡麻/黄麻/剑麻/焦麻/苴麻/荨麻/天麻/亚麻/野麻/芝麻/苎麻/罗布麻 形 肉麻/酥麻/密密麻麻 语 杀人如麻/心乱如麻/快刀斩乱麻/丢西瓜捡芝麻/陈谷子烂芝麻/狗熊嘴大啃地瓜，麻雀嘴小啄芝麻］蟆［蛤há蟆/癞蛤蟆］‖ **马［名 鞍马/斑马/兵马/川马/儿马/驸马/海马/河马/骏马/骒马/口马/劣马/烈马/木马/牛马/驽马/犬马/人马/戎马/探马/跳马/铁马/头马/驮马/响马/野马/辕马/灶马/战马/纸马/竹马/赤兔马/黄骠马/千里马/萨其马 动 出马/堕马/遛马/拍马/跑马/赛马/上马/下马/走马 语 单枪匹马/当牛作马/非驴非马/害群之马/金戈铁马/溜须拍马/盲人瞎马/骑马找马/青梅竹马/塞翁失马/心猿意马/悬崖勒马/招兵买马/指鹿为马/射人先射马/望山跑死马/舍得一身剐，敢把皇帝拉下马/拳头上立得人，胳膊上跑得马］犸［猛犸］ 玛（姓）码［名 暗码/编码/菜码/尺码/筹码/电码/砝fǎ码/号码/价码/密码/面码/明码/数码/戏码/页码/字码 动 编码/加码/解码 形 起码**

语 一码是一码］蚂［哈什蚂］◎祃（古祭礼）**骂［动 叱骂/斥骂/臭骂/叫骂/谩骂/辱骂/唾骂/笑骂/责骂/咒骂 语 破口大骂/挨打受骂/嬉笑怒骂/背儿媳妇上山——出力又挨骂］◎吗**（助词）**嘛［喇lǎ嘛］** 非韵脚字 mǎ 蚂 mà 杩蚂

【5】fa（ㄈㄚ）发★［动 颁发/爆发/迸发/并发/播发/阐发/出发/分发/告发/焕发/挥发/激发/揭发/进发/开发/萌发/喷发/启发/散发/收发/抒发/蒸发 形 自发 语 万箭齐发/一触即发/意气风发/引而不发/整装待发/箭在弦上，不得不发/马不打不奔，人不激不发/斩草不除根，萌芽春再发］◎乏★［动 不乏/承乏/道乏/解乏/缺乏/歇乏 形 空乏/匮乏/困乏/劳乏/疲乏/贫乏 语 人困马乏］伐★［名 步伐 动 采伐 语 大张挞伐/口诛笔伐］罚★［名 刑罚 动 惩罚/处罚/赏罚/体罚/责罚 语 信赏必罚］垡［打垡/耕垡/晒垡］阀［财阀/党阀/军阀/门阀/学阀/水阀/气阀/油阀］筏★［木筏/皮筏/竹筏］‖ **法［名 办法/笔法/兵法/大法/方法/国法/技法/家法/军法/礼法/历法/民法/枪法/手法/说法/土法/王法/宪法/想法/写法/刑法/语法/约法/章法/正法/政法/宗法/作法/辩证法/障眼法/动 变法/斗法/犯法/伏法/立法/取法/设法/司法/违法/效法/执法 形 不法/得法/非法/合法 语 奉公守法/贪赃枉法/现身说法/知法犯法］◎发［名 鬓发/毫发/华发/毛发/须发 动 落发 语 间不容发/披头散发/千钧一发］** 非韵脚字 fā 酦 fǎ 砝 fà 珐

【6】da（ㄉㄚ）吖（吆喝牲口前进声）奆（耳朵大）哒（拟声词）搭★［名 铁搭 动 白搭/抽搭/勾搭/抹搭/扭搭/配搭 形 花搭 语 有一搭没

一搭/聋子的耳朵——配搭]嗒★(拟声词)答[拟声 滴答 形 羞答答]褡[背褡/挂褡] ◎打(量词)达★[名 哈达/马达/雷达 动 表达/传达/到达/抵达/洞达/溜达/腾达/下达/转达 形 畅达/发达/放达/豁达/练达/通达/贤达 语 飞黄腾达/四通八达/欲速则不达]沓★(量词)怛[惨怛]炟(汉章帝刘炟)笪(绳索;姓)答★[报答/笔答/酬答/对答/回答/解答/问答/赠答]瘩[疙瘩]鞑[鞑靼(Dáda,民族名;国名)] ‖ **打[名 短打 动 鞭打/抽打/吹打/单打/攻打/击打/拷打/殴打/摔打/双打/武打/责打 语 鸡飞蛋打/零敲碎打/穷追猛打/稳扎稳打/老鼠过街,人人喊打]** ◎**大[名 措大/老大 动 放大/扩大 形 博大/肥大/高大/光大/广大/浩大/宏大/巨大/夸大/宽大/庞大/强大/盛大/伟大/远大/重大/壮大 语 光明正大/因小失大/自高自大/人多力量大/艺高人胆大/老鼠尾巴长疖子——脓水不大]**汏(洗;涮) ◎ 垯[圪gē 垯]疸[疙gē 疸]跶[动 蹦跶/蹓跶]瘩[疙gē 瘩] 非韵脚字 dá 妲(妲己,人名)荙

【7】ta(ㄊㄚ)他[代 其他 动 排他 形 无他 语 顾左右而言他]它[赶鸭子上架——难为了它]她趿铊(金属元素)塌[动 崩塌/倒塌/坍塌 形 疲塌]遢[邋 lā 遢]溻(汗湿透衣、被)褟[汗溻] ‖ **塔[名 宝塔/灯塔/炮塔/水塔/铁塔/电视塔/发射塔/金字塔/跳伞塔/象牙塔 语 聚沙成塔]**溚[煤溚]**獭[海獭/旱獭/水獭]鳎[舌鳎/条鳎]**◎**拓** 汰(滑溜)沓[重沓/疲沓/拖沓/杂沓]挞[鞭挞]闼[禁闼]**榻[名 病榻/床榻/卧榻/竹榻 动 扫榻/下榻]**漯(水名)**踏[踩踏/践踏/糟踏]**

【8】na(ㄋㄚ)那(姓)◎拿[名大拿动捕拿/缉拿/擒拿/推拿/捉拿语一把死拿]镎(金属元素)‖乸[鸡乸(母鸡)]哪[指哪打哪]◎那(指示代词)[刹那]呐[唢呐]纳[动按纳/出纳/归纳/交纳/缴纳/接纳/容纳/哂shěn纳/收纳/笑纳语深文周纳]肭[腽wà肭(肥胖)]钠(金属元素)衲[老衲(老僧)]娜[拉尼娜(一种地球气候变化现象)]捺[按捺]◎哪(助词)

【9】la(ㄌㄚ)拉[名乌拉★动扒拉/拨拉/耷拉/划拉/趿tā拉形拖拉/半半拉拉/稀稀拉拉]啦[拟声呼啦/哗啦/啪啦/哇啦/叽里呱啦/噼里啪啦形哩哩啦啦]◎旯[旮gā旯]拉(割)砬(地名用字)‖拉[名虎不拉量半拉]◎剌[名瓦剌(古部落)形乖剌拟声拔剌/泼剌]落(遗漏)腊(农历十二月合祭众神;姓)蜡[名白蜡/发蜡/石蜡动坐蜡语味同嚼蜡/吹灯拔蜡/瞎子点灯——白费蜡]瘌[疤瘌]辣[形毒辣/老辣/泼辣/辛辣/火辣辣/热辣辣语吃香喝辣/酸甜苦辣/心狠手辣/姜还是老的辣]镴[白镴/焊镴/锡镴]◎啦(助词)[猪八戒摔耙子——不干啦]鞡[靰wù鞡]

【10】ga(ㄍㄚ)呷(拟声词)嘎(拟声词)◎轧(方言。挤;结交;查对)钆(金属元素)尜(尜尜:一种两头尖的玩具;一种像尜尜的食品)‖生(乖僻;调皮)尕(小)嘎(乖僻;调皮)◎尬[尴gān尬/不尴不尬]非韵脚字 gā旮伽咖

【11】ka(ㄎㄚ)咔(拟声词)喀(拟声词)‖卡[名饭卡/绿卡/信用卡动办卡/验卡]咔[咔咔]咯(把鱼刺等从咽喉嗽出)胩(一种化合物)非韵脚字 kǎ佧咔

【12】ha(ㄏㄚ)哈[名马大哈 形马大哈/笑哈哈/不哼不哈/嘻嘻哈哈]铪(金属元素)‖**哈**(姓;哈达)非韵脚字 há 虾蛤

【13】zha(ㄓㄚ)扎[屯扎/驻扎]吒[哪吒(神话人物)]奓喳[啁喳]揸喳[唧唧喳喳]渣[油渣/豆腐渣/面包渣]楂[山楂]齄◎扎★[名马扎/布扎(藏语,恶鬼)动挣扎]札★[大札/木札/手札/书札/信札]轧[冷轧/热轧]闸★[名车闸/船闸/电闸/水闸/分洪闸 动踩闸/关闸/开闸/拉闸]炸[油炸]铡[名钢铡 动开铡]喋[唼喋(模拟鱼、鸟吃东西的声音)]‖**拃眨砟[焦砟/煤砟/炉灰砟]鲊鲝◎乍诈[动讹诈/欺诈/敲诈 形诡诈/奸诈/狡诈 语兵不厌诈/尔虞我诈]柞(柞水)栅[木栅/铁栅]奓咤[叱咤/叹咤]炸[动爆炸/轰炸 语炮仗脾气——一点就炸]蚱[蚂蚱]溠(溠水)榨[名酒榨 动压榨]蜡(古代年终祭祀)◎馇[饹馇]** 非韵脚字 zhā 挓 zhǎ 苲 zhà 痄霅(霅溪)

【14】cha(ㄔㄚ)叉[名刀叉/钢叉/粪叉/夜叉/音叉/鱼叉/仰八叉 动打叉/画叉/交叉]杈[木杈/草杈]差[名等差/反差/公差/落差/逆差/偏差/色差/时差/视差/数差/顺差/岁差/温差/误差/电位差/剪刀差 语一念之差/阴错阳差]插★[动安插/穿插/根插/横插/扦插/斜插 形花插/挤挤插插]喳[动喳喳 拟声嚓嚓喳喳]馇(煮;熬)碴[胡子拉碴]锸(挖土工具)艖(小船)嚓[咔嚓/啪嚓]◎叉(卡住)垞(小丘)茬[名话茬/回茬/活茬/急茬/麦茬/秋茬/正茬 动重茬/搭茬/倒茬/翻茬/换茬/接茬/连茬/灭茬/找茬/抓茬/不理茬 形不对茬 语张飞的胡子——硬茬]茶[名粗茶/儿茶/红茶/花茶/绿茶/面茶/奶茶/

浓茶/清茶/山茶/沱茶/新茶/芽茶/酽茶/油茶/早茶/砖茶/大碗茶/紧压茶/菊花茶/苦丁茶/龙井茶/蒙山茶/普洱茶/乌龙茶/小叶茶/杏仁茶/雨前茶 [动]采茶/吃茶/喝茶/看茶/泡茶/烹茶/品茶[语]开门七件事——柴米油盐酱醋茶]查[备查/抽查/存查/调查/复查/稽查/检查/盘查/普查/清查/审查/搜查/巡查/侦查/追查]搽(往脸、手上涂油、粉等)猹(兽名)楂[头发楂/胡子楂]槎[[名]仙槎 [动]乘槎/泛槎/浮槎]碴[玻璃碴]察★[[名]督察/警察/纠察 [动]洞察/观察/监察/检查/觉察/勘察/考察/谅察/明察/失察/视差/体察/详察/省察/侦查/诊察 [形]察察 [语]视而不察/习焉不察]檫(树名)‖ **叉(分开腿)衩[裤衩]蹅(踩;踏)镲[[名]大镲/铜镲/小镲[动]打镲]◎叉[劈叉]汊[港汊/河汊/沟沟汊汊]杈[[名]疯杈/丫杈 [动]打杈]岔[[名]道岔/旁岔 [动]打岔/眼岔]刹[古刹]衩[开衩]诧[惊诧]差[丝毫不差]姹(美丽)** [非韵脚字] chá 嵖

【15】sha(ㄕㄚ)杀[[动]暗杀/捕杀/残杀/仇杀/刺杀/扼杀/绞杀/砍杀/谋杀/虐杀/拼杀/枪杀/屠杀/凶杀/宰杀/斩杀/自杀[形]肃杀[语]一笔抹杀/自相残杀]沙[[名]蚕沙/澄沙/豆沙/粉沙/风沙/流沙[动]治沙[拟声]沙沙[语]一盘散沙/折戟沉沙/成家犹如针挑土，败家好似水推沙]纱[窗纱/粗纱/经纱/拷纱/麻纱/棉纱/面纱/纬纱/乌纱/细纱/羽纱/绉纱/膨体纱/乔其纱/香云纱]刹[手刹]砂[[名]辰砂/丹砂/钢砂/矿砂/硼砂/硇砂/铁砂/钨砂/型砂/朱砂/金刚砂/阳春砂[动]翻砂]莎[喀秋莎]铩[长铩]挲[挓 zhā 挲]痧[[名]喉痧/瘪螺痧/绞肠痧[动]发痧/揪痧]煞[[动]急煞/抹煞/扎煞/折煞]裟[袈裟]鲨[[名]巨鲨/兰

鲨]◎啥(疑问代词)[兔子能驾辕,还要大骡子大马干啥]‖傻[动犯傻/装傻形呆傻/憨傻语装疯卖傻]◎沙 厦[抱厦/广厦/后厦/高楼大厦]嗄(嗓音嘶哑)歃(用嘴吸取)煞[名凶煞语凶神恶煞]霎[一霎] 非韵脚字 shā 杉 shà 唼

【16】za(ㄗㄚ)扎★[包扎/结扎/捆扎]匝★[形密匝匝量绕树三匝]咂(动词)拶[逼拶]臜[腌 ā 臜]◎杂★[名鸡杂/苛杂动掺杂/错杂/打杂/混杂/夹杂形驳杂/嘈杂/丛杂/繁杂/复杂/拉杂/凌杂/庞杂/冗杂/芜杂/闲杂/喧杂语人多嘴杂/鱼龙混杂]咱砸★[办砸/演砸]‖咋(疑问代词)

【17】ca(ㄘㄚ)擦[名板擦/橡皮擦 动摩擦/磨擦/洗擦]嚓(拟声词)‖礤(粗石)

【18】sa(ㄙㄚ)仨[哥儿仨]挲[摩 mā 挲]撒[名弥撒动决撒]‖洒[动挥洒/喷洒/飘洒形飘洒/潇洒/洋洋洒洒]靸(方言。脚踩着后帮穿鞋)撒[动播撒/抛撒]◎卅[五卅]飒[形衰飒/淅飒/萧飒拟声飒飒]脎(一类有机化合物)萨[拉萨/菩萨]

【19】ya(ㄧㄚ)丫[脚丫/小丫/枝丫]压★[名低压/电压/高压/气压/血压/眼压/重压/渗透压动按压/冲压/锻压/积压/欺压/强压/弹压/抑压/镇压形黑压压]呀[叹哎呀拟声咿呀]押★[名花押动抵押/典押/关押/管押/画押/羁押/拘押/看押/扣押/签押/收押/退押/在押]垭(地名用字)鸦[名渡鸦/寒鸦/老鸦/墨鸦/乌鸦动涂鸦形黑鸦鸦]鸭★[名板鸭/笨鸭/公鸭/家鸭/烤鸭/母鸭/野鸭/北京鸭/扁嘴鸭/绿头鸭动填鸭]◎牙[名板牙/龅牙/槽牙/虫牙/大牙/佛牙/恒牙/虎

牙/獠牙/门牙/奶牙/犬牙/月牙/爪牙/智牙[动]倒牙/换牙/磨牙/镶牙/咬牙[拟声]牙牙[语]老掉牙/虎口拔牙/佶屈聱牙/青面獠牙/笑掉大牙/以牙还牙/狗嘴里吐不出象牙/人不走运，喝口凉水也塞牙]伢[男伢/女伢]芽[[名]侧芽/顶芽/豆芽/根芽/花芽/麦芽/萌芽/嫩芽/胚芽/肉芽/叶芽/幼芽[动]抽芽/出芽/催芽/发芽/萌芽/滋芽]岈[嵖 chá 岈]玡[琅 láng 玡]蚜[菜蚜/麦蚜/棉蚜/烟蚜]涯[[名]际涯/生涯/天涯[形]无涯[语]海角天涯/咫尺天涯]崖[摩崖/山崖/悬崖/云崖]睚(眼角)衙[官衙/县衙]‖ **哑[[形]粗哑/聋哑/沙哑/嘶哑[语]装聋作哑]雅[[名]风雅[形]博雅/淡雅/典雅/风雅/高雅/古雅/精雅/俊雅/清雅/儒雅/素雅/温雅/文雅/娴雅/秀雅/优雅/幽雅[语]附庸风雅/温文尔雅/无伤大雅/一面之雅/一日之雅]◎轧[倾轧]亚[东亚/东南亚/阿摩尼亚/布尔乔亚]讶[怪讶/惊讶/疑讶]迓[迎迓]砑娅[姻娅]氩揠◎呀**(助词)

【20】dia(ㄉㄧㄚ)**嗲**

【21】lia(ㄌㄧㄚ)**俩[咱俩/哥儿俩/公母俩/你们俩]**

【22】jia(ㄐㄧㄚ)加[[名]五加/辛迪加[动]参加/递加/附加/强加/施加/添加/外加/增加/追加[副]倍加/更加/横加/愈加[语]风雪交加/厚爱有加/无以复加]夹★[皮夹/文件夹]伽[瑜伽]茄[雪茄]佳[成绩甚佳/身体欠佳]迦珈枷[[名]连枷/木枷[动]戴枷/披枷]痂[[名]疮痂[动]结痂]家[[名]本家/兵家/病家/船家/大家/道家/店家/东家/法家/方家/公家/官家/管家/惯家/国家/行家/画家/皇家/浑家/客家/老家/名家/男家/娘家/农家/奴家/女家/婆家/亲家/人家/儒家/酒家/上家/身

家/世家/俗家/外家/窝家/下家/杂家/冤家/岳家/咱家/专家/庄家/自家/作家/革命家/观察家/好人家/活动家/科学家/老人家/收藏家/思想家/艺术家/资本家[代]人家[动]安家/把家/搬家/抄家/成家/持家/出家/当家/到家/发家/分家/居家/看家/克家/在家/治家/住家[语]白手起家/半路出家/四海为家/小康人家/自成一家/烟酒不分家/一手托百家/久赌无胜家/同行是冤家/无妇不成家/舍小家,为大家/庄稼一枝花,全凭肥当家]笳[胡笳]葭(初生的芦苇)跏[瑜跏]嘉[可嘉]镓◎夹(双层的)郏荚★[豆荚/皂荚]恝戛[戛戛]铗[名长铗[动]弹铗]蛱颊★[[名]脸颊/两颊/面颊[动]缓颊/批颊]‖甲[[名]保甲/鼻甲/龟甲/花甲/铠甲/盔甲/鳞甲/马甲/铁甲/指甲/趾甲/装甲/穿山甲[动]挂甲/解甲/披甲[语]丢盔弃甲/身怀六甲]岬胛[肩胛]贾钾[苛性钾/硝酸钾/高锰酸钾]假[[动]掺假/通假/装假/作假[形]虚假[语]弄虚作假]斝瘕榎◎价[[名]半价/比价/标价/差价/代价/单价/定价/官价/工价/基价/廉价/评价/卖价/牌价/平价/身价/声价/时价/市价/售价/特价/物价/造价/重价/租价/化合价/原子价[动]标价/跌价/估价/还价/计价/讲价/评价/杀价/抬价/讨价/提价/压价/要价/议价/涨价/折价/作价[语]言不二价/讨价还价/黄金有价情无价]驾[[名]车驾/御驾[动]保驾/挡驾/接驾/就驾/劳驾/凌驾/命驾/起驾/劝驾/晏驾]架[[名]笔架/担架/工架/构架/骨架/桁架/画架/间架/绞架/井架/框架/马架/支架/大陆架/脚手架/三脚架/十字架[动]绑架/打架/剋架/拉架/落架/骂架/趴架/劝架/散架/塌架/招架/打群架[语]倒驴不倒架/打鸭子上架/上下眼皮直打架]假[名病假/产假/长假/春假/公假/寒假/婚假/例假/年假/事假/暑假/休假动超假/度假/放假/告假/开假/请假/销假/休假/续假/准假]嫁[名婚嫁/陪嫁动出嫁/改嫁/再嫁/转嫁语为人作嫁/皇帝女儿不愁嫁/男大当婚,女大当嫁]稼[名庄稼/秋庄稼动耕稼] 非韵脚字 jiā 袈傢

【23】qia(ㄑㄧㄚ)掐★袷(袷袢)葜[菝葜]◎拤‖卡[名发卡/关卡/哨卡/税卡动设卡]◎洽[动接洽/面洽/商洽形博洽/不洽/和洽/欢洽/款洽/融洽]恰[不恰]髂

【24】xia(ㄒㄧㄚ)呷虾[对虾/龙虾/卤虾/毛虾/明虾/青虾/鱼虾/基围虾]瞎[名睁眼瞎动抓瞎]◎匣★[拜匣/镜匣/木匣/点心匣]侠★[名剑侠/武侠/义侠/游侠形豪侠/任侠]狎★[玩狎]柙峡[地峡/海峡/山峡/三门峡]狭[褊狭/促狭/狷狭/窄狭]硖遐瑕[名疵瑕动无瑕语白璧微瑕]暇[名空暇/闲暇/余暇动不暇/无暇语好整以暇/应接不暇/自顾不暇]辖★[管辖/统辖/直辖]霞[名彩霞/晚霞/烟霞/云霞/朝霞]黠[慧黠/狡黠]‖下[名笔下/陛下/部下/当下/底下/地下/殿下/高下/阁下/麾下/脚下/节下/门下/名下/目下/年下/泉下/舍下/时下/手下/私下/四下/天下/膝下/现下/乡下/檐下/眼下/以下/在下/足下动打下/如下/上下/剩下/生下/省下/余下/打天下形卑下/低下/地下数量一下语不相上下/不在话下/承上启下/瓜田李下/急转直下/寄人篱下/江河日下/居高临下/欺上瞒下/每况愈下/泥沙俱下/骑虎难下/声泪俱下/双管齐下/自郐以下/桃李满天下/千里之行,始于足下/十五个

吊桶打水——七上八下/马尾捆豆腐，提不起放不下]吓[惊吓]**夏**[名 **半夏/华夏/立夏/三夏/盛夏/西夏/仲夏** 动 **消夏/歇夏]唬厦**[噶gá 厦]**罅**[石罅/云罅]

【25】wa(ㄨㄚ)凹[核桃凹(地名)]挖哇(拟声词)洼[名 鼻洼/水洼/山洼 形 低洼/坑坑洼洼]窊娲[女娲]蛙[名 牛蛙/青蛙/树蛙/雨蛙 语 井底之蛙]◎娃[狗娃/娇娃/娃娃/金娃娃/洋娃娃]‖ **瓦**[名 **板瓦/缸瓦/筒瓦/轴瓦/滴水瓦/琉璃瓦/石棉瓦/小青瓦** 动 **弄瓦** 量 **千瓦** 语 **添砖加瓦/两天不打，上房揭瓦]佤**(佤族)◎**瓦**[瓦瓦wǎ]**袜**[**棉袜/丝袜/长筒袜/尼龙袜**]◎**哇**(助词) 非韵脚字 wā 呱 wà 腽

【26】gua(ㄍㄨㄚ)瓜[名 北瓜/菜瓜/打瓜/地瓜/冬瓜/黄瓜/金瓜/苦瓜/面瓜/木瓜/南瓜/脑瓜/匏瓜/傻瓜/丝瓜/笋瓜/糖瓜/甜瓜/倭瓜/西瓜/香瓜/哈密瓜 语 顺藤摸瓜/种瓜得瓜/捡了芝麻，丢了西瓜]呱[顶呱呱]刮[搜刮]括[挺括]胍(有机化合物)栝鸹[老鸹]劀(刮去)‖ **呱**[**拉呱**]**剐**[**千刀万剐**]**寡**[动 **守寡** 形 **多寡/孤寡** 语 **称孤道寡/曲高和寡**]◎**卦**[名 **八卦** 动 **变卦/卜卦/打卦/算卦/占卦]诖**(欺骗)**挂**[名 **树挂** 动 **记挂/披挂/牵挂/悬挂/张挂** 语 **一丝不挂]罣褂**[**长褂/大褂/单褂/短褂/马褂/小褂**]

【27】kua(ㄎㄨㄚ)夸[动 浮夸/矜夸/虚夸 语 自卖自夸]姱(美好)‖ **侉垮**[**打垮/累垮**]◎**挎胯**[**大胯**]**跨**[**横跨**]

【28】hua(ㄏㄨㄚ)花[名 暗花/白花/百花/刨花/补花/菜花/插花/茶花/窗花/葱花/灯花/雕花/钢花/桂花/国花/荷花/红

花/黄花/火花/菊花/绢花/葵花/蜡花/兰花/浪花/泪花/礼花/芦花/麻花/帽花/梅花/棉花/绒花/松花/昙花/探花/题花/天花/桃花/鲜花/香花/雪花/血花/牙花/盐花/烟花/扬花/印花/樱花/油花/纸花/烛花/报春花/朝阳花/大丽花/凤仙花/蝴蝶花/鸡冠花/架子花/交际花/金银花/喇叭花/满脸花/啤酒花/藏红花 动 插花/雕花/挂花/开花/赏花/烫花/提花/献花/绣花/印花/种花 形 插花/昏花/紫花 语 火树银花/锦上添花/明日黄花/走马观花/隔江犹唱后庭花/霜叶红于二月花/一分钱掰成两半花/撒什么种子开什么花] 砉(拟声) 哗(拟声)

◎划★ 华[名 才华/风华/光华/菁华/精华/年华/荣华/韶华/英华/月华/中华/耶和华 动 凝华/升华 形 繁华/浮华/豪华/奢华 语 含英咀华/踵事增华/血沃中原肥劲草，寒凝大地发春华] 哗[大哗/无哗/喧哗] 骅(骅骝) 铧[犁铧] 猾★[形 奸猾/狡猾 语 老奸巨猾] 滑★[动 打滑/润滑/耍滑 形 刁滑/光滑/平滑/润滑/油滑/圆滑 语 脚稳不怕路滑] ‖ **化[名 文化/造化/造化/风化 动 变化/点化/恶化/分化/焚化/风化/孵化/腐化/激化/简化/进化/净化/开化/老化/绿化/美化/奴化/贫化/汽化/强化/溶化/熔化/融化/软化/深化/神化/炭化/同化/退化/蜕化/物化/消化/驯化/演化/氧化/液化/异化/硬化/羽化/转化/坐化/白热化/标准化/大众化/电气化/规范化/机械化/一元化/自动化 形 腐化/开化 语 出神入化/千变万化/潜移默化/食古不化/花岗岩脑袋——顽固不化] 划[名 规划/计划/区划 动 比划/策划/筹划/规划/计划/谋划] 华(华山) 画[名 版画/笔画/壁画/帛画/插画/春画/漫画/年画/书画/炭画/图画/西**

画/洋画/油画/字画/风景画/水彩画/水墨画/宣传画/中国画 动 比画/勾画/画画/刻画/描画/如画/入画/作画]话[名 白话/粗话/大话/电话/对话/二话/反话/废话/怪话/鬼话/行话/黑话/胡话/谎话/活话/佳话/讲话/空话/老话/梦话/神话/诗话/实话/史话/私话/俗话/童话/瞎话/闲话/笑话/风凉话/好赖话/客套话/漂亮话/普通话/悄悄话/俏皮话/现成话/一席话/中国话/车轱辘话 动 插话/传话/搭话/对话/发话/喊话/回话/会话/讲话/谈话/听话/通话/笑话/训话/闹笑话/说闲话 语 不像话/话里有话/空口说白话/顺情说好话/打开窗户说亮话/一家人不说两家话/当着真人莫说假话/好话不背人,背人没好话]桦[白桦]婳[姽guǐ婳(形容女子娴静美好)]

【29】zhua(ㄓㄨㄚ)抓[一把抓]挝[渔阳三挝(鼓曲名)] ‖ 爪[后爪/棘爪/鸡爪/猫爪/前爪/老鼠爪] 非韵脚字 zhuā 髽

【30】chua(ㄔㄨㄚ)欻(拟声词)

【31】shua(ㄕㄨㄚ)刷★[名 板刷/鞋刷/牙刷/雨刷 动 冲刷/粉刷/洗刷/印刷/振刷 形 齐刷刷] ‖ 耍[名 杂耍 动 玩耍/嘻耍/戏耍/闲耍] 非韵脚字 shuà 刷

【32】rua(ㄖㄨㄚ)挼(皱;快要破)

第二道　梭波辙

一、梭波辙声律启蒙

其　一

繁对简，少对多；里咏对途歌。
蜂媒对蝶使，银鹿对铜驼。
刺史鸭，将军鹅；玉律对金科。
古堤垂嫩柳，曲沼长新荷。
裁夏葛，剪春罗；
荷盘从雨洗，柳线任风搓。
月宫清澈岂有羿妻曾窃药，
星斗灿烂难为织女漫投梭。

刺史鸭：唐代韦应物为刺史，养鸭，号鸭绿头公子。将军鹅：晋代王羲之官右将军，性好鹅。

其　二

慈对仁，虐对苛；扬善对惩恶。
冰清对玉洁，地利对人和。

琉璃瓦，太液波；名缰对利锁。

史才推永叔，刀笔仰萧何。

琴再抚，剑重磨；

雅士习书画，武夫攻骑射。

江舟饮酒已是衣衫湿，

山寺观棋不觉烂樵柯。

永叔：欧阳修字永叔。衣衫湿：白居易《琵琶行》诗末有“座中泣下谁最多，江州司马青衫湿”句。烂樵柯：神话传说。晋人王质上山砍柴，见二童子围棋，便置斧于地观之。归时，竟斧柯（斧柄）烂矣；世上已数十年过去。

其　三

山对水，岭对坡；高楼对邃阁。

新欢对旧恨，驷马对安车。

乌巷燕，赤壁火；六朝对三国。

村前双牧笛，滩上一渔蓑。

追仙姿，求国色；

万顷波皱碧粼粼，千丈烟腾红烁烁。

出关老子著道德五千言，

诣阙王通献太平十二策。

道德：指老子《道德经》。太平：指王通曾献《太平策》十二篇于隋文帝。

二、梭波辙诗歌欣赏

《咏鹅》(唐·骆宾王)

鹅，鹅，鹅，曲项向天歌。

白毛浮绿水，红掌拨清波。

* 鹅、歌、波，押韵(歌韵)

《望洞庭》(唐·刘禹锡)

湖光秋月两相和，潭面无风镜未磨。

遥望洞庭山水翠，白银盘里一青螺。

* 和、磨、螺，押韵(歌韵)

《满江红》(宋·柳永)

暮雨初收，长川静、征帆夜落。

临岛屿、蓼烟疏淡，苇风萧索。

几许渔人横短艇，尽将灯火归村郭。

遣行客、到此念回程，伤漂泊。

桐江好，烟漠漠。

波似染，山如削。

绕严陵滩畔，鹭飞鱼跃。

游宦区区成底事？平生况有林泉约。

归去来、一曲仲宣吟，从军乐。

* 落、索、郭、泊、漠、削、跃、约、乐，押韵(药韵)

《昨夜晚吃醉酒和衣而卧》(京剧《打渔杀家》选段)

昨夜晚吃醉酒和衣而卧，
稼场鸡惊醒了梦里南柯。
二贤弟在河下相劝于我，
他劝我把打鱼事一旦丢却。
我本当不打鱼关门闲坐，
怎奈我家贫穷无计奈何。
清早起开柴扉乌鸦叫过，
飞过来叫过去却是为何?
将身儿来至在草堂内坐，
桂英儿捧茶来为父解渴。

*“却”,传统京剧中唱上口音,大致如 qiò;“柯、何、渴”韵母音唱为 uo。

《我爱你,中国》(影片《海外赤子》插曲)

百灵鸟从蓝天飞过,我爱你——中国!
我爱你春天蓬勃的秧苗,我爱你秋日金黄的硕果;
我爱你青松气质,我爱你红梅品格;
我爱你家乡的甜蔗,好像乳汁滋润着我的心窝。
我爱你,中国! 我爱你,中国!
我要把最美的歌儿献给你,我的母亲我的祖国。
百灵鸟从蓝天飞过,我爱你——中国!
我爱你碧波滚滚的南海,我爱你白雪飘飘的北国;

我爱你森林无边，我爱你群山巍峨；
我爱你淙淙的小河，淌着清波从我的梦中流过。
我爱你，中国！我爱你，中国！
我要把美好的青春献给你，我的母亲我的祖国。

三、梭波辙特色分析

梭波辙韵脚字声音不甚高昂，且有起伏，较适宜表达静中有动的意境。比如骆宾王《咏鹅》和刘禹锡的《望洞庭》，平淡而又色彩鲜明，写景咏物间又透出隐约可猜的情调。此韵也适宜表现深沉的思索或抒发荡漾的激情。比如柳永的《满江红》，表达的情感便颇为低昂跌宕。《打渔杀家》选段，写出了萧恩长期郁积于胸的对现实生活的愤懑与无奈。《我爱你，中国》则抒发了融化在血液中的对祖国母亲的赤子情怀。毛泽东主席在看到余江县消灭了血吸虫的消息后，浮想联翩，夜不能寐，欣然命笔写下了《七律·送瘟神》二首，其中前一首选用的韵脚字属梭波辙：绿水青山枉自多，华佗无奈小虫何！千村薜荔人遗矢，万户萧疏鬼唱歌。坐地日行八万里，巡天遥看一千河。牛郎欲问瘟神事，一样悲欢逐逝波。如果我们把后面第二首“春风杨柳万千条，六亿神州尽舜尧……”（韵脚字用遥迢辙）读完以后，两相对照，就会深深感悟到毛主席这前一首诗选用梭波韵之妙理。

四、梭波辙同韵音节情况

【此辙包含 e(ㄜ),o(ㄛ),io(ㄧㄛ),uo(ㄨㄛ)四种韵母;出音节 38 个】

〈开口呼〉【1】e(ㄜ)[阿]

【2】me(ㄇㄜ)[么]

【3】de(ㄉㄜ)[嘚]【4】te(ㄊㄜ)[忑]

【5】ne(ㄋㄜ)[哪]【6】le(ㄌㄜ)[肋]

【7】ge(ㄍㄜ)[戈]【8】ke(ㄎㄜ)[坷]【9】he(ㄏㄜ)[诃]

【10】zhe(ㄓㄜ)[遮]【11】che(ㄔㄜ)[车]

【12】she(ㄕㄜ)[奢]【13】re(ㄖㄜ)[若]

【14】ze(ㄗㄜ)[则]【15】ce(ㄘㄜ)[册]【16】se(ㄙㄜ)[色]

【17】o(ㄛ)[噢]

【18】bo(ㄅㄛ)[拨]【19】po(ㄆㄛ)[钋]

【20】mo(ㄇㄛ)[摸]【21】fo(ㄈㄛ)[佛]【22】lo(ㄌㄛ)[咯]

〈齐齿呼〉【23】yo(ㄧㄛ)[哟]

〈合口呼〉【24】wo(ㄨㄛ)[挝]

【25】duo(ㄉㄨㄛ)[多]【26】tuo(ㄊㄨㄛ)[乇]

【27】nuo(ㄋㄨㄛ)[挪]【28】luo(ㄌㄨㄛ)[捋]

【29】guo(ㄍㄨㄛ)[呙]【30】kuo(ㄎㄨㄛ)[扩]【31】huo(ㄏㄨㄛ)[耠]

【32】zhuo(ㄓㄨㄛ)[捉]【33】chuo(ㄔㄨㄛ)[踔]

【34】shuo(ㄕㄨㄛ)[说]【35】ruo(ㄖㄨㄛ)[若]

【36】zuo(ㄗㄨㄛ)[作]【37】cuo(ㄘㄨㄛ)[搓]【38】suo(ㄙㄨㄛ)[莎]

* 梭波辙38音节，每个音节的韵腹或e或o；为什么两个不同的韵音归于同一韵部呢？因为这两个韵音的发声方法以及发出的声音有很大相似。e[ɤ]，后、半高、不圆唇舌面元音；o[o]，后、半高、圆唇舌面元音。

四、梭波辙常见同韵字词

【1】e(ㄜ)阿[名东阿/山阿语刚直不阿]屙◎讹[以讹传讹]俄[帝俄]莪哦[吟哦]峨[嵯峨/巍峨]娥[嫦娥/宫娥/姮娥/娇娥]锇(金属元素)鹅[白鹅/企鹅/天鹅/狮头鹅]蛾[蚕蛾/毒蛾/飞蛾/麦蛾/螟蛾/天蛾/夜蛾/衣蛾/枯叶蛾/烟叶蛾]额★[名碑额/匾额/差额/定额/金额/巨额/空额/面额/名额/票额/前额/缺额/数额/税额/限额/余额/员额/篆额/总额动超额/满额语疾首蹙额/焦头烂额]‖厄[困厄/险厄]扼苊轭垩[白垩]恶[名腐恶/首恶/罪恶动作恶形丑恶/腐恶/万恶/险恶/邪恶/凶恶/罪恶语口善心恶/穷凶极恶/彰善瘅恶]饿[动挨饿/解饿形饥饿语一人吃饱，全家不饿]鄂谔[谔谔(形容直话直说)]萼[花萼]遏[动沮遏/阻遏语怒不可遏]愕[错愕/惊愕]腭[软腭/硬腭]鹗锷[剑锷]颚[上颚/下颚]噩[浑噩/浑

浑噩噩]鳄[扬子鳄] ◎ 呃(助词) 非韵脚字 ē 婀 é 囮 ě 恶 è 呃

【2】me(ㄇㄜ)么[多么/那么/什么/要么/怎么/这么]嚜(助词)

【3】de(ㄉㄜ)嘚(拟声词)◎得★[名心得/引得动博得/分得/获得/乐得/取得/算得/赢得形难得/要得副只得/不见得/见不得/少不得语千虑一得/哭笑不得/求之不得/唾手可得/心安理得/一举两得/一无所得/志在必得/罪有应得/深不得浅不得/老虎屁股摸不得/愚者千虑，必有一得]锝(金属元素)德★[名道德/恩德/公德/功德/美德/品德动报德/积德/缺德/贤德形缺德/贤德语歌功颂德/离心离德/三从四德/同心同德]‖地[巴巴地/猛不丁地]的[名爱美的/当家的/好样的/跑堂的/屋里的/掌柜的形够瞧的/够受的/可可的/没说的/真格的助似的/伍的语人心都是肉长的/没有猫不贪腥的/一个模子刻出来的/牛皮不是吹的，泰山不是垒的]得[动懂得/记得/觉得/来得/认得/舍得/晓得/值得/巴不得/怪不得/来不得/免不得/舍不得/使不得/说不得/要不得/由不得形了得/了不得]

【4】te(ㄊㄜ)忑[忐忑]忒[差忒]特[名匪特/敌特/呼和浩特动防特形独特/奇特]铽(金属元素)慝[隐慝]◎腻[肋腻]

【5】ne(ㄋㄜ)讷[口讷/木讷/讷讷]那呐◎呢(助词)

【6】le(ㄌㄜ)嘞[嘞嘞]‖仂艻[萝艻]叻[石叻]乐[动逗乐/取乐/享乐/行乐/游乐/娱乐/作乐形安乐/欢乐/康乐/快乐语吃喝玩乐/苦中作乐/闷闷不乐/喜怒哀乐/以苦为乐/知足者常乐/先天下之忧而忧，后天下之乐而乐]玏[瑊玏(美石)]

泐[手泐]勒[名弥勒动勾勒/羁勒]鳓◎了[煮熟的鸭子飞了/门缝里瞧人——把人看扁了]饹[饸饹] 非韵脚字 lē 肋 lè 簕

【7】ge(ㄍㄜ)戈[名兵戈/干戈/探戈动倒戈/反戈语入室操戈/同室操戈]咯[咯咯]格★[格格]哥[八哥/大哥/哥哥/鹦哥/大拇哥/公子哥/叫哥哥/小拇哥]鸽★[鹁鸽/家鸽/信鸽/野鸽/和平鸽]搁[耽搁/延搁]割★[分割/交割/脔割/气割/切割/收割/阉割/氧割/宰割]歌[名悲歌/儿歌/国歌/凯歌/恋歌/民歌/牧歌/情歌/山歌/笙歌/诗歌/颂歌/挽歌/秧歌/渔歌/乐歌/赞歌/战歌/组歌动对歌/高歌/欢歌/讴歌语四面楚歌/引吭高歌] ◎革★[名兵革/皮革/沿革动变革/鼎革/改革/开革/兴革/因革]阁★[名高阁/闺阁/内阁/暖阁动出阁/组阁语空中楼阁/仙山琼阁]格[名标格/表格/风格/规格/国格/价格/品格/人格/润格/赏格/体格/性格/资格动出格/扞格/及格/降格/炮格/破格/升格形合格/严格语别具一格/不拘一格/聊备一格]鬲搁葛[杯葛/瓜葛/纠葛]蛤隔★[分隔/间隔/相隔/悬隔/阻隔]塥嗝[打嗝儿]滆膈骼★[骨骼]镉‖**个[自个儿]合**(容量单位,10 合为 1 升)**各**(北京话;特别)**哿舸盖葛◎个[形单个儿/整个代那个/这个]各**(姓)**硌铬** 非韵脚字 gē 仡疙圪

【8】ke(ㄎㄜ)苛[严苛]匼(古代一种头巾)珂柯[名斧柯/枝柯语错叶交柯]轲[孟轲]科[名本科/学科/预科/专科语照本宣科]牁[牂牁(zāngkē,古郡名)]疴[沉疴]棵(量词)[发棵]颏[下巴颏]搕嗑[唠嗑]稞[青稞]窠[名狗窠/蜂窠动做窠]颗(量

词）磕髁◎壳［名贝壳/弹壳/脑壳动卡壳］咳［名百日咳动干咳］揢颏［蓝点颏/红点颏］‖ **可［动两可/认可/许可语非同小可/无可无不可/人而无信，不知其可］坷［坎坷］渴［动解渴/消渴形焦渴语求贤若渴/如饥似渴/望梅止渴/饮鸩止渴/远水不解近渴］◎克［名夹克/扑克/坦克/马赛克动休克形罗曼蒂克量毫克语攻无不克/相生相克］刻［名碑刻/片刻/少刻/时刻/篆刻动镌刻/镂刻/铭刻形尖刻/苛刻副即刻/立刻/顷刻语精雕细刻/千金一刻/一时半刻］恪客［名宾客/乘客/刺客/房客/顾客/贵客/过客/ 娇客/来客/旅客/门客/陪客/嫖客/掮客/清客/骚客/商客/生客/食客/熟客/说客/堂客/稀客/侠客/香客/游客/政客/知客/座上客动会客/作客/做客形好客语不速之客］课［名功课/主课/基础课/语文课/专业课动罢课/备课/补课/讲课/开课/旷课/卜课/起课/上课/授课/下课/完粮交课］氪嗑锞［金锞/银锞］溘**非韵脚字

kē 坷砢瞌蝌 kě 岢 kè 骒缂

【9】he（ㄏㄜ）诃（姓）呵［叱呵/乐呵呵/傻呵呵/笑呵呵］喝［名吃喝儿动把水喝］嗬（叹词）◎禾［柴禾/锄禾/嘉禾］合★［名百合/场合/回合/六合动暗合/不合/参合/重合/凑合/撮合/缝合/符合/复合/苟合/化合/汇合/会合/混合/集合/胶合/接合/结合/纠合/就合/聚合/联合/捏合/啮合/耦合/配合/契合/巧合/切合/热合/融合/糅合/适合/说合/缩合/投合/吻合/迎合/遇合/愈合/折合/缀合/综合/总合/组合形投合语悲欢离合/不谋而合/里应外合/落落寡合/前仰后合/情投意合/阴云布

合/志同道合/珠联璧合/乐得不能把嘴合］纥［回纥］何［名几何代几何/为何/奈何/如何/若何/无何语无可奈何/无论如何/成也萧何，败也萧何］和［名总和/代数和动媾和/讲和/谋和/求和/劝和/失和/说和/调和/协和/言和/议和/中和形饱和/不和/醇和/共和/缓和/乐和/平和/谦和/晴和/人和/融合/柔和/顺和/随和/温和/谐和语地利人和/心平气和/面和心不和/天时不如地利，地利不如人和］郃（姓）劾★［参劾/弹劾］河［名大河/江河/内河/先河/星河/银河/运河/护城河动拔河语口若悬河/气壮山河/信口开河/没有过不去的河］曷饸［合饸］阂［隔阂］荷［薄荷/藕荷］核［名结核/桃核/杏核/细胞核/原子核动复核/稽核/考核/审核］盉（古代温酒的器具）龁（咬）盍★（何不）盒★［饭盒儿/花盒儿/墨盒儿/提盒儿/八音盒儿/火柴盒儿/铅笔盒儿］涸［干涸/枯涸］颌［上颌/下颌］貉［一丘之貉］阖［名阊阖（神话中的天门）语纵横捭阖］翮［振翮］鞨［靺鞨］‖ **吓［恐吓/恫吓］和［动酬和/附和/应和语随声附和/一倡百和］贺［道贺/恭贺/庆贺/祝贺］荷［名重荷动感荷/为荷］喝［动叱喝/断喝/吆喝语当头棒喝/一声大喝］赫［赫赫/显赫/煊赫］褐［名短褐形浅褐/栗皮褐］鹤［白鹤/灰鹤/丹顶鹤］翯［翯翯（羽毛洁白润泽）］壑［名沟壑/丘壑/欲壑语千山万壑/以邻为壑］** 非韵脚字 hé 菏

【10】zhe（ㄓㄜ）折［把跟头折］蜇嗻［啅嗻（厉害）］遮［把丑遮］◎折★［名波折/存折/周折/奏折动摧折/挫折/打折/对折/骨折/心折/夭折/转折形曲折语一波三折/千回百折/强弓易

折/一箭易断，百箭难折]哲[先哲/贤哲]哲★(明亮)蛰[惊蛰]詟(惧怕)蜇[海蜇]谪★[贬谪/交谪]磔辙[名车辙/履辙/十三辙/上下辙动改辙/合辙/没辙/戗辙/顺辙/想辙语重蹈覆辙/改弦易辙/南辕北辙/如出一辙]‖**者[名笔者/编者/读者/后者/患者/记者/老者/前者/强者/使者/学者/长者/著者/作者/第三者/独裁者/好(hào)事者/劳动者/胜利者/先行者/始作俑者/共产主义者/文艺工作者副或者]锗(金属元素)赭(红褐色)褶◎这柘浙[江浙]蔗[甘蔗]嗻◎着(助词)[跟着/归着/接着/来着/悠着/明摆着/这么着/那么着/怎么着/好死不如赖活着/天塌下来有大家顶着]**非韵脚字 zhé 辄 zhè 鹧

【11】che(ㄔㄜ)车[名兵车/班车/餐车/叉车/铲车/大车/单车/电车/吊车/纺车/风车/火车/货车/机车/绞车/卡车/轿车/客车/快车/缆车/列车/灵车/马车/慢车/跑车/汽车/囚车/赛车/首车/水车/天车/拖车/晚车/卧车/小车/夜车/早车/战车/舟车/专车/大棚车/独轮车/黄包车/吉普车/架子车/闷罐车/摩托车/末班车/排子车/平板车/人力车/三轮车/手推车/坦克车/指南车/装甲车/自行车/无轨电车动超车/出车/错车/挡车/倒车/发车/翻车/赶车/挂车/候车/会车/驱车/赛车/试车/套车/停车/通车/误车/卸车/晕车/转车/装车/撞车/坐车/开倒车/开夜车/拉洋车语安步当车/闭门造车/老牛破车/驷马高车/螳臂当车/学富五车]伡[大伡]‖**尺[工尺]扯[胡扯/拉扯/攀扯/牵扯/撕扯/瞎扯/闲扯/东拉西扯/拉拉扯扯/胡诌八扯]◎彻[澄彻/洞彻/贯彻/清彻/通彻/透彻]坼**

[天寒地坼]掣[动牵掣 语风驰电掣]撤[裁撤/后撤]澈[澄澈/明澈/清澈] 非韵脚字 chē 砗

【12】she(ㄕㄜ)奢[成由勤俭败由奢]赊[把账赊]畲◎舌★[名长舌/唇舌/喉舌/火舌/口舌/帽舌 动鼓舌/嚼舌/弄舌/饶舌/学舌 语笨口拙舌/瞠目结舌/贫嘴薄舌/七嘴八舌/摇唇鼓舌/鹦鹉学舌/油嘴滑舌/张口结舌/三寸不烂之舌]折★[亏折/撞折]佘(姓)蛇[名毒蛇/蝮蛇/蟒蛇/地头蛇 语春蚓秋蛇/打草惊蛇/封豕长蛇/强龙难压地头蛇]‖舍[动割舍/取舍/施舍 语难分难舍/锲而不舍/依依不舍/穷家难舍] ◎厍(姓)设[动安设/摆设/常设/陈设/创设/分设/敷设/附设/公设/假设/架设/建设/开设/铺设/添设/虚设/增设/装设 语天造地设/聋子的耳朵——摆设]社[名报社/茶社/春设/分社/公社/会社/旅社/秋社/诗社/书社/总社/合作社/旅行社/通讯社 动结社]舍[名敝舍/邸舍/房舍/馆舍/寒舍/鸡舍/客舍/邻舍/庐舍/旅舍/茅舍/牛舍/宿舍/田舍/瓦舍/校舍/猪舍 语打家劫舍/神不守舍/退避三舍/左邻右舍]拾射[暗射/攒射/点射/发射/反射/放射/辐射/喷射/骑射/扫射/闪射/四射/投射/影射/映射/照射/折射/注射]涉[跋涉/干涉/关涉/交涉/牵涉/徒涉/远涉]赦[动大赦/宽赦/特赦 语十恶不赦]摄[拍摄/调摄/统摄/珍摄]慑[威慑/震慑]歙麝 非韵脚字 shē 猞 shé 阇 shè 滠

【13】re(ㄖㄜ)若[般若/兰若/阿兰若]喏[名大喏 动唱喏]惹[招惹/不好惹]◎热[名旅游热/自学热/足球热 动发热/退

热[形]白热/火热/狂热/亲热/炎热/眼热/灼热[语]忽冷忽热/脸红耳热/水深火热/知冷知热/炙手可热]

【14】ze(ㄗㄜ)则[名]法则/规则/守则/通则/细则/原则/准则/总则[量]寓言四则[语]以身作则]责[名]专责★/文责/职责/罪责[动]斥责/负责/尽责/苛责/谴责/塞责[语]敷衍塞责/尽职尽责/人人有责/引咎自责/国家兴亡，匹夫有责]择[抉择/选择]咋迮(姓)泽★[名]草泽/大泽/恩泽/芳泽/光泽/湖泽/口泽/袍泽/色泽/香泽/沼泽[形]润泽]啧[啧啧]帻★笮(姓)舴箦赜[探赜]‖**仄**[名]平仄[形]逼仄/谦仄]**昃**(太阳偏西)**侧**

【15】ce(ㄘㄜ)**册**[名]表册/簿册/底册/分册/画册/另册名册/清册/史册/手册/书册/相册/账册/正册/丁口册/花名册/纪念册[动]注册[语]名垂史册/人手一册]**厕**[名]公厕/溷厕/男厕/女厕[动]杂厕(混杂)]**侧**[名]两侧/翼侧/左侧[动]倾侧[语]辗转反侧]**测**[名]不测[动]步测/猜测/揣测/观测/监测/检测/勘测/窥测/蠡测/目测/探测/推测/遥测/臆测/预测[形]不测[语]变化莫测/高深莫测/管窥蠡测/居心叵测/人心难测]**恻**[悱恻/凄恻]**策**[名]对策/方策/国策/计策/简策/决策/善策/上策/下策/政策/中策/炮舰政策/鸵鸟政策/愚民政策[动]鞭策/筹策/警策/驱策/失策/献策[语]出谋划策/束手无策/万全之策/三十六计——走为上策]

【16】se(ㄙㄜ)色[名]本色/才色/彩色/菜色/惭色/成色/肤色/服色/国色/花色/红色/货色/景色/角色/愧色/脸色/面色/名色/暮色/怒色/女色/起色/气色/神色/声色/特色/眼色/夜

色/姿色/保护色[动]变色/好色/减色/润色/生色/失色/物色/壮行色[形]出色/绝色/桃色/个色/逊色/足色/清一色[语]察言观色/大惊失色/和颜悦色/绘声绘色/疾言厉色/满园春色/面不改色/面如土色/面无人色/目迷五色/平分秋色/巧言令色/五光十色/五颜六色/喜形于色/有声有色/正颜厉色/落霞与孤鹜齐飞，秋水共长天一色]涩[[动]发涩/脱涩[形]干涩/晦涩/艰涩/枯涩/苦涩/冷涩/生涩/酸涩/滞涩[语]阮囊羞涩]啬[俭啬/吝啬/悭啬]铯(金属元素)瑟[[名]琴瑟[形]瑟瑟/萧瑟[语]胶柱鼓瑟]塞[[名]莱塞[动]充塞/抵塞/堵塞/梗塞/搪塞/填塞/壅塞/淤塞/语塞/窒塞/滞塞/阻塞[形]闭塞[语]顿开茅塞]穑[稼穑]

【17】o(ㄛ)噢(叹词，表了解)◎哦(叹词，表将信将疑)‖哦(叹词，表领会)

【18】bo(ㄅㄛ)拨[调拨/撩拨/挑拨]波[[名]短波/风波/秋波/声波/微波/烟波/余波/超声波/冲击波[动]奔波[语]轩然大波/平地起风波]砵[铜砵(地名)]趵(踢)[趵趵(踏地声)]钵★[饭钵/乳钵]饽[饽饽/香饽饽]剥★[[动]盘剥[语]生吞活剥]播[传播/春播/点播/广播/联播/秋播/散播/直播/转播/小广播]蕃[吐蕃]◎孛(姓)伯★[伯伯/笨伯/大伯/老伯/叔伯]驳[[动]辩驳★/反驳/批驳[形]斑驳]帛★[布帛/玉帛/竹帛]泊★[淡泊/漂泊/停泊]勃★[[形]勃勃/蓬勃[语]牛溲马勃]钹铂亳浡(振作)舶★[船舶/海舶/巨舶]脖[拐脖儿]博[赅博/广博/淹博/渊博]搏[[名]脉搏[动]拼搏/肉搏]鲌僰(古代少数民族名)箔★[蚕箔/金箔/铜箔/苇箔/锡箔/席箔]魄[落魄]膊[赤膊/胳膊]踣(跌倒)镈薄★[鄙薄/单薄/淡薄/菲薄/厚薄/刻薄/绵薄/喷薄/轻

薄/微薄/浅薄/稀薄]礴[磅礴] ‖ **踄簸◎柏[黄柏]檗[黄檗]擘[巨擘]◎卜[萝卜]啵**(句尾语气助词) 非韵脚字 bō 玻般菠嶓 bó 柏袯鹁渤 bò 薄

【19】po(ㄆㄛ)钋(金属元素)坡[名 陡坡/高坡/缓坡/慢坡/山坡/土坡/斜坡 动 护坡/滑坡/爬坡/上坡/退坡]泊[湖泊/血泊/梁山泊/罗布泊]泼★[动 撒泼/瓢泼 形 活泼/撒泼]颇[偏颇/廉颇(人名)]酦(酿)婆[名 产婆/公婆/媒婆/虔婆/神婆/师婆/叔婆/牙婆/药婆/管家婆/收生婆 语 三姑六婆/丑媳妇不怕见公婆/多年媳妇熬成婆]繁(姓)皤(白色) ‖ **钷**(金属元素)**笸◎朴迫[动 逼迫/煎迫/交迫/进迫/强迫/驱迫/危迫/威迫/压迫/诱迫/追迫 形 急迫/紧迫/窘迫/切迫 语 从容不迫/饥寒交迫]珀[琥珀]破[爆破/残破/打破/道破/点破/攻破/揭破/看破/识破/说破/突破/侦破/颠扑不破/各个击破/牢不可破]粕[豆粕/糟粕]魄[名 虎魄/魂魄/气魄/体魄/心魄 形 落魄 语 惊心动魄/三魂七魄/失魂落魄]◎桲[榅桲**(植物名)**]** 非韵脚字 pō 朴陂 pó 鄱 pǒ 叵

【20】mo(ㄇㄛ)摸[动 估摸/踅摸/寻摸/约莫/咂摸/捉摸 语 偷偷摸摸]◎无[南 ná 无]谟[宏谟(远大计划)]馍[馍馍/蒸馍/白面馍]摹[临摹/描摹]模[规模/航模/楷模/劳模/手模/英模]膜[笛膜/地膜/腹膜/鼓膜/隔膜/结膜/肋膜/脑膜/黏膜/胎膜/处女膜/视网膜/细胞膜]麽[幺麽]摩[按摩/揣摩/观摩]磨[动 熬磨/缠磨/打磨/消磨/研磨/折磨/琢磨 语 耳鬓厮磨/好事多磨/万世不磨/好汉只怕病来磨/恶人自有恶人磨]

嬷[嬷嬷]蘑[白蘑/毒蘑/口蘑/鲜蘑]魔[名病魔/恶魔/疯魔/睡魔/邪魔/妖魔动着魔语走火入魔] ‖ **抹[把嘴一抹/把脖子抹]** ◎**末[名毫末/芥末/锯末/煤末/始末/烟末/茶叶末/世纪末形微末语强弩之末/秋毫之末/舍本逐末]没[动沉没/出没/埋没/泯没/辱没/吞没/淹没/湮没/隐没语神出鬼没/全军覆没]抹殁**(死)**沫[名白沫/泡沫/唾沫/肥皂沫语相濡以沫]陌[阡陌/巷陌]脉[温情脉脉]莫**(姓)**秣[粮秣]貊**(姓)**漠[名大漠/沙漠形淡漠/广漠/冷漠]寞[寂寞/落寞]嘿墨[名徽墨/泼墨/绳墨/石墨/文墨/遗墨/油墨/朱墨动贪墨语大处落墨]瘼[民瘼]默[沉默/缄默/静默/幽默/渊默]磨[名电磨/石磨动推磨语有钱能使鬼推磨]貘耱** 非韵脚字 mó 嫫 mǒ 万 mò 茉冒蓦靺镆礳

【21】fo(ㄈㄛ)佛★[名活佛/石佛/铜佛/弥勒佛动赕佛/念佛/诵佛语阿弥陀佛/吃斋念佛/借花献佛/立地成佛]

【22】lo(ㄌㄛ)咯(同"了")

【23】yo(ㄧㄛ)育[杭育]哟[哎哟/嗨哟]唷[哼唷] ◎哟[呼儿嗨哟]

【24】wo(ㄨㄛ)挝[老挝]倭[抗倭]涡[水涡/旋涡]喔(拟声)窝[名被窝/狗窝/鸡窝/酒窝/鸟窝/笑窝/心窝/眼窝/燕窝/腋窝/贼窝/安乐窝/胳肢窝/蚂蚁窝/马蜂窝动抱窝/搭窝/挪窝/趴窝/炸窝语黄鼠狼下耗子——一窝不如一窝/金窝银窝,不如家乡的土窝]踒 ‖ **我[名敌我/故我/小我/自我动忘我语卿卿我我/依然故我/有你无我/我为人人,人人为我]**

◎肟(有机化合物)**沃**[**肥沃**]**卧**[名 **软卧/硬卧** 动 **病卧/倒卧/俯卧/仰卧** 语 **横躺竖卧**]**握**[名 **把握** 动 **把握/在握/掌握**]**硪**[**打硪**]**幄**[名 **帷幄** 语 **运筹帷幄**]**渥**[**优渥**(厚重)]**斡**(旋转) 非韵脚字

wō 莴蜗 wò 龌

【25】duo(ㄉㄨㄛ)多[形 大多/繁多/好多/几多/居多/许多/至多/众多/诸多/差不多 语 积少成多/人熟话多/夜长梦多/粥少僧多/兵在精而不在多/创业艰难百战多/天下名山僧占多/酒逢知己千杯少,话不投机半句多]咄[咄咄]剟掇[拾掇]裰[名 直裰 动 补裰] ◎夺★[动 剥夺/裁夺/褫夺/篡夺/定夺/掠夺/抢夺/争夺 语 强取豪夺/生杀予夺/一人立志,万夫莫夺]度★[猜度/裁度/测度/揣度/忖度/揆度/推度/臆度]铎★[木铎/铃铎]踱 ‖ **朵**(量词)[**耳朵/骨朵/花朵**]**垛**[**城垛**]**哚**[**吲哚**(有机化合物)]**躲**[**闪躲**]**亸**(下垂) **◎驮**[**牲口驮**]**剁**[**用刀剁/把馅剁**]**饳**[**馉饳**(古代面食)]**垛**[名 **麦垛/砖垛/柴火垛** 动 **码垛**]**舵**[名 **船舵/方向舵/升降舵** 动 **把舵/掌舵** 语 **看风使舵/顺风转舵**]**堕惰**[形 **怠惰/懒惰** 语 **教不严师之惰**]**跺** 非韵脚字

duō 哆

【26】tuo(ㄊㄨㄛ)乇(量词)托[拜托/衬托/付托/烘托/寄托/假托/恳托/请托/推托/伪托/委托/相托/信托/央托/依托/嘱托/受人之托]拖[姓拖/把地拖/一拖再拖]脱★[摆脱/超脱/出脱/活脱/解脱/开脱/撇脱/洒脱/逃脱/通脱/兔脱/推脱/卸脱/虚脱/挣脱/罪责难脱] ◎驮[重驮/人扛马驮]佗(负荷)陀[名 头陀 形 盘陀/陂陀]坨[粉坨/蜡坨]沱[滂沱]驼[骆驼/双

峰驼]柁[房柁/木柁]砣[秤砣/碾砣]铊酡(喝酒后脸色发红)跎[蹉跎]橐(拟声)鼍 ‖ **妥[不妥/平妥/欠妥/停妥/稳妥]庹(姓)**

◎拓[开拓/落拓]柝(打更的梆子)唾箨(竹笋的皮)魄[落魄]

非韵脚字 tuó 鸵鼧 tuǒ 椭

【27】nuo(ㄋㄨㄛ)挪[腾挪]娜[婀娜/袅娜]傩 ‖ **诺[名夙诺 动承诺/践诺/然诺/许诺/应诺/允诺 语唯唯诺诺]喏(叹词)搦[抽搦/搐搦]锘(金属元素)懦[怯懦]** 非韵脚字 nuò 糯

【28】luo(ㄌㄨㄛ)捋落[大大落落] ◎罗[名绢罗/绫罗/铜丝罗/曼陀罗 动包罗/收罗/搜罗/网罗/张罗]萝[茑萝/女萝/松萝/藤萝]逻[巡逻]脶(手指纹)猡[猪猡]椤[桫 suō 椤(蕨类植物)]锣[名铜锣/小锣/云锣/九音锣 动鸣锣 语你打你的鼓，我敲我的锣]箩[稻箩/筐箩/淘箩/竹箩]骡[驴骡/马骡]螺[钉螺/法螺/海螺/田螺/红螺/陀螺] ‖ **裸[赤裸]蠃[蜾蠃]**

◎泺(泺河，水名)荦[荦荦/卓荦]咯[吡咯(有机化合物)]洛[河洛/姓洛]骆(姓)络[名经络/脉络/网络/丝瓜络 动联络/笼络 形活络 语舒筋活络]珞[璎珞/赛璐珞]烙[炮烙]硌(山上大石)落[名碧落/部落/村落/角落/下落/院落/着落 动剥落/出落/发落/回落/击落/降落/流落/沦落/破落/起落/失落/数落/脱落/奚落/下落/陷落/陨落/坠落/坐落 形败落/错落/低落/凋落/堕落/冷落/利落/寥落/零落/没落/衰落 语瓜熟蒂落/光明磊落/七零八落/心潮起落]跞[卓荦]摞(动词；量词)雒(姓)漯

非韵脚字 luō 啰 luó 啰 luǒ 瘰

【29】guo(ㄍㄨㄛ)过(姓)呙(姓)埚[坩埚]郭★[城郭/东郭/耳

郭/姓郭]涡(水名)崞(山名)聒[强聒/絮聒/喧聒/噪聒]锅[名饭锅/罗锅/沙锅/烧锅/烟袋锅动开锅/砸锅/炸锅语背黑锅/等米下锅/不到火候不揭锅]蝈[蝈蝈] ◎国★[名大国/岛国/敌国/帝国/公国/古国/故国/监国/旧国/列国/邻国/强国/三国/属国/天国/外国/王国/异国/泽国/战国/祖国/芙蓉国/共和国/联合国/内陆国动爱国/报国/出国/救国/举国/开国/立国/卖国/盟国/叛国/窃国/锁国/通国/亡国/误国/享国/殉国/治国语保家卫国/闭关锁国/精忠报国/里通外国/倾城倾国/丧权辱国/天府之国/闻名全国/相忍为国]掴★帼[巾帼]虢(周朝国名)腘(膝部后面)馘(古代战争中为计功割下敌人耳朵)

‖**果[名白果/成果/恶果/干果/后果/结果/苦果/青果/沙果/水果/硕果/糖果/鲜果/效果/因果/战果/正果/文冠果/罗汉果/无花果动挂果/结果连如果语前因后果/自食其果/言必信,行必果]椁[棺椁]裹[包裹/浇裹/装裹] ◎过[名对过/功过/经过/罪过动补过/超过/错过/掉过/放过/改过/好过/悔过/记过/经过/路过/难过/受过/思过/通过/诿过/越过/不贰过/信不过语闭门思过/得过且过/养不教,父之过/人非圣贤,孰能无过]** 非韵脚字 guǒ 馃蜾

【30】kuo(ㄎㄨㄛ)扩括[概括/隐括/综括/总括]适(姓)栝[檃栝]阔[动摆阔形广阔/开阔/空阔/宽阔/辽阔/疏阔/迂阔/壮阔语波澜壮阔/天高地阔]廓[名耳廓/轮廓形寥廓] 非韵脚字 kuò 蛞

【31】huo(ㄏㄨㄛ)耠(用耠子松土)锪(金属加工法)劐嚄(叹词)豁攉

◎和活★［名生活/零活/细活/脏活/重活/私生活动出活/复活/干活/苟活/过活/扛活/生活/死活/养活形快活/灵活/忙活语半死不活/不知死活/耳软心活/没死没活/你死我活/寻死觅活/慢工出细活/自作孽，不可活］‖火［名柴火/灯火/底火/烽火/肝火/篝火/鬼火/军火/烈火/磷火/炉火/怒火/炮火/山火/社火/圣火/文火/武火/香火/星火/虚火/烟火/焰火/洋火/野火/灶火/战火/无名火动败火/淬火/动火/发火/防火/封火/放火/救火/开火/烤火/交火/接火/起火/去火/上火/烧火/生火/失火/玩火/窝火/熄火/着火/纵火形过火/红火/恼火/热火语抱薪救火/洞若观火/飞蛾投火/风风火火/赴汤蹈火/干柴烈火/隔岸观火/黑灯瞎火/急如星火/披麻救火/煽风点火/新官上任三把火/纸里包不住火/远水救不了近火］伙［名大伙/家伙/同伙/一伙动包伙/拆伙/合伙/开伙/入伙/散伙/退火语成群搭伙/仨一群，俩一伙］钬（金属元素）漷（县名）夥［获益甚夥］◎或［即或/间或/容或/设或/甚或/倘或］和［拌和/搅和/匀和］货［名百货/炒货/蠢货/干货/国货/黑货/假货/南货/年货/皮货/期货/水货/私货/鲜货/现货/大路货/样子货动办货/订货/贩货/盘货/识货/送货/卸货/验货/装货语一分钱一分货/便宜没好货/一手交钱，一手交货/不怕不识货，就怕货比货］获［动捕获/俘获/缴获/截获/拿获/破获/擒获/收获语不劳而获］祸［名横祸/战祸动闯祸/惹祸/遗祸/肇祸语天灾人祸/幸灾乐祸］惑［名荧惑动蛊惑/困惑/迷惑/煽惑/诱惑/疑惑/荧惑形惶惑/困惑/迷惑］霍（姓）嚄（叹词）豁［开豁/显豁/醒豁］镬［斧锯鼎镬（古代酷刑刑具）］藿

(豆类作物的叶子)嚯(叹词)蠖[尺蠖]

【32】zhuo(ㄓㄨㄛ)拙★[动藏拙★形笨拙/古拙/眼拙/迂拙/愚拙语弄巧成拙/勤能补拙/心劳日拙]捉★[捕捉/活捉]桌[供桌/炕桌/书桌/围桌/圆桌/八仙桌]倬(显著)棁(梁上的短柱)焯(明显)◎灼★[烧灼]卓★(姓)斫★(用刀斧砍)浊★[浑浊/混浊/溷浊/污浊]酌★[名便酌/菲酌动对酌/斟酌]浞(淋湿)诼[谣诼]啄着★[名穿着/衣着动胶着/黏着形沉着/执着]琢★[雕琢/精雕细琢]禚(姓)斵(削)缴(射鸟的箭上的丝绳)擢[拔擢/升擢]濯★[动洗濯形濯濯(形容山秃)]镯★[手镯/玉镯]非韵脚字 zhuō 涿 zhuó 茁

【33】chuo(ㄔㄨㄛ)踔[跈 chěn 踔(跳跃)]戳★[名日戳/手戳/邮戳动盖戳] ‖ 啜(喝)绰[宽绰]辍[日夜不辍/时作时辍]龊[龌龊]

【34】shuo(ㄕㄨㄛ)说★[名成说/传说/界说/论说/小说/邪说/学说/演说/臆说/杂说/众说动按说/别说/陈说/称说/分说/好说/胡说/话说/假说/讲说/解说/据说/口说/慢说/明说/难说/评说/浅说/劝说/却说/申说/数说/述说/诉说/虽说/听说/妄说/细说/瞎说/叙说/再说/照说语道听途说/自圆其说] ‖ 妁[媒妁]烁[闪烁/烁烁]铄朔硕[肥硕/丰硕/壮硕]搠(刺)蒴[芝麻蒴]数[频数]槊

【35】ruo(ㄖㄨㄛ)挼(揉搓) ‖ 若[连假若/莫若/如若/设若/倘若/宛若语镇定自若]弱[动减弱/示弱/削弱形薄弱/脆弱/单弱/懦弱/疲弱/贫弱/怯弱/柔弱/软弱/衰弱/文弱/纤弱/虚

弱[语]不甘示弱]蒻(嫩的香蒲)箬 [非韵脚字] ruò 偌婼

【36】zuo(ㄗㄨㄛ)作[石作/小器作]嘬◎昨[光景如昨]捽(揪)筰(竹篾拧成的绳索)‖左[[名]山左[动]相左/向左[形]极左]佐[[名]僚佐[动]辅佐]撮(量词)◎作[[名]动作/工作/杰作/原作/著作[动]操作/创作/耕作/工作/合作/劳作/连作/轮作/拟作/套作/细作/协作/写作/振作[形]下作/造作/做作[语]精耕细作/呕心之作/日出而作/无恶不作]坐[[动]打坐/趺坐/端坐/静坐[语]平起平坐/正襟危坐]阼(东面台阶)岞(山名)怍[惭怍/愧怍]柞胙祚[[名]帝祚[动]践祚]唑[咔唑/噻唑]座[[名]宝座/插座/茶座/讲座/末座/上座/雅座[动]叫座/看座/落座/卖座/正座/在座]做[[动]当做/叫做[语]小题大作/胆小不得将军做]酢[酬酢] [非韵脚字] zuó 琢

【37】cuo(ㄘㄨㄛ)搓[揉搓]磋[切磋]撮[一小撮]蹉◎矬痤(病)‖脞[丛脞(琐细)]◎挫[[动]力挫/受挫[语]锐而不挫/抑扬顿挫]厝[安厝/浮厝/暂厝]措[[名]举措[动]筹措/失措/无措[语]不知所措/惊惶失措/手足无措]锉[扁锉/圆锉/方锉/三角锉]错[[名]差错/过错[动]舛错/攻错/认错/筹措[语]觥筹交错/将错就错/犬牙交错/一差二错/纵横交错] [非韵脚字] cuó 嵯瘥酂

【38】suo(ㄙㄨㄛ)唆[教唆/调唆/挑唆]娑[婆娑]梭[[动]投梭/穿梭[语]日月如梭]挲[摩挲]睃(斜眼看)蓑嗦[哆嗦/啰嗦]嗍(吸吮)缩★[抽缩/龟缩/减缩/简缩/紧缩/浓缩/蜷缩/瑟缩/

伸缩/收缩/退缩/萎缩/畏缩/压缩] ‖**所**[名厕所/场所/处所/哨所/寓所/诊所/住所 语 各得其所/流离失所/死得其所] **索**[名绞索/绳索/铁索/线索/绊马索 动 函索/勒索/摸索/求索/思索/搜索/探索/玩索/消索/需索/寻索/则索/只索/追索 形 利索/瑟索/萧索 语 不假思索/冥思苦索/敲诈勒索/路漫漫其修远兮,吾将上下而求索] **琐**[烦琐/繁琐/委琐/猥琐] **锁**[名暗锁/枷锁/拉锁/连锁/石锁/撞锁/长命锁 动 封锁/上锁 语 名缰利锁/披枷带锁/双眉紧锁] 非韵脚字 suō 莎桫羧 suǒ 唢

第三道　乜邪辙

一、乜邪辙声律启蒙

其　一

圆对方，正对斜；鄙俗对卓越。

吕望兆飞熊，庄周梦化蝶。

皎易污，柔难绝；鬼雄对人杰。

诗成六艺备，乐奏八音谐。

服从兴，威人灭；

陈平善解白登危，黄盖能成赤壁捷。

义旗西指韩侯扶汉卷三秦，

文教南宣武帝平蛮开百越。

飞熊：西伯将猎，卜之，得飞熊之兆，果遇吕望（姜太公）于渭南。化蝶：庄子梦化为蝶。六艺：风雅颂赋比兴。八音：金石丝竹匏土革木。陈平：汉高祖谋臣，帝困于白登，平以美人计解围。黄盖：孙权将，诈降曹操，成就赤壁之火功。

其　二

门对户，陌对街；城市对宫阙。

舞裙对歌袖，玉陛对瑶阶。

情悠悠，意切切；笑语对叹嗟。
银筝一奏花，珊枕半床月。
列八佾，响十乐；
调羹必要用盐梅，做酒固难忘曲糵。
绵缆清江横笛洞箫通碧落，
华灯明夜遗簪堕翠遍香街。

曲糵(niè)：酒曲。

其　三

双对单，重对叠；初归对久别。
皓月上松梢，疏星浮荇叶。
花无言，竹有节；负心对违约。
鸟倦亦知还，龙潜终得跃。
比干心，苌弘血；
无鱼冯铗必须弹，有酒阮貂奚用解。
雨过皇洲琉璃颜色灿华清，
风来帝苑荷菱清香飘太液。

比干：殷纣王淫乱，比干犯颜强谏，纣王怒，剖其心而死。苌弘：周灵王时人，遭谗放逐蜀地，遂剖腹死，其血三年化为碧玉。冯铗：战国时，有冯驩为孟尝君客卿，弹长铗归来兮，食无鱼。阮貂：晋代有阮孚，解金貂换酒。

二、乜邪辙诗歌欣赏

《江雪》(唐·柳宗元)

千山鸟飞绝,万径人踪灭。
孤舟蓑笠翁,独钓寒江雪。

* 绝、灭、雪,押韵(屑韵)

《满江红》(宋·岳飞)

怒发冲冠,凭栏处,潇潇雨歇。
抬望眼,仰天长啸,壮怀激烈。
三十功名尘与土,八千里路云和月。
莫等闲、白了少年头,空悲切。
靖康耻,犹未雪;
臣子恨,何时灭?
驾长车踏破、贺兰山缺。
壮志饥餐胡虏肉,笑谈渴饮匈奴血。
待从头收拾旧山河,朝天阙。

* 歇、烈、月、切、雪、灭、缺、血、阙,押韵(月屑通韵)

《忆秦娥·娄山关》(毛泽东)

西风烈,长空雁叫霜晨月。
霜晨月,马蹄声碎,喇叭声咽。

雄关漫道真如铁，而今迈步从头越。
从头越，苍山如海，残阳如血。

＊烈、月、咽、铁、越、血，押韵（月屑通韵）

《五月的鲜花》（歌词选段）

五月的鲜花开遍了原野，
鲜花掩盖着志士的鲜血。
为了挽救这垂危的民族，
他们曾顽强地抗战不歇。
……

三、乜邪辙特色分析

乜邪辙所收韵脚字不多，现代人们都把它视为“最窄辙”（或称“险韵”）。此辙声音不太响亮，因此，多用来抒发忧伤、沉郁的情怀。比如柳宗元的《江雪》，刻画了一个寂寥而苍茫的境界，表现的是个人孤立无援而又特立独行的精神。岳飞的《满江红》，忠愤之情跃然纸上，真可裂金石、泣鬼神。毛主席的《娄山关》，时代背景是红军离开遵义，本想向北与四方面军会合，可是由于敌人重兵堵截，计划受挫，只得再转头二渡赤水，重新进军遵义，娄山关之战便是在这途中发生的。虽然此战取得胜利，但念及整个革命前途，谁人的心情能轻松呢？陈毅同志在解释这首词时，曾说毛主席因没有完成战略任务而“闹情绪”(陈毅因此受到极左派严厉批判)。我们且不论伟人是否也会“闹情绪”,只谈词中那种苍凉悲壮,确实令人荡气回肠。贺敬之同志在粉碎“四人帮”后,写下长诗《中国的十月》,其开头部分也是用的乜邪辙:“一九七六年,永远难忘的十月。在庆祝粉碎‘四人帮’取得伟大胜利的 此时此刻,我站在天安门广场——我们阶级的队列。在英雄纪念碑下,想烈士的鲜血,心潮澎湃呵 似大江东去浪千叠……”只这几句读完,我们就油然而生一种庄严肃穆的历史感、沉重感。显然,诗人选用乜邪辙也增强了这样的功效。

乜邪辙的用字,在《词韵》里多归“第 18 部 物月曷黠屑叶”。第 18 部属字有 270 多个,当时不算最少。有意思的是:柳永以此韵部完成了《雨霖铃》:“寒蝉凄切,对长亭晚,骤雨初歇。都门帐饮无绪,留恋处、兰舟催发。执手相看泪眼,竟无语凝噎。念去去、千里烟波,暮霭沉沉楚天阔。多情自古伤离别,更哪堪、冷落清秋节!今宵酒醒何处?杨柳岸、晓风残月。此去经年,应是良辰好景虚设。便纵有千种风情,更与何人说?”成为婉约派代表作;而苏轼又用此韵部写成了《念奴娇·赤壁怀古》:“大江东去,浪淘尽千古风流人物。故垒西边人道是,三国周郎赤壁。乱石穿空,惊涛拍岸,卷起千堆雪。江山如画,一时多少豪杰。遥想公瑾当年,小乔初嫁了,雄姿英发。羽扇纶巾,谈笑间,樯橹灰飞烟灭。故国神游,多情应笑我早生华发。人间如梦,一尊还酹江月。”成为豪放派的代表作。

四、乜邪辙同韵音节情况

【此韵含-ie(丨せ),-üe(ㄩせ)两种韵母;出音节 17 个】

〈齐齿呼〉【1】ye(丨せ)[掖]

【2】bie(ㄅ丨せ)[憋]【3】pie(ㄆ丨せ)[氕]【4】mie(ㄇ丨せ)[乜]

【5】die(ㄉ丨せ)[爹]【6】tie(ㄊ丨せ)[帖]

【7】nie(ㄋ丨せ)[捏]【8】lie(ㄌ丨せ)[咧]

【9】jie(ㄐ丨せ)[阶]【10】qie(ㄑ丨せ)[切]【11】xie(ㄒ丨せ)[些]

〈撮口呼〉【12】yue(ㄩせ)[曰]

【13】nüe(ㄋㄩせ)[虐]【14】lüe(ㄌㄩせ)[掠]

【15】jue(ㄐㄩせ)[撅]【16】que(ㄑㄩせ)[炔]【17】xue(ㄒㄩせ)[削]

* 乜邪辙 17 音节,每个音节的韵腹都是 ê。ê[ε],前、半低、不圆唇舌面元音。

五、乜邪辙常见同韵字词

【1】ye(丨せ)掖噎[抽噎/防噎/哽噎/涩噎/酸噎] ◎邪[莫邪(剑名)]爷[大爷/佛爷/老爷/少爷/师爷/太爷/王爷/爷爷/老天爷/马王爷/兔儿爷/阎王爷/灶王爷/青天大老爷]耶[是耶/

非耶]铘[镆铘]‖也[空空如也/天助我也/非不能也,是不为也/来而不往非礼也/亡羊补牢,未为晚也]冶[动陶冶形妖冶]野[名遍野/草野/朝野/村野/分野/荒野/郊野/旷野/平野/山野/视野/四野/田野/文野/原野动撒野/下野/越野/在野形粗野/村野/狂野语哀鸿遍野/坚壁清野/漫山遍野]◎业[名百业/别业/产业/大业/功业/行业/基业/家业/旧业/课业/生业/实业/事业/同业/伟业/物业/学业/勋业/遗业/正业/职业/专业/祖业/作业动毕业/创业/从业/待业/结业/开业/失业/始业/守业/受业/停业/无业/休业/修业/肄业/营业/在业/转业/卒业语安居乐业/兢兢业业]叶[名百叶/茶叶/初叶/绿叶/落叶/末叶/烟叶/一叶/枝叶/中叶语粗枝大叶/红花绿叶/金枝玉叶/添枝加叶]页[册页/插页/扉页/画页/活页/书页]曳[驰曳/牵曳/拖曳/徐曳/摇曳]邺夜[名半夜/残夜/彻夜/成夜/初夜/黑夜/连夜/漏夜/年夜/前夜/日夜/深夜/通夜/午夜/消夜/星夜/夤夜/元夜/月夜/昼夜/子夜动熬夜/陪夜/起夜/入夜/守夜/巡夜/值夜语日以继夜/深更半夜]咽[哀咽/悲咽/哽咽/凝咽/呜咽/幽咽/抽抽咽咽]晔(光)烨(火光;日光;光盛)掖[名宫掖/中掖动扶掖/奖掖/秘掖/戎掖/提掖/诱掖]液[名毒液/浆液/津液/精液/黏液/溶液/体液/唾液/血液/玉液/汁液动输液]谒[拜谒/参谒/朝谒/干谒/进谒/晋谒/礼谒/请谒/求谒/造谒]腋[名狐腋/群腋/肘腋动集腋]馌(往田野送饭)靥[娇靥/酒靥/两靥/浅靥/微靥/笑靥]非韵脚字 yē 椰 yé 揶

【2】bie(ㄅㄧㄝ)憋鳖★[名马鳖/土鳖语瓮中之鳖/敢上九天

揽月，敢下五洋捉鳖]◎别★[名差别/级别/类别/派别动辨别/分别/告别/饯别/鉴别/离别/区别/识别/送别/惜别/永别/赠别形个别/特别语送君千里，终有一别]蹩‖瘪◎别

【3】pie(ㄆㄧㄝ)氕撇瞥★[一瞥]‖撇[把嘴一撇/八字没一撇]非韵脚字 piě 苤

【4】mie(ㄇㄧㄝ)乜咩(羊叫声)‖灭[动覆灭/幻灭/毁灭/歼灭/剿灭/泯灭/磨灭/破灭/扑灭/扫灭/死灭/吞灭/熄灭/消灭语天诛地灭/自生自灭]蔑[轻蔑/污蔑/诬蔑/侮蔑]篾[竹篾]

【5】die(ㄉㄧㄝ)爹[干爹/公爹/后爹/老爹]跌★[动暴跌/猛跌/下跌语吃饭防噎，走路防跌]◎迭★[更迭/忙不迭/叫苦不迭]垤★[丘垤/蚁垤]绖★(古代丧服上的麻布带子)瓞[绵绵瓜瓞(比喻子孙昌盛)]谍★[间谍]★揲★(折叠)堞[城堞/雉堞]耋[耄耋]喋★[喋喋]牒★[度牒/谱牒/史牒/通牒]叠★[动打叠/堆叠/折叠形重叠/层层叠叠]碟[菜碟/凉碟/锅碗盆碟]蝶★[粉蝶/凤蝶/蝴蝶/蛱蝶]蹀[躞蹀]鲽(浅海鱼)

【6】tie(ㄊㄧㄝ)帖[伏帖/服帖/宁帖/妥帖/熨帖]贴★[名补贴/锅贴/津贴/招贴动补贴/倒贴/剪贴/体贴/粘贴/张贴形伏贴]萜(有机化合物)‖帖[名禀帖/房帖/庚帖/回帖/黑帖/柬帖/请帖/谢帖/无名帖动换帖]铁[名白铁/磁铁/地铁/钢铁/烙铁/生铁/洋铁/陨铁/铸铁动打铁/炼铁/熔铁语趁热打铁/手无寸铁/砸锅卖铁/斩钉截铁]◎帖[名碑帖/法帖/画帖/字帖/习字帖动临帖]餮[饕餮]

【7】nie(ㄋㄧㄝ)捏★[拿捏]◎苶[发苶]‖乜(姓)隉[杌隉(不

安定)]聂(姓)臬涅啮嗫镊镍蹑孽[名妖孽/冤孽/罪孽 动造孽/作孽 语残渣余孽]蘖[分蘖]糵(酒曲) 非韵脚字 niè 颞

【8】lie(ㄌ丨ㄝ)咧[大大咧咧] ‖ 咧[胡咧/胡诌八咧]裂◎列[名队列/行列/前列/系列 动并列/陈列/出列/开列/罗列/排列]劣[卑劣/粗劣/低劣/恶劣/拙劣]冽[凛冽/山高风冽]洌[泉香酒洌]埒[河埒]烈[名功烈/先烈 形暴烈/炽烈/刚烈/激烈/猛烈/强烈/壮烈 语轰轰烈烈/兴高采烈]捩[转捩]猎[出猎/打猎/涉猎/狩猎/田猎/渔猎]裂[动迸裂/车裂/分裂/割裂/决裂/皲裂/破裂 语身败名裂/四分五裂/天崩地裂]躐鬣(某些兽类颈上的长毛)◎咧(助词) 非韵脚字 liè 趔

【9】jie(ㄐ丨ㄝ)阶[官阶/军阶/台阶/音阶]疖结★[巴巴结结/五谷不结]接★[动承接/剪接/间接/交接/紧接/连接/联接/邻接/衔接/迎接/直接 语短兵相接/目不暇接/青黄不接]秸[豆秸/麦秸/秫秸]揭[昭然若揭]喈[喈喈(拟声)]嗟[叹嗟]街[名大街/步行街 动临街/骂街/跑街/上街/沿街/游街]湝[湝湝(水流动的样子)]楷(黄连木)◎孑(单独)节★[名春节/符节/关节/环节/季节/佳节/礼节/年节/气节/情节/时节/使节/晚节/细节/音节/贞节/枝节/竹节/妇女节/国庆节/劳动节/青年节/中秋节 动拜节/变节/删节/失节/守节/调节/殉节 语卑躬屈节/不拘小节/繁文缛节/高风亮节/横生枝节/盘根错节]讦[攻讦]劫★[打劫/浩劫/剽劫/抢劫/洗劫/遭劫]杰★[名豪杰/俊杰/人杰/雄杰/英杰 语识时务者为俊杰/无情未必真豪杰]诘[驳诘/反诘/究诘/盘诘]洁[形纯洁/高洁/光洁/简洁/皎洁/廉

洁/清洁/圣洁/贞洁/整洁[语]冰清玉洁]结★[[名]小结/活结/死结/症结/总结/蝴蝶结[动]保结/打结/缔结/冻结/勾结/归结/集结/具结/联结/了结/凝结/盘结/团结/完结/郁结/终结/总结[语]冤家宜解不宜结]桀捷★[[名]大捷[动]报捷/告捷/献捷/祝捷/奏捷[形]便捷/简捷/矫捷/快捷/敏捷/轻捷/迅捷]偈(勇武)婕颉睫★[目不交睫]蜐[石蜐]截★[[动]堵截/拦截/邀截/阻截[形]齐截/直截]碣★[墓碣/残碑断碣]竭★[[动]耗竭/穷竭[形]枯竭/疲竭/衰竭[语]精疲力竭/声嘶力竭/心衰力竭/源源不竭/再衰三竭/取之不尽,用之不竭]羯‖姐[表姐/大姐/姐姐/小姐/窑姐/张姐]毑[娭 āi 毑(祖母)]解[[名]见解/题解/详解/注解/图解[动]辩解/潮解/电解/费解/分解/和解/讲解/理解/谅解/了解/排解/曲解/劝解/溶解/调解/通解/瓦解/误解/消解/肢解[语]不求甚解/大惑不解/土崩瓦解/一知半解/迎刃而解]◎介[[名]简介/媒介/评介/中介[形]耿介/孤介/狷介/纤介]价戒[[名]鉴戒/杀戒/钻戒[动]惩戒/警戒/开戒/力戒/破戒/受戒/斋戒[语]言者无罪,闻者足戒]芥[草芥/纤芥]玠(大的圭)届[本届/历届/首届/应届]界[[名]边界/地界/分界/各界/管界/国界/疆界/境界/临界/商界/上届/世界/外界/下界/仙届/眼界/政界/租界/动物界/妇女界/科学界/文艺界/自然界[动]出界/交界/接界]疥[穷生虱子富长疥]诫[告诫/规诫/劝诫/训诫]蚧[蛤蚧]借[拆借/筹借/出借/假借/凭借/求借/租借]骱[脱骱]解[递解/起解/押解]藉[慰藉/蕴藉/枕藉]◎价[甭价/别价/不价/成天价]家[整天家/成年家][非韵脚字]jiē 喈 jié 拮桔 jiè 褯

【10】qie(ㄑㄧㄝ)切[余切/正切/一刀切] ◎茄[颠茄/番茄] ‖ **且[形苟且 连并且/而且/姑且/况且/尚且/暂且] ◎切[名反切 代一切 形悲切/操切/关切/恳切/密切/迫切/凄切/亲切/确切/热切/深切/贴切/殷切/真切 语报仇心切/寒蝉凄切/目空一切]郄(姓)妾[名贱妾/美妾/奴妾/妻妾/小妾/三妻四妾 动纳妾/作妾]怯[动露怯 形卑怯/胆怯/羞怯]窃[名惯窃 动盗窃/剽窃/失窃/偷窃/行窃 形窃窃]挈[带挈/提挈]惬(满足)趄[趔趄]慊(满意)锲(雕刻)箧[书箧/藤箧/行箧]** 非韵脚字 qié 伽 qiè 砌

【11】xie(ㄒㄧㄝ)些[形多些/快些/好些/险些 代某些/哪些/那些/这些 数好些/一些/有些 副险些]揳楔[木楔/竹楔]歇★[安歇/间歇/衰歇/停歇/闲歇]蝎★[毒蝎] ◎叶协★[名科协/贫协/政协/作协 动妥协]邪[动辟邪/驱邪/中邪 形奸邪/无邪]胁[威胁]挟★[裹挟/要挟]偕[搀偕/扶偕/相偕]斜[乜斜/倾斜/歪斜]谐[形和谐 语亦庄亦谐]颉(姓)携[扶携/提携/相携]鲑(鱼类菜肴)撷[采撷]鞋[名便鞋/冰鞋/草鞋/胶鞋/凉鞋/跑鞋/皮鞋/球鞋/拖鞋/小鞋/绣花鞋/高跟儿鞋 语穿小鞋/常在河边站，哪有不湿鞋]勰(协和)缬★(有花纹的丝织品) ‖ **写[名大写/简写/速写/缩写/特写/小写 动编写/采写/抄写/代写/复写/改写/描写/默写/拼写/谱写/缮写/手写/书写/誊写/填写 语轻描淡写]血[动便血/咯血/吐血 语一针见血] ◎泄[动发泄/排泄/下泄/宣泄 语气可鼓不可泄]泻[奔泻/腹泻/流泻/倾泻/上吐下泻]绁[缧léi绁]契(人名)卸[拆**

卸/交卸/推卸/脱卸/装卸]屑[名 冰屑/木屑/铁屑 动 不屑 形 琐屑]械[名 机械/军械/器械/枪械 动 缴械]亵[猥亵]渫谢[动 璧谢/称谢/酬谢/答谢/道谢/凋谢/多谢/感谢/叩谢/面谢/鸣谢/婉谢/萎谢/致谢 语 千恩万谢/新陈代谢]塮[鸡塮/猪塮]解[跑马卖解]榭[水榭/歌台舞榭]薤薢[萆薢(藤本植物)]嶰[幽嶰]廨[公廨]澥[渤澥(渤海)]懈[松懈/常备不懈/坚持不懈]燮[调燮]蟹[名 海蟹/河蟹/螃蟹/醉蟹 语 一蟹不如一蟹]瀣[沆瀣]躞[蹀躞] 非韵脚字 xiè 写 xiè 榍獬邂

【12】yue(ㄩㄝ)曰[名之曰/诗云子曰]约★[名 草约/稿约/公约/规约/合约/和约/婚约/盟约/聘约/契约/商约/誓约/条约/乡约/协约/租约/乡规民约 动 背约/缔约/订约/负约/赴约/ 换约/践约/节约/解约/立约/履约/失约/爽约/特约/婉约/违约/相约/邀约/预约/制约 形 绰约/集约/俭约/简约/隐约 副 大约] ‖ 哕[干哕]◎月[名 残月/初月/大月/淡月/当月/冬月/风月/荒月/霁月/腊月/落月/满月/弥月/蜜月/年月/平月/日月/闰月/岁月/旺月/小月/新月/元月/个把月/朔望月 动 包月/出月/临月/踏月/跳月/匝月/足月 语 长年累月/春花秋月/风花雪月/烘云托月/荒时暴月/镜花水月/披星戴月/水中捞月/吴牛喘月/吟风弄月/众星捧月/三十功名尘与土,八千里路云和月/人生得意须尽欢,莫使金樽空对月]乐[名 哀乐/鼓乐/管乐/军乐/礼乐/民乐/器乐/声乐/西乐/仙乐/弦乐/雅乐/音乐/交响乐/爵士乐/标题音乐 动 配乐/奏乐]刖(砍掉脚的酷刑)玥(传说中的神珠)岳[岱岳/东岳/河岳/令岳/山岳/五岳]钥[锁钥]说钺阅[参阅/查阅/察阅/呈阅/传阅/订阅/翻阅/检

阅/校阅/批阅/披阅/评阅/圈阅/赏阅/审阅/赠阅]悦[动 **取悦** 形 **不悦/和悦/喜悦/欣悦/愉悦]跃**[动 **飞跃/奋跃/欢跃/雀跃/腾跃/跳跃/鱼跃** 形 **活跃/踊跃/跃跃** 语 **龙腾虎跃/天空任鸟飞，海阔凭鱼跃]越**[名 **百越/檀越/吴越** 动 **超越/穿越/颠越/翻越/横越/僭越/跨越/攀越/腾越/偷越/逾越/陨越/从头越** 形 **激越/清越/优越/卓越]粤**[**两粤/闽粤**]**樾龠瀹** 非韵脚字 yuè 栎

【13】nüe（ㄋㄩㄝ）**虐**[形 **暴虐/酷虐** 语 **助纣为虐**] 非韵脚字 nüè 疟

【14】lüe（ㄌㄩㄝ）**掠**[**笞掠/劫掠/拷掠/掳掠/抢掠]略**[名 **策略/大略/胆略/方略/概略/节略/谋略/韬略/战略/传略** 动 **忽略/节略/领略/侵略/省略** 形 **简略** 语 **雄才大略]锊**（古代量词）**圙**[**圐kū圙**]

【15】jue（ㄐㄩㄝ）撅★ 噘◎ 孓[孑孓]决★[动 表决/裁决/处决/否决/公决/解决/溃决/判决/枪决/取决/未决/议决/斩决/自决 形 果决/坚决 语 速战速决/悬而未决/犹豫不决]诀★[名 歌诀/口诀/秘诀/妙诀/先决 动 掐诀/永诀]抉角★[丑角/旦角/红角/口角/坤角/配角/主角]玦珏觉★[名 触觉/错觉/幻觉/视觉/听觉/先觉/嗅觉/知觉/直觉 动 察觉/发觉/感觉/警觉/自觉 语 不知不觉/大梦初觉/先知先觉/神不知，鬼不觉]绝★[动 杜绝/断绝/隔绝/根绝/回绝/叫绝/禁绝/拒绝/决绝/灭绝/谢绝/自绝 形 超绝/决绝/卓绝 语 悲痛欲绝/弹尽粮绝/风清弊绝/坚苦卓绝/络绎不绝/色艺双绝/深恶痛绝/

滔滔不绝/韦编三绝/斩尽杀绝/事不可做绝]掘[采掘/发掘/开掘/罗掘/挖掘]桷(方形椽子)崛[奇崛]脚觖(不满意)厥[昏厥/惊厥/气厥/痰厥/晕厥]劂[剞jī劂]谲★[怪谲/诡谲/狡谲/奇谲/险谲]蕨★獗[猖獗]橛[木橛]噱[可发一噱]镢★爵★[名伯爵/公爵/官爵/侯爵/晋爵/酒爵/男爵/勋爵/子爵动拜爵/封爵语卖官鬻爵]蹶矍嚼[动咀嚼语过屠门而大嚼]爝攫镬

‖ **倔[脾气倔]** 非韵脚字 jüé 倔 jüě 蹶

【16】que(ㄑㄩㄝ)炔[乙炔]缺★[名肥缺/空缺/欠缺/遗缺/余缺动补缺/空缺/欠缺形残缺/短缺语抱残守缺/刊谬补缺/衣食无缺]阙(姓)◎瘸[腿瘸] ‖ **却[动冷却/了却/省却/失却/推却/退却/忘却语盛情难却]悫(诚实)雀[名孔雀/麻雀/燕雀/云雀/朱雀/金丝雀语门可罗雀]确[形精确/明确/正确/准确副的确语千真万确]阕[一阕/乐阕]鹊[喜鹊]阙[名城阙/宫阙/天阙动伏阙]榷[商榷]**

【17】xue(ㄒㄩㄝ)削★[动笔削/剥削/斧削/减削/删削形瘦削]靴[马靴/胶靴/皮靴/雨靴/毡靴/长筒靴/胶皮靴]薛★◎穴★[名巢穴/洞穴/耳穴/匪穴/虎穴/孔穴/墓穴/蚁穴/太阳穴动点穴语犁庭扫穴/龙潭虎穴/千里之堤,毁于一穴/才出狼窝,又入虎穴]茓[竹茓/苇茓]学★[名才学/大学/道学/法学/国学/汉学/经学/旧学/绝学/科学/理学/力学/同学/文学/西学/小学/新学/玄学/义学/中学/烦琐哲学动辍学/放学/复学/讲学/教学/就学/开学/留学/求学/上学/升学/失学/逃学/退学/兴学/休学/游学/治学/转学/自学形博学/好学语

勤工俭学/形而上学]踅噱[发噱]‖雪[名初雪/大雪/积雪/瑞雪/暴风雪 动 滑雪/降雪/申雪/洗雪/下雪/昭雪 语 如汤沃雪/阳春白雪/各人自扫门前雪/有钱难买六月雪]鳕◎血[名 碧血/骨血/气血/热血/鲜血/心血/淤血 动 充血/出血/喋血/蹀血/亏血/流血/贫血/输血/献血/浴血/止血 语 呕心沥血/茹毛饮血/抛头颅,洒热血/以牙还牙,以血还血/平时多流汗,战时少流血]谑[戏谑/谐谑] 非韵脚字 xüé 噱

第四道　姑苏辙

一、姑苏辙声律启蒙

其　一

金对玉，诗对赋；黄鸟对玉兔。

孤舟对短棹，一燕对双凫。

犀角带，象牙梳；李白对杨朱。

秋霜多过雁，夜月有啼乌。

牧笛韵，渔舟橹；

日暖园林花易赏，雪寒村舍酒难沽。

人处岭南善探巨象口中齿，

客居江左偶夺骊龙颔下珠。

棹：桨。凫：野鸭。杨朱：老子的弟子。过雁：北方有白雁，每来必霜降，河北人谓之霜信。

其　二

贤对明，粗对鲁；懦弱对勇武。

点漆对描脂，流觞对提壶。

周有若，汉相如；石帐对郇厨。

轻烟笼岸柳，风急撼庭梧。

头悬梁，锥刺股；

鸲眼一方端石砚，龙涎三炷博山炉。

曲沼鱼多可使渔人结网，

平田兔少漫劳耕者守株。

流觞：古人每逢农历三月上巳日集会于弯曲的水渠旁，上游置酒杯，杯随水流，流至谁面前，谁取杯饮酒。石帐：《晋书》载，石崇尝做锦丝步帐五十里。郇厨：唐代韦陟封郇公，性好奢；厨中饮食错杂，人入其中可饱饫而归。鸲眼：《砚谱》，端溪砚石有鸲鹆眼。龙涎：《香谱》，大食国出龙涎香。博山炉：出自李白诗"博山炉中沉香火"。结网：《董策》，临川羡鱼，不如退而结网。守株：《韩子》中有守株待兔故事。

其　三

秦对赵，越对吴；钓客对耕夫。

琥珀对琉璃，玛瑙对珊瑚。

草伴石，花依树；米舂对药杵。

青眼对白眉，内史对中书。

通五经，晓四书；

秋雨潇潇花烂漫，春风袅袅竹扶疏。

峰峦绕舍隐者乐山居，

波浪拍船舟人骇水宿。

内史：即舍人官；左史记事，右史记言。中书：中书令；唐朝时相当于宰相。

二、姑苏辙诗歌欣赏

《硕鼠》(诗经·魏风)

硕鼠硕鼠,无食我黍!
三岁惯汝,莫我肯顾。
誓将去汝,适彼乐土。
乐土乐土,爰得我所。
……

* 鼠、黍、汝、顾、土、所,押韵(鱼部)

《芙蓉楼送辛渐》(唐·王昌龄)

寒雨连江夜入吴,平明送客楚山孤。
洛阳亲友如相问,一片冰心在玉壶。

* 吴、孤、壶,押韵(虞韵)

《悯农》(唐·李绅)

锄禾日当午,汗滴禾下土。
谁知盘中餐,粒粒皆辛苦。

* 午、土、苦,押韵(虞韵)

《吊古战场文》(唐·李华)

……吾闻夫齐魏徭戍,荆韩召募。万里奔走,连年暴露。

沙草晨牧，河冰夜渡。地阔天长，不知归路。寄身锋刃，愊忆谁诉？……

愊(bì)忆：烦闷。

……鸷鸟休巢，征马踟蹰；缯纩无温，堕指裂肤。当此苦寒，天假强胡；凭陵杀气，以相剪屠。径截辎重，横攻士卒；都尉新降，将军复殁。尸填巨港之岸，血满长城之窟。无贵无贱，同为枯骨。……

缯(zēng)：帛。纩(kuàng)：絮；粗丝绵。凭陵：叠韵联绵词，凭着。

* 戍、募、露、渡、路、诉，押韵(遇韵)；蹰、肤、胡、屠，押韵(虞韵)；卒、殁、窟、骨，押韵(月韵)

《阮郎归》(宋·晏几道)

旧香残粉似当初，人情恨不如。

一春犹有数行书，秋来书更疏。

衾凤冷，枕鸳孤；愁肠待酒舒。

梦魂纵有也成虚，哪堪和梦无。

* 初、如、书、疏、孤、舒、无，押韵(虞韵)

《元日》(宋·王安石)

爆竹声中一岁除，春风送暖入屠苏。

千门万户曈曈日，总把新桃换旧符。

* 除、苏、符，押韵(鱼虞通韵)

《山坡羊》(元·张养浩)

峰峦如聚，波涛如怒，山河表里潼关路。

望西都，意踟蹰，
伤心秦汉经行处。
宫阙万间都做了土。
兴，百姓苦。
亡，百姓苦。

* 聚、怒、路、都、蹰、处、土、苦，押韵（鱼模）

《赣南游击词》（陈毅）

……
天将午，饥肠响如鼓。
粮食封锁已三月，囊中存米清可数。
野菜和水煮。
……

《好大一棵树》（歌词作者　邹友开）
头顶一个天，脚踏一方土；
风雨中你昂起头，冰雪压不服。
好大一棵树，任你狂风呼；
绿叶中留下多少故事，有乐也有苦。
欢乐你不笑，痛苦你不哭，
撒给大地多少绿荫，那是爱的音符。
风是你的歌，云是你脚步，
无论白天和黑夜都为人类造福。

好大一棵树，绿色的祝福，
你的胸怀在蓝天，深藏在沃土。
你的胸怀在蓝天，深藏在沃土。

三、姑苏辙特色分析

“姑苏辙”比较险窄，其韵脚字声音的沉闷程度较“乜邪辙”更甚；因此，更适宜表达幽怨、哀伤的情绪。比如我们前面所选唐代的三篇诗文，一篇反映官场政治的失意，一篇反映农业劳动的艰辛，一篇反映战争场面的惨烈；可见，“姑苏辙”带来的悲观、消极情调是广泛存在的。这种情调和用法一直延续着。到宋代晏几道的《阮郎归》，有人评论“结语殊怨，然不忍割”；到元代张养浩的《山坡羊》，更是从人民屡遭劫难的历史出发，无奈地总结出老百姓根本无望过上一天好日子的惨痛经验。

读宋代王安石的《元日》，似乎可以感觉到一抹节日的喜庆；读陈毅同志的《赣南游击词》，可以体会到一股革命的乐观主义；但是，这一抹喜庆、一股乐观改变不了举步维艰的变法进程、艰苦卓绝的游击战争这层暗淡的背景。

如果说找几首古代文人的姑苏辙诗作还不太难的话，找几首现代的像样的姑苏辙诗作则是相当难了。这或许与现代文人思想境界的提高（少有幽怨、哀伤的情绪）有关吧？我在写“姑苏辙诗歌欣赏”时，费了很大的劲才找到一首“好大一棵树”歌词。我当时就感觉困惑：为什么这歌词在歌颂的同时总让人感觉有一种压抑的、悲苦的底味呢？我曾就此向别人请教，别人告诉我，这是歌颂那些从事教育事业一辈子、“蜡炬成灰泪始干”的老教师的，所以带些苦涩。我将信将疑。直到不久前，我在《文汇读书周报》上看到满妹写的《思念依然无尽——回忆父亲胡耀邦》一书选段，我才知道这歌词是赞颂胡耀邦同志的，是邹友开（词作者）在火车上听到胡耀邦逝世的消息，哀思无尽，连夜写成的——我这才疑团顿消。

说到以姑苏辙表达沉郁情感的诗作，我还想起宋代陆游的《卜算子·咏梅》：“驿外断桥边，寂寞开无主。已是黄昏独自愁，更著风和雨。 无意苦争春，一任群芳妒。零落成泥碾作尘，只有香如故。”（*主、雨、妒、故，押韵第4部）毛主席读过这首词后，“反其意而用之”，写下了自己的《卜算子·咏梅》：“风雨送春归，飞雪迎春到。已是悬崖百丈冰，犹有花枝俏。 俏也不争春，只把春来报。待到山花烂漫时，她在丛中笑。”这首激情昂扬、态度迥别的新“咏梅”，若再步前词韵来写，恐怕是很不适宜了。

四、姑苏辙同韵音节情况

【此辙含-u一种韵母，出音节19个】

〈合口呼〉【1】wu（ㄨ）［兀］

【2】bu（ㄅㄨ）［逋］【3】pu（ㄆㄨ）［仆］

【4】mu（ㄇㄨ）［毪］【5】fu（ㄈㄨ）［夫］

【6】du(ㄉㄨ)[厾]【7】tu(ㄊㄨ)[凸]

【8】nu(ㄋㄨ)[奴]【9】lu(ㄌㄨ)[撸]

【10】gu(ㄍㄨ)[估]【11】ku(ㄎㄨ)[矻]【12】hu(ㄏㄨ)[乎]

【13】zhu(ㄓㄨ)[朱]【14】chu(ㄔㄨ)[出]

【15】shu(ㄕㄨ)[殳]【16】ru(ㄖㄨ)[如]

【17】zu(ㄗㄨ)[租]【18】cu(ㄘㄨ)[粗]【19】su(ㄙㄨ)[苏]

* 姑苏辙 19 音节,每个音节的韵腹都是 u。u[u],后、高、圆唇舌面元音。

五、姑苏辙常见同韵字词

【1】wu(ㄨ)乌[名金乌/何首乌 语爱屋及乌]圬邬(姓)污[动玷污/奸污/去污/贪污 形卑污 语拆烂污/藏垢纳污/同流合污/骁骁者易折,皎皎者易污]巫[名男巫/女巫 语小巫见大巫]呜(拟声)於(叹词)钨诬[辩诬]屋★[名房屋/里屋/木屋/书屋/堂屋/外屋/茅草屋/黄金屋 语叠床架屋]恶(叹词)◎无[不识之无/聊胜于无/气人有,笑人无/大事化小,小事化无/宁可信其有,不可信其无/害人之心不可有,防人之心不可无]毋(姓)芜[名平芜 形繁芜/荒芜/蘼芜]吾[支吾]吴[东吴/魏蜀吴]郚[郿郚(地名)]唔[咿唔]浯梧[名碧梧 形魁梧]鹀铻[锟铻]鼯‖**五[动破五 语二百五/二一添作五/一退六二五]午[端午/晌午/上午/下午/正午/中午]伍[名队伍/行伍 动落**

伍/配伍/入伍/退伍[语]羞与为伍]仵(姓)迕[舛迕/错迕/乖迕/违迕/相迕]庑[东庑/廊庑/西庑]怃忤[与人无忤]武[[动]比武/步武/动武/继武/练武/尚武/用武/踵武[形]威武/英武/勇武[语]穷兵黩武/胜之不武]侮[[名]外侮[动]凌侮/欺侮/御侮[语]民心不可侮]捂牾[抵牾]鹉[鹦鹉]舞[[名]歌舞/剑舞/芭蕾舞/交际舞/狮子舞/新疆舞[动]伴舞/飞舞/鼓舞/挥舞/飘舞/起舞[语]欢欣鼓舞/龙飞凤舞/眉飞色舞/轻歌曼舞/群魔乱舞/闻鸡起舞/莺歌燕舞/载歌载舞] ◎兀[突兀]勿[切勿/请勿]戊务[[名]财务/常务/防务/公务/国务/家务/教务/任务/商务/时务/事物/税务/特务/业务/医务/义务/杂务/债务/职务/总务[动]服务[语]不急之务/不识时务]坞[船坞/村坞/花坞/山坞]芴杌物[[名]宝物/博物/财物/产物/动物/读物/废物/公物/古物/谷物/怪物/货物/景物/静物/刊物/矿务/礼物/器物/人物/生物/失物/实物/食物/事物/饰物/玩物/万物/文物/衣物遗物/异物/植物/作物/参照物/等价物/建筑物/农作物/微生物/碳水化合物[语]恃才傲物/待人接物/空洞无物/庞然大物/身无长物/识时达物/探囊取物/言之有物/卤水点豆腐——一物降一物]误[[名]笔误/舛误/错误/讹误/口误/谬误/失误[动]迟误/耽误/勘误/脱误/违误/无误/延误/坐误[语]聪明反被聪明误]恶[[名]好恶[动]痛恶/厌恶/憎恶[形]可恶]悟[[动]感悟/悔悟/觉悟/领悟/省悟/醒悟[语]幡然悔悟/恍然大悟/执迷不悟]晤[会晤/面晤]焐婺骛[驰骛/旁骛/外骛]雾[[名]尘雾/迷雾/烟雾/妖雾/云雾/五里雾[语]喷云吐雾/腾云驾雾]

寤鹜[刻鹄类鹜/趋之若鹜]鋈(白铜)非韵脚字 wū 兀 wú 蜈 wǔ 妩 wù 乌阢靰痦

【2】bu(ㄅㄨ)逋晡(申时)◎醭[名白醭动长醭]‖卜[动问卜/预卜/占卜语存亡未卜/胜负可卜]补[动帮补/递补/点补/垫补/缝补/候补/互补/弥补/添补/填补/贴补/挖补/修补/增补/滋补语不无小补/空言无补]捕[被捕/逮捕/拘捕/拒捕/搜捕/巡捕/追捕]哺[嗷嗷待哺/一饭三吐哺]堡[吴堡(地名)]◎不[好不/去不/要不]布[名粗布/墩布/帆布/花布/画布/卢布/露布/抹布/麻布/棉布/幕布/坯布/瀑布/土布/遮羞布动摆布/颁布/遍布/发布/分布/公布/散布/宣布语斗粟尺布/星罗棋布/阴云密布]步[名地步/方步/狐步/脚步/碎步/四方步动进步/举步/跑步/起步/让步/散步/踏步/退步/信步/止步形初步/健步/进步/同步/徒步/退步/正步/逐步语高视阔步/望而却步/原地踏步/紧行无好步/五十步笑百步/百尺竿头更进一步]怖[恐怖/阴森可怖]钚(金属元素)埔[大埔(地名)]埗[深水埗(地名)]部[本部/队部/肺部/干部/户部/局部/军部/面部/内部/全部/上部/声部/外部/西部/细部/胸部/学部/营部/支部/总部/编辑部/俱乐部/门市部/商务部/司令部/统帅部/外交部/指挥部]埠[名本埠/船埠/商埠/外埠动开埠]瓿[酱瓿]簿[名账簿/户口簿/记事簿/练习簿/生死簿/收文簿动对簿]非韵脚字 bǔ 卟

【3】pu(ㄆㄨ)仆★[颠仆/前仆]扑★[名粉扑动鞭扑/反扑/猛扑形红扑扑]铺噗(拟声)潽◎仆[名公仆/奴仆/童仆/主仆

语风尘仆仆]莆(姓)脯[胸脯/鸭脯]蒲[菖蒲/香蒲]璞[抱璞/归真反璞]镤(金属元素)濮‖朴[纯朴/淳朴/古朴/浑朴/俭朴/素朴/质朴]埔[黄埔]圃[菜圃/花圃/老圃/苗圃/园圃]浦[乍浦(地名)]普溥(姓)谱[名词谱/大谱/歌谱/光谱/画谱/家谱/简谱/兰谱/老谱/脸谱/年谱/棋谱/曲谱/声谱/食谱/图谱/印谱/乐谱/准谱/总谱/群芳谱/五线谱/鸳鸯谱动摆谱/打谱/记谱/离谱/没谱/贴谱/在谱]镨(金属元素)蹼[脚蹼/鸭蹼]◎铺[床铺/当铺/地铺/店铺/吊铺/饭铺/肉铺/通铺/窝铺/卧铺/药铺/杂货铺]堡[十里堡]暴瀑[飞瀑]曝非韵脚字 pú 匍菩葡 pǔ 氆

【4】mu(ㄇㄨ)模[名木模/铅模/砂模/铜模/字模/石膏模动冲模/拉模/铸模]‖母[名鸨母/伯母/嫡母/分母/姑母/后母/继母/酵母/酒母/舅母/老母/声母/圣母/师母/庶母/水母/养母/姨母/岳母/云母/韵母/祖母/亲家母/西王母/曾祖母/拼音字母/衣食父母语失败乃成功之母]牡亩[地亩/畎亩/市亩/田亩]坶[垆坶]姆[保姆/欧姆]姥◎木[名草木/电木/拱木/棺木/灌木/果木/红木/花木/积木/坑木/林木/苗木/楠木/乔木/软木/树木/苏木/土木/乌木/朽木/硬木/原木/枕木/平衡木/檀香木形麻木语大兴土木/无本之木/行将就木/移花接木]目[名耳目/纲目/价目/节目/剧目/科目/眉目/面目/名目/篇目/品目/书目/数目/税目/题目/条目/头目/戏目/细目/项目/要目/账目/子目/总目/长鼻目/单孔目/革翅目/奇蹄目/鳞翅目/灵长目/膜翅目/啮齿目/偶蹄目/鞘翅目/翼手目动侧目/触目/夺目/反目/过目/极目/举目/瞑目/张目/

瞩目/注目/纵目 形 **触目/夺目/盲目/醒目/炫目/悦目** 语 **疮痍满目/慈眉善目/横眉立目/金刚努目/历历在目/琳琅满目/巧立名目/赏心悦目/死不瞑目/光彩夺目/引人注目/獐头鼠目/庐山真面目]牟[中牟**(地名)**]沐牧[** 名 **畜牧** 动 **放牧/轮牧/游牧]钼**(金属元素)**募[筹募/化募/劝募/应募/招募/征募]墓[** 名 **坟墓/公墓/古墓/陵墓/烈士墓** 动 **盗墓/掘墓/扫墓** 语 **自掘坟墓]幕[** 名 **黑幕/内幕/屏幕/铁幕/天幕/帷幕/序幕/烟幕/夜幕/银幕/帐幕/字幕** 动 **报幕/闭幕/揭幕/开幕/落幕/谢幕]睦[不睦/和睦]慕[** 名 **那达慕** 动 **爱慕/景慕/敬慕/渴慕/企慕/倾慕/思慕/羡慕/向慕/歆慕/仰慕]暮[** 名 **薄暮** 形 **迟暮/垂暮]穆[静穆/肃穆]** 非韵脚字 mú 毪 mǔ 拇 mù 仫苜

【5】fu(ㄈㄨ)夫[名 病夫/车夫/大夫/独夫/更夫/工夫/功夫/鳏夫/伙夫/脚夫/姐夫/老夫/马夫/妹夫/农夫/懦夫/匹夫/前夫/千夫/纤夫/樵夫/情夫/挑夫/屠夫/武夫/丈夫/大丈夫/士大夫/未婚夫 语 重赏之下，必有勇夫/量小非君子，无毒不丈夫/踏破铁鞋无觅处，得来全不费工夫］玞［珷玞(像玉的石块)］肤［ 名 肌肤/皮肤 语 体无完肤］麸［糠麸/麦麸］趺［龟趺/石趺］稃［内稃/外稃］鄜孵敷［冷敷/热敷/外敷］◎夫弗(姓)伏★［ 名 三伏 动 倒伏/俯伏/埋伏/匿伏/潜伏/蜷伏/设伏/降伏/歇伏/隐伏/蛰伏 语 此起彼伏/危机四伏/冷在三九，热在三伏/冬练三九，夏练三伏］凫扶［搀扶/红花还得绿叶扶］芾［米芾(人名)］佛★［仿佛］孚(使人信服)拂★［吹拂/披拂/飘拂/照拂］苻(姓)茀(杂草多)服★［ 名 被服/朝服/军服/盛服/素服/微服/

西服/孝服/衣服[动]拜服/宾服/臣服/冲服/克服/口服/佩服/平服/屈服/慑服/收服/说服/叹服/推服/吞服/心服/信服/驯服/压服/折服/征服/制服[形]舒服/顺服/畏服/信服/驯服/悦服[语]水土不服/奇装异服/心悦诚服]佛绂绋[执绋]韨罘[芝罘(山名)]氟(气体元素)俘[[名]战俘[动]被俘/遣俘/生俘]郛(围在城外的大城)洑祓莩蚨[青蚨]浮[[动]沉浮/漂浮/悬浮[形]轻浮/心浮/虚浮[语]心躁气浮]菔[莱菔]桴(鼓槌)符[[名]兵符/虎符/画符/声符/桃符/意符/音符/鬼画符/护身符[语]名实不符]匐[匍匐]涪袱★[包袱]艴幅★[边幅/波幅/播幅/横幅/画幅/篇幅/条幅/调幅/振幅]辐[轮辐]蜉[蚍蜉]鹏★福★[[名]洪福/后福/口福/万福/幸福/眼福/全家福[动]发福/纳福/托福/享福/造福/祝福[语]因祸得福/作威作福/儿孙自有儿孙福/身在福中不知福/大难不死,必有后福/塞翁失马,焉知非福/天有不测风云,人有旦夕祸福]蝠★[蝙蝠]幞黻‖父[田夫/渔夫]抚[[名]督抚/巡抚[动]爱抚/安抚/督抚/巡抚/优抚/招抚[语]好言相抚]甫[神甫/台甫]拊(拍手)斧[[名]板斧/开山斧[语]班门弄斧/大刀阔斧/神功鬼斧]府[城府/地府/洞府/官府/幕府/首府/王府/学府/怨府/乐府/造府/知府]俯釜[高压釜]辅[畿辅]脯[果脯/鹿脯/桃脯/兔脯/杏脯]腑[五脏六腑]腐[陈腐/防腐/迂腐]簠(祭祀时盛谷的器皿)黼◎父[[名]伯父/继父/严父/养父/义父/岳父/主父/祖父[语]认贼作父/知子莫若父]讣付[偿付/垫付/对付/兑付/交付/托付/应付/照付/支付]负[[名]抱负/民负/胜负[动]背负/担负/辜负/肩负/亏负/

欺负[形]自负[语]如释重负]妇[产妇/娼妇/夫妇/寡妇/老妇/农妇/泼妇/仆妇/弃妇/情妇/少妇/媳妇/新妇/孕妇/主妇]附[[动]比附/阿附/归附/黏附/攀附/趋附/吸附/依附/蚁附[语]皮之不存,毛将焉附]咐[吩咐/嘱咐]阜(姓)服(量词)驸赴[[动]奔赴/赶赴/开赴[语]全力以赴]复[[动]报复/重复/答复/反复/光复/恢复/回复/康复/克复/批复/平复/收复/往复/修复[形]繁复[语]万劫不复]洑副[大副/二副/团副]赋[禀赋/辞赋/贡赋/天赋/田赋/诗词歌赋]傅[师傅]富[[名]财富/豪富/首富[动]露富/致富[形]丰富/豪富]腹[[名]空腹/口腹/小腹/心腹/韵腹[动]捧腹[语]锦心绣腹/牢骚满腹/食不果腹/推心置腹/以小人之心,度君子之腹]鲋[涸辙之鲋]缚[[动]束缚/系缚[语]作茧自缚]赙鳆覆[[动]被覆/颠覆/倾覆[语]天翻地覆]馥[香馥馥]

[非韵脚字] fū 呋趺 fú 芙苿茯 fǔ 滏 fù 蝮

【6】du(ㄉㄨ)厾都[[名]大都/成都/钢都/古都/故都/国都/京都/煤都/陪都/首都[动]奠都/定都/建都/迁都]阇督★[[名]都督/基督/总督[动]监督]嘟[嘟嘟/咕嘟]◎毒★[[名]病毒/丹毒/流毒/梅毒/蛇毒/遗毒/余毒/怨毒[动]贩毒/防毒/放毒/服毒/解毒/清毒/荼毒/吸毒/消毒/中毒[形]惨毒/歹毒/恶毒/狠毒/刻毒/阴毒[语]人莫予毒/宴安鸩毒/以毒攻毒]独★[[形]孤独[副]单独/唯独[语]鳏寡孤独]顿[冒 mò 顿(匈奴单于名)]读★[工读/攻读/解读/借读/朗读/默读/破读/审读/诵读/通读/宣读/研读/异读/阅读/走读]渎★[冒渎/亵渎]椟犊★[[名]牛犊[语]初生之犊/老牛舐犊]牍★[[名]案牍/尺牍/文牍[语]连篇累

牍]黩髑 ‖ **肚**[牛肚/羊肚/猪肚]笃[病笃/危笃/情爱甚笃]堵[观者如堵]赌[打赌/吃喝嫖赌]睹[动目睹语惨不忍睹/耳闻目睹/熟视无睹/有目共睹] ◎芏[茳芏(草本植物)]杜(姓)**肚**[名兜肚动跑肚/泻肚语开肠破肚/牵肠挂肚/挺胸鼓肚]妒[忌妒/嫉妒]**度**[名长度/程度/尺度/纯度/法度/风度/幅度/高度/光度/广度/国度/厚度/弧度/几度/季度/角度/进度/经度/精度/刻度/跨度/宽度/力度/粒度/密度/难度/年度/黏度/浓度/坡度/气度/强度/深度/速度/态度/纬度/温度/限度/硬度/用度/制度/灵敏度/能见度/屈光度动超度/调度/欢度/剃度/虚度形大度/过度/极度/适度语挥霍无度/一年一度/五分钟热度/众生好度人难度]渡[名轮渡/野渡/风陵渡动摆渡/过渡/横渡/竞渡/强渡/抢渡/泅渡/偷渡/引渡]镀[电镀]蠹[名木蠹/书蠹语流水不腐，户枢不蠹]

【7】tu(ㄊㄨ)凸★[凹凸]秃★[斑秃/光秃]突★[动奔突/驰突/冲突/唐突语狼奔豕突]葖[蓇葖]◎图[名版图/草图/插图/地图/浮图/构图/挂图/宏图/蓝图/良图/企图/视图/雄图/意图/舆图/立体图/平面图/剖视图/示意图/太极图/心电图动晒图/试图/贪图/妄图/希图/制图语别有所图/唯利是图/有利可图/再作他图]荼[如火如荼]徒[名暴徒/党徒/赌徒/匪徒/教徒/酒徒/门徒/叛徒/囚徒/僧徒/使徒/师徒/司徒/信徒/学徒/清教徒/亡命徒动学徒语不法之徒/实繁有徒/尊师爱徒/名师出高徒/水至清则无鱼，人至察则无徒]途[名归途/宦途/路途/旅途/迷途/歧途/前途/穷途/仕途/坦途/通途/畏途/沿途/用途/征途/中途形长途/短途语荆棘载

途/老马识途]涂[名海涂/滩涂/形乌涂/糊涂语一塌糊涂/诸葛一生惟谨慎，吕端大事不糊涂]菟[於 wū 菟(虎)]屠[浮屠/救人一命，胜造七级浮屠]酴‖**土[名本土/尘土/出土/瓷土/粪土/风土/浮土/故土/国土/黄土/灰土/秽土/疆土/焦土/净土/乐土/领土/泥土/黏土/热土/沙土/熟土/水土/陶土/乡土/烟土/高岭土/观音土/混凝土/三合土动破土/入土/守土语皇天后土/挥金如土/西方净土/无风不起土/太岁头上动土/普天之下，莫非王土]吐[名谈吐动喷吐/倾吐/吞吐]钍◎吐[呕吐/止吐]兔[名家兔/狡兔/脱兔/野兔/玉兔/长毛兔/大白兔语动如脱兔/狮子搏兔/守株待兔/人中吕布，马中赤兔]堍[桥堍]** 非韵脚字 tù 菟

【8】nu(ㄋㄨ)奴[名农奴/匈奴/洋奴/守财奴/亡国奴语入主出奴]孥[妻孥]驽‖**努弩[弓弩]砮◎怒[名众怒动触怒/动怒/发怒/含怒/激怒/迁怒/息怒/震怒形愤怒/狂怒/恼怒/盛怒语勃然大怒/恼羞成怒]** 非韵脚字 nǔ 胬

【9】lu(ㄌㄨ)撸[挨撸] 噜[名呼噜动胡噜/打呼噜形滴里嘟噜]◎卢(姓)芦[名葫芦/闷葫芦/糖葫芦语依样葫芦]庐[名草庐/茅庐/美庐语初出茅庐/三顾茅庐]垆[名酒垆动当垆(卖酒)]炉[名壁炉/电炉/高炉/锅炉/洪炉/火炉/烤炉/暖炉/平炉/熔炉/香炉/转炉/煤油炉动回炉/开炉/入炉/司炉语官法如炉/冰炭不同炉]泸栌[欂栌(斗拱)/黄栌]轳[辘轳]胪颅[脑颅/头颅]舻[舳舻]鲈‖**芦[油葫芦(昆虫名)]卤[名茶卤/斥卤/盐卤动打卤]虏[敌虏/俘虏/强虏]掳[掠掳/抢掳]鲁**

[粗鲁/愚鲁]橹[摇橹]镥(金属元素)◎陆[名大陆/内陆/水陆 动登陆/着陆]录[名笔录/记录/纪录/节录/目录/语录/备忘录/回忆录 动笔录/编录/采录/抄录/登录/过录/辑录/记录/检录/节录/收录/选录/摘录]辂赂[贿赂]菉鹿[名麋鹿/驼鹿/长颈鹿/梅花鹿 动逐鹿]渌逯(形)禄[名俸禄/爵禄 语高官厚禄/无功受禄]碌[形劳碌/忙碌/碌碌/庸碌 动骨碌]路[名半路/岔路/出路/道路/电路/公路/旱路/航路/后路/活路/绝路/来路/老路/陆路/马路/门路/歧路/去路/生路/水路/思路/死路/铁路/退路/弯路/纹路/线路/销路/邪路/斜路/正路/不归路/回头路/冤枉路/集成电路 动带路/短路/对路/赶路/过路/开路/拦路/领路/迷路/让路/上路/顺路/走路 语必由之路/广开言路/慌不择路/轻车熟路/穷家富路/穷途末路/投石问路/自寻死路/走投无路/天无绝人之路/车到山前必有路/读不完的书,走不完的路]箓[符箓]漉[湿漉漉]辘[名轱辘/毂辘 形辘辘]戮[杀戮/屠戮/诛戮]潞璐(美玉)簏[书簏/字纸簏]鹭[白鹭/苍鹭]麓[山麓/南麓]露[名白露/甘露/寒露/雨露/朝露/果子露 动败露/暴露/表露/揭露/流露/裸露/披露/袒露/透露/吐露/显露/泄露 语餐风宿露/原形毕露] ◎氇[氆氇] 非韵脚字 lú 鸬 lù 角绿

【10】gu(ㄍㄨ)估[测估/低估/高估/毛估/评估]咕[动叨咕/嘀咕/叽咕/唧咕/捅咕 拟声咕咕]呱[呱呱]沽[名大沽/塘沽 语待价而沽]孤[名遗孤 动抚孤/救孤/托孤]姑[表姑/村姑/大姑/道姑/妇姑/尼姑/翁姑/仙姑/小姑]鸪[鹁鸪/鹧鸪]

菰[茨菰/淡巴菰]菇[名冬菇/蘑菇/香菇语泡蘑菇]蛄[蟪蛄/蝼蛄]辜[名无辜形无辜语死有余辜/累及无辜]酤觚[操觚(写文章)]箍[黑箍/红箍/金箍/铁箍]‖古[名博古/亘古/近古/盘古/七古/上古/太古/万古/往古/五古/先古/远古/中古动博古/仿古/访古/复古/怀古/积古/考古/旷古/泥古/拟古/千古/作古形苍古/陈古/淳古/仿古/高古/荒古/简古/执古/终古语厚今薄古/流芳千古/人心不古]谷[名百谷/波谷/布谷/稻谷/河谷/山谷/五谷/峡谷/幽谷语进退维谷/满坑满谷/虚怀若谷]汩[汩汩]诂[解诂/训诂]股[名八股/干股/勾股/屁股/私股/人事股/绩优股/垃圾股动炒股/分股/合股/入股/退股/招股语悬梁刺股/热脸贴个冷屁股]骨[名白骨/髌骨/脆骨/风骨/骸骨/筋骨/龙骨/媚骨/尸骨/侠骨/遗骨/脊梁骨/皮包骨/身子骨/主心骨动刺骨/接骨/销骨形彻骨/刻骨/露骨/切骨/入骨语粉身碎骨/钢筋铁骨/铭肌镂骨/奴颜媚骨/脱胎换骨/朱门酒肉臭，路有冻死骨/画龙画虎难画骨]牯贾[名大贾/商贾/书贾/坐贾语多财善贾/余勇可贾]罟钴(金属元素)羖(公羊)蛄[蝲蛄/蝲蝲蛄]蛊鹄[中鹄]鼓[名耳鼓/更鼓/花鼓/羯鼓/石鼓/手鼓/五鼓/腰鼓/渔鼓/战鼓/拨浪鼓/定音鼓/太平鼓/京韵大鼓动板鼓/长鼓/捣鼓/擂鼓/蛙鼓语打边鼓/重整旗鼓/紧锣密鼓/开台锣鼓/偃旗息鼓/当面锣，对面鼓]毂[错毂/推毂/绾毂]榖嘏(福)臌臌[气臌/水臌]瞽(瞎)瀔◎固[动巩固/加固/凝固形巩固/坚固/牢固/强固/顽固/稳固/险固语根深蒂固]故[名变故/大故/典故/

国故/旧故/世故/事故/细故/原故/缘故/掌故 动 病故/借故/如故/身故/推故/托故/亡故/物故 副 何故/无故 语 持之有故/蹈常袭故/非亲非故/平白无故/三亲六故/一见如故/沾亲带故]顾[名 主顾 动 赐顾/反顾/关顾/光顾/后顾/环顾/回顾/惠顾/兼顾/眷顾/看顾/内顾/四顾/枉顾/相顾/瞻顾/照顾/自顾 语 不管不顾/统筹兼顾/义无反顾/鹰视狼顾]堌[龙堌(地名)]梏[桎梏]崮[孟良崮(地名)]雇[解雇]锢[党锢/禁锢]痼鲴 非韵脚字 gū 轱骨菁毂 gǔ 馉鹘 gù 估

【11】ku(ㄎㄨ)矻[矻矻(辛勤的样子)]刳(挖空)枯[形 干枯/焦枯 语 一将功成万骨枯]哭★[动 哀哭/大哭/号哭/啼哭/痛哭 语 长歌当哭/嚎啕大哭]窟★[名 盗窟/赌窟/匪窟/魔窟/山窟/石窟/贫民窟 语 狡兔三窟] ‖ 苦[名 甘苦/疾苦 动 吃苦/叫苦/受苦/诉苦/挖苦 形 悲苦/愁苦/孤苦/坚苦/艰苦/刻苦/困苦/劳苦/贫苦/清苦/穷苦/辛苦 副 何苦 语 不辞劳苦/含辛茹苦/艰难困苦/千辛万苦/同甘共苦/用心良苦/要练武,得吃苦/坐轿不知抬轿苦/谁知盘中餐,粒粒皆辛苦] ◎库[名 宝库/仓库/府库/国库/金库/冷库/书库/水库/文库/武库/材料库 动 盘库/入库/司库 语 刀枪入库/平时多栽树,等于修水库]绔[纨绔]喾(上古帝王名)裤[单裤/短裤/马裤/毛裤/棉裤/皮裤/灯笼裤/开裆裤/喇叭裤/连裆裤]酷[残酷/苛酷/冷酷/严酷] 非韵脚字 kū 骷

【12】hu(ㄏㄨ)乎[形 忙乎/玄乎/悬乎 语 套近乎/不亦乐乎/满不在乎/帝王将相宁有种乎/学而时习之,不亦乐乎/人不知

而不愠，不亦君子乎]戏[於戏(叹词)]呼[名称呼动称呼/欢呼/惊呼/吆呼/招呼开口呼拟声呼呼语大声疾呼/一命呜呼]忽★[疏忽/飘忽/轻忽/倏忽]轷(姓)烀惚[恍惚]糊◎和狐[赤狐/红狐/火狐/沙狐/银狐]弧[电弧/括弧/劣弧/优弧]胡[板胡/柴胡/二胡/京胡/南胡/四胡/八字胡/络腮胡]壶[名茶壶/瓷壶/酒壶/泥壶/暖壶/喷壶/铜壶/悬壶/夜壶/紫砂壶语一片冰心在玉壶/哪壶不开提哪壶]核[煤核/桃核/杏核/枣核]斛★葫(姓)鹄★[鸿鹄]湖[洪湖/江湖/太湖/西湖/洞庭湖/鄱阳湖/人工湖]瑚[珊瑚]煳鹕[鹈鹕]鹘★(隼)槲★糊[糨糊]醐[醍醐] ‖ **虎[名壁虎/老虎/猛虎/文虎/拦路虎/笑面虎/形马虎/语藏龙卧虎/敲山震虎/如狼似虎/生龙活虎/投畀豺虎/降龙伏虎/前怕狼，后怕虎/伴君如伴虎/一山不容二虎/初生牛犊不怕虎]浒[水浒]唬[吓唬/诈唬/连蒙带唬]◎互[交互/相互]户[名窗户/大户/订户/富户/绝户/开户/客户/猎户/门户/农户/商户/屠户/用户/账户/住户/暴发户/单干户/破落户/外来户/专业户动过户/开户/立户/落户语安家落户/蓬门荜户/千家万户/夜不闭户]冱护[动爱护/保护/辩护/救护/看护/袒护/维护/掩护/拥护/照护语官官相护]沪岵怙[失怙(死了父亲)]戽[风戽]祜(福)笏瓠[瓢瓠]扈[跋扈]鄠糊[辣椒糊/玉米糊/芝麻糊]䨼鳠** 非韵脚字 hū 唿滹 hú 囫猢蝴觳 hǔ 琥

【13】zhu(ㄓㄨ)朱邾诛[动伏诛语罪不容诛]珠[名宝珠/串珠/电珠/顶珠/滚珠/泪珠/连珠/露珠/明珠/念珠/胚珠/数珠/水珠/珍珠/夜明珠语买椟还珠/剖腹藏珠/探骊得珠/有

眼无珠/鱼目混珠/掌上明珠]株[病株/母株/幼株/植株/枯木朽株]铢(量词)猪[名蠢猪/肥猪/豪猪/箭猪/毛猪/母猪/瘟猪/野猪动杀猪/喂猪/养猪语少了张屠户,不吃带毛猪]蛛[喜蛛/蜘蛛]槠潴[停潴]橥(拴牲口的小木桩)◎术[白术/苍术/莪术]竹★[名斑竹/爆竹/翠竹/腐竹/空竹/毛竹/石竹/丝竹/天竹/文竹/修竹/紫竹/凤尾竹/南天竹/湘妃竹语势如破竹/胸有成竹]竺[天竺]逐★[斥逐/放逐/竞逐/角逐/驱逐/追逐]烛★[名灯烛/花烛/火烛/蜡烛/香烛语洞房花烛/风中残烛]瘃[冻瘃]蠋躅[踯躅]‖主[名霸主/宾主/财主/地主/公主/顾主/户主/教主/君主/苦主/领主/买主/卖主/盟主/民主/牧主/神主/失主/施主/事主/物主/业主/原主/债主/真主/东道主/房产主/封建主/救世主/奴隶主动自主/做主语当家做主/反客为主/六神无主/物各有主/先入为主/喧宾夺主]拄渚[江渚]煮[卤煮/一锅煮]属[前后相属]褚嘱[名医嘱/遗嘱动叮嘱]麈瞩[高瞻远瞩]◎伫助[名资助/贤内助动补助/扶助/辅助/互助/借助/救助/捐助/求助/谈助/襄助/协助/援助/赞助/资助语爱莫能助/路见不平,拔刀相助]住[把住/打住/顶住/记住/居住/拿住/停住/止住/捉住/禁不住/靠不住]纻杼[机杼]贮[存贮]注[名备注/赌注/附注/集注/夹注/笺注/脚注/批注/评注/签注/诠注/小注动贯注/灌注/浇注/眷注/批注/评注/倾注/挹注/转注形专注语全神贯注/血流如注]驻[进驻/屯驻]柱[名火柱/脊柱/矿柱/沙柱/石柱/烟柱/支柱/顶梁柱/接线柱语偷梁换柱/中流砥柱]

炷[灯炷]**祝**[名庙祝 动祷祝/庆祝]**砫**[石砫]**疰著**[名巨著/论著/名著/土著/专著/拙著 动编著/译著/撰著 形显著/昭著/卓著 语见微知著]**蛀**[防蛀]**铸**[电铸/鼓铸/浇铸/熔铸/陶铸]**筑**[动构筑/建筑/浇筑/修筑 语债台高筑]**翥**[龙飞凤翥]**箸**[名火箸 动举箸/下箸] 非韵脚字 zhū 侏茱洙诸 zhú 舳 zhù 苎

【14】chu（ㄔㄨ）出★[名岁出/支出 动辈出/超出/重出/嫡出/发出/付出/公出/进出/日出/输出/庶出/退出/脱出/外出/演出/展出/支出 形杰出/特出/突出 语悖入悖出/层见叠出/错误百出/和盘托出/呼之欲出/祸从口出/量入为出/喷薄欲出/入不敷出/深居简出/深入浅出/水落石出/挺身而出/脱颖而出/病从口入，祸从口出/哑巴吃黄连，有苦说不出]初[名当初/开初/年初/起初/太出/原初/月初/最初 语和好如初/悔不当初]樗◎刍[反刍/生刍/束刍]除[名阶除/岁除/庭除 动拔除/摈除/屏除/拆除/铲除/撤出/废除/割除/革除/根除/剪除/剿除/解除/戒除/开除/免除/排除/破除/切除/清除/驱除/去除/扫除/删除/剔除/庭除/消除/摘除]厨[名名厨/庖厨 动帮厨/下厨]锄[挂锄/荷锄/开锄/夏锄/耘锄/诛锄]滁蜍[铲除]雏[名鸡雏/鸟雏/鸭雏 动育雏 语龙驹凤雏/挈妇将雏]橱[壁橱/书橱/碗橱/衣橱]躇[踌躇]蹰[踟蹰]‖**处**[动裁处/惩处/共处/论处/审处/调处/相处/议处 语和平共处/五方杂处/穴居野处]**杵**[名铁杵/砧杵/砧杵/金刚杵 语血流漂杵]**础**[基础/洞础/柱础]**楮储**[名仓储/皇储/王储

[动]存储/积储/立储]楚[[名]翘qiáo楚[动]鞭楚/清楚[形]愁楚/楚楚/齐楚/凄楚/清楚/酸楚[语]一清二楚/衣冠楚楚/朝秦暮楚/有人帮汉,有人扶楚]褚(姓)◎亍[彳亍]处[[名]暗处/敝处/长处/出处/错处/短处/各处/害处/好处/坏处/患处/近处/苦处/妙处/明处/难处/去处/深处/他处/痛处/益处/用处/远处/住处/办事处/联络处/科研处/总务处[副]处处/到处/四处/随处[语]独到之处/恰到好处/一无是处/此处不留人,自有留人处/男儿有泪不轻弹,只因未到伤心处]怵[打怵/犯怵]绌[[动]支绌[形]短绌[语]相形见绌/心余力绌/左支右绌]俶畜[耕畜/家畜/力畜/肉畜/牲畜/种畜/子畜]搐[抽搐]触[[名]笔触/感触[动]抵触/接触]憷[发憷]黜[罢黜/贬黜/屏黜/废黜]矗

【15】shu(ㄕㄨ)殳书[[名]板书/谤书/兵书/帛书/藏书/草书/辞书/丛书/古书/官书/国书/婚书/家书/禁书/经书/旧书/楷书/快书/类书/历书/隶书/六书/秘书/聘书/评书/情书/诗书/史书/手书/四书/天书/伪书/文书/降书/新书/行书/休书/血书/遗书/羽书/战书/诏书/证书/支书/篆书/子书/八行书/白皮书/保证书/工具书/绝命书/说明书/挑战书[动]背书/读书/讲书/教书/校书/念书/说书/温书/下书/修书/直书[语]大书特书/奋笔直书/罄竹难书]抒[直抒]纾枢[[名]宸枢/户枢/要枢/中枢[语]瓮牖绳枢]叔★[表叔/大叔/二叔/刘叔/叔叔/小叔]姝殊[[形]特殊/悬殊[语]言人人殊]倏菽★[稻菽]梳[木梳/牛角梳]淑★[[动]私淑[形]婉淑/温淑/贤淑/贞淑[语]遇人不淑]舒[宽舒]疏[[名]笺疏/义疏/注疏/奏疏[动]分疏/荒疏[形]粗

疏/扶疏/荒疏/空疏/亲疏/上疏/生疏/稀疏/萧疏[语]百密一疏/人地生疏/志大才疏]摅输[[动]服输/灌输/捐输/认输/运输[语]一着不慎，满盘皆输]毹[氍毹(毛织地毯，借指舞台)]蔬[菜蔬] ◎秫★[秫秫]孰★赎★[回赎/自赎]塾★[村塾/家塾/私塾/学塾/义塾]熟★[[动]谙熟/成熟/睡熟/托熟/相熟[形]成熟/纯熟/耳熟/贯熟/黄熟/精熟/烂熟/面熟/稔熟/晚熟/娴熟/驯熟/眼熟/圆熟/早熟[语]半生不熟/滚瓜烂熟/驾轻就熟] ‖暑[[名]残暑/处暑/大暑/伏暑/寒暑/酷暑/溽暑/盛暑/小暑/炎暑[动]避暑/祛暑/受暑/消暑/歇暑/中zhòng暑]黍[蜀黍]属[[名]部属/藩属/家属/金属/眷属/军属/抗属/僚属/烈属/配属/亲属/下属[动]从属/附属/归属/隶属/领属/所属/统属/吐属/下属/直属[语]拥军优属/有情人终成眷属]署[[名]公署/官署/行署/专署/总署/警察署[动]部署/签署]蜀[得陇望蜀/乐不思蜀]鼠[[名]袋鼠/家鼠/老鼠/豚鼠/首鼠/松鼠/田鼠[语]城狐社鼠/胆小如鼠/过街老鼠]数[[动]历数[语]不可胜数/不足齿数/历历可数/屈指可数/擢发难数]薯[[名]白薯/番薯/甘薯/红薯/凉薯/马铃薯[语]当官不为民做主，不如回家卖白薯]曙 ◎术[[名]法术/方术/国术/幻术/技术/马术/美术/魔术/骗术/权术/骑术/拳术/儒术/手术/算术/武术/心术/学术/妖术/医术/艺术/战术/智术[语]不学无术]戍[遣戍/屯戍/卫戍/谪戍]束[[名]光束/花束/装束/电子束[动]管束/羁束/检束/结束/收束/约束[形]拘束[语]无拘无束]述[[名]著述/撰述/自述/综述[动]表述/阐述/陈述/称述/传述/复述/供述/记述/讲述/

口述/缕述/论述/描述/上述/申述/诉述/叙述/著述/转述/撰述/追述/赘述/自述/综述]沭树[名柏树/果树/槐树/建树/枯树/柳树/松树/铁树/橡树/杨树/榆树/圣诞树/摇钱树动栽树/植树语暮云春树/芝兰玉树/蚍蜉撼大树]竖[横竖]恕[动宽恕/饶恕形忠恕]庶[名黎庶/众庶形嫡庶/富庶]腧[肺腧/胃腧]数[名辈数/变数/参数/差数/常数/成数/答数/代数/单数/得数/底数/读数/度数/对数/多数/分数/负数/复数/概数/号数/和数/奇数/积数/基数/劫数/礼数/零数/路数/名数/年数/偶数/气数/全数/确数/商数/少数/实数/寿数/双数/算数/岁数/套数/天数/尾数/系数/小数/解数/心数/虚数/序数/因数/余数/约数/招数/整数/正数/指数/质数/总数/足数动报数/充数/凑数/顶数/够数/过数/计数/如数/算数/无数/有数/作数语不计其数/恒河沙数/滥竽充数/心中有数]墅[别墅/村墅/旧墅/新墅]澍澍(及时雨)

【16】ru(ㄖㄨ)如[代何如动比如/例如/譬如/恰如/阙如/宛如/一如/犹如/有如/诸如形裕如/自如连假如/莫如]茹(姓)铷(金属元素)儒[名大儒/腐儒/鸿儒/老儒/名儒/通儒/侏儒语焚书坑儒/舌战群儒]蕠[香蕠]嚅[嗫嚅]濡[湿濡/沾濡]孺[妇孺]襦颥[颞颥]蠕[蠕蠕(慢慢移动的样子)]‖汝乳[名豆乳/蜂乳/胶乳/炼乳/母乳/牛乳/羊乳/石钟乳动哺乳/孳乳]辱[名耻辱/屈辱/荣辱/羞辱/折辱动凌辱/污辱/侮辱/羞辱/折辱语含垢忍辱/奇耻大辱/知足不辱/诚无垢,思无辱/士可杀不可辱]擩◎入[名投入/收入动插入/出入/混入/加入/介入/进入/纳入/潜入/侵入/深入/渗入/收入/输入/投

入/陷入[形]投入/深入[语]长驱直入/乘虚而入/单刀直入/格格不入/四舍五入/无孔不入/诱敌深入/一将把关,千军莫入]洳[沮洳]蓐[坐蓐(坐月子)]溽缛褥[被褥/床褥]

【17】zu(ㄗㄨ)租[[名]地租/佃租/房租[动]包租/出租/缴租/招租/转租]菹◎足★[[名]赤足/鼎足/高足/女足/平足/蛇足/手足[动]补足/插足/缠足/赤足/跌足/顿足/立足/满足/涉足/失足/远足/知足/驻足[形]长足/充足/丰足/富足/满足/十足/实足[语]不一而足/画蛇添足/家给人足/美中不足/评头论足/情同手足/神气十足/贪心不足/先天不足/心满意足/自给自足/心有余,力不足/学,然后知不足]卒★[[名]兵卒/禁卒/隶卒/小卒/狱卒/走卒/马前卒[动]暴卒/病卒[语]身先士卒]族★[[名]部族/大族/汉族/贵族/皇族/民族/家族/亲族/氏族/世族/水族/外族/王族/望族/遗族/异族/语族/种族/宗族/打工族/芳香族/上班族/少数民族[动]灭族]镞★[箭镞]‖诅阻[[名]电阻/梗阻/内阻/险阻[动]梗阻/禁阻/拦阻/劝阻[语]畅行无阻/风雨无阻]组[[名]班组/词组/党组/机组/绕组/小组/互助组/教研组[动]改组]俎[[名]刀俎[语]折冲樽俎]祖[[名]鼻祖/高祖/外祖/远祖/曾祖[语]不祧之祖/光宗耀祖/数典忘祖]

【18】cu(ㄘㄨ)粗[[名]大老粗[形]气粗[语]财大气粗/五大三粗/脸红脖子粗]◎徂[岁月其徂]殂[因病告殂]‖卒[仓卒]促[[动]催促/督促/敦促[形]仓促/匆促/短促/急促/紧促/局促/迫促]猝[仓猝/匆猝]酢蔟[[名]蚕蔟[动]上蔟]醋[[名]陈醋/老醋/半瓶醋[动]吃醋[语]添油加醋/酸文假醋/争风吃醋/打油的钱不

买醋]慽(不安的样子)簇[动 丛簇/攒簇/拥簇 语 花团锦簇]蹙[愁蹙/颦蹙/穷蹙]蹴[一蹴]

【19】su(ㄙㄨ)苏[名 白苏/江苏/流苏/屠苏/紫苏 动 复苏 形 噜苏]酥[名 蟾酥/桃酥 形 香酥/油酥/麻酥酥 语 春风如酥/骨软筋酥]稣[耶稣]窣[窸窣]◎俗★[名 尘俗/村俗/风俗/旧俗/礼俗/俚俗/流俗/陋俗/民俗/僧俗/时俗/世俗/土俗/习俗/乡俗 动 归俗/还俗/免俗/随俗/脱俗 形 鄙俗/粗俗/村俗/通俗/土俗/庸俗 语 超凡脱俗/愤世嫉俗/入境问俗/伤风败俗/移风易俗/十里不同俗] ‖ 夙诉[名 原诉 动 败诉/陈诉/反诉/告诉/抗诉/控诉/口诉/哭诉/起诉/泣诉/倾诉/上诉/申诉/胜诉]肃[动 严肃/整肃 形 沉肃/静肃/严肃]素[名 尺素/词素/毒素/缟素/寒素/卤素/尿素/平素/色素/要素/因素/音素/元素/维生素/血色素 动 吃素 形 淡素/寒素/俭素/简素/净素/朴素/质素 语 安之若素/七荤八素/我行我素/训练有素]速[名 车速/风速/高速/光速/流速/声速/时速 动 从速/加速/减速/限速 形 飞速/高速/火速/急速/疾速/快速/全速/神速/迅速 语 兵贵神速]涑宿[名 归宿/名宿/耆宿 动 过宿/寄宿/借宿/留宿/露宿/投宿/歇宿/住宿 语 风餐露宿/晓行夜宿]粟[名 菽粟 语 沧海一粟/齿布斗粟/寸丝半粟/太仓一粟]谡[形 谡谡(挺拔) 语 挥泪斩马谡]嗉[鸡嗉/颌勒嗉]塑[名 彩塑/雕塑/面塑/泥塑 语 木雕泥塑]溯[回溯/上溯/追溯]愫[情愫]蔌[山肴野蔌]傈[傈僳(民族名)]觫[觳 hú 觫(因害怕而发抖)]簌[簌簌]蹜[蹜蹜(小步快走的样子)] 非韵脚字 sù 缩

第五道　衣期辙

一、衣期辙声律启蒙

其　一

云对雨，水对泥；玄圭对白璧。

征鼙对禁鼓，献瓜对投李。

徐稚榻，鲁班梯；箕裘对杖履。

犁锄对耒耜，畎亩对郊墟。

参虽鲁，回不愚；

截发惟闻陶侃母，断机只有乐羊妻。

远客早行梦惊枕上响五更；

佳人秋望目送搂头愁千里。

玄圭：《禹贡》："禹锡玄圭，告阙成功。"白璧：苏秦说赵王大悦，白璧百双黄金万镒以随其后。鼙（pí）：战鼓。献瓜：《韵府》"唐德宗时有献瓜果欲授官者。"投李：《诗》："投我以木李，报之以琼玖。"稚榻：《后汉书》陈蕃为豫章太守，惟徐稚来特设一榻，去即悬之。班梯：《备考》公输子名班，又名般，鲁之巧人也，尝为楚造云梯以攻宋。耒耜（lěisì）：古代农具。畎（quǎn）亩：田间。参：曾参。回：颜回。截发：《晋书》范逵过陶侃家，无以待宾，母曰："汝留客，我自有计。"乃截发易酒肴。断机：《史记》乐羊子游学，一年来归，妻因断机曰："君之废学有如此。"羊子感悟，卒为名儒。

其　二

岩对岫，涧对溪；鹿角对驴皮。

杜鹃对孔雀，杞梓对桑榆。

终对始，徐对疾；汉露对汤霓。

停杯横醉眼，吟诗捻断须。

舍珠宝，弃金玉；

叔侄去官闻广受，兄弟让国有夷齐。

三月春浓芍药丛中蝴蝶舞；

五更天晓海棠枝上子规啼。

汉露：《汉书》武帝造金茎玉盘以承露。汤霓：成汤征伐天下，民望之若大旱之望云霓。去官：《汉书》疏广，字仲翁，为太子太傅；兄子受为少保；广谓受曰："知足不辱，知止不殆，功成身退，天下之道也。"上疏乞归田。让国：伯夷、叔齐，孤竹君之二子。父欲立叔齐，叔齐让伯夷，伯夷曰"父命也。"遂逃去。子规：杜鹃。

其　三

泉对石，干对枝；吹竹对弹丝。

山亭对水榭，剑客对琴师。

五色笔，十香词；国色对仙姿。

神奇韩干画，雄浑李陵诗。

尖尖月，圆圆日；

柳绊长堤千万树，花横野寺两三枝。

紫盖黄旗天象预占江左地；

青袍白马童谣终应寿阳儿。

五色笔：江淹梦郭璞赠以五色笔，才思大进。李白梦笔生花。十香词：萧后所作。韩干：曹将军霸弟子，善画马。紫盖：吴主孙皓时，国有术士曰："庚子之年紫盖黄旗当入于洛。"皓以为平晋也。是年吴亡，皓入洛中。青袍：梁武帝时，童谣曰"青袍白马寿阳儿。"未几，寿阳侯景叛，军中尽青袍白马。

其　四

争对让，生对死；玩物对丧志。
劫后叹余生，战罢盼盛世。
访先生，寻处士；神采对仙姿。
晚霞明似锦，春雨细如丝。
杵磨针，水滴石；
禹庙千年垂橘柚，尧阶三尺履茅茨。
万里烽烟战士边疆竞报国，
一场膏雨农夫田野尽乘时。

二、衣期辙诗歌欣赏

《离骚》(战国楚·屈原)

……

朝发轫于天津兮，夕余至乎西极；
凤皇翼其承旂兮，高翱翔之翼翼；
乎吾行此流沙兮，遵赤水而容与；
麾蛟龙使梁津兮，诏西皇使涉予；
路修远以多艰兮，腾众车使径待；(待：音"持"。)
路不周以左转兮，指西海以为期；

屯余车其千乘兮，齐玉轪而并驰；

驾八龙之蜿蜿兮，载云旗之委蛇；

……

＊极、翼，押韵（职部）；与、予，押韵（鱼部）；待、期，押韵（之部）；驰、蛇，押韵（歌部）

《迢迢牵牛星》（古诗十九首选一）

迢迢牵牛星，皎皎河汉女。

纤纤擢素手，札札弄机杼。

终日不成章，泣涕零如雨。

河汉清且浅，相去复几许？

盈盈一水间，脉脉不得语。

＊女、杼、雨、许、语，押韵（语麌通韵）

《钱塘湖春行》（唐·白居易）

孤山寺北贾亭西，水面初开云脚低。

几处早莺争暖树，谁家新燕啄春泥。

乱花渐欲迷人眼，浅草才能没马蹄。

最爱湖东行不足，绿杨阴里白沙堤。

＊西、低、泥、蹄、堤，押韵（齐韵）

《饮湖上初晴后雨二首选一》（宋·苏轼）

水光潋滟晴方好，山色空蒙雨亦奇。

欲把西湖比西子，淡妆浓抹总相宜。

＊奇、宜，押韵（支韵）

《西厢记第四本第三折选曲》(元・王实甫)

[脱布衫]　下西风黄叶纷飞，染寒烟衰草凄迷，

酒席上斜签坐的，蹙愁眉死临侵地。

[小梁州]　我见他阁泪汪汪不敢垂，恐怕人知。

猛然见了把头低，长吁气，推整素罗衣。

[幺篇]　虽然久后成佳配，奈时间怎不悲啼。

意似痴，心如醉。昨日今宵，清减了小腰围。

[上小楼]　合欢未已，离别相继。

想着俺前暮私情，昨夜成亲，今日别离。

我谂知这几日相思滋味，却原来此别离情更增十倍。

[幺篇]　年少呵轻离别，情薄呵易弃掷。

全不想腿儿相挨，脸儿相偎，手儿相携。

你与俺崔相国做女婿；

妻荣夫贵，但得一个并头莲，煞强如状元及第。

[满庭芳]　供食太急。

须臾对面，顷刻别离。

若不是酒席间子母每当回避，有心待与他举案齐眉。

虽然是厮守得一时半刻，也合着俺夫妻每共桌而食。

眼底空留意，寻思起就里，险化做望夫石。

＊飞、迷、的、地、垂、知、低、气、衣、配、啼、痴、醉、围、已、继、离、味、倍、掷、携、婿、贵、第、急、离、避、眉、刻、食、意、里、石，押韵(齐微)

《金缕曲·赠梁汾》(清·纳兰性德)

德也狂生耳。
偶然间、淄尘京国,乌衣门第,
有酒惟浇赵州土,谁会成生此意,
不信道、遂成知己。
青眼高歌俱未老,向尊前、拭尽英雄泪。
君不见,月如水。
共君此夜须沉醉。
且由他、娥眉谣诼,古今同忌。
身世悠悠何足问,冷笑置之而已。
寻思起、从头翻悔。
一日心期千劫在,后身缘、恐结他生里,
然诺重,君须记。

* 耳、第、意、己、悔、里、记,押韵(第3部)

《绣红旗》歌剧《江姐》选曲(词作者 阎肃)

线儿长,针儿密,
含着热泪绣红旗,绣呀绣红旗。
热泪随着针线走,与其说是悲不如说是喜!
多少年啊多少代,今天终于盼到你,盼到你。
千份情,万份爱,
化作金星绣红旗,绣呀绣红旗。
平日刀丛不眨眼,今日心跳分外急!

一针针啊一线线，绣出一片新天地，新天地。

《克拉玛依之歌》（词曲作者　吕远）

当年我赶着马群寻找草地，在这里勒住马我瞭望过你，
茫茫的戈壁像无边的火海，我只好转过脸向别处走去。
啊克拉玛依，我不愿意走近你，
你没有草没有水，也没有人迹；
啊克拉玛依，你只有一片沙砾。
在那罪恶的旧社会黑暗的年月灾难的大西北，
啊克拉玛依，你是饥饿的土地。
我转过脸，向别处走去。
啊克拉玛依，我离开了你。
今年我放马又经过这里，戈壁滩出现了这人间奇迹，
密密的油井无边的工地，遍野是绿树和高楼红旗。
啊克拉玛依，我好像在梦里，
你那油井像森林，红旗像鲜花，歌声像海洋，
啊克拉玛依，克拉玛依，啊克拉玛依，克拉玛依，
你这样鲜艳，这样雄伟，这样美丽；
啊克拉玛依，克拉玛依，啊克拉玛依，克拉玛依，
我要跑近你，我要走近你，你是大西北的宝石，
啊克拉玛依，克拉玛依，啊克拉玛依，克拉玛依，
啊克拉玛依，我多么喜爱你！
我要赶着马群跑进工地，

啊克拉玛依，克拉玛依，我要为你的建设再加把力气。
啊克拉玛依，克拉玛依，让咱大西北变得更美丽。
啊克拉玛依，克拉玛依，啊克拉玛依，我爱你！

三、衣期辙特色分析

根据发音的响亮程度，衣期辙属第三级(细微级)，它表现出的色彩也以柔和偏暗为主。看前面所选《离骚》片断，这本是爱国诗人决心乘宝车、驾龙凤，腾空远逝，永别这溷浊楚国的一段想象；然而，由于诗的韵脚字今属衣期辙，读来便觉到这浪漫幻想中充满无奈和苦涩。这也就为后面诗境的急转直下、跌落回现实作好铺垫。《迢迢牵牛星》借写织女隔着银河遥望牵牛的愁苦心情，实际是表达思妇游子相思之苦，抒发人间别离之感。《钱塘湖春行》和《饮湖上初晴后雨》均是写景的，一首写早春的西湖，一首写初晴的西湖。两位诗歌巨匠均选择了今属衣期辙的齐韵支韵作为诗画的底韵底色，其中的妙处应是可以领会的。《西厢记第四本第三折选曲》又写景又写情，把崔莺莺与张生新婚离别的场景描写得格外生动。《金缕曲·赠梁汾》是纳兰性德这个“千古伤心人”的代表作之一，它以沉雄的笔触向忘年之交顾贞观倾诉着内心的困惑与折磨，凄楚而真挚的情感跃然纸上。《绣红旗》背景是敌人的监狱，色调当然是偏暗的。《克拉玛依之歌》曾传唱一时，很受人们喜爱。我想，作者写这首歌词时或许仅仅因为“克拉玛依”的

"依"字属"衣期辙",而并未刻意考虑"衣期辙"的特色或功能;然而,看写成以后的客观效果:"没有人迹""一片沙砾""饥饿的土地""向别处走去"——"高楼红旗""这样美丽""我爱你",这对比无论是色彩还是感情变化都表现得十分鲜明和生动。

"衣期辙"的另一特色是其所含同韵音节相当驳杂,把它们凑在一起在听觉上会有不那么和谐的感觉,比如"一"和"迂"尽管普通话压韵,但古汉语和某些方言中却存在差别;"儿",普通话是卷舌音,与其他发音的区别也是很明显的(吴方言"er"读如"ni",是与"一"压韵的);就是"之""吃""尸""日"与"资""慈""思"之间,韵母注国际音标也用不同符号。因此,1941 年黎锦熙、魏建功等"参照国音"编订的韵书《中华新韵》,主张将其一分为四(即"支""儿""齐""鱼");2004 年 6 月,中华诗词学会推出的《中华新韵》(简称"十四韵"),主张将其一分为二(即"支""齐");"一分为二"与"一分为四"不过是五十步与百步之别,意义不大:第一,它没有讲清为什么"儿""齐""鱼"可以凑在一起,归为"齐"韵部,而"支"不能;第二,也是最主要的,它分化制造出一个很窄的仅含 7 个音节(zhi/chi/shi/ri/zi/ci/si)的"支"韵部,这对诗歌创作是不利的;第三,以"支"韵作诗,出来的声音尽是"吱吱、哧哧、咝咝、嘘嘘",恐怕不会好听。因此,还是保持"衣期辙"的统一为好。"衣期辙"的诸音,尽管"听着不怎么押韵",但并不是完全不能容忍的;而且,把它们归为一韵甚至可以说是"历史悠久"了。试看宋代辛弃疾那首有名的《贺新郎》词:甚矣吾衰矣。怅平生、交游零落，只今余几？白发空垂三千丈，一笑人间万事。问何物、能令公喜？我看青山多妩媚，料青山、见我应如是。情与貌，略相似。——一樽搔首东窗里。想渊明、《停云》诗就，此时风味。江左沉酣求名者，岂识浊醪妙理？回首叫、云飞风起。不恨古人吾不见，恨古人、不见吾狂耳。知我者，二三子。其中“矣”“几”“喜”“里”“理”“起”//“事”“是”“子”“似”//“耳”就是很和谐地交织在一起的。

四、衣期辙同韵音节情况

【此辙包含[ɿ][ʅ]（“知、蚩、诗、日、资、雌、思”七个音节的韵母），er（儿），i（丨），ü（ㄩ）四种韵母；出音节 25 个】

〈开口呼〉【1】zhi（ㄓ）[之]【2】chi（ㄔ）[吃]【3】shi（ㄕ）[尸]

【4】ri（ㄖ）[日]【5】zi（ㄗ）[吱]【6】ci（ㄘ）[刺]【7】si（ㄙ）[司]

【8】er（ㄦ）[儿]

〈齐齿呼〉【9】yi（丨）[一]

【10】bi（ㄅ丨）[逼]【11】pi（ㄆ丨）[丕]【12】mi（ㄇ丨）[咪]

【13】di（ㄉ丨）[氐]【14】ti（ㄊ丨）[剔]

【15】ni（ㄋ丨）[妮]【16】li（ㄌ丨）[哩]

【17】ji（ㄐ丨）[几]【18】qi（ㄑ丨）[七]【19】xi（ㄒ丨）[夕]

〈撮口呼〉【20】yu(ㄩ)[迂]

【21】nü(ㄋㄩ)[女]【22】lü(ㄌㄩ)[驴]

【23】ju(ㄐㄩ)[车]【24】qu(ㄑㄩ)[区]【25】xu(ㄒㄩ)[圩]

* 衣期辙 25 音节，韵母分别是 i[i]、ü[y]、－i[ɿ]、－i[ʅ]、er[ɚ]。

i[i]，前、高、不圆唇舌面元音；ü[y]，后、高、圆唇舌面元音；－i[ɿ]，前、高、不圆唇舌尖元音；－i[ʅ]，后、高、不圆唇舌尖元音；er[ɚ]，央、中、不圆唇卷舌元音。

五、衣期辙常见同韵字词

【1】zhi(ㄓ)之[不了了之/等闲视之/姑枉听之/兼而有之/敬而远之/久而久之/聚而歼之/偶一为之/取而代之/泰然处之/听之任之/寤寐思之/一笑了之/总而言之/恻隐之心，人皆有之/将欲取之，必先与之/人有善念，天必佑之/民不畏死，奈何以死惧之/天下本无事，庸人自扰之]支[名地支/分支/干支/开支/旁支/枪支/收支/党总支动超支/借支/开支/透支/预支语独木难支/乐不可支/体力不支]氏[阏氏/月氏]只[名船只/舰只语形单影只]卮[漏卮]汁★[名胆汁/豆汁/毒汁/果汁/枯枝/墨汁/奶汁/乳汁语绞尽脑汁]芝[桂芝/灵芝]吱(拟声)枝[名疯枝/荔枝/柳枝/骈枝/树枝动插枝/歇枝/压枝/整枝语攀高枝/不蔓不枝/鷦鹩一枝/节外生枝/花开两朵，各表一枝/在天愿作比翼鸟，在地愿为连理枝]知[名感知/故知/良知/通知/先知/须知/真知动感知/告知/明知/求知/熟知/谁知/通知/先知/须知/预知形无知语不得而知/可想而

知/未卜先知/一无所知/众所周知/实践出真知/一问三不知/自家有病自家知/春江水暖鸭先知/司马昭之心，路人皆知/文章千古事，得失寸心知/十年窗下无人问，一举成名天下知］肢［名 断肢/后肢/假肢/前肢/上肢/四肢/下肢/腰肢 动 截肢］泜织★［名 促织/组织 动 编织/纺织/交织/罗织/组织 语 游人如织］胝［胼胝］祇脂［名 凝脂/琼脂/树脂/松脂/油脂/胭脂/卵磷脂 动 脱脂］◎执［名 存执/回执/收执 动 拘执/争执 形 固执］直★［名 曲直 动 垂直 形 笔直/刚直/耿直/廉直/率直/正直 副 简直/径直/一直 语 木受绳则直/船到桥头自然直/蓬生麻中，不扶自直］侄★［内侄/叔侄/贤侄］值★［名 比值/产值/价值/净值/数值/总值/近似值/绝对值/使用价值 动 贬值/当值/轮值/升值/增值 语 一钱不值］埴（黏土）职［名 本职/副职/工职/公职/官职/兼职/军职/天职/文职/闲职/要职/专职 动 撤职/辞职/到职/渎职/复职/革职/供职/兼职/降职/尽职/就职/离职/免职/去职/任职/述职/失职/述职/削职/殉职/在职 语 官复原职/一官半职］絷植［扶植/密植/培植/移植/栽植/种植］殖［繁殖/垦殖/生殖/养殖/增殖］跖摭（拾取）‖ **止［名 举止/行止 动 防止/废止/截止/禁止/静止/停止/休止/制止/中止/阻止 语 戛然而止/令行禁止/适可而止/叹为观止］只（姓）旨［法旨/甘旨/宏旨/圣旨/要旨/谕旨/主旨/宗旨］址［厂址/地址/旧址/校址/新址/遗址/原址/住址］扺（侧手击）芷［白芷］沚（水中小块陆地）纸［名 靶纸/报纸/衬纸/废纸/稿纸/剪纸/蜡纸/滤纸/绵纸/砂纸/烧纸/试纸/手纸/图纸/宣纸/油纸/折纸/镇纸/状纸/字纸/卫生纸 语 人情薄如纸/捅破窗户**

纸]祉[福祉]指[名大指/戒指/拇指/食指/手指/五指/小指/中指动发指/屈指/染指/弹指/搒指语令人发指/千夫所指/首屈一指/伸手不见五指/伤其十指不如断其一指]枳轵咫(量词)趾[脚趾]黹[针黹]酯徵◎至[名冬至/夏至形周至语接踵而至/无微不至/朝发夕至]志[名标志/大志/斗志/方志/府志/墓志/奇志/日志/神志/同志/县志/心志/遗志/意志/远志/杂志/壮志/地方志/三国志动得志/立志/励志/矢志/永志语踌躇满志/人各有志/玩物丧志/小人得志/雄心壮志/专心致志/中华儿女多奇志/燕雀安知鸿鹄之志/穷而弥坚,不坠青云之志]豸[虫豸]忮(嫉妒)识[名款识语博闻强识]厔[盩厔(今作"周至")]郅(姓)帜[名旗帜语独树一帜]帙[卷帙]制[名币制/编制/公制/机制/建制/旧制/税制/体制/形制/学制/兵役制/供给制/所有制/责任制/民主集中制动抵制/遏制/仿制/缝制/复制/管制/监制/节制/精制/克制/控制/炼制/炮制/配制/牵制/钳制/强制/摄制/试制/守制/受制/调制/限制/挟制/压制/研制/抑制/专制/自制形专制语如法炮制]质[名本质/单质/地质/活质/角质/流质/媒质/品质/气质/人质/实质/素质/体质/铁质/物质/性质/音质/釉质/杂质/资质/蛋白质/珐琅质/矿物质/神经质/细胞质/有机质动保质/变质/对质形优质]炙[形焦炙语残羹剩炙]治[名法治/府治/人治/省治/县治/政治动惩治/处治/防治/根治/救治/吏治/没治/调治/统治/医治/整治/诊治/自治形大治/没治语励精图治]栉(梳头用具)峙[鼎峙/对峙/耸峙]庤(储备)陟(登高)

贽挚[诚挚/恳挚/深挚/真挚]**桎**(脚镣)**轾**[轩轾]**致**[名 笔致/风致/景致/情致/兴致/韵致 动 导致/获致/罗致/以致/诱致/招致 形 标致/别致/大致/工致/精致/细致/雅致/一致/有致 语 错落有致/毫无二致/淋漓尽致/闲情逸致/言行一致]**秩**★[名 常秩/厚秩 语 加官进秩]**鸷**[阴鸷]**掷**★[动 抛掷/弃掷/投掷 语 孤注一掷]**铚痔**[内痔/外痔/混合痔]**窒蛭**[肝蛭/水蛭]**智**[名 才智/理智/民智/神智 动 斗智 形 机智/理智/明智 语 急中生智/见仁见智/吃一堑,长一智]**痣**[黑痣/红痣]**滞**[动 凝滞/停滞/淤滞/阻滞 形 板滞/迟滞/呆滞]**骘**[评骘/阴骘]**彘**(猪)**置**[名 位置/装置 动 安置/布置/处置/倒置/放置/废置/搁置/购置/配置/设置/添置/闲置/装置 语 本末倒置]**锧**[斧锧]**雉**[角雉]**稚**[名 童稚 形 幼稚]**踬**[颠踬/屡试屡踬]**觯**(古饮酒器) 非韵脚字 zhī 栀蜘 zhí 踯躏 zhì 梽滍

【2】chi(彳)吃[名 零吃/小吃 动 口吃/零吃/生吃/讨吃/吞吃 语 混饭吃/自讨苦吃/有饭大家吃/饭要一口一口吃/三个和尚没水吃]哧[咕哧/哼哧/呼哧/吭哧/扑哧]鸱蚩(无知)眵[眼眵]笞[鞭笞]瓻(陶制酒壶)嗤[呼嗤/吭嗤/扑嗤]痴[名 白痴/情痴/书痴 动 发痴 形 娇痴/憨痴]媸[不辨妍媸]螭◎池[名 差池/城池/电池/花池/雷池/水池/汤池/天池/舞池/盐池/瑶池/鱼池/浴池/乐池/化粪池/喷水池/游泳池 语 金城汤池/夜半临深池]弛[动 废弛 形 宽弛/松弛 语 一张一弛]驰[动 奔驰/飞驰/疾驰/驱驰/神驰/星驰 语 背道而驰/雷卷风驰]迟[动 凌迟/推迟/淹迟/延迟 语 姗姗来迟/事不宜迟]坻茌(姓)持

[名主持/住持动把持/保持/秉持/操持/撑持/扶持/护持/坚持/僵持/劫持/维持/相持/胁持/挟持/争持/支持/主持/自持形矜持语太阿到持/好花还须绿叶扶持]匙[茶匙/羹匙/汤匙]墀[丹墀]篪‖尺[名标尺/表尺/刀尺/方尺/公尺/角尺/戒尺/卷尺/卡尺/皮尺/曲尺/市尺/英尺/折尺/镇尺/咫尺/比例尺/丁字尺/千分尺语垂涎三尺/得寸进尺/近在咫尺]齿[名唇齿/恒齿/臼齿/锯齿/口齿/门齿/年齿/龋齿/犬齿/乳齿/牙齿/义齿/智齿/蛀齿动不齿/挂齿/启齿/切齿/序齿语不足挂齿/豁牙露齿/伶牙俐齿/明眸皓齿/咬牙切齿/咬人的狗不露齿]侈[形豪侈/奢侈/汰侈语穷奢极侈]耻[名国耻/廉耻/羞耻动雪耻/知耻形可耻/无耻语寡廉鲜耻/厚颜无耻/荒淫无耻/恬不知耻]豉[豆豉]褫◎叱[呵叱/呼叱/怒叱]斥[贬斥/摈斥/驳斥/充斥/呵斥/呼斥/排斥/申斥/痛斥/训斥/责斥/指斥]赤[形光赤/精赤/足赤语面红耳赤/金无足赤/近朱者赤]饬[动捯饬/戒饬/申饬/挑饬/整饬形谨饬]炽翅[名鞘翅/鱼翅动展翅/振翅]敕[宣敕]啻[不啻]傺[侘傺]

非韵脚字 chī 魑 chí 踟 chì 彳 瘛

【3】shi(ㄕ)尸[名浮尸/僵尸/死尸动停尸/挺尸/验尸/诈尸语马革裹尸/五马分尸]失★[名得失/过失/闪失/损失动报失/丢失/挂失/流失/迷失/散失/丧失/消失/遗失/走失/坐失形冒失/损失语得不偿失/患得患失/机不可失/千虑一失/若有所失/万无一失/惘然若失/言多语失]师[名镖师/禅师/厨师/大师/导师/法师/画师/技师/讲师/教师/京师/经师/军师/

老师/律师/名师/牧师/偏师/琴师/拳师/水师/天师/王师/巫师/雄师/业师/医师/义师/宗师/祖师/会计师[动]拜师/班师/出师/回师/会师/劳师/满师/誓师/投师/兴师[语]狗头军师/好为人师/开山祖师]诗[[名]古诗/旧诗/律诗/史诗/唐诗/挽诗/新诗/艳诗/组诗/白话诗/打油诗/街头诗/近体诗/七言诗/散文诗/四言诗/五言诗/游仙诗/赞美诗/十四行诗[动]赋诗/和诗/题诗/吟诗/作诗]虱[床虱/水虱]狮[海狮/睡狮/醒狮/雄狮]施[[名]措施/设施[动]报施/布施/实施[语]倒行逆施/乐善好施/软硬兼施/无计可施/情人眼里出西施]浉湿★[[名]风湿[动]淋湿/濡湿/润湿/沾湿[形]潮湿/精湿/温湿/阴湿[语]雨过地皮湿]蓍酾嘘(叹词)鳀◎十★[[名]年三十[数]百十/第十/百八十[动]合十[语]七老八十/闻一知十/一五一十/以一当十/八九不离十/行程百里半九十]什★[家什/篇什]石★[[名]宝石/础石/磁石/电石/滑石/化石/火石/基石/礁石/结石/界石/金石/矿石/砾石/砺石/卵石/木石/磐石/硝石/岩石/玉石/陨石/柱石/赭石/钻石/绊脚石/金刚石/煤矸石/磨刀石/试金石[动]刊石/镌石[语]滴水穿石/飞沙走石/落井下石/他山之石/以卵投石]时[[名]不时/多时/当时/工时/几时/届时/旧时/课时/历时/立时/临时/农时/平时/少时/瞬时/天时/往时/现时/小时/学时/一时/暂时/战时[动]按时/报时/当时/得时/费时/计时/失时/应时[形]背时/过时/合时/及时/入时/适时/准时[副]顿时/随时/有时[语]藏器待时/曾几何时/千载一时/有钱难买少年时/聪明一世,糊涂一时/养兵千日,用兵一时]识★[[名]才识/常识/胆识/见识/旧识/认识/学识/意识/知识/潜意识/

下意识[动]见识/结识/认识/赏识/熟识[形]博识/有识[副]无意识/有意识[语]似曾相识/素不相识/远见卓识/吃亏长见识/同是天涯沦落人，相逢何必曾相识]实★[[名]果实/口实/史实/事实/现实/虚实/子实[动]核实/落实/求实/如实/失实/属实/务实/写实/证实[形]诚实/充实/瓷实/粗实/笃实/敦实/肥实/憨实/厚实/坚实/结实/老实/密实/皮实/朴实/切实/确实/踏实/翔实/信实/严实/殷实/硬实/匀实/扎实/真实/忠实/壮实/茁实[语]实打实/春华秋实/华而不实/货真价实/名副其实/循名责实/言过其实/有名无实/耳听是虚，眼见为实]拾★[掇拾/归拾/捡拾/收拾/摭拾]食★[[名]白食/扁食/茶食/饭食/副食/寒食/伙食/酒食/粮食/零食/流食/面食/肉食/软食/膳食/素食/甜食/野食/衣食/饮食/主食[动]捕食/蚕食/环食/寄食/进食/绝食/谋食/偏食/乞食/寝食/全食/日食/伤食/停食/吞食/喂食/吸食/消食/月食/啄食[语]饿虎扑食/废寝忘食/丰衣足食/虎口夺食/饥不择食/嗟来之食/节衣缩食/灭此朝食/弱肉强食/宵衣旰食/因噎废食/钟鸣鼎食]蚀★[剥蚀/腐蚀/亏蚀/侵蚀/销蚀/锈蚀/蛀蚀]埘(墙上的鸡窝)湜(水清见底的样子)鲥鲺‖**史[[名]别史/丑史/国史/家史/历史/秘史/青史/诗史/通史/外史/信史/艳史/野史/杂史/正史[动]讲史[语]永垂青史/稗官野史]矢[[名]飞矢/弓矢/嚆矢/流矢/神矢[动]遗矢[语]无的放矢/有的放矢]豕[[名]封豕[语]鲁鱼亥豕]使[[名]差使/大使/公使/来使/密使/特使/天使/信使/学使/专使[动]差使/出使/促使/奴使/迫使/强使/驱使/设使/嗾使/唆使/行使/役使/支使/指使/致使/主使[语]颐指气使/过河卒子当车使]始[[动]创**

始/方始/更始/开始/起始/伊始/肇始[形]原始[语]与民更始/下车伊始/周而复始/人生识字忧患始]驶[奔驶/疾驶/驾驶/空驶/停驶/行驶]屎[[名]耳屎/眼屎[动]吃屎/拉屎[语]瘦驴拉硬屎/狗改不了吃屎/占着茅坑不拉屎/好鞋不踩臭狗屎]◎士[[名]辩士/兵士/博士/策士/处士/道士/斗士/方士/国士/寒士/护士/将士/进士/居士/爵士/军士/力士/烈士/猛士/名士/谋士/女士/人士/绅士/术士/硕士/卫士/武士/贤士/修士/学士/医士/义士/毅士/隐士/勇士/院士/战士/志士/壮士/辩护士/传教士/助产士/白衣战士[语]礼贤下士/仁人志士]氏[舅氏/母氏/人氏/姓氏/太史氏/无名氏]示[[名]批示/启示/指示[动]暗示/表示/出示/告示/揭示/批示/启示/请示/提示/显示/晓示/宣示/训示/演示/预示/展示/昭示/指示]世[[名]尘世/后世/家世/今世/近世/举世/来世/乱世/末世/没世/人世/身世/盛世/时世/晚世/万世/先世/现世/一世/永世/浊世[动]避世/出世/处世/传世/辞世/盖世/故世/过世/济世/绝世/旷世/弃世/去世/入世/逝世/玩世/下世/谢世/行世/厌世/在世/转世[形]稀世[语]不可一世/恍如隔世/立身处世/流芳百世/生生世世/永生永世/知人论世]仕[[动]出仕/致仕[语]学而优则仕]市[[名]菜市/城市/灯市/都市/行市/黑市/集市/街市/利市/门市/米市/闹市/小市/夜市/早市/直辖市[动]罢市/互市/开市/弃市/上市/收市/停市/应市[语]门庭若市/招摇过市]式[把式/板式/版式/程式/法式/方式/格式/公式/架式/旧式/楷式/款式/老式/模式/时式/算式/通式/体式/西式/新式/形式/型式/洋式/样式/仪式/招式/阵式/正式/中式/毕业式/方

程式/分子式/开幕式/阅兵式]势[名把势/病势/大势/地势/风势/攻势/国势/火势/架势/局势/均势/来势/劣势/气势/趋势/权势/伤势/声势/胜势/失势/时势/手势/水势/态势/现势/形势/优势/长势/阵势/姿势/电动势动顺势/仗势形虎势语鼎足之势/狗仗人势/趋炎附势/审时度势/虚张声势/装腔作势]事[名本事/差事/丑事/炊事/董事/法事/干事/工事/公事/故事/国事/憾事/后事/婚事/纪事/家事/军事/快事/理事/领事/美事/民事/能事/启事/趣事/人事/盛事/时事/琐事/外事/往事/心事/刑事/轶事/韵事/政事/执事/指事动碍事/成事/出事/处事/从事/多事/费事/纪事/济事/举事/蒙事/起事/失事/师事/视事/完事/行事/叙事/肇事/主事/滋事/做事形抵事/顶事语安然无事/便宜行事/咄咄怪事/敷衍了事/例行公事/人浮于事/若无其事/少不更事/无济于事/意气用事/因人成事/郑重其事/贵人多忘事/明人不做暗事/清官难断家务事/胜败乃兵家常事/多一事不如少一事/受人之托，忠人之事/狗拿耗子——多管闲事/秀才不出门，全知天下事]侍[服侍/陪侍/随侍]饰[名窗饰/雕饰/服饰/华饰/首饰/文饰/衣饰/藻饰/妆饰/装饰动雕饰/粉饰/夸饰/润饰/涂饰/修饰/虚饰/掩饰/油饰/装饰语清水出芙蓉，天然去雕饰]试[名春试/殿试/会试/秋试/廷试/乡试动比试/笔试/测试/尝试/初试/复试/考试/口试/调试/应试语牛刀小试/跃跃欲试]视[名电视/影视动逼视/鄙视/仇视/敌视/谛视/俯视/忽视/虎视/环视/监视/窥视/藐视/蔑视/漠视/目视/凝视/怒视/平视/歧视/轻视/扫视/审视/探视/透视/无视/小视/斜视/

省视/巡视/仰视/珍视/正视/重视/注视/自视/坐视 形 短视/近视/远视 语 侧目而视]拭[擦拭/拂拭/揩拭]贳柿[西红柿]是[名 国是 语 可不是/比比皆是/独行其是/俯拾即是/各行其是/莫衷一是/实事求是/习非成是/自行其是/自以为是/深了不是,浅了不是/三条腿的蛤蟆难找,两条腿的人有的是]峙[繁峙]适[安适/不适/酣适/合适/快适/舒适/顺适/恬适/妥适/闲适]恃[怙恃/矜恃/凭恃/失恃/依恃/倚恃/仗恃/自恃]室[名 暗室/侧室/斗室/宫室/皇室/继室/家室/教室/居室/科室/陋室/内室/妻室/寝室/王室/温室/卧室/先室/浴室/正室/宗室/档案室/更衣室/候机室/教研室/休息室/资料室 语 登堂入室/引狼入室]逝[动 奔逝/病逝/长逝/飞逝/溘逝/流逝/伤逝/仙逝/消逝/永逝 语 稍纵即逝/转瞬即逝]莳轼铈(金属元素)舐弑释[动 保释/阐释/获释/集释/假释/简释/解释/开释/考释/诠释/消释/稀释/真释/注释 语 涣然冰释/无罪开释]谥嗜筮[卜筮]誓[动 发誓/立誓/盟誓/明誓/起誓/宣誓 语 山盟海誓]奭噬[反噬/吞噬]螫褉[祓褉]◎匙[钥匙]殖[骨殖] 非韵脚字 shī 鸤 shí 炻莳 shì 似

【4】ri(日)日[名 白日/次日/单日/当日/冬日/红日/吉日/即日/集日/忌日/节日/今日/近日/来日/丽日/烈日/另日/落日/明日/末日/平日/前日/秋日/人日/闰日/生日/时日/双日/朔日/素日/他日/天日/往日/望日/昔日/夏日/向日/旭日/旬日/翌日/异日/昨日/工作日/纪念日/星期日 动 度日/改日/隔日 语 暗无天日/饱食终日/拨云见日/不可终日/重见天日/光天化日/黄道吉日/夸父逐日/青天白日/日复一日/蜀犬吠日/偷

天换日/尧天舜日/夜以继日/有朝一日/有天无日/骤雨无终日/天阴总有天晴日/山水也有相逢日/庆父不除，国无宁日]

【5】zi(ㄗ)吱(拟声)孜[孜孜]咨姿[名丰姿/风姿/卧姿/舞姿/雄姿/英姿 语婀娜多姿/蒲柳之资/摇曳生姿]兹[名今兹/来兹 语念兹在兹]赀[所费不赀]资[名笔资/茶资/川资/工资/劳资/润资/师资/天资/外资/物资/薪资/邮资 动合资/核资/集资/投资]淄谘缁(黑色)辎(古代一种车)嗞(拟声)嵫[崦嵫]孳滋[树德务滋]觜(二十八宿之一)訾(姓)锱(古量词)龇鼒(小口鼎)髭[短髭]鲻 ‖ 子[名靶子/班子/包子/本子/辫子/脖子/椽子/村子/胆子/点子/电子/钉子/肚子/垛子/驮子/儿子/房子/分子/份子/疯子/缝子/盖子/稿子/个子/瓜子/鬼子/柜子/盒子/核子/集子/虮子/麂子/甲子/架子/尖子/饺子/轿子/句子/君子/空子/筷子/路子/乱子/牌子/骗子/棋子/钳子/妻子/旗子/起子/狮子/虱子/柿子/探子/梯子/屋子/痦子/孝子/芯子/样子/缨子/影子/游子/油子/幼子/釉子/原子/支子/栀子/侄子/质子/中子/种子/肘子/败家子/半吊子/笔杆子/耳刮子/二流子/狗腿子/话匣子/急性子/脚腕子/酒望子/劳什子/老爷子/麻雷子/炮筒子/钱串子/穷棒子/软刀子/腮帮子/书呆子/碎嘴子/台柱子/贴饼子/土包子/五味子/小叔子/药罐子/遗腹子/左撇子 动拜把子/凑份子/打摆子/哭鼻子/拉肚子/尥蹶子/撂挑子/卖关子/抹脖子/碰钉子/扎猛子/坐月子 语封妻荫子/花花公子/梁上君子/龙生九子/莘莘学子/虎毒不吃子/虎父无犬子/量小非君子/竹筒倒豆子/六国骆驼贩子/数黄瓜道茄子/眼里不揉沙子/观棋不语真君子/久病床前无孝子/牵牛要牵牛鼻子/瞎猫碰上死耗子/有枣没枣三竿子/指

着和尚骂秃子/黄鼠狼单咬病鸭子/泥人也有个土性子/一口吃不成个胖子/不入虎穴，焉得虎子]仔姊耔秭籽[菜籽/花籽/棉籽/葫芦籽]笫[床笫]梓[付梓]紫[名龙胆紫形绀紫/绛紫/酱紫/青紫]呰滓[垢滓/泥滓/渣滓] ◎自字[名白字/表字/别字/草字/衬字/赤字/错字/汉字/名字/难字/铅字/数字/俗字/文字/脏字/篆字/常用字/简体字/联绵字/柳体字/美术字/宋体字动测字/拆字/打字/待字/立字/练字/签字/认字/识字/题字/写字/咬字语识文断字/咬文嚼字/天下事抬不过一个理字]恣眦[内眦/外眦]渍[名茶渍/内渍/污渍/油渍动排渍]非韵脚字 zī 趑镃 zǐ 訿

【6】ci(ㄘ)刺(拟声)呲[挨呲]差[参差]疵[名瑕疵动指疵语吹毛求疵/大醇小疵]跐◎词[名褒词/贬词/唱词/答词/单词/悼词/遁词/歌词/供词/贺词/生词/诗词/实词/誓词/讼词/台词/题词/托词/颂词/戏词/挽词/微词/训词/语词/证词/潜台词动措词/遣词/题词/填词/托词/献词语不赞一词/大放厥词/各执一词/念念有词/夸大其词/闪烁其词/一面之词/振振有词/众口一词]疵[凫茈]茨兹[龟兹]祠[家祠/神祠/生祠/宗祠/先贤祠]瓷[绷瓷/粗瓷/青瓷/宋瓷/搪瓷/陶瓷/细瓷/江西瓷]辞[名哀辞/卜辞/楚辞/祷辞/遁辞/卦辞/敬辞/俪辞/谦辞/说辞/婉辞/微辞/猥辞/文辞/修辞/虚辞/言辞/谣辞/祝辞动拜辞/措辞/告辞/固辞/推辞/修辞/致辞语含糊其辞/万死不辞/义不容辞/隐约其辞/与世长辞/在所不辞/欲加之罪，何患无辞]慈[名家慈/令慈/先慈形仁慈]磁[名地磁/电磁动防磁/去磁]雌鹚[鸬鹚] ‖ 此[代彼此/如此动

至此[语]等因奉此]泚跐鮆◎次[[名]班次/版次/编次/层次/场次/车次/初次/档次/等次/更次/航次/架次/旅次/伦次/名次/目次/其次/人次/途次/位次/席次/胸次/言次/以次/印次/主次/妆次/座次[动]如次/序次[形]历次/造次[副]渐次/屡次/顺次/依次/以次/再次/舟次[语]三番五次/语无伦次]刺[[名]草刺/倒刺/毛刺/名刺/枪刺/鱼刺/骆驼刺[动]被刺/冲刺/穿刺/讽刺/讥刺/拼刺/挑刺/投刺/行刺/遇刺/针刺[语]挑毛拣刺/眼中钉,肉中刺]赐[恩赐/封赐/厚赐/钦赐/赏赐/御赐] [非韵脚字] cí 糍 cì 伺

【7】sì(ㄙ)司[[名]公司/官司/派司/上司/土司/阴司/有司/职司/人事司/礼宾司/保险公司[量]盎司[动]派司/吃官司[语]笔墨官司/顶头上司]丝[[名]蚕丝/灯丝/粉丝/钢丝/螺丝/青丝/情丝/肉丝/铁丝/纹丝/烟丝/游丝/雨丝/蛛丝/萝卜丝[动]拔丝/缫丝[量]丝丝/一丝[语]走钢丝/品竹弹丝/病来如山倒,病去如抽丝]私[[名]家私/阴私/隐私[动]缉私/偏私/徇私/营私/走私[形]无私/自私[语]大公无私/公而忘私/假公济私/结党营私/铁面无私]咝(拟声)思[[名]哀思/才思/情思/神思/文思/遐思/乡思/心思/意思/忧思/幽思[动]沉思/多思/构思/凝思/三思/深思/熟思/相思/寻思/追思[语]匪夷所思/若有所思/事要三思/挖空心思/行成于思/心之官则思]鸶[鹭鸶]偲[偲偲(相互切磋的样子)]斯[[名]瓦斯/螽斯/宙斯/法西斯[动]如斯]蛳[螺蛳]缌(细麻布)厮[那厮/小厮/这厮]罳[罘 fú 罳]锶(金属元素)澌(解冻的流水)撕嘶[人喊马嘶]澌(尽)‖ **死[[名]生死[动]暴死/濒死/病**

死/处死/垂死/赐死/等死/该死/横死/坏死/昏死/假死/僵死/客死/老死/屈死/送死/万死/效死/寻死/诈死/战死/找死/致死/作死 形 决死/殊死 副 抵死/冒死/拼死/誓死 语 出生入死/生老病死/醉生梦死/一棍子打死/士为知己者死/人挪活，树挪死/不到黄河心不死/人生自古谁无死/活人不能让尿憋死/千夫所指，无疾而死/顺我者生，逆我者死/货比货得扔，人比人得死/路不要走绝，话不要说死/四海无闲田，农夫犹饿死]◎巳四[不三不四/低三下四/颠三倒四/丢三落四/说三道四/挑三拣四/推三阻四/朝三暮四]寺[禅寺/佛寺/大理寺/碧云寺/护国寺/清真寺/太常寺]似[动 好似/浑似/活似/近似/酷似/类似/略似/貌似/恰似/强似/胜似/形似/亚似 形 神似/相似/疑似]汜兕(犀牛)伺[窥伺/微伺/侦伺]祀[奉祀/祭祀/配祀]姒饲[鼻饲]泗驷俟食涘[海涘/河涘/江涘/两涘/水涘/涯涘]耜[名 耒耜/良耜 语 斫木为耜]笥肆[名 酒肆/市肆/书肆 形 放肆/恣肆]嗣[名 储嗣/后嗣/子嗣 动 继嗣/绝嗣/立嗣] 非韵脚字 sī 虒

【8】er(儿)儿[名 宠儿/孤儿/孩儿/健儿/男儿/女儿/胎儿/婴儿/幼儿/安琪儿/低能儿/混血儿/宁馨儿 语 黄口小儿/一个姑爷半拉儿]而[从而/反而/忽而/既而/继而/进而/然而/甚而/时而/幸而/因而]洏[涟洏]栭(斗拱)鲕(鱼苗)‖尔[形 偶尔/莞尔 副 率尔 语 不过尔尔/出尔反尔/何其相似乃尔]耳[名 苍耳/焦耳/卷耳/帽耳/木耳/内耳/牛耳/顺风耳 动 附耳/聒耳/逆耳 形 刺耳/入耳/顺耳/悦耳 语 执牛耳/俯首帖耳/隔墙有耳/交头接耳/如雷贯耳/言犹在耳/忠言逆耳/东风吹马

耳/迅雷不及掩耳]迩[不可向迩/闻名遐迩/若涉远，必自迩]饵[钓饵/果饵/香饵/药饵/诱饵/鱼饵]洱珥铒(金属元素)◎**二[名店小二语独一无二/略知一二/数一数二/说一不二/一分为二/三下五除二/只知其一，不知其二]刵**(割耳酷刑)**佴**(停留)**贰[忠贞不贰]**非韵脚字 ér 鸸

【9】yi(丨)一★[名万一动不一/划一/如一/同一/统一形不一/纯一/单一/划一/均一/同一/统一/唯一/专一副一一/逐一语单打一/百里挑一/表里如一/背城借一/合二为一/九九归一/整齐划一/不管三七二十一/不怕一万，就怕万一]伊[木乃伊]衣[名胞衣/便衣/布衣/衬衣/成衣/鹑衣/大衣/单衣/法衣/风衣/寒衣/号衣/棉衣/内衣/皮衣/青衣/僧衣/上衣/寿衣/睡衣/笋衣/蓑衣/糖衣/天衣/外衣/小衣/孝衣/亵衣/血衣/浴衣/罩衣/征衣/缁衣/百衲衣动穿衣/更衣/和衣/宽衣/解衣/脱衣语量体裁衣/二八月乱穿衣/云往西，关公骑马披蓑衣/慈母手中线，游子身上衣]医[名法医/军医/良医/儒医/神医/世医/兽医/太医/巫医/西医/新医/牙医/庸医/中医动就医/行医/延医语讳疾忌医/久病成良医/有病乱投医/死马当活马医/心病还得心药医]依[动皈依/凭依/偎依/无依/相依形依依语唇齿相依]祎(美好)咿(拟声)铱(金属元素)猗揖★[作揖]壹椅漪[涟漪/清漪]噫(叹词)繄黟◎匜仪[名殡仪/尘仪/程仪/奠仪/菲仪/丰仪/赙仪/贺仪/贶仪/礼仪/奁仪/容仪/丧仪/司仪/土仪/威仪/谢仪/地球仪/浑天仪/水准仪动失仪/心仪]圯(桥)夷[名东夷/华夷/四夷/辛夷动鄙夷/凌夷/

芰荑[语]化险为夷/履险如夷]沂诒迤[逶迤]饴[[名]高粱饴[动]含饴[语]甘之如饴]怡[心旷神怡]宜[[名]机宜/时宜/事宜[动]不宜/失宜[形]便 biàn 宜/得宜/合宜/便 pián 宜/权宜/适宜/相宜[语]面授机宜/因地制宜/浓妆淡抹总相宜]荑[芰荑]咦(叹词)贻[馈贻]姨[[名]阿姨/大姨/娘姨/婆姨/小姨[语]七大姑，八大姨]眙[盱眙]胰扅[扊扅(门闩)]蛇[委蛇]移[[动]挪移/漂移/迁移/推移/游移/转移[语]寸步难移/斗转星移/坚定不移/物换星移/贫贱不能移/人心齐，泰山移/江山易改，本性难移]痍[创痍/疮痍]遗[[名]孑遗[动]补遗/拾遗/无遗[语]路不拾遗/一览无遗]颐[[名]期颐[动]持颐/交颐/解颐/支颐]疑[[名]嫌疑[动]猜疑/存疑/答疑/犯疑/怀疑/见疑/决疑/起疑/祛疑/阙疑/生疑/释疑/无疑/析疑/质疑/置疑[形]迟疑/多疑/狐疑/惊疑/可疑/善疑/犹疑[语]不容置疑/半信半疑/将信将疑/形迹可疑/用人不疑]嶷[九嶷]簃彝[鼎彝] ‖ 乙[勾乙/涂乙]已[[动]不已/无已[助]而已[形]不得已[语]死而后已/有加无已/争论不已/烈士暮年，壮心不已]以[[名]所以[动]得以/给以/加以/据以/可以/赖以/难以/予以/足以[形]可以[语]忘乎所以]钇(金属元素)苡[薏苡]尾[马尾/三尾]矣[悔之晚矣/温故而知新，可以为师矣]苢[芣苢]蚁[兵蚁/工蚁/红蚁/蝼蚁/蚂蚁]舣(使船靠岸)酏[芳香酏]倚[[动]徒倚/斜倚/依倚/醉倚[语]不偏不倚/祸兮福所倚]扆椅[交椅/龙椅/轮椅/圈椅/躺椅/藤椅/摇椅/竹椅/桌椅/太师椅]蛾◎乂(治理)弋[巡弋/游弋]亿义[[名]褒义/本义/贬义/词义/大义/道义/定义/恩义/

广义/含义/讲义/教义/精义/名义/歧义/情义/仁义/释义/首义/文义/狭义/信义/演义/要义/疑义/意义/音义/主义/转义/字义/忠义 动 结义/就义/举义/起义/释义/演义 形 仁义/侠义/仗义/正义/忠义 语 背信弃义/薄情寡义/断章取义/顾名思义/急公好义/假仁假义/见利忘义/开宗明义/舍生取义/天经地义/忘恩负义/望文生义/微言大义/言不及义]艺[名 才艺/工艺/技艺/六艺/农艺/曲艺/手艺/文艺/武艺/舞艺/游艺/园艺/制艺 动 卖艺/无艺/学艺 语 多才多艺/贪贿无艺]刈(割)忆[回忆/记忆/追忆]艾[动 惩艾/怨艾 语 自怨自艾]仡[仡仡(高强)]议[名 驳议/参议/成议/刍议/创议/动议/和议/会议/建议/决议/物议/协议/异议 动 谤议/参议/倡议/筹议/非议/附议/复议/公议/计议/建议/抗议/拟议/评议/清议/商议/审议/提议/争议/咨议/訾议 语 不可思议/街谈巷议/力排众议/无可非议]屹亦异[名 差异/怪异/睽异/灾异/珍异 动 离异/无异 形 诧异/怪异/瑰异/诡异/骇异/惊异/迥异/奇异/歧异/神异/特异/新异/颖异/优异/卓异 语 标新立异/大同小异/党同伐异/求同存异/日新月异/龙生九子,禀性各异]抑[动 贬抑/遏抑/勒抑/平抑/压抑 形 压抑/郁抑]呓[梦呓]邑[城邑/通都大邑]佚[动 散佚/亡佚/遗佚/淫佚 形 安佚]役[名 兵役/差役/赋役/工役/苦役/劳役/仆役/现役/衙役/徭役/杂役/战役/预备役 动 服役/缓役/拘役/免疫/奴役/退役]译[名 今译/通译 动 笔译/编译/翻译/今译/口译/破译/通译/意译/音译/摘译/直译]易[名 交易/贸易 动 辟易/变易/

不易/改易/更易/移易 形 和易/简易/平易/浅易/轻易/容易 语 避难就易/来之不易/创业固难，守成不易]峄佾怿诣[名 造诣 语 苦心孤诣]驿[传驿/古驿/馆驿]绎[动 抽绎/寻绎/演绎 形 络绎]轶[奔轶/超轶/驰轶/亡轶]弈[对弈]奕[神采奕奕]疫[名 畜疫/时疫/鼠疫/瘟疫 动 防疫/检疫/免疫]羿挹[奖挹/谦挹/推挹]益[名 裨益/补益/公益/教益/进益/利益/权益/收益/损益/效益 动 裨益/补益/受益/无益/有益/增益 副 日益/愈益 语 集思广益/开卷有益/满招损，谦受益]浥(沾湿)悒[抑悒/悒悒/忧悒]谊[名 厚谊/交谊/年谊/戚谊/情谊/世谊/乡谊/友谊 动 联谊]埸[疆埸]逸[动 奔逸/逃逸/亡逸/淫逸/隐逸 形 安逸/超逸/俊逸/飘逸/清逸/闲逸/秀逸 语 一劳永逸]翊翌嗌(咽喉)肄裔[后裔/华裔/苗裔/四裔]意[名 本意/笔意/鄙意/诚意/创意/醋意/大意/歹意/敌意/恶意/公意/故意/含意/寒意/厚意/悔意/假意/敬意/酒意/倦意/快意/来意/凉意/美意/民意/命意/歉意/情意/如意/善意/深意/生意/盛意/诗意/实意/睡意/他意/题意/天意/写意/谢意/心意/新意/雅意/用意/雨意/寓意/原意/真意/旨意/主意/醉意 动 不意/称意/达意/合意/会意/加意/介意/经意/决意/乐意/立意/留意/满意/起意/如意/示意/授意/顺意/同意/无意/蓄意/有意/愿意/在意/致意/中意/属意/注意/着意 形 得意/可意/乐意/满意/惬意/失意/适意/随意/遂意/写xiè意 副 故意/刻意/任意/锐意/率意/肆意/特意/一意/执意/恣意 语 差强人意/称心如意/出其不意/词不达意/粗心大意/回心转意/见财起意/全心全意/三心二意/诗情画意/虚情假意/言不尽意/言外之意/自鸣得意/言者无心，听者有意]溢[动充溢/横溢/溃溢/漫溢/飘溢/四溢/外溢/洋溢/盈溢语月满则亏，水满则溢]缢[自缢]蓺(种植)蜴[蜥蜴]廙(恭敬)瘗(掩埋)嫕[婉嫕]鹝镒(量词)毅[沉毅/刚毅/弘毅/坚毅/强毅/雄毅/勇毅]鹢熠[光彩熠熠]殪(死)曀(天阴沉)螠劓(割鼻酷刑)燚翳[名白翳/云翳动阴翳/荫翳/遮翳]臆[胸臆]翼[名鼻翼/侧翼/蝉翼/机翼/两翼/鸟翼/尾翼/右翼/羽翼/左翼动比翼/扶翼/辅翼/戢翼/卵翼/形翼翼语如虎添翼/为虎傅翼/小心翼翼]镱(金属元素)癔懿非韵脚字 yǐ 迤旖 yì 食薏

【10】bi(ㄅㄧ)逼★[催逼/紧逼/进逼/强逼/威逼]鲾◎鼻[名鞍鼻/门鼻/响鼻/针鼻/酒渣鼻/齉齉鼻/鹰勾鼻动刺鼻/扑鼻语嗤之以鼻]‖匕比[名反比/正比动对比/好比/较比/类比/排比/攀比/朋比/评比/无比语今非昔比/鳞次栉比/无与伦比]沘妣[考妣/先妣]彼[顾此失彼/厚此薄彼/由此及彼/知己知彼]秕[糠秕]笔[名败笔/刀笔/粉笔/伏笔/附笔/钢笔/工笔/画笔/绝笔/漫笔/毛笔/铅笔/亲笔/曲笔/冗笔/润笔/手笔/随笔/铁笔/文笔/遗笔/译笔/直笔/朱笔/主笔/拙笔/圆珠笔/沾水笔动辍笔/代笔/动笔/搁笔/落笔/命笔/起笔/下笔/运笔/执笔/着笔/走笔]俾舭鄙[名边鄙形卑鄙/粗鄙/可鄙/贪鄙]◎币[名辅币/港币/法币/货币/金币/旧币/钱币/外币/伪币/新币/赝币/银币/硬币/纸币/人民币动投币/铸币]必[不必/何必/势必/未必/务必/想必]毕[礼毕/完毕]闭[倒闭/封闭/关闭/禁闭/密闭/幽闭]庇[包庇/荫庇]诐畀

(给)泌珌贲荜毖陛[石陛]毙[名倒毙/击毙/枪毙语坐以待毙/多行不义必自毙]铋(金属元素)秘[便秘]庳萆敝[形凋敝/疲敝/衰敝语口焦舌敝]婢[奴婢/女婢]皕(数词)筚愎[刚愎]弼[辅弼]跸[驻跸]痹[动风痹/寒痹/麻痹/湿痹形麻痹]煏(用火烘干)滗裨 辟[复辟]碧[澄碧]蔽[动蒙蔽/屏蔽/掩蔽/隐蔽/壅蔽/遮蔽形隐蔽]箅弊[名积弊/利弊/流弊/时弊/私弊/宿弊动舞弊/作弊语切中时弊/权衡利弊/兴利除弊/营私舞弊]薜(姓)篦壁[名戈壁/隔壁/绝壁/井壁/墙壁/峭壁/影壁/细胞壁动坚壁/面壁/碰壁/破壁语残垣断壁/飞檐走壁/家徒四壁/铜墙铁壁/悬崖峭壁]避[躲避/规避/回避/逃避/退避]嬖髀(大腿)濞[漾濞]臂[名长臂/膀臂/双臂动攘臂/振臂语三头六臂/失之交臂]璧[名白璧动合璧/完璧]襞[胃襞/皱襞]非韵脚字 bí 荸 bǐ 吡 bì 哔狴梐赑蓖髲

【11】pi(ㄆㄧ)丕(大)批[名横批/夹批/眉批/朱批动趸批/揭批/审批形大批语醉雷公——胡批(霹)]邳伾[伾伾]纰[瑕纰]坯[名钢坯/毛坯/面坯/土坯/砖坯动打坯/脱坯]披[名雨披形纷披]狉[狉狉(野兽蠢动状)]砒[白砒/红砒]铍劈★◎皮[名包皮/车皮/陈皮/单皮/地皮/肚皮/粉皮/封皮/浮皮/桂皮/画皮/胶皮/脸皮/奶皮/牛皮/泼皮/铅皮/青皮/兽皮/铁皮/头皮/西皮/虾皮/橡皮/信皮/眼皮/闸皮/真皮/包袱皮/荞麦皮动扯皮/脱皮/植皮形赖皮/俏皮/调皮/顽皮语鸡毛蒜皮/食肉寝皮/与虎谋皮/人心隔肚皮/人嘴两张皮/人有脸，树有皮/拉大旗作虎皮]陂[黄陂]狓毗铍(金属元素)郫疲[乐此

不疲]陴(女墙)啤[干啤/黑啤/扎啤]椑脾[沁人心脾]鲏[鳑鲏]裨[偏裨]蜱罴[熊罴]貔[虎貔]‖匹[名布匹/马匹语举世无匹/难与成匹]庀圮[倾圮]否[臧否]吡(诋毁)痞[兵痞/地痞/流痞/文痞]劈擗癖[名痼癖/怪癖/洁癖/烟癖语嗜痂之癖]嚭(大)◎屁[名臭屁/狗屁动放屁语拍马屁]淠辟[名大辟动开辟形精辟/透辟]媲僻[孤僻/乖僻/怪僻/荒僻/静僻/冷僻/偏僻/生僻/乡僻/幽僻]澼[洴澼]甓(砖)譬[设譬]非韵脚字 pī 噼霹 pí 芘枇蚍琵鼙 pǐ 仳 pì 睥

【12】mi(ㄇㄧ)咪[咪咪]眯[笑眯眯]◎弥[沙弥]迷[名财迷/球迷/戏迷动沉迷/痴迷/昏迷/凄迷/入迷/失迷/着迷/执迷语当局者迷/纸醉金迷]祢(姓)眯谜[名灯谜/哑谜/字谜动猜谜]醚[甲醚/乙醚]糜[肉糜]縻[羁縻]靡[奢靡]蘼[荼蘼]醾[酴醾]‖米[名白米/糙米/柴米/炒米/陈米/稻米/海米/机米/江米/糯米/虾米/小米/薏米/高粱米/花生米/鸡头米/老玉米动淘米语偷鸡不成蚀把米/大鱼吃小鱼,小鱼吃虾米]芈洣弭[消弭]脒[磺胺脒]敉(安抚)靡[动风靡/披靡形靡靡/颓靡/委靡语所向披靡/望风披靡]◎觅[寻觅]泌[分泌]宓秘[名奥秘形诡秘/神秘/隐秘]密[名机密动保密/告密/失密/泄密形稠密/繁密/机密/紧密/精密/绝密/茂密/绵密/浓密/亲密/细密/严密/缜密/致密/周密]幂[降幂/升幂]谧[安谧/静谧/恬谧]蜜[名蜂蜜/花蜜/糖蜜/菠萝蜜动采蜜/割蜜/酿蜜形甜蜜]非韵脚字 mí 猕麋 mì 汨嘧

【13】di(ㄉㄧ)氐低[名高低动贬低/减低/降低语眉眼高低/

山高水低/眼高手低/狗眼看人低/好汉不怕出身低]羝(公羊)堤[名大堤/海堤/河堤/水堤/防洪堤动决堤/溃堤/筑堤]提嘀滴★[名汗滴/水滴/点滴/涓滴形点滴/娇滴滴语垂涎欲滴]镝(金属元素)◎狄★[夷狄]迪[启迪]的[打的]籴★荻★[芦荻]敌★[名仇敌/残敌/公敌/劲敌/强敌/情敌/守敌/死敌/夙敌/天敌/政敌/假想敌动对敌/赴敌/克敌/力敌/匹敌/轻敌/树敌/无敌/通敌/投敌/应敌语腹背受敌/功力悉敌/如临大敌/势均力敌/所向无敌]涤★[荡涤/洗涤]笛★[长笛/短笛/横笛/警笛/汽笛/竹笛]觌(见)嫡★翟[墨翟]镝[锋镝/鸣镝]蹢(蹄子)‖氐邸[官邸/私邸]诋[丑诋]坻[宝坻]抵[两抵/相抵/做抵]底[名班底/根底/功底/锅底/海底/家底/井底/老底/谜底/年底/鞋底/心底/眼底/月底动保底/到底/兜底/垫底/交底/亮底/没底/摸底/卧底/泄底/有底形彻底语归根到底/刨根问底/寻根究底/伊于胡底/救人救到底/一竿子插到底]柢(树根)牴砥骶◎地[名暗地/本地/产地/场地/大地/当地/低地/防地/飞地/福地/腹地/高地/各地/耕地/工地/故地/荒地/旱地/基地/见地/禁地/境地/旧地/领地/陆地/内地/盆地/山地/圣地/胜地/失地/湿地/属地/水地/天地/田地/洼地/外地/险地/心地/要地/野地/营地/余地/园地/战地/阵地/质地/重地/驻地/策源地/处女地/发祥地/根据地/集散地/开阔地/目的地/水泥地/所在地/殖民地/庄稼地/自留地动翻地/割地/耕地/铺地/下地/坠地/拜天地形道地副特地语冰天雪地/别有天地/不毛之地/弹丸之地/顶天立地/翻天覆地/肝脑涂地/呼天抢地/花天酒地/欢天喜地/昏天黑

地/脚踏实地/惊天动地/铺天盖地/设身处地/斯文扫地/死心塌地/五体投地/一败涂地/预为之地/置之死地/死无葬身之地/一块石头落地/杀人不过头点地/英雄无用武之地]弟[名胞弟/表弟/弟弟/内弟/妻弟/仁弟/如弟/师弟/堂弟/徒弟/小弟/兄弟/子弟/把兄弟 语 称兄道弟/难兄难弟/误人子弟/四海之内皆兄弟]的[名 标的/端的/鹄的/目的 代 怎的 语 一语破的/众矢之的]帝[名 皇帝/上帝/天帝/儿皇帝/土皇帝 动 称帝/反帝 语 三皇五帝/玉皇大帝]递[呈递/传递/投递/邮递]娣菂(莲子)第[名 次第/等第/府第/科第/门第/品第/宅第 动 不第/登第/及第/落第]谛[妙谛/真谛]蒂[瓜蒂/花蒂/芥蒂/烟蒂]棣[棠棣/贤棣]睇(斜眼看)缔[取缔]禘碲踶(踢)

非韵脚字 dí 嘀

【14】ti(ㄊㄧ)剔[挑剔]梯[电梯/扶梯/滑梯/阶梯/楼梯/盘梯/人梯/软梯/天梯/舷梯/旋梯/云梯]锑(金属元素)踢★[拳打脚踢]◎荑绨提[名 孩提/酒提/菩提/前提/油提 语 不值一提/旧事重提/只字不提/马尾拴豆腐——没法提]啼[动 哀啼/悲啼/鸡啼/哭啼 语 虎啸猿啼/月落乌啼/黄鹂只拣好枝啼/自在黄莺恰恰啼]遆(姓)缇(橘红色)题[名 标题/副题/话题/考题/课题/例题/论题/命题/难题/偏题/问题/习题/议题/正题/主题/专题/练习题/算术题 动 出题/点题/命题/品题/破题/切题/算题 语 文不对题]蹄[名 马蹄/牛蹄/铁蹄/羊蹄/猪蹄 语 马不停蹄/无须扬鞭自奋蹄/人有失足,马有失蹄]鳀‖**体[名 本体/草体/垂体/大体/导体/得体/繁体/个体/固体/国**

体/黑体/机体/肌体/集体/简体/晶体/楷体/抗体/客体/矿体/立体/流体/裸体/母体/骈体/气体/球体/躯体/全体/群体/人体/肉体/上体/身体/尸体/实体/事体/宋体/天体/通体/团体/文体/物体/下体/星体/形体/掩体/液体/一体/遗体/异体/幼体/玉体/载体/整体/正体/政体/肢体/主体/总体/字体/扁桃体/共同体/进行体/手写体/完成体/章回体 动 解体/转体 形 具体/可体 语 不成事体/赤身露体/浑然一体/魂不附体/三位一体/顾大局,识大体] ◎屜[抽屜/笼屜/藤屜/棕屜]剃逖(远)涕[名 鼻涕/滴滴涕 语 痛哭流涕]悌[孝悌]绨[线绨]惕[动 警惕 语 朝乾夕惕]替[动 代替/倒替/顶替/更替/交替/接替/轮替/枪替/衰替/兴替 语 冒名顶替/寒暑交替] 殢裼嚏[喷嚏]趯(跳跃) 非韵脚字 tí 鹈醍 tì 倜

【15】ni(ㄋㄧ)妮◎尼[老尼/僧尼/比丘尼/释迦牟尼]坭[白坭]呢[花呢/毛呢/线呢/华达呢/马裤呢/制服呢]兒泥[名 胶泥/烂泥/水泥/蒜泥/稀泥/印泥/油泥/淤泥/枣泥/橡皮泥 动 和泥/崴泥 语 和稀泥/烂醉如泥/判若云泥/拔出萝卜带出泥/出水才见两腿泥/齐不齐,一把泥]怩[忸怩]铌(金属元素)倪[端倪]猊[狻猊]霓[虹霓/云霓]鲵‖拟[动 比拟/草拟/模拟/摹拟/虚拟/悬拟 语 无可比拟]你旎[旖旎] ◎泥[拘泥]昵[亲昵/狎昵]逆[名 横逆 动 悖逆/呃逆/附逆/叛逆/忤逆 形 莫逆]匿[藏匿/逃匿/隐匿]睨[睥睨]腻[名 尘腻/垢腻/油腻 形 滑腻/细腻/油腻]溺[便溺/沉溺]

【16】li(ㄌㄧ)哩◎丽[高丽/高句丽]厘[毫厘]狸[海狸/河狸/狐狸/果子狸]离[名 电离/距离/钟离 动 背离/别离/剥离/撤

离/隔离/距离/流离/叛离/偏离/仳离/脱离/游离[形]支离[语]差不离/不即不离/颠沛流离/光怪陆离/貌合神离/扑朔迷离/热土难离/众叛亲离/乐莫乐兮新相知，悲莫悲兮生别离/世上伤心无限事，最难死别与生离]骊(纯黑色马)梨[白梨/杜梨/凤梨/棠梨/鸭儿梨/京白梨/莱阳梨/烂酸梨/爱吃萝卜的不吃梨]犁[[名]铧犁/爬犁[动]扶犁/开犁]鹂[黄鹂] 喱[咖喱]蓠[江蓠]蜊[蛤蜊]漓[淋漓]缡[结缡(女子出嫁)]璃[玻璃/琉璃]嫠(寡妇)犛(牦牛)黎鲡[鳗鲡]罹篱[笆篱/藩篱/樊篱/笊篱]藜[蒺藜]黧蠡 ‖ 礼[[名]薄礼/财礼/彩礼/典礼/定礼/队礼/贺礼/厚礼/婚礼/祭礼/军礼/聘礼/丧礼/寿礼/谢礼/虚礼/葬礼[动]顶礼/观礼/还礼/见礼/敬礼/拘礼/赔礼/失礼/施礼/受礼/送礼/洗礼/献礼/行礼/巡礼[语]彬彬有礼/分庭抗礼/知书达礼]李[[名]桃李[语]投桃报李/夭桃秾李]里[[名]被里/底里/封里/故里/华里/就里/居里/邻里/闾里/头里/乡里/心里/梓里/暗地里/骨子里/里外里/私下里[代]那里/哪里/这里[语]鞭辟入里/跛鳖千里/鹏程万里/歇斯底里/一泻千里/由表及里/肉烂在锅里/差之毫厘，谬以千里/好事不出门，丑事传千里/早霞不出门，晚霞行千里]俚逦[迤逦]悝(忧)娌[妯娌]理[[名]道理/地理/定理/法理/公理/肌理/经理/伦理/木理/情理/天理/条理/纹理/物理/心理/原理/哲理/真理/助理/总理[动]办理/处理/代理/管理/护理/讲理/经理/料理/清理/审理/梳理/调理/推理/襄理/协理/修理/整理/治理/助理/总理[形]合理/无理/在理[语]慢条斯理/岂有此理/强词夺理/伤天害理/通情达理/置之不理]锂(金属元素)鲤[锦鲤]澧醴鳢蠡◎

力[名暴力/兵力/财力/大力/地力/电力/动力/法力/浮力/活力/精力/苦力/劳力/膂力/马力/魅力/目力/魔力/脑力/内力/能力/人力/实力/视力/势力/魄力/潜力/权力/弹力/体力/听力/外力/威力/伟力/武力/物力/效力/学力/压力/眼力/药力/重力/主力/阻力/爆发力/购买力/劳动力/理解力/摩擦力/巧克力/生产力/说服力/吸引力/想象力/战斗力/作用力动出力/接力/尽力/努力形吃力/得力/费力/努力/无力/效力/有力副极力语不遗余力/吹灰之力/度德量力/尽心竭力/群策群力/同心协力/无能为力/有气无力/自不量力/自食其力/路遥知马力/不费吹灰之力/手无缚鸡之力/人民自有回天力/费了九牛二虎之力/只有招架之功,没有还手之力]**历**[名病历/公历/挂历/皇历/简历/经历/来历/履历/年历/农历/日历/台历/学历/阳历/阴历/阅历/资历/天文历动经历/游历]**厉**[动惕厉形凌厉/凄厉/严厉语变本加厉/声色俱厉/再接再厉]**立**[动壁立/并立/成立/创立/倒立/鼎立/订立/独立/对立/孤立/建立/林立/起立/确立/设立/树立/私立/耸立/肃立/挺立/屹立/站立/中立/伫立/自立形对立/孤立/私立语不破不立/重足而立/势不两立/亭亭玉立/人无信不立]**吏**[名官吏/酷吏/胥吏/狱吏/刀笔吏语封疆大吏/贪官污吏]**坜**[中坜]**苈**[葶苈]**丽**[名佳丽形富丽/瑰丽/华丽/美丽/绮丽/俏丽/秀丽/绚丽/艳丽/壮丽动附丽语风和日丽]**励**[策励/鼓励/激励/奖励/勉励]**呖**[呖呖(鸟叫声)]**利**[名暴利/纯利/地利/福利/功利/红利/名利/权利/舍利/势利//渔利专利动胜利/赢利/渔利形便利/不利/锋利/吉利/流利/锐利/势利/爽

利/顺利/有利[语]出师不利/急功近利/一本万利/蝇头小利/争权夺利/自私自利/坐收渔利/鹬蚌相争，渔人得利］沥［[名]余沥[动]滴沥/披沥[拟声]淅沥］枥［老骥伏枥］例［[名]比例/病例/凡例/范例/惯例/律例/事例/体例/条例/图例/先例/战例[动]举例/破例/援例/照例[语]发凡起例/史无前例/下不为例］疠戾［[名]罪戾[形]暴戾/乖戾］隶［汉隶/奴隶/仆隶/皂隶］荔［鲜荔］栎［麻栎］郦（姓）轹［凌轹］俪［伉俪/骈俪］俐［伶俐］疬［瘰疬］莉［茉莉］莅鬲栗［[名]板栗/石栗[动]战栗[语]不寒而栗/火中取栗］砺［砥砺/磨砺］砾［沙砾/瓦砾］猁［猞猁］蛎［牡蛎］唳［风声鹤唳］笠［草笠/斗笠/竹笠］粝［粗粝］粒［[名]豆粒/颗粒/麦粒/米粒/微粒/盐粒/子粒[动]绝粒/脱粒］雳［霹雳/晴天霹雳］跞（走动）詈（骂）傈［傈傈］痢［白痢/赤痢］溧篥［筚篥］◎哩（助词）

【17】ji（ㄐㄧ）几［茶几/条几］讥［反唇相讥］击★［[动]搏击/冲击/出击/打击/反击/伏击/攻击/轰击/还击/回击/夹击/歼击/截击/进击/狙击/抗击/雷击/目击/抨击/闪击/拳击/痛击/突击/袭击/迎击/游击/撞击/追击/阻击[语]不堪一击/反戈一击/旁敲侧击/无懈可击/迎头痛击］叽［叽叽］饥［画饼充饥/连年大饥/饱汉子不知饿汉子饥］玑［璇玑/珠玑］圾［垃圾］芨［白芨］机［[名]扳机/班机/禅机/唱机/动机/耳机/飞机/军机/客机/灵机/良机/母机/契机/杀机/生机/时机/司机/天机/危机/相机/心机/玄机/样机/专机/转机/钻机/插秧机/打字机/缝纫机/拖拉机/运输机[动]候机/投机/转机[副]乘机/待机/相机[语]日理万机/一线生机/坐失良机］乩［扶乩］肌［腹肌/胸

肌/心肌/平滑肌]矶[钓矶/采石矶/燕子矶]鸡[名草鸡/柴鸡/斗鸡/火鸡/家鸡/卤鸡/山鸡/烧鸡/田鸡/秧鸡/野鸡/子鸡/落汤鸡/铁公鸡动斗鸡语呆若木鸡/落帔的凤凰不如鸡]其[郦食其(人名)]奇[五十有奇]咭唧★[咭唧/呱唧]积★[名乘积/地积/面积/容积/食积/体积动沉积/冲积/堆积/聚积/累积/捏积/山积/囤积/蓄积/淤积/郁积]笄[及笄]屐[木屐]姬[歌姬/侍姬]基[名氨基/地基/房基/根基/路基/墙基/羟基动登基/奠基]赍嵇(姓)缉[通缉/侦缉]畸跻箕[簸箕/斗箕]稽[反唇相稽/有案可稽]齑畿[京畿]墼[炭墼]激★[动刺激/感激形刺激/过激/偏激]羁[放荡不羁] ◎及★[动鞭及/遍及/波及/触及/顾及/累及/料及/旁及/普及/企及/涉及/提及/推及/危及/殃及/又及连比及/以及语鞭长莫及/措手不及/力所能及/始料不及/噬脐莫及/望尘莫及]伋[孔伋(人名)]吉★[动择吉语逢凶化吉/关门大吉/万事大吉]岌[岌岌]汲★[汲汲]级[名班级/等级/阶级/年级/品级/上级/石级/首级/县团级动降级/晋级/留级/评级/升级/提级/越级形超级/高级/特级]极★[名北极/地极/负极/两极/南极/太极/阳极/阴极/正极/终极动登极形积极/消极语登峰造极/连升三级/罪大恶极/无所不用其极]即[副当即/立即/瞬即/随即/旋即/迅即语成功在即/可望而不可即]佶(健壮)诘亟革(病危)笈[负笈]急★[动告急/救急/起急/应急形火急/焦急/紧急/气急/特急/湍急/危急/性急/着急语操之过急/当务之急/轻重缓急/燃眉之急/十万火急/相煎何急]姞

(姓)疾★[名暗疾/残疾/恶疾/痼疾/痢疾/疟疾/宿疾/隐疾形迅疾语积劳成疾/癣疥之疾]棘★[披荆斩棘]殛[雷殛]戢集★[名别集/全集/诗集/文集/续集/选集/影集/地图集动采集/筹集/凑集/攒集/调集/赶集/汇集/会集/积集/交集/结集/纠集/聚集/密集/募集/麇集/收集/猬集/邀集/云集语百感交集]楫★[舟楫]辑[名编辑/逻辑/特辑动编辑/剪辑/纂辑]嵴嫉★[妒嫉]蕺瘠[贫瘠]藉[狼藉]踖(小步走)籍★[名簿籍/党籍/典籍/古籍/国籍/户籍/经籍/军籍/客籍/史籍/书籍/图籍/外籍/学籍/原籍/珍籍/祖籍动入籍] ‖ 几[寥寥无几/所剩无几/相差无几]己[名知己代自己动克己/利己形克己/切己/梯己/贴己/异己/知己语安分守己/反求诸己/身不由己/事不关己/损人利己/先人后己/害人如害己/正人先正己/求人不如求己/撒泡尿照照自己/属电筒的——光照别人不照自己]纪(姓)虮挤[排挤/拥挤]济[人才济济]给[名薪给动补给/供给/配给/取给/仰给/自给语目不暇给/日不暇给]脊[里脊/山脊/书脊/屋脊]掎虮戟[方天化戟]麂◎计[名暗计/诡计/活计/伙计/奸计/会计/妙计/奇计/巧计/设计/生计/心计/总计/空城计/苦肉计/美人计/温度计/血压计动定计/共计/估计/合计/核计/会计/累计/设计/算计/统计/献计/预计语百年大计/缓兵之计/将计就计/锦囊妙计/数以万计/阴谋诡计/三十六计,走为上计]记[名暗记/碑记/笔记/标记/后记/漫记/钤记/日记/散记/书记/速记/游记/杂记/札记/摘记/传记/追记/大事记/西厢记/西游记动补记/

登记/惦记/牢记/铭记/切记/忘记 语 博闻强记］伎［歌伎］齐纪［名 本纪/党纪/法纪/风纪/纲纪/军纪/年纪/世纪/政纪/白垩纪/三叠纪/侏罗纪 语 目无法纪/违法乱纪］技［名 车技/方技/故技/惯技/竞技/绝技/科技/口技/球技/特技/演技/杂技/战技 语 雕虫小技/黔驴之技］芰系忌［动 避忌/猜忌/妒忌/犯忌/顾忌/戒忌/禁忌/拘忌/切忌/生忌/畏忌/嫌忌/疑忌 语 百无禁忌/恣行无忌］际［名 边际/分际/国际/脑际/实际/天际/星际/胸际/遭际 动 交际/无际/遭际 形 实际 语 不切实际/不着边际/一望无际］妓［名 娼妓 语 狎妓］季［名 春季/淡季/冬季/旱季/换季/秋季/四季/旺季/夏季/雨季/月季 语 伯仲叔季］剂［名 补剂/冲剂/方剂/散剂/汤剂/针剂/冷冻剂/麻醉剂/杀虫剂 动 调剂］垍(硬土)荠迹［名 笔迹/陈迹/古迹/轨迹/汗迹/痕迹/秽迹/脚迹/劣迹/奇迹/人迹/胜迹/史迹/事迹/手迹/行迹/形迹/血迹/遗迹/真迹/字迹/踪迹/足迹/罪迹 动 发迹/绝迹/浪迹/灭迹/匿迹 语 毁尸灭迹/来踪去迹/渺无人迹/名山胜迹/蛛丝马迹］洎(到)济［名 经济 动 接济/救济/匡济/赈济/周济 形 不济/经济 语 刚柔相济/和衷共济］既觊继［动 承继/过继/相继 语 难乎为继/前赴后继］偈祭［哀祭/拜祭/公祭/陪祭/遥祭/主祭/打牙祭］悸［动 寒悸/惊悸/心悸 语 心有余悸］寄［附寄/函寄/汇寄/遥寄/邮寄］寂★［动 圆寂 形 岑寂/沉寂/孤寂/荒寂/静寂/枯寂/死寂/幽寂 语 万籁俱寂］绩［名 败绩/成绩/功绩/考绩/劳绩/伟绩/勋绩/业绩/战绩/政绩 动 纺绩 语 丰功伟绩］塈蓟霁［雪霁］跽

鲚暨稷[社稷]**鲫**[过江之鲫]**髻**[发髻/抓髻]**冀**[希冀]**穄**[黍穄]**罽骥**[按图索骥] 非韵脚字 jī 剞期犄 jí 蒺鹡 jì 檵

【18】qi(ㄑㄧ)七★[断七]沏妻[名 发妻/夫妻/前妻/未婚妻 语 半路夫妻/一夫一妻/捆绑不成夫妻]桼栖[动 共栖/两栖 语 良禽择木而栖]桤郪凄[风雨凄凄]萋[芳草萋萋]戚★[名 亲戚/外戚/休戚 形 哀戚/悲戚 语 君子坦荡荡，小人常戚戚]期[名 长期/初期/短期/工期/归期/后期/缓气/婚期/佳期/假期/经期/末期/前期/任期/日期/时期/暑期/同期/晚期/星期/刑期/汛期/学期/早期/展期/中期/周期/潜伏期/青春期/生长期/有效期/预产期 动 到期/定期/分期/改期/过期/缓期/务期/限期/预期/逾期 形 定期/活期 副 按期/克期/如期 语 后会有期/遥遥无期]欺[动 自欺 语 软弱可欺/童叟无欺/朋友妻，不可欺/虎落平阳被犬欺]缉嘁漆★[名 磁漆/大漆/雕漆/火漆/清漆/生漆/油漆/朱漆 动 雕漆/喷漆 语 如胶似漆]◎亓(姓)齐[动 凑齐/聚齐/看齐/取齐/找齐 形 整齐 副 一齐 语 保不起/大概齐/良莠不齐/五个指头伸出来也不一般齐]祁圻芪[黄芪]岐其[何其/极其/尤其/与其]奇[动 居奇/猎奇 形 好奇/惊奇/离奇/神奇/稀奇/珍奇 语 不足为奇/平淡无奇/囤积居奇]歧[分歧/两歧]祈祇[神祇]荠[荸荠]俟[万俟(姓)]耆颀脐[肚脐/尖脐/团脐]埼(弯曲的岸)萁[名 豆萁 语 煮豆燃萁]畦[菜畦]崎淇骐骑[车骑/骠骑/轻骑/铁骑/骁骑/坐骑]琪琦棋[名 和棋/军棋/死棋/跳棋/围棋/象棋/克郎棋/五子棋/国际象棋 动 悔棋/下棋]蛴[蛴螬]祺(吉祥)锜綦蜞

[澎蜞]旗[名八旗/白旗/党旗/国旗/红旗/降 xiáng 旗/锦旗/旌旗/军旗/区旗/帅旗/团旗/义旗 动挂旗/降 jiàng 旗/升旗 语拔白旗/下半旗/顺风扯旗/斩将搴旗]鳍[背鳍/腹鳍/臀鳍/尾鳍/胸鳍] ‖ 乞[求乞/讨乞/行乞]芑屺岂企[翘企]杞[枸杞]启[名小启/谢启 动开启]起[动勃起/迭起/发起/奋起/蜂起/唤起/崛起/隆起/群起/突起/蔚起/问起/掀起/兴起/引起/缘起/骤起/对不起/对得起/禁不起/禁得起/看不起/看得起 形了不起 语担当不起/东山再起/揭竿而起/狼烟四起/异军突起/输钱只为赢钱起/做贼只为偷针起/踢倒了油瓶也不扶起/惹不起,躲得起/事不关己,高高挂起/一波未平,一波又起/一部十七史,从何说起]绮棨綮◎气[名傲气/才气/潮气/臭气/大气/电气/毒气/废气/风气/福气/骨气/官气/晦气/火气/娇气/节气/空气/口气/力气/煤气/名气/暮气/暖气/脾气/杀气/傻气/煞气/神气/生气/声气/湿气/时气/士气/手气/天气/习气/喜气/闲气/香气/心气/血气/义气/英气/勇气/语气/元气/怨气/运气/瘴气/朝气/沼气/正气/志气/孩子气/泥土气/书生气/天然气 动憋气/出气/喘气/打气/斗气/赌气/断气/解气/闹气/伤气/生气/受气/松气/送气/叹气/透气/消气/泄气/懈气/咽气/养气/运气/争气 形和气/晦气/景气/客气/阔气/牛气/丧气/傻气/神气/俗气/淘气/土气/文气/小气/秀气/洋气/硬气 语垂头丧气/低声下气/沆瀣一气/浩然正气/灰心丧气/回肠荡气/酒色财气/平心静气/歪风邪气/乌烟瘴气/扬眉吐气/一鼓作气/上气不接下气/一个鼻孔出气/老鼠进风箱——两头受气/佛争一炷香,人争一口气]讫[查讫/付讫/两讫/起讫/收讫/验讫]迄汔弃[动背弃/鄙弃/

摒弃/丢弃/放弃/毁弃/捐弃/离弃/抛弃/舍弃/唾弃/委弃/闲弃/嫌弃/扬弃/厌弃/遗弃 语 前功尽弃/自暴自弃]汽[水汽]妻泣[动 抽泣/啜泣/哭泣/涕泣/饮泣 语 可歌可泣/向隅而泣]契[白契/地契/房契/红契/活契/股契/书契/死契/文契/贤契/卖身契]砌[动 雕砌/堆砌/铺砌 语 雕栏玉砌]葺[修葺]碛[沙碛]碶[截河筑碶]槭器[名 暗器/兵器/瓷器/大器/电器/法器/衡器/机器/酒器/料器/明器/冥器/木器/漆器/容器/石器/陶器/武器/响器/凶器/仪器/玉器/乐器/变压器/电容器/放大器/离合器/灭火器/喷雾器/散热器/生殖器/听诊器/吸尘器/制动器/助听器 动 成器 语 投鼠忌器/薰莸不同器/玉不琢不成器/欲善其事，必先利其器]憩[休憩] 非韵脚字 qī 蹊 qí 蜞麒 qǐ 稽 qì 亟

【19】xi(ㄒㄧ)夕★[名 除夕/旦夕/七夕/前夕/朝夕 语 危在旦夕/朝不保夕/只争朝夕]兮[兮兮]西[名 东西/东西 动 归西 语 声东击西/学贯东西/十年河东，十年河西]吸★[呼吸/吮吸]汐[潮汐]希昔★[名 畴昔/古昔/今昔/平昔/往昔 语 今不如昔/抚今追昔]析[动 辨析/分析/解析/剖析 语 分崩离析/条分缕析/奇文共欣赏，疑义相与析]矽穸[窀穸(墓穴)]茜郗栖[栖栖(形容不安定)]唏(叹息)息[名 本息/出息/定息/股息/利息/年息/气息/声息/瞬息/消息/信息/月息 动 安息/出息/喘息/姑息/将息/平息/栖息/太息/叹息/贴息/稍息/歇息/休息/止息/窒息/作息 语 川流不息/繁衍生息/无声无息/休养生息/奄奄一息/仰人鼻息/自强不息]奚浠菥硒悉[动 洞

悉/获悉/熟悉/探悉/知悉[形]熟悉/纤悉]烯[乙烯]淅★[淅淅]惜[[动]爱惜/不惜/顾惜/怜惜/吝惜/体惜/痛惜/惋惜/珍惜[形]可惜[语]在所不惜]晰[明晰/清晰]稀[[名]古稀/糖稀[动]拉稀[形]依稀[语]地广人稀/月明星稀/门前冷落鞍马稀/人活七十古来稀]翕腊粞犀[灵犀]皙[白皙]锡★[焊锡/无锡]溪[清溪/小溪]裼[袒裼]熙[熙熙]豨蜥[巨蜥]僖(喜乐)熄嘻[笑嘻嘻]噏嶲[越嶲]膝[[名]护膝[动]促膝/盘膝/屈膝[语]卑躬屈膝/奴颜婢膝]嬉[文恬武嬉/业精于勤荒于嬉]熹[星熹]樨[木樨]螅[水螅]歙羲[伏羲]窸蹊[桃李不言,下自成蹊]谿[勃谿]醯(醋)曦[晨曦]鼷蠵◎习★[[名]恶习/积习/陋习[动]补习/传习/复习/见习/讲习/教习/练习/实习/熟习/温习/学习/演习/预习/自习[形]习习[语]陈规陋习/相沿成习]席★[[名]草席/酒席/炕席/凉席/芦席/软席/首席/素席/宴席/筵席/议席/硬席/枕席/主席/坐席/来宾席/流水席[动]避席/出席/割席/还席/即席/列席/缺席/入席/逃席/退席/择席/坐席[语]座无虚席/燕山雪花大如席/食不甘味,寝不安席/天下没有不散的筵席]觋(男巫师)袭★[奔袭/承袭/抄袭/剿袭/蹈袭/空袭/奇袭/侵袭/世袭/偷袭/突袭/沿袭/因袭]媳[弟媳/儿媳/婆媳/童养媳]隰檄★[羽檄]鳛‖**洗[[动]拆洗/冲洗/干洗/盥洗/浆洗/领洗/漂洗/清洗/受洗/梳洗/刷洗/血洗[语]一贫如洗]枲玺[[名]玉玺[动]掌玺]铣[切铣]徙[流徙/迁徙/转徙]喜[[动]暗喜/报喜/冲喜/道喜/恭喜/害喜/贺喜/随喜/同喜/有喜[形]大喜/欢喜/惊喜/可喜/狂喜/欣喜/幸喜[语]见猎心喜/皆大欢**

喜/闻过则喜/沾沾自喜/狗咬尿脬——空欢喜]葸[畏葸]蓰[倍蓰(数倍)]屣[敝屣]禧[福禧/年禧/新禧/恭贺新禧]蟢[壁蟢]囍◎卌(四十)戏[名把戏/本戏/大戏/儿戏/猴戏/京戏/马戏/南戏/社戏/游戏/地方戏/独角戏/对台戏/滑稽戏/木偶戏/现代戏/折子戏/重头戏 动扮戏/唱戏/点戏/排戏/配戏/散戏/调戏/嬉戏/演戏/游戏/做戏 语逢场作戏/拿手好戏]饩系[名嫡系/父系/干系/根系/关系/母系/派系/世系/水系/体系/星系/语系/直系/白垩系/哲学系/侏罗系 动关系/拘系/联系/维系]屃[赑屃]细[名粗细/底细/奸细/形过细/精细/琐细/详细/心细/仔细 语粗中有细/胆大心细/事无巨细]肸(怒视)郤绤(粗葛布)阋(争吵)舄隙[名仇隙/缝隙/间隙/空隙/门隙/墙隙/嫌隙/云隙 动乘隙/伺隙/寻隙/有隙 语白驹过隙]赩(赤色)禊潟 非韵脚字 xī 粞舾瘜蟋 xí 嶍

【20】yu(ㄩ)迂吁纡[环纡/盘纡/萦纡]於淤[名淀淤/沟淤/河淤/泥淤/沙淤 动放淤/排淤/清淤]◎于[动等于/属于 介对于/关于/归于/合于/鉴于/介于/陷于/由于/在于/至于 副过于/急于/终于/不至于]与予[愁予/詈予/启予]玙(美玉)欤(助词)余[名公余/积余/节余/劫余/结余/课余/其余/闰余/三余/诗余/唾余/羡余/绪余/业余/盈余 动多余/富余/剩余/无余/有余/盈余 形编余/残余/多余/宽余/羡余/业余 语绰绰有余/一览无余/游刃有余/比上不足,比下有余]妤[婕妤]盂[钵盂/饭盂/盘盂/肾盂/水盂/痰盂/唾盂]臾[须臾]鱼[名鲍鱼/池鱼/蠹鱼/枋鱼/黄鱼/金鱼/木鱼/游鱼/武昌鱼 语釜

底游鱼/浑水摸鱼/临渊羡鱼/漏网之鱼/缘木求鱼/放长线钓大鱼/水至清则无鱼/城门失火，殃及池鱼]禺竽[名笙竽动吹竽]舁俞狳[犰狳]馀谀[谄谀/阿谀]娱[名清娱/文娱动自娱形欢娱语耳目之娱/聊以自娱]萸[茱萸]雩(求雨的祭礼)渔[竭泽而渔]隅[名边隅/城隅/东隅/方隅/海隅/角隅/墙隅/一隅/东南隅动负隅/向隅]揄喁[喁喁]嵎嵛[昆嵛]逾[不逾/超逾/过逾]腴[充腴/丰腴/甘腴/膏腴/珍腴]渝[坚贞不渝/矢志不渝]愉[欢愉/悦愉]瑜[瑕不掩瑜]榆[桑榆]虞[不虞/艰虞/疏虞/无虞]愚[形顽愚/下愚/贤愚/智愚语大智若愚/一得之愚]觎[觊觎]舆[名彩舆/方舆/肩舆/坤舆/篮舆/銮舆/竹舆动乘舆/扶舆/权舆]窬[穿窬]蝓[蛞蝓]髃‖与[动付与/赋与/给与/难与/取与/容与/施与/授与/天与/相与/许与/赠与语时不我与]予[赐予/赋予/给予/寄予/授予/准予]屿[岛屿]伛宇[名栋宇/广宇/海宇/横宇/寰宇/眉宇/庙宇/气宇/器宇/神宇/天宇/庭宇/屋宇/玉宇/芝宇语琼楼玉宇]羽[名白羽/翠羽/党羽/凤羽/积羽/毛羽/鸟羽动铩羽/振羽语吉光片羽]雨[名暴雨/风雨/谷雨/好雨/旧雨/苦雨/雷雨/霖雨/毛雨/梅雨/透雨/喜雨/细雨/烟雨/阴雨/淫雨/骤雨/及时雨/蒙松雨动降雨/下雨/云雨/阻雨语春风化雨/翻云覆雨/风风雨雨/耕云播雨/呼风唤雨/密云不雨/枪林弹雨/五风十雨/腥风血雨/栉风沐雨/说风就是雨/干打雷不下雨/东虹日出西虹雨]俣[俣俣]禹[大禹]语[名按语/暗语/标语/表语/宾语/补语/谶语/成语/词语/灯语/定语/短语/断语/反语/飞语/古语/国语/汉语/话语/寄语/结语/警语/敬语/考语/口语/快语/诳语/俚语/俪语/略语/谜语/妙语/母语/判语/批语/评语/旗语/软语/手语/熟语/术语/俗语/套语/土语/外语/妄语/谓语/西语/笑语/絮语/言语/谚语/呓语/隐语/用语/韵语/赞语/谵语/主语/状语//标准语/结束语/口头语/世界语/书面语/歇后语 动 低语/耳语/告语/寄语/目语/私语/细语/自语 语 风言风语/豪言壮语/花言巧语/冷言冷语/齐东野语/千言万语/三言两语/甜言蜜语/只言片语/前言不搭后语/不可同日而语]圄[囹圄]圉[边圉/禁圉/囹圉/牧圉]偊[偊偊]庾瑀瘐龉[龃龉]窳[良窳] ◎与[参与/干与]玉[名 碧玉/翠玉/金玉/昆玉/美玉/软玉/硬玉/珠玉/蓝田玉 语 堆金积玉/浑金璞玉/怜香惜玉/抛砖引玉/小家碧玉/书中自有颜如玉/有眼不识金镶玉/挨金似金，挨玉似玉/他山之石，可以攻玉]驭[驾驭]芋[姜芋/魔芋/山芋/洋芋]吁[呼吁]聿饫(饱)妪[老妪/翁妪]郁[勃郁/苍郁/沉郁/葱郁/馥郁/浓郁/蓊郁/抑郁/悒郁/阴郁/忧郁/郁郁]育[名 德育/美育/体育/智育 动 保育/哺育/发育/繁育/扶育/抚育/化育/教育/节育/绝育/培育/生育/选育/训育/养育/孕育/滋育]昱狱[名 地狱/黑狱/监狱/牢狱/炼狱/疑狱/冤狱/文字狱 动 断狱/劫狱/鞫狱/入狱/系狱/下狱/越狱/诏狱/折狱]彧(有文采)峪[马兰峪]钰(珍宝)浴[淋浴/沐浴/盆浴/水浴/洗浴/新浴/日光浴/蒸汽浴]预[动 参预/干预 语 勿谓言之不预]域[地域/方域/海域/疆域/境域/绝域/空域/领域/流域/区域/水域/外域/西域/异域/音域/畛域]堉菀(茂盛)欲[名 六欲/情欲/人欲/肉欲/食欲/

嗜欲/兽欲/私欲/贪欲/物欲/性欲/求知欲 动 节欲/禁欲/纵欲 语 清心寡欲/穷奢及欲/随心所欲]阈[践阈/履阈/视阈/听阈/痛阈]淯谕[名 上谕/手谕/旨谕 动 教谕/面谕/晓谕/训谕]棫遇[名 待遇/机遇/际遇/景遇/境遇/冷遇/礼遇/奇遇/殊遇/外遇/优遇/遭遇 动 巧遇/相遇/遭遇/知遇 语 百年不遇/不期而遇/怀才不遇]喻[名 暗喻/比喻/明喻/隐喻 动 暗喻/比喻/讽喻/譬喻/晓喻/训喻/言喻 语 不可理喻/不言而喻]御[抵御/防御/驾御/抗御]鹆[鸲鹆]寓[名 公寓/客寓 动 寄寓/流寓/侨寓]裕[充裕/丰裕/富裕/宽裕/优裕/余裕]粥蓣[薯蓣]愈[病愈/痊愈]煜(照耀)滪誉[名 毁誉/美誉/名誉/荣誉/声誉/盛誉/信誉 动 称誉/驰誉/过誉/推誉/饮誉/赞誉 形 名誉/荣誉 语 沽名钓誉/交口称誉]蔚蜮[鬼蜮]毓薁豫[逸豫/犹豫]燠[寒燠]燏(火光)鹬鬻[名 獯鬻 动 炫鬻] 非韵脚字 yù

谷尉熨

【21】nü(ㄋㄩ)女[名 爱女/婢女/处女/儿女/妇女/宫女/闺女/妓女/美女/男女/少女/神女/石女/使女/仕女/侍女/舞女/仙女/信女/修女/长女/织女/子女 语 红男绿女/金童玉女/善男信女]钕(金属元素)◎恧[惭恧]衄[名 鼻衄/齿衄 动 败衄]

【22】lü(ㄌㄩ)驴[名 草驴/叫驴/毛驴/黔驴/野驴 语 就坡下驴/卸磨杀驴]闾[尾闾/乡闾]榈[棕榈] ‖ 吕[律吕]侣[伴侣/情侣/僧侣]捋旅[名 劲旅/军旅/逆旅/商旅/行旅 动 羁旅/行旅]铝稆偻[伛偻]屡缕[形 褴缕/缕缕 语 筚路蓝缕/不绝如缕/千丝万缕/细针密缕]膂褛[褴褛]履[名 步履/革履/

衣履[语]**削足适履］◎律［**[名]**定律/法律/格律/规律/纪律/节律/戒律/七律/排律/五律/刑律/旋律/音律/韵律**[动]**自律**[形]**一律**[语]**金科玉律/千篇一律/清规戒律］虑［**[名]**顾虑**[动]**顾虑/过虑/考虑/思虑/忧虑/疑虑**[形]**焦虑**[语]**不足为虑/处心积虑/殚精竭虑/深谋远虑/深思熟虑］率［比率/概率/功率/汇率/几率/利率/频率/税率/速率/效率/出生率/繁殖率/生产率/死亡率/圆周率］绿［**[形]**碧绿/草绿/翠绿/墨绿/嫩绿/浓绿/青绿/孔雀绿/鹦哥绿**[语]**灯红酒绿/花红柳绿/花花绿绿］葎氯滤［过滤］**

【23】ju(ㄐㄩ)车［小卒过河顶大车］且拘［被拘/不拘］苴［苞苴］狙泃居［[名]故居/旧居/邻居/民居/起居/新居/沙锅居/同和居[动]定居/分居/寄居/聚居/客居/旅居/迁居/侨居/群居/散居/同居/退居/闲居/穴居/移居/隐居/杂居/自居[语]离群索居/奇货可居］驹［驴驹/马驹/千里驹］俱疽［鼻疽/炭疽/痈疽］掬［憨态可掬/笑容可掬］据［拮据］琚趄［趑趄］椐锔腒(干腌的鸟肉)雎锯裾［襟裾］鞠［蹴鞠］鞫(审问)◎局★［[名]败局/残局/大局/当局/定局/赌局/饭局/格局/和局/僵局/结局/骗局/平局/棋局/全局/胜局/时局/书局/邮局/战局/政局/终局/糊弄局/教育局/商业局[动]布局/对局/搅局/开局[语]顾全大局］桔菊★［[名]墨菊/秋菊/矢车菊[动]赏菊］焗锔(金属元素)湨橘［柑橘/金橘/蜜橘］‖**咀沮莒矩［**[名]**规矩/力矩**[动]**逾矩**

[语]循规蹈矩］举［[名]**创举/科举/善举/盛举/武举/义举/壮举**

[动]保举/并举/高举/公举/检举/荐举/科举/列举/枚举/抬

举/提举/推举/选举/中举/抓举 语 不胜枚举/不识抬举/多此一举/轻而易举/唯才是举/众擎易举/成败在此一举]榉[山毛榉]踽[踽踽] ◎巨[艰巨]句[名 病句/词句/单句/分句/复句/佳句/警句/绝句/例句/名句/诗句/文句/语句/造句/章句/子句 动 断句/破句 语 寻章摘句]拒[动 固拒/峻拒/抗拒 语 来者不拒]苣[莴苣]具[名 才具/餐具/茶具/炊具/道具/灯具/赌具/工具/家具/教具/洁具/量具/面具/农具/器具/玩具/挽具/文具/卧具/刑具/烟具/用具/渔具/雨具/坐具 动 别具/出具]炬[名 火炬/蜡炬 语 目光如炬]倨(傲慢)剧[名 悲剧/编剧/惨剧/丑剧/歌剧/话剧/闹剧/舞剧/喜剧/戏剧/笑剧/哑剧/杂剧/电视剧/独幕剧/恶作剧/广播剧/活报剧/历史剧/秧歌剧 动 编剧/加剧 形 急剧]据[名 单据/根据/借据/理据/论据/票据/凭据/契据/实据/收据/数据/信据/证据/字据 动 割据/根据/考据/窃据/依据/占据 语 不足为据/查无实据/立字为据/凿凿有据]距[差距/行距/间距/焦距/轴距/株距]惧[动 戒惧/畏惧/疑惧/忧惧 形 惶惧/惊惧/恐惧/危惧 语 临危不惧]椇[插椇/牛椇]锯[名 电锯/手锯/钢丝锯 动 拉锯]聚[动 攒聚/共聚/欢聚/会聚/汇聚/积聚/集聚/类聚/凝聚/团聚/屯聚/囤聚/完聚/啸聚 语 物以类聚]窭[贫窭]踞[动 箕踞/盘踞 语 龙盘虎踞]屦[麻屦/葛屦]遽[匆遽/骇遽/惶遽/急遽]澽醵 非韵脚字 jǔ 柜枸蒟龃 jù 讵沮俱飓

【24】qu(ㄑㄩ)区[名 白区/边区/城区/地区/防区/工区/郊区/禁区/军区/考区/老区/林区/牧区/区区/山区/社区/时区/

市区/苏区/特区/辖区/选区/战区/专区/风景区/工业区/解放区/开发区/无人区/行政区/游击区/自治区 形 区区 语 首善之区] 曲★[名 大曲/河曲/红曲/酒曲/款曲/乡曲 动 款曲/扭曲/拳曲/歪曲 形 弯曲/委屈/迂曲] 岖[崎岖] 诎驱[名 前驱/先驱 动 长驱/驰驱 语 并驾齐驱] 屈[名 冤屈★ 动 抱屈/不屈/叫屈/受屈/冤屈 形 理屈/委屈/冤屈 语 鸣冤叫屈/宁死不屈] 祛蛆[找缝下蛆] 躯[名 身躯 动 捐躯 语 血肉之躯] 焌趋[大势所趋/亦步亦趋] 蛐[蛐蛐] 觑黢[黑黢黢] ◎ 劬朐[临朐] 鸲[歌鸲] 渠[干渠/沟渠/河渠/毛渠/支渠/灌溉渠/红旗渠] 蕖[芙蕖] 磲[砗磲] 璩瞿蘧癯[清癯] 衢[通衢] ‖ **曲[名 插曲/岔曲/词曲/歌曲/昆曲/散曲/套曲/舞曲/戏曲/小曲/心曲/序曲/元曲/乐曲/组曲/畅想曲/催眠曲/进行曲/狂想曲/前奏曲/协奏曲/摇篮曲/圆舞曲/奏鸣曲 动 度曲/作曲 语 一家有一家难唱的曲] 取[动 拔取/备取/博取/采取/夺取/攻取/换取/获取/汲取/记取/进取/考取/捞取/领取/录取/掠取/谋取/牟取/窃取/轻取/摄取/拾取/收取/索取/提取/听取/吸取/争取/支取/智取 形 可取 语 分文不取/咎由自取] 娶[嫁娶/迎娶/婚丧嫁娶] 龋◎去[动 出去/故去/过去/进去/上去/失去/下去/过不去/过得去 语 大势已去/颠来倒去/眉来眼去/扬长而去/一来二去] 阒趣[名 乐趣/情趣/兴趣/意趣/异趣/旨趣/志趣 动 凑趣/打趣/逗趣/异趣 形 风趣/没趣/有趣/识趣/知趣 语 饶有风趣/相映成趣/自讨没趣] 觑[不敢小觑/面面相觑] ◎ 戌[屈戌]** 非韵脚字 qú 鼩氍蠼 qǔ 苣

【25】xu(ㄒㄩ)圩[赶圩]戌[戊戌]吁[长吁/气喘吁吁]盱(睁开眼向上看)砉须[名触须/胡须/花须/龙须动溜须副必须/无须/务须/些须语捋虎须]胥顼虚[名子虚动发虚/务虚形胆虚/空虚/气虚/谦虚/心虚/玄虚/血虚副乘虚语避实就虚/故弄玄虚/做贼心虚]墟[废墟/殷墟]需[军需]嘘[吹嘘/唏嘘]魆[黑魆魆] ◎徐[徐徐]‖许[代何许动不许/称许/默许/容许/推许/允许/赞许/准许形少许/特许副或许/稍许/兴许/也许]诩[自诩]栩[栩栩]湑糈(粮食)醑[氯仿醑/樟脑醑] ◎旭[朝旭]序[名程序/词序/次序/代序/东序/工序/顺序/西序/庠序/秩序/自序语井然有序]叙[动倒叙/记叙/铺叙/铨叙/小叙/追叙/自叙语平铺直叙/闲言少叙]洫[沟洫]恤[抚恤/怜恤/体恤/赈恤/周恤/悯恤]垿畜酗勖绪[名端绪/情绪/思绪/头绪/心绪动就绪语离情别绪/千头万绪]续[名手续动持续/继续/连续/延续副陆续语断断续续/存亡绝续]溆湑絮[名被絮/花絮/柳絮/芦絮/棉絮动吐絮形烦絮]婿[名夫婿/妹婿/女婿/翁婿/赘婿/子婿语乘龙快婿]蓄[名积蓄/私蓄/余蓄动储蓄/积蓄/蕴蓄形含蓄语兼收并蓄]煦[和煦/拂煦] ◎蓿[苜蓿]非韵脚字 xǔ 浒

第六道　怀来辙

一、怀来辙声律启蒙

其　一

勤对俭，巧对乖；虎兕对狼豺。

冰桃对雪藕，漏箭对更牌。

杞对梓，桧对楷；忖度对疑猜。

竹径风声籁，花溪月影筛。

延能手，聘高才；

雪满山中高士卧，月明林下美人来。

绿柳沿堤皆因苏子来时种，

碧桃满观尽是刘郎去后栽。

美人来：赵师雄游罗浮醉卧。见一美人邀共饮。醒来在梅花树下，翠羽嘈唧而已。苏子：苏轼任杭州太守，令西湖沿堤种柳。人号苏堤。刘郎：刘禹锡诗："玄都观里桃千树，尽是刘郎去后栽"，意谓长安城中的一批新贵，全是在他被贬后上来的。

其　二

休对咎，博对赅；阆苑对蓬莱。

宫花对御柳，峻阁对高台。

增对损，福对灾；两曜对三台。

雨前群蚁闹，霜后孤鸿哀。

秋日去，冬季来；

元亮南窗今日傲，孙弘东阁几时开。

平展青茵野外茸茸草，

高张翠幄庭前郁郁槐。

两曜：日月也。三台：《星经》，在人为三公，在天为三台；上台司命，中台司爵，下台司禄。元亮：晋陶潜字元亮，其《归去来辞》有句："倚南窗以寄傲。"孙弘：公孙弘为相时，开平津阁以召贤士。茵：褥；言草软如褥。幄：帐；言槐垂如帐。

其　三

巷对街，河对海；汉江对秦淮。

雁行对鱼阵，兰崖对榆塞。

梅可望，橘堪怀；季路对高柴。

花藏沽酒市，竹映读书斋。

花蓓蕾，草根荄；

马首不容孤竹扣，车轮终就洛阳埋。

朝宰锦衣贵束乌犀带，

宫人宝髻宜簪白燕钗。

梅可望：《魏志》曹操行军无水，操曰："前有梅林，可止渴。"士卒闻之遥望，而口中水出。橘堪怀：《三国志》陆绩五岁，赴袁术宴，怀橘三枚，拜而堕地，曰："欲归遗母。"季路、高柴：皆孔子弟子。孤竹扣：《伯夷列传》武王伐纣，孤竹国伯夷扣马而谏。洛阳埋：《汉书》张纲为御史，安帝命其出巡风俗；乃埋车轮于洛阳都亭，曰："豺狼当道，安问狐狸。"遂劾奏重臣梁冀。

二、怀来辙诗歌欣赏

《浣溪沙》(宋·晏殊)

一曲新词酒一杯，去年天气旧亭台，
夕阳西下几时回？
无可奈何花落去，似曾相识燕归来，
小园香径独徘徊。

* 杯、台、回、来、徊，押韵(灰韵)

《己亥杂诗·其一二五》(清·龚自珍)

九州生气恃风雷，万马齐喑究可哀。
我劝天公重抖擞，不拘一格降人才。

* 雷、哀、才，押韵(灰韵)

《大吼一声绑帐外》(《锁五龙》单雄信唱段)

[西皮导板]　大吼一声绑帐外，
[西皮原板]　不由得豪杰笑开怀！
单人独骑我把唐营踹，只杀得儿郎痛悲哀。
遍野荒郊血成海呀，尸骨堆山无处葬埋。
[西皮流水]　小唐童被某胆吓坏，二次里被擒也应该，
他命我降唐我不爱，情愿一死赴阳台。
今生不能够把仇解，二十年投胎某再来。

［西皮快板］ 一口怒气冲天外，骂声唐童小奴才。
胞兄被你箭射坏，兵败洛阳为着谁来。
我儿搬兵被暗害，可怜他死得无有葬埋。
单氏门中绝后代，海样的冤仇怎丢开。
今生不能够把仇解，你坐江山某再来。

*“解”，传统京剧中唱上口音，大致如 jiai。

《再别康桥》（徐志摩）

轻轻的我走了，正如我轻轻的来；
我轻轻的招手，作别西天的云彩。
……
悄悄的我走了，正如我悄悄的来；
我挥一挥衣袖，不带走一片云彩。

《珊瑚颂》歌剧《红珊瑚》选曲（海政歌舞团集体创作）

一树红花照碧海，一团火焰出水来。
珊瑚树红春常在，风里浪里把花开。
哎！
云来遮，雾来盖，云里雾里放光彩。
风吹来，浪打来，风吹浪打花常开。
哎！

《红梅赞》歌剧《江姐》选曲（词作者　阎肃）

红岩上红梅开，千里冰霜脚下踩；

三九严寒何所惧，一片丹心向阳开，向阳开。

红梅花儿开，朵朵放光彩；

昂首怒放花万朵，香飘云天外。

唤醒百花齐开放，高歌欢庆新春来，新春来。

《幸福不会从天降》电影《我们村里的年轻人》插曲（词作者　马烽）

樱桃好吃树难栽，不下苦工花不开；

幸福不会从天降，社会主义等不来。

莫说我们家乡苦，夜明宝珠土里埋；

只要汗水勤灌溉，幸福花儿遍地开。

只要汗水勤灌溉，幸福花儿遍地开。

《请到天涯海角来》（歌词作者　郑南）

请到天涯海角来，这里四季春常在；

海南岛上春风暖，好花叫你喜心怀。

三月来了花正红，五月来了花正开；

八月来了花正香，十月来了花不败。

请到天涯海角来，这里瓜果遍地栽，

百种瓜果百样甜，随你甜到千里外。

柑橘红了叫人乐，芒果黄了叫人爱，

芭蕉熟了任你摘，菠萝大了任你采。

来呀，来呀，来，来呀，来呀，来。

三、怀来辙特色分析

《十三辙》中归“怀来辙”的用字在《诗韵》里多归“9. 佳、10. 灰”，在《词韵》里多归“第 5 部 佳、灰、蟹、贿、泰、卦、队”，在《曲韵》里多归“6. 皆来”；所以，在写“怀来辙诗歌欣赏”时，出现与“姑苏辙”正好相反的情况：如果说找几首现代的怀来辙诗作还不太难的话，找几首宋代以前文人的一韵到底的“怀来辙”诗作则是相当难了。选了宋代晏殊的《浣溪沙》，这首词读来让人感到一种和婉而又明丽的气息。选了清代龚自珍的《己亥杂诗》，诗中充满作者对时局的激愤和对改变时局的渴望。传统京剧《锁五龙》中好汉单雄信唱段，则出离愤怒，是他临刑前表达复仇决心的豪言壮语。《珊瑚颂》和《红梅赞》唱词，让人感到既有柔美更有坚贞，只不过前首是云里雾里、风里浪里为衬托，柔美气重些；后首是万丈红岩、千里冰霜为背景，坚贞气更重些。《幸福不会从天降》和《请到天涯海角来》则洋溢着欢快与自信。

“怀来辙”也属柔和级“窄韵”，为什么近、现代的诗人们不嫌其窄而经常用它？这或许与多少年来，人们不断总结声乐学习方面的经验，使发音方法更为科学、吐字归音的技巧更为成熟有关。比如怀来辙用字，以前把它归为口咽腔内小空间，声音容易挤、窄，穿透力较差的“窄韵母”；为了弥补窄韵母字音的不足，改善声音的色彩和响度，人们创造总结出窄韵母宽咬的方法。具体说来就是保持口咽腔圆、立、竖的一定形态，抬起软腭，尽量张开嘴，稳定喉节，使声音嘹亮、贯通、流畅。据说，方荣翔先生在演唱《锁五龙》那段唱时，就运用了此种发声方法，将原本不很响亮的韵脚字唱得声震屋瓦。

一般来说“怀来辙”更适于表现柔美的旋律。比如近代著名诗人徐志摩的《再别康桥》：

“轻轻的我走了，正如我轻轻的来；
我轻轻的招手，作别西天的云彩。
那河畔的金柳，是夕阳中的新娘；
波光里的艳影，在我的心头荡漾。
软泥上的青荇，油油的在水底招摇；
在康河的柔波里，我甘心做一条水草。
那树荫下的一潭，不是清泉，
是天上虹揉碎在浮藻间，沉淀着彩虹似的梦。
寻梦？撑一支长篙，向青草更青处漫溯，
满载一船星辉，在星辉斑斓里放歌。
但我不能放歌，悄悄是别离的笙箫；
夏虫也为我沉默，沉默是今晚的康桥！
悄悄的我走了，正如我悄悄的来；
我挥一挥衣袖，不带走一片云彩。”

诗人善于以不同的韵律来宣露不同的情感。这首诗共七节，每节换韵，并以强柔音辙的搭配来传递情感的潮音，以比较柔和的怀来、遥条辙来表现柔婉别离的情绪，用比较昂扬的江阳、中东辙来表达他对康桥的爱恋。这种依情选韵使得诗歌吟来有起有伏、有声有色、回旋动听。诗的首尾两节均选用怀来辙,更托映出诗人那满怀情思、缓步徐行的洒脱身影。

四、怀来辙同韵音节情况

【此辙包含 ai(ㄞ),uai(ㄨㄞ)两种韵母;出音节 24 个】

〈开口呼〉【1】ai(ㄞ)[哎]

【2】bai(ㄅㄞ)[掰]【3】pai(ㄆㄞ)[拍]【4】mai(ㄇㄞ)[埋]

【5】dai(ㄉㄞ)[呆]【6】tai(ㄊㄞ)[台]

【7】nai(ㄋㄞ)[乃]【8】lai(ㄌㄞ)[来]

【9】gai(ㄍㄞ)[该]【10】kai(ㄎㄞ)[开]【11】hai(ㄏㄞ)[咳]

【12】zhai(ㄓㄞ)[侧]【13】chai(ㄔㄞ)[拆]【14】shai(ㄕㄞ)[筛]

【15】zai(ㄗㄞ)[灾]【16】cai(ㄘㄞ)[猜]【17】sai(ㄙㄞ)[腮]

〈合口呼〉【18】wai(ㄨㄞ)[歪]

【19】guai(ㄍㄨㄞ)[乖]【20】kuai(ㄎㄨㄞ)[蒯]【21】huai(ㄏㄨㄞ)[怀]

【22】zhuai(ㄓㄨㄞ)[拽]【23】chuai(ㄔㄨㄞ)[揣]

【24】shuai(ㄕㄨㄞ)[衰]

* 怀来辙 24 音节,韵母是二合的前响复元音韵母 ai[ai]。

五、怀来辙常见同韵字词

【1】ai(ㄞ)哎(叹词)哀[动节哀/举哀/默哀/志哀/致哀 形悲哀]埃[尘埃/黄埃/涓埃/纤埃/苏维埃]挨[紧挨]唉(叹词)欸(叹词)嗳(叹词)锿(金属元素)◎挨[动苦挨 语死撑活挨/周瑜打黄盖——一个愿打,一个愿挨]皑[皑皑]癌[肠癌/肺癌/肝癌/胃癌/乳腺癌/食道癌]‖毐[嫪毐(人名)]嗳(叹词)矮[名高矮 形低矮]蔼[慈蔼/和蔼]霭[暮霭/雾霭/烟霭/云霭]◎艾[名蕲艾/耆艾/少艾/幼艾 语方兴未艾/期期艾艾]砹唉(叹词)爱[名令爱/母爱/情爱 动博爱/宠爱/错爱/抚爱/割爱/见爱/敬爱/酷爱/恋爱/怜爱/溺爱/偏爱/求爱/热爱/疼爱/喜爱/相爱/心爱/珍爱/挚爱/钟爱/自爱/做爱 形慈爱/恩爱/可爱/亲爱/仁爱/友爱 语萝卜白菜,各有所爱]隘[名关隘/险隘/要隘 形狭隘]碍[名障碍 动妨碍/干碍/挂碍/关碍/违碍/障碍/滞碍/阻碍]嗳(叹词)嗌(咽喉阻塞)嫒[令嫒]暧 非韵脚字 āi 娭 ǎi 欸

【2】bai(ㄅㄞ)掰[瞎掰]◎白★[名补白/蛋白/道白/独白/对白/飞白/告白/空白/开场白/鱼肚白 动辨白/辩白/表白/补白/告白/明白/漂白/抢白/坦白/自白 形斑白/苍白/花白/灰白/洁白/明白/平白/清白/煞白/雪白/银白/月白/直白 语沉冤莫白/颠倒黑白/青红皂白/一清二白/一穷二白/真相大白]‖百[数半百 语千儿八百/杀一儆百/正经八百/一传十,十传百]伯佰柏[苍柏/侧柏/翠柏/松柏]捭(分开)摆[名前摆/下

摆/衣摆/钟摆[动]摇摆] ◎呗[梵呗]败[[名]成败[动]惨败/挫败/打败/溃败/失败/战败[形]腐败/破败/衰败[语]骄兵必败/见怪不怪，其怪自败]拜[[名]礼拜[动]参拜/朝拜/崇拜/答拜/回拜/结拜/叩拜/礼拜/团拜[语]顶礼膜拜]稗

【3】pai(ㄆㄞ)拍★[[名]节拍/球拍/苍蝇拍[动]合拍/开拍/吹吹拍拍] ◎俳排[[名]木排/牛排/猪排/竹排[动]安排/编排/并排/彩排/发排/付排/力排/铺排]牌[[名]词牌/底牌/盾牌/奖牌/金牌/老牌/灵牌/门牌/名牌/铭牌/曲牌/水牌/藤牌/铜牌/王牌/银牌/招牌/纸牌/挡箭牌/扑克牌[动]打牌/斗牌/挂牌/摊牌[形]冒牌/正牌/杂牌]簰 ‖ 排◎派[[名]党派/反派/海派/京派/气派/学派/右派/宗派/左派/乐天派/两面派/苹果派/巧克力派[动]编派/调派/分派[形]气派/正派]湃[滂湃/澎湃]

[非韵脚字] pái 徘 pǎi 迫 pài 哌蒎

【4】mai(ㄇㄞ)埋[活埋/掩埋/葬埋]霾[阴霾] ‖ 买[采买/购买/收买/赎买]荬[苣荬] ◎劢(勉力)迈[高迈/豪迈/老迈/年迈]麦[[名]稞麦/荞麦/小麦/燕麦/莜麦[动]割麦/收麦/种麦[语]不辨菽麦]卖[[名]买卖/小卖[动]变卖/出卖/盗卖/贩卖/叫卖/贱卖/拍卖/售卖/甩卖/小卖/义卖/专卖/转卖]脉[[名]迟脉/翘脉/促脉/动脉/经脉/经脉/静脉/矿脉/命脉/山脉/血脉/叶脉[动]号脉/切脉/诊脉[语]来龙去脉]唛(商标)

【5】dai(ㄉㄞ)呆[[动]发呆/吓呆[形]痴呆[语]目瞪口呆]呔(叹词)待 ‖ 歹[[名]好歹[语]为非作歹]逮傣◎代[[名]朝代/当代/古代/借代/近代/历代/末代/年代/时代/世代/现代/新生代[动]断

代/换代/交代/绝代/取代/替代 语 改朝换代/千秋万代/黄鼠狼下耗子——一代不如一代]轪甙岱迨带[名 背带/绷带/彩带/车带/磁带/地带/肚带/海带/寒带/夹带/胶带/裤带/里带/领带/纽带/皮带/飘带/脐带/热带/声带/绶带/外带/温带/鞋带/腰带/玉带/传送带 动 附带/拐带/夹带/连带/佩带/捎带/顺带/携带 形 裙带]殆[百战不殆]贷[名 农贷/信贷/高利贷 动 告贷/借贷/宽贷 语 责无旁贷/严惩不贷]待[动 担待/等待/对待/厚待/交待/接待/看待/款待/亏待/慢待/虐待/期待/优待/招待/坐待 语 刮目相待/迫不及待/时不我待/拭目以待/指日可待/严阵以待/以礼相待]怠[倦怠/懒怠/懈怠]埭[石埭/钟埭]袋[名 被袋/冰袋/布袋/口袋/麻袋/米袋/脑袋/沙袋/烟袋/衣袋/掉书袋/热水袋/塑料袋 语 酒囊饭袋/树叶掉下怕砸脑袋]逮[力有未逮]叇[叆叇]戴[名 穿戴 动 爱戴/插戴/穿戴/感戴/佩戴/披戴/推戴/拥戴 语 张冠李戴]黛[粉黛]

非韵脚字 dài 大骀玳

【6】tai(ㄊㄞ)台[天台(山名)]苔[舌苔]胎[名 车胎/怪胎/鬼胎/祸胎/轮胎/内胎/泥胎/娘胎/胚胎/头胎/外胎/棉花胎 动 打胎/堕胎/怀胎/受胎/投胎/脱胎] ◎台[名 吧台/靶台/船台/窗台/灯台/电台/锅台/讲台/井台/镜台/看台/蜡台/擂台/凉台/晾台/灵台/茅台/磨台/炮台/球台/塔台/跳台/亭台/舞台/戏台/砚台/阳台/月台/灶台/站台/转台/操纵台/断头台/二人台/观众台/瞭望台/气象台/梳妆台/天文台/写字台/主席台/乒乓球台 动 摆台/拆台/出台/倒台/登台/垮台/塌台/坍台/上台/下台 语 近水楼台]邰(姓)抬[哄抬]苔[绿苔/青苔/狗

尿苔]骀[驽骀]炱[煤炱/松炱]跆(踩踏)鲐薹[名蒜薹/菜薹动抽薹]‖呔◎太[太太/姨太]汰[动裁汰/淘汰语优胜劣汰]态[名常态/丑态/固态/故态/憨态/窘态/媚态/气态/情态/神态/生态/时态/世态/势态/事态/体态/形态/仪态/液态/状态/姿态/初生态/意识形态动变态/表态/失态/作态]肽(有机化合物)钛(金属元素)泰[形安泰/康泰/宽泰语三阳开泰]酞[酚酞]

【7】nai(ㄋㄞ)乃[欸乃]艿[芋艿]奶[名母奶/奶奶/牛奶/羊奶动吃奶/催奶/断奶/喂奶/下奶/漾奶]氖(气体元素)迺◎奈[无奈/怎奈]佴(姓)柰耐[名能耐动叵耐/忍耐语俗不可耐]能萘鼐(大鼎)

【8】lai(ㄌㄞ)来[名后来/将来/近来/未来/由来/原来动出来/到来/古来/过来/胡来/回来/进来/起来/上来/往来/下来形本来/未来/外来/合得来副从来/历来/生来/素来/向来/以来/原来/到头来语纷至沓来/古往今来/继往开来/苦尽甘来/礼尚往来/卷土重来/否极泰来/手到擒来/死去活来/突如其来/信手拈来/天塌不下来/老死不相往来/气不打一处来/三脚踢不出屁来/一锹挖不出井来/狗嘴吐不出象牙来/来者不善，善者不来/机不可失，失不再来/眉头一皱，计上心来/七九河开，八九雁来/宝剑锋从磨砺出，梅花香自苦寒来/春色满园关不住，一枝红杏出墙来/天生我材必有用，千金散尽还复来/问渠哪得清如许，为有源头活水来/无边落木萧萧下，不尽长江滚滚来/无可奈何花落去，似曾相识燕归来]莱[蓬莱]崃[邛崃]徕[招徕]涞铼(金属元素)‖徕[劳徕]赉[赏赉]睐[青睐]赖[名好赖/聊赖/无赖动抵赖/狡赖/耍赖/诬赖/信赖/

仰赖/依赖[形]不赖/无赖[语]百无聊赖/死气白赖]濑(湍急的水)癞籁[天籁/万籁][非韵脚字] lái 梾

【9】gai(ㄍㄞ)该[合该/活该/理该/应该]陔垓赅[言简意赅] ‖ 改[[动]窜改/篡改/更改/悔改/校改/劳改/批改/删改/涂改/土改/修改/整改[语]屡教不改/朝令夕改/知过必改] ◎ 丐[乞丐]钙(金属元素)盖[[名]锅盖/华盖/瓶盖/铺盖/膝盖/天灵盖[动]翻盖/覆盖/冠盖/蒙盖/修盖/掩盖/遮盖]溉[灌溉]概[[名]梗概/气概/胜概[副]大概/一概]戤[非韵脚字] gài 芥

【10】kai(ㄎㄞ)开[[名]对开/全开/三七开[动]敞开/打开/对开/放开/分开/公开/离开/散开/闪开/盛开/展开/召开/磨不开[形]公开/吃得开[语]春暖花开/见钱眼开/茅塞顿开/情窦初开/喜笑颜开/异想天开/一花引来百花开/开水不响,响水不开/一夫当关,万夫莫开/月无常圆,花无常开/忽如一夜春风来,千树万树梨花开]揩锎(金属元素) ‖ 凯[奏凯]垲[爽垲]闿(开启)恺(和乐)铠[首铠/铁铠]蒈(有机化合物)慨[感慨/愤慨/慷慨]楷[工楷/小楷/正楷]锴(好铁)◎忾[同仇敌忾] 欬(咳嗽)[非韵脚字] kǎi 剀

【11】hai(ㄏㄞ)咳(叹词)◎还孩[狼孩/男孩/女孩/婴孩]骸[病骸/残骸/尸骸/形骸/遗骸/四肢百骸] ‖ 胲海[[名]沧海/大海/公海/瀚海/宦海/火海/近海/静海/里海/林海/领海/苦海/脑海/内海/浅海/青海/人海/沙海/上海/四海/外海/血海/烟海/沿海/远海/云海/中南海[动]出海/航海/下海[语]八仙过海/百川归海/曾经沧海/刀山火海/翻江倒海/浩如烟海/侯门似海/精卫填海/瞒天过海/泥牛入海/排山倒海/人山人海/石

沉大海/汪洋大海/五湖四海/以蠡测海/水流千遭归大海]醢[肉醢] ◎亥[辛亥]骇[惊骇/震骇]氦(气体元素)害[名虫害/公害/祸害/利害/要害/灾害动暗害/被害/除害/毒害/妨害/祸害/加害/坑害/谋害/迫害/杀害/受害/损害/危害/陷害/贻害/遇害形厉害]嗐(叹词)

【12】zhai(ㄓㄞ)侧斋[名长斋/书斋/荣宝斋动把斋/吃斋/封斋/开斋/施斋]摘★[名文摘动采摘/指摘] ◎宅★[官宅/家宅/老宅/民宅/深宅/私宅/新宅/凶宅/住宅]择★翟(姓)‖窄[名宽窄形狭窄/心窄语冤家路窄/小马乍行嫌路窄] ◎债[名公债/国债/欠债/外债/血债/阎王债动逼债/背债/躲债/放债/负债/还债/借债/举债/欠债/讨债]砦[鹿砦]祭(姓)寨[名边寨/村寨/苗寨/山寨/水寨/营寨/瓦岗寨语安营扎寨/偷营劫寨]瘵(病)

【13】chai(ㄔㄞ)拆钗[宝钗/金钗/荆钗/裙钗]差[名公差/官差/解差/美差/钦差/听差/信差/邮差动办差/出差/当差/兼差/交差/听差/销差/支差/抓差/支差/开小差语鬼使神差] ◎侪[同侪/吾侪]柴[名干柴/火柴/木柴/劈 pǐ 柴/引柴动打柴/砍柴/劈 pī 柴/烧柴语骨瘦如柴]豺‖茝(香草)◎虿[蜂虿]瘥(病愈)

【14】shai(ㄕㄞ)筛[秋八月似箩筛]酾‖色[名本色/虚色动掉色/套色/退色/走色] ◎晒[动暴晒/烤晒/晾晒/西晒语风吹日晒]

【15】zai(ㄗㄞ)灾[名虫灾/旱灾/洪灾/火灾/水灾/天灾动

成灾/防灾/减灾/救灾/抗灾/闹灾/受灾/遭灾/招灾/赈灾[语]破财免灾/无妄之灾/黑狗偷食，白狗当灾]甾(类固醇)哉[怪哉/美哉/何足道哉/岂有他哉/呜呼哀哉]栽[轮栽/盆栽/移栽]‖**仔[肥仔/打工仔]载[[名]千载[动]登载/记载/刊载/连载/转载[语]一年半载]宰[[名]太宰/县宰/邑宰/主宰[动]挨宰/屠宰/主宰]崽[幼崽/猪崽]◎再[[副]一再/在在[语]青春不再/良机难再]在[[名]存在/所在/现在[动]存在/旨在[形]健在/内在/潜在/实在/实在/自在[副]实在/正在[语]大有人在/精神永在/虎老雄心在/买卖不成仁义在]载[超载/装载]傤[过傤/卸傤]**

【16】cai(ㄘㄞ)偲(多才)猜[[动]竞猜/疑猜[语]两小无猜]◎才[[名]辩才/不才/方才/干才/刚才/将 jiàng 才/口才/奴才/奇才/全才/人才/适才/天才/通才/文才/贤才/雄才/秀才/英才/庸才/[动]屈才/育才[语]博学多才/八斗之才/七步之才/人尽其才]材[[名]蠢材/钢材/棺材/教材/木材/器材/身材/寿材/素材/题材/药材/资材[动]成材/取材/选材[语]栋梁之材/就地取材/五短身材/大匠手下无弃材]财[[名]浮财/横财/家财/老财/钱财/外财/洋财/资财[动]发财/理财/敛财/破财/舍财/生财/贪财[语]不义之财/和气生财/劳民伤财/仗义疏财]裁[[名]体裁/心裁/总裁[动]别裁/独裁/剪裁/套裁/制裁/仲裁/制裁/自裁[语]独出心裁]‖**采[[名]丰采/风采/神采/文采[动]博采/开采[语]无精打采]彩[[名]博彩/倒彩/灯彩/光彩/火彩/色彩/水彩/五彩/异彩/油彩/云彩[动]出彩/带彩/得彩/挂彩/喝彩/剪彩/结彩/中彩/喝倒彩[形]光彩/精彩[语]丰富多彩/浓墨重**

彩/张灯结彩]睬[理睬]踩[路不平众人踩]◎菜[名川菜/大菜/番菜/荤菜/酒菜/凉菜/盘菜/泡菜/热菜/蔬菜/熟菜/素菜/细菜/咸菜/苋菜/小菜/洋菜/野菜/油菜动布菜/点菜/洗菜/择菜/种菜语看人下菜/头伏萝卜二伏菜/剜到篮里就是菜]蔡[蓍蔡]非韵脚字 cài 采

【17】sai(ㄙㄞ)思[于思(胡须多)]腮[名两腮/痄腮语尖嘴猴腮/抓耳挠腮/拙嘴笨腮]塞★[耳塞/活塞/瓶塞/栓塞/火花塞/软木塞]鳃[鱼鳃] ‖ **塞[名边塞/关塞/莱塞/要塞动出塞]赛[名比赛/初赛/径赛/联赛/乒赛/球赛/田赛/对抗赛/接力赛/锦标赛/淘汰赛/选拔赛/邀请赛/友谊赛动比赛/复赛/祭赛/竞赛/决赛/预赛]**非韵脚字 sāi 噻

【18】wai(ㄨㄞ)歪[动腻歪/侧 zhāi 歪语病病歪歪/东倒西歪/七扭八歪/身正不怕影子歪/上梁不正下梁歪]喎 ‖ **崴[海参崴]◎外[名编外/海外/号外/户外/郊外/境外/局外/开外/课外/例外/内外/室外/四外/天外/野外/以外/意外/员外/中外动不外/出外/除外/媚外/排外/攘外/涉外/援外形等外/额外/见外/意外连此外副格外/另外语超然物外/吃里扒外/概莫能外/古今中外/九霄云外/拒之门外/名声在外/喜出望外/逍遥法外/置之度外/工夫在诗外/运筹帷幄之中,决胜千里之外]**

【19】guai(ㄍㄨㄞ)乖[名乖乖动卖乖/学乖形乖乖/嘴乖语得便宜卖乖]掴 ‖ **拐[名孤拐/木拐/双拐/铁拐动诱拐语一瘸一拐/胳膊肘往外拐]◎夬怪[名鬼怪/精怪/灵怪/魔怪/**

神怪/妖怪/丑八怪 动 嗔怪/错怪/见怪/难怪/奇怪/责怪/作怪 形 古怪/诡怪/骇怪/惊怪/奇怪/志怪 语 大惊小怪/千奇百怪/兴妖作怪/礼多人不怪/大人不见小人怪]

【20】kuai(ㄎㄨㄞ)蒯◎会[财会]块[大块/方块/糖块/土块/砖块/豆腐块]快[名 捕快/马快/外快 动 称快 形 畅快/飞快/欢快/凉快/明快/勤快/轻快/爽快/松快/痛快/愉快 副 赶快/尽快 语 拍手称快/亲痛仇快/手疾眼快/先睹为快/心直口快/置于死地而后快]侩[市侩/牙侩/驵侩]郐哙(咽下去)狯[狡狯]浍脍筷[火筷/碗筷/竹筷/象牙筷]鲙

【21】huai(ㄏㄨㄞ)怀[名 襟怀/情怀/心怀/胸怀/壮怀 动 骋怀/放怀/感怀/挂怀/关怀/开怀/缅怀/忘怀/掩怀/追怀 语 宽大为怀/正中下怀]徊[徘徊]淮[江淮]槐[名 刺槐/洋槐 语 指桑骂槐]踝[脚踝/内踝/外踝]耰 ‖ 坏[名 好坏 动 败坏/毁坏/破坏/使坏/损坏 形 败坏 语 气急败坏] ◎划

【22】zhuai(ㄓㄨㄞ)拽(抛;胳膊活动不便) ‖ 转[好 hào 转/瞎转]跩[鸭子跩]◎拽[生拉硬拽]

【23】chuai(ㄔㄨㄞ)揣搋 ‖ 揣[猜揣] ◎啜(姓)揣[囊揣/挣揣]嘬(咬;吃)踹膪[囊膪]

【24】shuai(ㄕㄨㄞ)衰[动 盛衰/兴衰/早衰 语 年老力衰/未老先衰]摔 ‖ 甩◎帅[名 将帅/渠帅/统帅/元帅/主帅 动 挂帅]率[名 表率 动 督率/统率 形 草率/粗率/简率/轻率/坦率/真率/直率 副 大率/相率]蟀[蟋蟀]

第七道　灰堆辙

一、灰堆辙声律启蒙

其　一

泰对宁，乱对危；马肝对鸡肋。
香消对烛暗，倒斝对衔杯。
旦对夕，明对晦；
篑土高山积，滴泉大海归。
阆苑游，蓬莱醉；
河边淑气迎芳草，林下轻风待落梅。
猿啼鹤唳总成哀松鸣柏舞，
燕语莺声浑是笑花明柳媚。

斝（jiǎ）：古代盛酒器，圆口，三足。篑（kuì）：盛土的筐子。浑（hún）：全；满。

其　二

贤对圣，是对非；觉奥对参微。
鸡窗对雁塔，草舍对柴扉。
鸡晓唱，雉朝飞；红瘦对绿肥。

尧帝智如神，曹公奸似鬼。

歌旧曲，酿新醅；

宽宏豁达高皇量，叱咤喑哑霸王威。

晋士奇特可比一斑之豹，

唐儒渊博堪为五总之龟。

鸡窗：宋处宗与窗外鸡谈，学问大进。雁塔：唐韦肇及第，偶于慈恩寺雁塔题名，后人效之，遂成为故事。曹公：指曹操。醅(pēi)：没过滤的酒。高皇：指刘邦。霸王：指项羽。一斑之豹：《晋书》王子猷数岁，门生辈曰："此郎管中窥豹，可见一斑。"五总之龟：《唐书》殷践猷博通经籍，号五总龟。

其　三

蝶做使，花为媒；鸡冠对凤尾。

王朗卧雪访，屈子吟风悲。

夏迟眠，春早睡；凄凉对憔悴。

天姿真窈窕，圣德实光辉。

菊含苞，梅放蕊；

两京收复郭公勋，六国说成苏子归。

蜀王叫月枝上游魂化杜鹃；

帝女衔石海中遗魄变精卫。

郭公：唐郭子仪收复两京，封汾阳王。苏子：苏秦以合纵说服诸侯，为六国相。蜀王：蜀帝死，化杜鹃，啼则吐血。帝女：炎帝女渡海溺死，化精卫鸟，衔石填海。

二、灰堆辙诗歌欣赏

《归去来辞》(晋·陶渊明)

归去来兮,田园将芜胡不归!
既自以心为形役,奚惆怅而独悲?
悟已往之不谏,知来者之可追。
实迷途其未远,觉今是而昨非。
舟遥遥以轻飏,风飘飘而吹衣。
问征夫以前路,恨晨光之熹微。
……

*归、悲、追、非、衣、微,押韵(支微通韵)

《木兰辞》(北朝乐府民歌)

……
万里赴戎机,关山度若飞。
朔气传金柝,寒光照铁衣。
将军百战死,壮士十年归。
……

*飞、衣、归,押韵(微韵)

《渔歌子·其一》(唐·张志和)

西塞山前白鹭飞,桃花流水鳜鱼肥。

青箬笠，绿蓑衣，斜风细雨不须归。

* 飞、肥、衣、归，押韵（微韵）

《游子吟》（唐·孟郊）

慈母手中线，游子身上衣；
临行密密缝，意恐迟迟归。
谁言寸草心，报得三春晖？

* 衣、归、晖，押韵（微韵）

《父子们在宫院伤心落泪》（京剧《逍遥津》汉献帝唱段）

［二黄导板］　父子们在宫院伤心落泪！
［回龙］　想起了朝中事好不伤悲。
［二黄原板］　那曹孟德与伏后冤家作对，
害得她魂灵儿不能够相随。
二皇儿年岁小孩童之辈，
他不能在灵前奠酒三杯。
我恨奸贼把孤的牙根咬碎，
上欺君下压民做事全非。
欺寡人在金殿我不敢会对，
欺寡人好一似猫鼠相随。
欺寡人好一似那家人奴卑，
欺寡人好一似那墙倒众推。
欺寡人好一似那犯人受罪，

欺寡人好一似那木雕泥堆。
欺寡人好一似那孤魂怨鬼，
欺寡人好一似那猛虎失威。
欺寡人好一似那犯人发配，
欺寡人好一似那扬子江驾小舟，
风飘浪打、浪打风飘就不能回归。
欺寡人好一似那残军败队，
［散板］　又听得宫门外喧哗如雷。

＊“泪”“雷”，传统京剧中唱上口音，大致如 luei。

《七律·答友人》（毛泽东）

九嶷山上白云飞，帝子乘风下翠微。
斑竹一枝千滴泪，红霞万朵百重衣。
洞庭波涌连天雪，长岛人歌动地诗。
我欲因之梦寥廓，芙蓉国里尽朝晖。

＊飞、微、泪、衣、诗、晖，押韵（支微通韵）

《祝酒歌》（歌词作者　韩伟）

美酒飘香啊歌声飞，
朋友啊请你干一杯，请你干一杯！
胜利的十月永难忘，杯中洒满幸福泪。来来来，来来来，
十月里，响春雷，八亿神州举金杯；
舒心的酒哇浓又美，千杯万盏也不醉。

今天畅饮胜利酒，明日上阵劲百倍，
为了实现四个现代化，甘洒热血和汗水！
手捧美酒啊望北京，
豪情啊胜过长江水，胜过长江水！
锦绣前程党指引，万里山河尽朝晖。来来来，来来来，
瞻未来，无限美，人人胸中春风吹。
美酒浇旺心头火，燃得斗志永不退。
来来来，来来来，
征途上，战鼓擂，条条战线捷报飞。
待到理想化宏图，咱再摆美酒重相会！

《年轻的朋友来相会》（歌词作者　张枚同）
年轻的朋友们，今天来相会，
荡起小船儿，暖风轻轻吹；
花儿香，鸟儿鸣，春光惹人醉；
欢声笑语绕着彩云飞。
再过二十年，我们重相会，
伟大的祖国，该有多么美！
天也新，地也新，春光更明媚；
城市乡村处处增光辉。
啊！亲爱的朋友们，创造这奇迹要靠谁？
要靠我，要靠你，要靠我们八十年代的新一辈！
但愿到那时，我们再相会，

举杯赞英雄，光荣属于谁？
为祖国，为四化，流过多少汗！
回首往事心中可有愧？
啊！亲爱的朋友们，愿我们自豪地举起杯，
挺胸膛，笑扬眉，光荣属于八十年代的新一辈！

三、灰堆辙特色分析

根据发音的响亮程度，“灰堆辙”属细微级，反映出的色彩较灰暗、沉闷；其所含韵脚字也较少，属“窄辙”。在编写歌谣时，若采用细微柔和的韵辙，一般利于表现阴柔之美。比如陶渊明《归去来辞》的第一段，我们可以体会到作者复杂曲折的心路历程，可以感受到作者终于可以“不为五斗米折腰”、可以摆脱厌恶的官场生活的一丝喜悦。《木兰辞》也如此，虽仅三韵句就把女英雄拼搏沙场、九死一生的艰苦历程，以及终于“十年归”的喜悦之情表达出来。张志和的《渔歌子》，是以斜风细雨中的西塞山为背景的一幅浓郁山水画，画中人物头戴青竹笠，身披绿蓑衣，顶风冒雨，打渔不疲；词人那种旷达乐观的襟怀和对世俗的鄙视之情，依稀见于言外。孟郊的《游子吟》，将慈母的柔情物化为缝衣的细线，将母亲对游子的爱护比喻为春光对小草的照耀；形象而真诚地吟颂了既普通又伟大的人性美——母爱。千百年来，它一直能引起无数读者的共鸣。1992 年，香港“最受欢迎的唐诗评选”活动，这首《游子吟》以得票数最高而名列榜首。后又被联合国教科文组织向世界各国推荐为小学必修教材。《逍遥津》中汉献帝的那段唱，韵味悲惨、愤懑。毛泽东主席的《七律·答友人》，是在描述一首凄楚的神话故事后，又对比展开对新湖南的怀念和祝愿的。韩伟《祝酒歌》及张枚同《年轻的朋友来相会》，所表达的均是一种昂扬向上、渴望再立新功的激情。

新诗以“灰堆”窄韵表达昂扬激情不在少数，这或许与多少年来，人们不断总结声乐学习方面的经验，使发音方法更为科学、吐字归音的技巧更为成熟有关。比如京剧大师程砚秋在发“内”音时，按京剧唱成上口字“nu-ei”；将字音切出，过渡自然，听着悠美。又如杨宝森“杨派”唱腔，在唱到“灰堆辙”拖腔、花腔的地方，大部由圆口形的韵法唱出，圆润自然，赏心悦耳。

所以，“灰堆辙适于用来表达委婉的情绪”，这只是一般的、相对的说法，不是绝对的。例如宋代李之仪《卜算子·我住长江头》：“我住长江头，君住长江尾。日日思君不见君，共饮长江水。此水几时休？此恨何时已？只愿君心似我心，定不负相思意。”这首词紧扣长江水，表达的是女子思君不得的强烈伤感。而陈毅同志的《赠缅甸友人》：“我住江之头，君住江之尾。彼此情无限，共饮一江水。”仅改几字，韵亦依旧，而表达的却是截然不同的情怀。因此，在选韵方面，虽有“随情选韵”的原则，更要有诗人自己的创作经验。例如，郭小川就说过：“在实践上，往往把先跳出来的自己满意的句子的尾字，作为全诗的韵。”

四、灰堆辙同韵音节情况

【此辙包含 ei(ㄟ),uei(ㄨㄟ)两种韵母;出音节 27 个】

〈开口呼〉【1】ei(ㄟ)[诶]

【2】bei(ㄅㄟ)[陂]【3】pei(ㄆㄟ)[呸]

【4】mei(ㄇㄟ)[没]【5】fei(ㄈㄟ)[飞]

【6】dei(ㄉㄟ)[得]【7】nei(ㄋㄟ)[哪]【8】lei(ㄌㄟ)[勒]

【9】gei(ㄍㄟ)[给]【10】kei(ㄎㄟ)[剋]【11】hei(ㄏㄟ)[黑]

【12】zhei(ㄓㄟ)[这]【13】shei(ㄕㄟ)[谁]

【14】zei(ㄗㄟ)[贼]

〈合口呼〉【15】wei(ㄨㄟ)[危]

【16】dui(ㄉㄨㄟ)[堆]【17】tui(ㄊㄨㄟ)[推]

【18】gui(ㄍㄨㄟ)[归]【19】kui(ㄎㄨㄟ)[亏]【20】hui(ㄏㄨㄟ)[灰]

【21】zhui(ㄓㄨㄟ)[追]【22】chui(ㄔㄨㄟ)[吹]

【23】shui(ㄕㄨㄟ)[谁]【24】rui(ㄖㄨㄟ)[蕤]

【25】zui(ㄗㄨㄟ)[朘]【26】cui(ㄘㄨㄟ)[衰]【27】sui(ㄙㄨㄟ)[尿]

* 灰堆辙 27 音节,韵腹韵尾是二合的前响复元音韵母 ei[ei]。

五、灰堆辙常见同韵字词

【1】ei(ㄟ)诶(叹词)

【2】bei(ㄅㄟ)陂杯[名茶杯/奖杯/酒杯/金杯/量杯/烧杯/水杯/世界杯动夺杯/干杯/举杯/捧杯/碰杯/贪杯]卑[谦卑/自卑]背悲[形慈悲/可悲/伤悲动含悲语乐极生悲/兔死狐悲/猫哭耗子——假慈悲/少壮不努力,老大徒伤悲]碑[名丰碑/界碑/口碑/墓碑/石碑/纪念碑/里程碑语有口皆碑]鹎‖**北[名东北/华北/江北/西北动败北语山南海北/天南地北/追亡逐北/走南闯北/人生失意无南北/早看东南,晚看西北]◎贝[宝贝/川贝/分贝/干贝/拷贝]孛邶狈[狼狈]备[名储备/军备/配备/设备/战备/装备动筹备/储备/防备/戒备/警备/具备/配备/守备/预备/责备/整备/置备/准备形后备/齐备/完备/详备语德才兼备/攻其不备/求全责备]背[名刀背/后背/脊背/靠背/手背/书背/驼背/项背动垫背/见背/驼背/违背形耳背/手背语汗流浃背/力透纸背/芒刺在背/人心向背]钡(金属元素)倍[动成倍/加倍语身价百倍/事半功倍]悖[形狂悖/违悖语并行不悖]被[夹被/棉被/植被]辈[名侪辈/行辈/后辈/老辈/年辈/朋辈/前辈/鼠辈/同辈/晚辈/我辈/先辈/小辈/长辈/祖辈/小字辈语无能之辈]惫[疲惫]焙碚[北碚]褙[名袼褙动裱褙]鞴[鞍鞴]鐾◎呗 臂[胳臂]**

非韵脚字 bēi 椑 bèi 蓓

【3】pei（ㄆㄟ）呸（叹词）胚醅［旧醅］◎陪［奉陪/少陪/失陪/作陪］培［栽培］赔［包赔/索赔/退赔］锫（金属元素）裴（姓）‖沛［动颠沛 形充沛/丰沛/滂沛/沛沛］帔［凤冠霞帔］佩［名玉佩 动感佩/惊佩/敬佩/铭佩/钦佩/赞佩］配［名元配 动刺配/搭配/调配/发配/分配/婚配/交配/匹配/许配/择配/支配/装配 形般配/比配/相配］旆辔［鞍辔］霈［甘霈］

【4】mei（ㄇㄟ）没玫［刺玫］枚［猜枚/衔枚］眉［名赤眉/愁眉/娥眉/横眉/画眉/剑眉/柳眉/浓眉/书眉/须眉/眼眉 动攒眉/描眉/皱眉 语举案齐眉］莓［草莓/红莓/蛇莓/树莓］梅［刺梅/红梅/腊梅/青梅/酸梅/乌梅/杨梅/干枝梅］脢（背脊肉）郿湄（水边）媒［名传媒/触媒/大媒 动保媒/说媒/做媒］楣［门楣］煤［褐煤/气煤/烟煤/原煤/蜂窝煤/无烟煤］酶［蛋白酶/转氨酶］镅（金属元素）鹛［红顶鹛］霉［名黑霉/曲霉 动发霉 形倒霉］‖每［每每］美［名北美/南美 动比美/审美/掠美/媲美/赞美/作美 形肥美/丰美/甘美/和美/华美/佳美/健美/精美/俊美/甜美/完美/鲜美/谐美/秀美/优美/壮美 语成人之美/价廉物美/两全其美/十全十美/天公作美］浼［央浼］镁（金属元素）◎妹［表妹/姐妹/师妹/兄妹/农家妹/外来妹］昧［名三昧 形暧昧/暗昧/茫昧/冒昧/蒙昧/梼昧/幽昧/愚昧 语不揣冒昧/拾金不昧］袂［分袂/奋袂/联袂］寐［名梦寐 动不寐/假寐 语夙兴夜寐］媚［动谄媚/狐媚/献媚 形娇媚/明媚/柔媚/妩媚/妖媚］魅［魑魅/鬼魅］非韵脚字 méi 嵋猸糜

【5】fei（ㄈㄟ）飞［名阿飞 动放飞/起飞 语笨鸟先飞/不翼而

飞/草长莺飞/插翅难飞/劳燕分飞/血肉横飞/远走高飞/天高任鸟飞/夫妻本是同林鸟，大难来时各自飞]妃[贵妃/后妃/皇妃/嫔妃/太妃/王妃/湘妃]非[名是非副除非/莫非/若非/无非语口是心非/面目全非/惹是生非/似是而非/啼笑皆非/痛改前非/文过饰非/无可厚非/无事生非/想入非非]菲[芳菲/菲菲]啡[咖啡/吗啡]绯[深绯]扉[柴扉/心扉]蜚霏[形霏霏语雨雪其霏]鲱◎肥[名底肥/粪肥/化肥/基肥/窖肥/厩肥/圈肥/磷肥/绿肥动抄肥/催肥/分肥/积肥/减肥/沤肥/自肥语食言而肥/脑满肠肥/马不得夜草不肥]淝腓[百卉俱腓]　‖　**匪[名白匪/绑匪/盗匪/惯匪/劫匪/土匪动剿匪]诽菲悱棐**(辅助)**斐榧[香榧]蜚**(一种昆虫)**翡**(一种鸟)**篚**(圆形竹篚)◎**芾[蔽芾]吠[动狂吠语鸡鸣犬吠]肺[名尘肺/矽肺/心肺语狼心狗肺/没心没肺/撕心裂肺]狒[狒狒]废[名残废/窝囊废动报废/残废/荒废/旷废/偏废/作废形颓废语半途而废/凡事预则立，不预则废]沸[扬汤止沸/人声鼎沸]费[名稿费/公费/花费/经费/军费/旅费/路费/盘费/小费/学费/用费/运费/杂费/差旅费/水电费/医药费动白费/耗费/花费/旷费/浪费/靡费/免费/破费/收费/枉费/消费/自费]剕**(剁脚酷刑)**镄**(金属元素)非韵脚字　fèi 痱

【6】dei(ㄉㄟ)**得[必得/非得/总得]**

【7】nei(ㄋㄟ)**哪馁[动冻馁/自馁形气馁语胜不骄，败不馁]◎内[名大内/分内/关内/国内/海内/年内/日内/室内/五内/衙内/以内动惧内]那**

【8】lei(ㄌㄟ)勒[狗戴嚼子——胡勒]◎累[果实累累]雷[名春雷/地雷/风雷/闷雷/霹雷/手雷/水雷/鱼雷/炸雷动布雷/打雷/排雷/扫雷语暴跳如雷/平地一声雷/于无声处听惊雷/人间私语,天闻若雷]嫘缧擂[自吹自擂]檑礌[滚礌]镭(金属元素)羸‖耒诔垒[名堡垒/壁垒/街垒/块垒/营垒/干打垒动对垒/跑垒语深沟高垒]累[名家累/积累动带累/积累/亏累/连累/牵累/受累/拖累语日积月累/铢积寸累/罪行累累]磊[磊磊]蕾[名芭蕾/蓓蕾/花蕾/味蕾动保蕾]儡[傀儡]◎肋[鸡肋/两肋/右肋/左肋]泪[名热泪/血泪/眼泪/烛泪动含泪/挥泪/流泪/落泪/洒泪语哭天抹泪/鳄鱼的眼泪/不见棺材不落泪/一把鼻涕一把泪]类[名败类/部类/丑类/畜类/词类/调类/噍类/门类/品类/人类/同类/异类/种类动分类语不伦不类/分门别类/呼朋引类/物伤其类/有教无类/诸如此类]累[动受累/劳累形乏累/倦累/劳累/疲累]酹擂[摆擂/打擂/守擂]◎嘞(助词)

【9】gei(ㄍㄟ)给[发给/交给/让给/送给/赠给]

【10】kei(ㄎㄟ)剋[挨剋]

【11】hei(ㄏㄟ)黑★[动摸黑/抹黑形昏黑/焦黑/黧黑/漆黑/手黑/乌黑/心黑/黝黑语起早贪黑/一条道跑到黑/天下乌鸦一般黑/近朱者赤,近墨者黑/秃老婆画眉——越描越黑/老鸹落在猪腚上——一个比一个黑]嘿[嘿嘿]

【12】zhei(ㄓㄟ)这

【13】shei(ㄕㄟ)谁

【14】zei(ㄗㄟ)贼★[〖名〗盗贼/飞贼/工贼/国贼/家贼/毛贼/蟊贼/民贼/戕贼/窃贼/乌贼/卖国贼〖动〗戕贼/做贼〖语〗贼喊捉贼/成者王侯败者贼]鲗[乌鲗]

【15】wei(ㄨㄟ)危[〖名〗安危〖动〗濒危/临危〖形〗病危/垂危〖语〗乘人之危/岌岌可危/济困扶危/居安思危]威[〖名〗国威/虎威/军威/权威/神威/声威/雄威/淫威/余威/下马威〖动〗发威/施威/示威/扬威/助威〖语〗狐假虎威/耀武扬威/公生明，廉生威]偎[依偎]隈[城隈/山隈]揻微[〖名〗翠微〖动〗式微〖形〗卑微/低微/寒微/精微/轻微/衰微/熹微/细微〖副〗略微/稍微〖语〗本小利微/谨小慎微/具体而微/体贴入微/微乎其微]煨溦(小雨)薇[蔷薇]鳂巍[崔巍/巍巍]◎韦为[〖名〗能为/行为/作为〖动〗成为/沦为/人为/认为/无为/以为/有为〖形〗人为〖语〗大有可为/胆大妄为/胡作非为/见义勇为/尽力而为/何乐不为/事在人为/为所欲为/若要人不知，除非己莫为]圩[筑圩]违[〖动〗久违/睽违〖语〗事与愿违/阳奉阴违]围[〖名〗重围/范围/氛围/四围/外围/胸围/腰围/周围〖动〗包围/合围/解围/突围]帏闱[〖名〗春闱/宫闱/秋闱〖动〗入闱]沩洈桅[船桅]涠帷[布帷/车帷/床帷/罗帷/桌帷]惟[不惟]维[〖名〗思维/纤维〖动〗恭维]嵬[崔嵬/嵬嵬]潍 ‖ **伟[宏伟/魁伟/奇伟/雄伟/英伟/壮伟]伪[〖名〗敌伪/真伪〖动〗作伪〖形〗虚伪]苇[芦苇]尾[〖名〗结尾/阑尾/末尾/首尾/韵尾/岁尾〖动〗交尾/扫尾/收尾〖语〗彻头彻尾/虎头蛇尾/街头巷尾/畏首畏尾/摇头摆尾/有头无尾/苍蝇附骥尾/宁做鸡头，不做牛尾]纬[北纬/谶纬/经纬/南纬]玮[瑰玮]委[〖名〗编委/党**

委/军委/市委/原委/政委 动 推委 语 穷原竟委]炜(光明)洧诿[推诿]娓[娓娓]萎[凋萎/枯萎/蔫萎/衰萎]隗(姓)猥韪[不韪]艉痿[下痿/阳痿]鲔亹[勤勉亹亹] ◎卫[名 后卫/护卫/禁卫/警卫/门卫/前卫/侍卫/中卫/天津卫/威海卫 动 保卫/防卫/捍卫/护卫/禁卫/警卫/侍卫/守卫/自卫 形 前卫]为未[尚未]位[名 本位/部位/床位/单位/地位/方位/岗位/个位/各位/名位/品位/铺位/神位/水位/席位/学位/音位/职位/诸位/座位 动 篡位/到位/即位/就位/让位/退位/逊位/在位 语 各就各位]味[名 风味/海味/回味/口味/腊味/美味/品味/气味/情味/趣味/兴味/异味/意味/野味/韵味/滋味 动 回味/品味/体味/调味/玩味/走味 形 乏味/入味 副 一味 语 津津有味/耐人寻味/山珍海味/索然寡味/食不甘味/三月不知肉味]畏[形 敬畏/无畏 语 后生可畏/望而生畏/无私才能无畏]胃[名 肠胃/脾胃 动 败胃/翻胃/反胃/开胃]谓[名 称谓 动 可谓 形 所谓/无谓/无所谓]尉[大尉/上尉/少尉/太尉/中尉]遗(赠与)喂[渴不急饮,饿不急喂]猬[刺猬]渭蔚[形 炳蔚/岑蔚/萌蔚 语 云蒸霞蔚]硙(石磨)慰[动 安慰/抚慰/告慰/宽慰/劝慰/自慰 形 快慰/宽慰/欣慰]魏鳚 非韵脚字 wēi 委逶葳崴 wéi 唯

【16】duì(ㄉㄨㄟ)堆[名 土堆/柴火堆/狗屎堆/故纸堆/原子反应堆 语 苍蝇恋粪堆] ‖ 队[名 部队/舰队/军队/连队/领队/球队/梯队/卫队/乐队/支队/纵队/别动队/赤卫队/敢死队/拉拉队/少先队/武工队/仪仗队/游击队 动 编队/掉队/归队/离队/练队/领队/排队/入队/站队 语 成群结队]对[名 校对/

喜对[动]查对/酬对/答对/掂对/反对/核对/校对/相对/应对/针对/质对/作对[形]不对/敌对/绝对/相对[语]门当户对/无言以对/针锋相对]兑[拆兑/掺兑/汇兑/挤兑/匀兑/折兑]怼[怨怼]敦(盛黍稷的器具)碓(舂米器具)憝[大憝]镦

【17】tui(ㄊㄨㄟ)推[[动]公推/类推[语]墙倒众人推] ◎颓[衰颓] ‖ **腿[[名]绑腿/大腿/裹腿/护腿/火腿/泥腿/小腿/宣腿/云腿/二郎腿/飞毛腿/罗圈腿[动]抱粗腿/扯后腿[语]人老先老腿/胳膊拗不过大腿/当官的动动嘴,当差的跑断腿]** ◎**退[[动]败退/病退/撤退/斥退/辞退/倒退/告退/后退/减退/衰退/消退/引退[语]不知进退/功成身退/激流勇退/旅进旅退/逆水行舟,不进则退/牵着不走,打着倒退]蜕[蝉蜕/蛇蜕]煺褪**

【18】gui(ㄍㄨㄟ)归[[动]回归/来归/荣归/同归/依归/于归[副]终归/总归[语]宾至如归/久假不归/满载而归/视死如归/殊途同归/无家可归/早出晚归/责有攸归/众望所归/将军百战死,壮士十年归]圭龟[[名]海龟/金龟/乌龟/绿毛龟[语]千年王八万年龟]妫规[[名]常规/陈规/成规/定规/法规/家规/教规/例规/陋规/清规/校规/圆规/两脚规[动]定规/犯规/双规[形]正规[语]墨守成规/你有千条妙计,我有一定之规]邽[下邽]皈闺[深闺]硅[单晶硅/可控硅]廆瑰[玫瑰]鲑鬶(陶制炊具) ‖ **氿宄[奸宄]轨[[名]常轨/钢轨/路轨/铁轨/正轨[动]出轨/脱轨/卧轨/越轨[形]不轨[语]图谋不轨]庋匦[票匦]诡[[形]奇诡[语]波谲云诡]垝(残缺)鬼[[名]伥鬼/酒鬼/厉鬼/魔鬼/穷鬼/死鬼/小鬼/烟鬼/胆小鬼/吝啬鬼/冒失鬼/替死鬼/讨厌鬼[动]捣**

鬼/搞鬼/见鬼/闹鬼/弄鬼/有鬼/做鬼语**疑神疑鬼/钟馗打鬼/装神弄鬼/疑心生暗鬼/三分像人，七分似鬼/没有家贼，引不来外鬼]癸晷[**名**日晷/余晷**语**焚膏继晷]簋◎柜[**名**橱柜/立柜/钱柜/碗柜/衣柜/掌柜/保险柜/组合柜**语**翻箱倒柜]炅**(姓)**刿**(刺伤)**刽**(割断)**炔**(姓)**贵[**名**亲贵/权贵/显贵/新贵**形**昂贵/宝贵/富贵/高贵/华贵/娇贵/金贵/可贵/名贵/腾贵/显贵/珍贵/尊贵**语**夫荣妻贵/洛阳纸贵/难能可贵/忍为高，和为贵/不当家不知柴米贵]桂[**名**蟾桂/金桂/肉桂**动**折桂**语**米珠薪桂]桧**(圆柏)**跪[下跪]鳜** 非韵脚字 guǐ 姽

【19】kui(ㄎㄨㄟ)亏[名盈亏/哑巴亏/眼前亏动吃亏/多亏/理亏/心亏/血亏副幸亏语月满则亏/自负盈亏/身大力不亏/光棍不吃眼前亏]悝盔[白盔/钢盔/铝盔/帽盔/头盔]窥[管窥/偷窥]◎奎逵(道路)馗[钟馗]隗(姓)揆[名阁揆/首揆动总揆语古今同揆]葵[锦葵/蒲葵/向日葵]骙[骙骙]暌魁[名花魁/罪魁动夺魁]睽[众目睽睽]蝰夔‖**跬◎匮蒉**(盛土的草包)**喟[感喟]馈[反馈]溃[**动**崩溃/击溃**语**一触即溃]愦[昏愦]愧[**动**抱愧/无愧**形**惭愧/惶愧/羞愧**副**不愧**语**当之无愧/问心无愧]聩[振聋发聩]篑[功亏一篑]** 非韵脚字 kuī 岿 kuí 喹 kuǐ 傀

【20】hui(ㄏㄨㄟ)灰[名白灰/骨灰/炮灰/石灰/死灰/香灰/烟灰/洋灰/草木灰动抹灰形瓦灰/银灰语万念俱灰/碰一鼻子灰]诙挥[动发挥/指挥语大笔一挥/借题发挥]咴[马鸣咴咴]恢[天网恢恢]袆珲[瑷珲]晖[春晖/斜晖/余晖/朝晖]辉

[名光辉/清辉/夕辉/余辉 语 蓬荜增辉/星月交辉]翚麾徽[国徽/团徽/校徽]隳◎回[名 回回/章回 动 驳回/低回/返回/轮回/挽回/巡回/萦回/迂回 语 百折不回/有去无回/大姑娘坐轿头一回/如入宝山而空手回/黄河之水天上来，奔流到海不复回]茴洄蛔‖虺[雷声虺虺]悔[动 懊悔/忏悔/翻悔/反悔/改悔/后悔/愧悔/失悔/痛悔/追悔 形 懊悔 语 亦余心之所善兮，虽九死其犹未悔]毁[摧毁/捣毁/诋毁/焚毁/击毁/烧毁/撕毁/销毁/坠毁]◎卉[花卉]汇[名 词汇/外汇/语汇/字汇/总汇 动 创汇/电汇/换汇/交汇/融汇/邮汇/总汇]会[名 帮会/常会/都会/工会/公会/国会/机会/教会/例会/庙会/年会/赛会/社会/省会/盛会/体会/晚会/舞会/误会/香会/协会/兴会/安理会/奥运会/报告会/博览会/董事会/互助会/联合会 动 赶会/集会/开会/理会/体会/误会/幽会/知会 语 牵强附会/适逢其会/心领神会/只可意会]讳[名 名讳/史讳 动 避讳/犯讳/忌讳/隐讳 语 直言不讳]荟哕[铃声哕哕]浍诲[教诲]绘[名 彩绘 动 测绘/描绘/摹绘]恚[怨恚]桧贿[纳贿/受贿/索贿/行贿]烩[名 杂烩 动 一锅烩]彗(扫帚)晦[动 韬晦 形 悖晦/隐晦 语 风雨如晦/韬光养晦]秽[名 污秽 形 污秽/芜秽/淫秽 语 自惭形秽]惠[名 恩惠 动 互惠/口惠/施惠/受惠 形 实惠/贤惠/优惠 语 小恩小惠/平等互惠]喙[名 长喙/短喙 语 不容置喙]翙[翙翙]溃慧[名 智慧 形 聪慧 语 拾人牙慧]蕙憓 非韵脚字 hūi 虺 hùi 螝

【21】zhui(ㄓㄨㄟ)追[动 跟追/紧追/尾追 语 奋起直追/穷寇

莫追/驷马难追/悟已往之不谏，知来者之可追]骓[乌骓]椎[脊椎/颈椎/胸椎]锥[冰锥/改锥/棱锥/凌锥/丝锥/圆锥]‖**坠[名耳坠/扇坠动偏坠/下坠语金乌西坠/天花乱坠/摇摇欲坠]缀[名词缀/后缀/音缀动补缀/点缀/连缀/拼缀]惴[惴惴]缒赘[名累赘/肉赘动入赘/招赘]**

【22】chui(ㄔㄨㄟ)吹[告吹/鼓吹/胡吹/神吹/瞎吹/自吹/一风吹]炊[名茶炊/晨炊动断炊/野炊语巧妇难为无米之炊]◎垂[名耳垂/星垂动倒垂/低垂/下垂/悬垂/永垂副垂垂]陲[边陲]捶[鼓破乱人捶/响鼓不用重捶]棰椎阃槌[棒槌/鼓槌]锤[秤锤/钉锤/纺锤/风锤/汽锤/铅锤/铁锤/铜锤]

【23】shui(ㄕㄨㄟ)谁[舍我其谁]‖**水[名茶水/潮水/淡水/废水/风水/泔水/钢水/滚水/汉水/汗水/洪水/淮水/坏水/汇水/祸水/降水/胶水/酒水/开水/口水/枯水/泪水/冷水/凉水/领水/流水/卤水/墨水/奶水/汽水/秋水/泉水/软水/山水/上水/潲水/生水/圣水/死水/甜水/贴水/铁水/外水/下水/涎水/薪水/血水/药水/引水/饮水/油水/雨水/汁水/地下水/自来水动吃水/抽水/出水/反水/滑水/降水/逆水/潜水/上水/顺水/缩水/下水/游水/治水语泼冷水/跋山涉水/残山剩水/高山流水/落花流水/爬山涉水/如鱼得水/拖泥带水/望穿秋水/污泥浊水/行云流水/一衣带水/竹篮打水/井水不犯河水/曾经沧海难为水/靠山吃山，靠水吃水/说出的话，泼出的水]**◎**说**[游说]**税[名版税/财税/丁税/赋税/贡税/关税/捐税/粮税/杂税/租税/所得税/营业税/印花税/增值税动抗税/课税/漏税/免税/纳税/上税/逃税/偷税/完税/征税语苛捐杂税/**

照章纳税]睡[动安睡/沉睡/酣睡/鼾睡/昏睡/瞌睡/临睡/入睡/熟睡/午睡/小睡语麦盖三场被，头枕馒头睡]

【24】rui(ㄖㄨㄟ)蕤[葳蕤] ‖ 蕊[雌蕊/花蕊/雄蕊] ◎芮(姓)汭(河流会合处)枘蚋锐[形尖锐/敏锐语养精蓄锐]瑞[祥瑞]睿

【25】zui(ㄗㄨㄟ)朘 ‖ 咀觜嘴[名豁嘴/快嘴/零嘴/喷嘴/瓶嘴/油嘴/茶壶嘴动拌嘴/闭嘴/插嘴/吃嘴/顶嘴/斗嘴/多嘴/还嘴/忌嘴/犟嘴/磨嘴/努嘴/撇嘴/说嘴/亲嘴/偷嘴/咂嘴/张嘴/掌嘴/争嘴/走嘴形吃嘴/贫嘴/绕嘴/顺嘴/贪嘴语龇牙咧嘴/驴唇不对马嘴/狗咬刺猬——无从下嘴] ◎最[中华之最]晬(婴儿周岁)罪[名功罪/死罪动得罪/抵罪/犯罪/服罪/怪罪/归罪/悔罪/开罪/论罪/免罪/判罪/赔罪/请罪/认罪/受罪/赎罪/问罪/谢罪/有罪/治罪语吊民伐罪/罚不当罪/负荆请罪/将功折罪/言者无罪/王子犯法与庶民同罪]醉[动沉醉/喝醉/烂醉/麻醉/陶醉/心醉语金迷纸醉/今朝有酒今朝醉/酒不醉人人自醉/人生难得几回醉/张公吃酒李公醉]非韵脚字 zùi 蕞

【26】cui(ㄘㄨㄟ)衰[等衰]崔(姓)催[督催]缞(粗麻丧服)摧[无坚不摧]榱(椽子) ‖ 漼皠(洁白)◎脆[名薄脆形干脆/尖脆/娇脆/焦脆/清脆/爽脆/松脆/酥脆/响脆]萃[动荟萃/集萃语出类拔萃]啐淬悴[憔悴]毳(鸟兽的细毛)瘁[鞠躬尽瘁/心力交瘁]粹[名国粹/纳粹形纯粹/精粹]翠[名珠翠动点翠形苍翠/葱翠/翡翠/青翠]非韵脚字 cuǐ 璀 cuì 膵

【27】sui(ㄙㄨㄟ)尿[尿尿]虽(连词)荽[芫荽]眭睢[恣睢]濉◎绥[顺颂时绥]隋随[名长随/亲随动伴随/跟随/尾随/相随/追随语夫唱妇随/萧规曹随/言出法随]遂[半身不遂]‖髓[名齿髓/骨髓/脊髓/精髓/脑髓/神髓/心髓/延髓/真髓语恨入骨髓/龙肝凤髓/沦肌浃髓/敲骨吸髓]◎岁[名丰岁/年岁/千岁/歉岁/去岁/太岁/万岁/虚岁/周岁/足岁动辞岁/守岁/万岁/卒岁副终岁语长命百岁/寸阴若岁/花花太岁/聊以卒岁/千秋万岁]谇祟[名鬼祟/祸祟/邪祟动作祟形鬼祟/鬼鬼祟祟]遂[动不遂/顺遂/未遂/已遂语功成名遂]碎[动打碎/粉碎/破碎/玉碎/杂碎形粉碎/零碎/琐碎/细碎/心碎/嘴碎语鸡零狗碎/七零八碎/支离破碎]隧燧[烽燧/金燧/木燧/阳燧]穗[名稻穗/灯穗/谷穗/果穗/麦穗/旗穗动抽穗/吐穗/孕穗]邃[沉邃/精邃/深邃/幽邃]

第八道　遥迢辙

一、遥迢辙声律启蒙

其　一

班对马，董对晁；夏昼对春宵。

雷声对电影，麦穗对禾苗。

八千路，廿四桥；总角对垂髫。

露桃匀嫩脸，风柳舞纤腰。

龙夭矫，虎咆哮；

贾谊赋成伤鹏鸟，周公诗就托鸱枭。

螺髻青浓楼外晚山高千仞；

鸭头绿腻溪中春水深半篙。

班、马：指班固、司马迁；二人皆有文才。董、晁：指董仲舒、晁错；二人并通经籍。八千路：唐人诗："八千里路透神京。"廿四桥：唐人诗："二十四桥明月夜"，在扬州。总角、垂髫：皆儿童发式；借指儿童、少年。鹏鸟：鹏；一日集贾谊座，谊伤之，作《鹏鸟赋》。鸱枭：猫头鹰；周公作鸱枭之诗以悟王。

其　二

恭对慢，坏对好；水远对山高。

松轩对竹槛，雪赋对风谣。
乘五马，贯双雕；烛灭对香消。
明蟾常彻夜，骤雨不终早。
藜杖叟，布衣樵；
楼阁天凉风飒飒，关河地隔雨潇潇。
几点鹭鸶日暮常飞红蓼岸，
一双鹳鸽春朝频泛绿杨桥。

雪赋：谢惠连作《雪赋》。风谣：《李密传》："观省风谣。"五马：汉制太守驷马，其加秩两千石乃右骖；故以五马为尊。双雕：高骈一箭贯双雕。

其　三

开对落，暗对昭；赵瑟对虞韶。
轺车对驿骑，锦绣对琼瑶。
羞攘臂，懒折腰；范甑对颜瓢。
寒天鸳帐酒，夜月凤台箫。
煎异茗，酌香醪；
舞女腰肢杨柳软，佳人颜貌海棠娇。
豪客寻春南陌草青香阵阵，
闲人避暑东堂蕉绿影摇摇。

赵瑟：《国策》秦赵会于渑池，秦王曰："闻赵王好音，请鼓瑟。"赵王鼓瑟。蔺相如曰："闻秦王善为秦声，请奏盆缶。"秦王不许，相如迫之，乃亲击缶。虞韶：帝乐名。攘臂：齐有征役；支离疏肩高于背，以疾免役，然攘臂游其间。折腰：《晋书》陶渊明羞为五斗米折腰。范甑：范丹家贫，甑中生尘。颜瓢：《论语》："一箪食，一瓢饮，在陋巷。人不堪其忧，回也不改其乐。"鸳帐酒：《宋书》陶穀得党太尉姬，取雪水烹茶与姬饮，问党家有此乐否？姬曰："彼武人，安有此乐，但知销金帐中饮羊羔酒耳。"凤台箫：《列仙传》萧史与秦女弄玉吹箫引凤凰。

二、遥迢辙诗歌欣赏

《硕鼠》(诗经·魏风)

……

硕鼠硕鼠,无食我苗!
三岁贯女,莫我肯劳。
逝将去女,适彼乐郊。
乐郊乐郊,谁之永号?

*苗、劳、郊、号,押韵(宵部)

《咏史·郁郁涧底松》(西晋·左思)

郁郁涧底松,离离山上苗。
以彼径寸茎,荫此百尺条。
世胄蹑高位,英俊沈下僚。
地势使之然,由来非一朝。
金张藉旧业,七叶珥汉貂。
冯公岂不伟,白首不见招。

金、张:指金日磾、张安世,他们的子孙都因祖先有功而做大官,从汉武帝到汉平帝七世以来所戴之冠都插着貂尾装饰。冯公:指西汉冯唐。文帝时,他已经很大年纪,仍怀安邦之志,却只做个职位低下的郎中署长。

*苗、条、僚、朝、貂、招,押韵(萧韵)

《春晓》（唐・孟浩然）

春眠不觉晓，处处闻啼鸟。

夜来风雨声，花落知多少。

＊晓、鸟、少；押韵（筱韵）

《寄扬州韩绰判官》（唐・杜牧）

青山隐隐水迢迢，秋尽江南草木凋。

二十四桥明月夜，玉人何处教吹箫。

＊迢、凋、箫，押韵（萧韵）

《蝶恋花》（宋・苏轼）

花褪残红青杏小，燕子飞时，绿水人家绕。

枝上柳绵吹又少，天涯何处无芳草。

墙里秋千墙外道，墙外行人，墙里佳人笑。

笑渐不闻声渐消，多情却被无情恼。

＊小、绕、少、草、道、笑、消、恼，押韵（词韵第8部）

《劈破玉・错人》（明代民歌）

隔花阴，远远望见个人来到。

穿的衣，行的步，委实苗条，

与冤家模样儿生得一般俏；

巴不能到跟前，忙使衫袖儿招。

粉脸儿通红，羞也，羞也，

姐姐，你把人儿错认了！

＊到、条、俏、招、了，押韵（萧豪）

《春秋亭外风雨暴》(京剧《锁麟囊》薛湘灵唱段)

［西皮二六］　春秋亭外风雨暴，何处悲声破寂寥。

隔帘只见一花轿，想必是新婚渡鹊桥。

吉日良辰当欢笑，为什么鲛珠化泪抛？

此时却又明白了。

［西皮流水］　世上何尝尽富豪。

也有饥寒悲怀抱，也有失意哭嚎啕。

轿内的人儿弹别调，必有隐情在心潮。

耳听得悲声惨心中如捣，同遇人为什么这样嚎啕？

莫不是夫郎丑难谐女貌？莫不是强婚配鸦占鸾巢？

叫梅香你把那好言相告，问那厢因何故痛哭无聊？

梅香说话好颠倒，不该人前乱解嘲。

怜贫济困是人道，哪有个袖手旁观在壁上瞧！

蠢材问话太潦草，难免怀疑在心梢。

你不该人前逞骄傲，不该词费又滔滔。

休要噪，且站了，薛良再与我去走一遭。

听薛良一语来相告，满腹骄矜顿雪消。

人情冷暖凭天造，谁能移动它半分毫。

我正不足她正少，她为饥寒我为娇。

分我一只珊瑚宝，安她半世凤凰巢。

忙把梅香低声叫，莫把姓名你信口哓。

这都是神话凭空造，自把珠玉夸富豪。

麟儿哪有神送到，积德才生玉树苗。

小小囊儿何足道，救她饥渴胜琼瑶。

《军港之夜》(歌词作者　马金星)

军港的夜啊静悄悄，海浪把战舰轻轻地摇，

年轻的水兵，头枕着波涛，

睡梦中露出甜美的微笑。

海风你轻轻地吹，海浪你轻轻地摇，水兵远航多么辛劳。

回到了祖国母亲的怀抱，让我们的水兵好好睡觉。

军港的夜啊静悄悄，海浪把战舰轻轻地摇，

年轻的水兵，头枕着波涛，

睡梦中露出幸福的微笑。

海风你轻轻地吹，海浪你轻轻地摇，水兵远航多么辛劳。

待到朝霞映红了海面，看我们的战舰又要起锚。

三、遥迢辙特色分析

“遥迢辙”发音的响亮程度属二级(柔和级)，表现出的色彩不够明丽；其所含用字不算多，但也不算少，因此有人把它归为“宽韵”，也有人把它归为“窄韵”。分析诗经《硕鼠》第三段，是农夫对剥削者的恶行忍无可忍，发出了愤怒的呼号。左思的《咏史·郁郁涧底松》抨击了门阀制度对人才的压制，倾诉了贫寒之士怀才不遇、报国无门的愤懑。这两首诗色彩显然是沉重的。孟浩然的《春晓》，诗尾一句虽含伤春之意，但诗头两句却生动地描绘出春日清晨的勃勃生机。杜牧的《寄扬州韩绰判官》，诗头描绘草木凋零的江南深秋，诗尾却有声有色地借用二十四桥美人吹箫的典故，探问友人近况，与友人调侃，使气氛一下子活跃欢快起来。苏轼的《蝶恋花》，情景生动而不流于艳，感情率真而不落于轻。上阕侧重哀情，下阕侧重快意，写哀情时又有"天涯何处无芳草"的强自振奋，写快意时又有"多情却被无情恼"的莫名怅惘。重重叠叠的矛盾交织，必定引发读者的丰富联想。难怪相传苏轼谪居惠州时，曾命妾妇王朝云吟唱此词，朝云歌喉将啭，已是泪满衣襟了。明代民歌《劈破玉・错人》，抓住少女认错情人的细节，写出她的窘态和羞态，整体读来谐趣盎然。京剧唱段《春秋亭外风雨暴》，整体色彩深沉悲哀。至于《军港之夜》，表达的感情是对水兵的爱，由于用了遥迢辙，使人感觉这爱深沉得接近母爱。

分析完以上诗章，再补充说明两点：(1)前面谈到苏轼的《蝶恋花》。苏轼是以豪放、旷达著称的，而他这首《蝶恋花》(以今属遥迢辙韵脚字写出)，却纯粹是"婉约派"的风格。(2)毛泽东主席在 1936 年 2 月，以遥迢辙写下了雄伟磅礴、气象万千的《沁园春・雪》："北国风光，千里冰封，万里雪飘。望长城内外，惟余莽莽；大河上下，顿失滔滔。山舞银蛇，原驰蜡象，欲与天公试比高。须晴日，看红装素裹，分外妖娆。　江山如此多娇，引无数英雄竞折腰。惜秦皇汉武，略输文采；唐宋宋祖，稍逊风骚。一代天骄，成吉思汗，只识弯弓射大雕。俱往矣，数风流人物，还看今朝。”——透过这两点情况，或可加深我们对遥迢辙特色的认识。

四、遥迢辙同韵音节情况

【此辙包含 ao(ㄠ)，iao(ㄧㄠ)两种韵母；出音节 29 个】

〈开口呼〉【1】ao(ㄠ)[凹]

【2】bao(ㄅㄠ)[包]【3】pao(ㄆㄠ)[抛]【4】mao(ㄇㄠ)[猫]

【5】dao(ㄉㄠ)[刀]【6】tao(ㄊㄠ)[涛]

【7】nao(ㄋㄠ)[孬]【8】lao(ㄌㄠ)[捞]

【9】gao(ㄍㄠ)[皋]【10】kao(ㄎㄠ)[尻]【11】hao(ㄏㄠ)[蒿]

【12】zhao(ㄓㄠ)[钊]【13】chao(ㄔㄠ)[抄]

【14】shao(ㄕㄠ)[捎]【15】rao(ㄖㄠ)[荛]

【16】zao(ㄗㄠ)[遭]【17】cao(ㄘㄠ)[操]【18】sao(ㄙㄠ)[搔]

〈齐齿呼〉【19】yao(ㄧㄠ)[幺]

【20】biao(ㄅㄧㄠ)[杓]【21】piao(ㄆㄧㄠ)[剽]【22】miao(ㄇㄧㄠ)[喵]

【23】diao(ㄉㄧㄠ)[刁]【24】tiao(ㄊㄧㄠ)[条]

【25】niao(ㄋㄧㄠ)[鸟]【26】liao(ㄌㄧㄠ)[撩]

【27】jiao(ㄐㄧㄠ)[艽]【28】qiao(ㄑㄧㄠ)[悄]【29】xiao(ㄒㄧㄠ)[肖]

* 遥迢辙 29 音节,韵腹韵尾是二合的前响复元音韵母 ao[ɑʊ]。

五、遥迢辙常见同韵字词

【1】ao(ㄠ)凹熬◎敖嗷遨嗷[嗷嗷]廒[仓廒]璈(古乐器)獒[藏獒]熬[煎熬/苦熬]螯[蟹螯]翱鳌鏖 ‖ 拗袄[夹袄/棉袄/皮袄]媪[老媪] ◎岙[薛岙/珠岙]坳[山坳]拗[违拗]傲[名 骄傲 动 啸傲 形 高傲/孤傲/骄傲/倨傲/狂傲/自傲]奥[名 堂奥 形 古奥/深奥]骜[桀骜]墺[深山野墺]澳[港澳/三都澳]懊 非韵脚字 áo 聱 ào 鏊

【2】bao(ㄅㄠ)包[名 背包/病包/草包/褡包/豆包/跟包/荷包/红包/挎包/麻包/面包/脓包/皮包/蒲包/沙包/山包/书包/提包/腰包/药包/邮包/蒙古包/淘气包/炸药包 动 承包/打包/掉包/发包 语 无所不包]苞[名 花苞/竹苞 动 打苞/含苞]孢[芽孢]枹胞[侨胞/台胞/同胞/细胞/衣胞/藏胞]炮剥龅煲[沙煲/铜煲/瓦煲/电饭煲]褒◎雹[冰雹]薄[家底薄/心比天高,命比纸薄] ‖ 饱[动 解饱/中饱 形 温饱 语 酒足饭饱/庄稼要好,人勤粪饱]宝[名 财宝/法宝/瑰宝/狗宝/国宝/活宝/墨宝/通宝/元宝/珍宝/至宝/珠宝/传家宝/数来宝 动 献宝/压宝 语 如获至宝/文房四宝/无价之宝/家有老,是个宝]保[名 环保/酒保/劳保/铺保/人保/中保/盖世太保 动 担保/

管保/交保/取保/确保/准保/作保[形]环保[语]泥菩萨过江——自身难保]鸨[大鸨/老鸨/小鸨]葆[永葆]堡[暗堡/城堡/地堡/碉堡/古堡/桥头堡]褓[襁褓] ◎报[[名]壁报/党报/电报/谍报/恶报/公报/海报/画报/简报/捷报/警报/快报/墙报/情报/日报/善报/时报/通报/晚报/喜报/学报/月报/战报/周报/大字报/黑板报/机关报[动]禀报/呈报/登报/发报/回报/汇报/看报/申报/通报/预报/现世报[语]恩将仇报/善有善报/知恩图报/一报还一报/好心不得好报/受人点水之恩,必当涌泉相报]刨[槽刨/平刨/龙门刨/牛头刨]抱[[名]怀抱[动]环抱/搂抱/拥抱]趵(跳跃)豹[[名]海豹/猎豹/雪豹/云豹/金钱豹[语]管中窥豹/未窥全豹]鲍暴[[名]风暴/强暴[动]防暴/抗暴/强暴[形]残暴/粗暴/横暴/火暴/狂暴/强暴/凶暴[语]以暴易暴]瀑曝爆[起爆/引爆]

【3】pao(ㄆㄠ)抛泡[眼泡/河泡/湖泡/水泡/豆腐泡]脬[尿脬] ◎刨[猪往前拱,鸡往后刨]咆狍庖[[名]良庖/名庖[动]代庖[语]越俎代庖]炮袍[长袍/道袍/龙袍/蟒袍/棉袍/皮袍/旗袍]匏跑[虎跑] ‖ 跑[[名]长跑/短跑[动]奔跑/飞跑/起跑/赛跑/逃跑/助跑[语]没吃过猪肉,还没见过猪跑?] ◎泡[[名]灯泡/肺泡/燎泡/气泡/水泡/肥皂泡[动]打泡/浸泡/起泡[语]有鱼的地方必冒泡]炮[[名]鞭炮/大炮/花炮/火炮/礼炮/排炮/土炮/哑炮/重炮/高射炮/加农炮/榴弹炮/马后炮/迫击炮[动]打炮/放炮/开炮[语]放空炮/鸟枪换炮]疱[水疱/疹疱]

【4】mao(ㄇㄠ)猫[[名]豹猫/狸猫/灵猫/熊猫/野猫[动]藏猫[语]

不管黑猫白猫,抓住老鼠就是好猫] ◎毛[名鹅毛/寒毛/毫毛/鸿毛/鸡毛/睫毛/眉毛/奶毛/皮毛/绒毛/胎毛/羊毛/腋毛/羽毛动发毛/脱毛语九牛一毛/雁过拔毛/千里送鹅毛/狗咬狗,一嘴毛]矛[长矛]茆茅[名白茅/青茅语名列前茅]旄锚[名铁锚动抛锚/起锚]髦[时髦]蝥[斑蝥]蟊 ‖ **冇卯[动点卯/应卯语子丑寅卯/丁是丁,卯是卯]峁泖(平静的小湖)昴铆[钉是钉,铆是铆]◎芼(拔取)茂[形繁茂/丰茂/朴茂语根深叶茂/声情并茂/图文并茂]眊(眼睛昏花)冒[名感冒动感冒/假冒]贸[外贸]耄[老耄]袤[广袤]鄚帽[名笔帽/便帽/草帽/军帽/礼帽/呢帽/衣帽/贝雷帽/大檐帽/瓜皮帽/笼屉帽/螺丝帽/乌纱帽/鸭舌帽动戴帽/摘帽/脱帽]瑁[玳瑁]貌[名地貌/风貌/概貌/礼貌/面貌/年貌/品貌/全貌/容貌/体貌/外貌/相貌/形貌形美貌语郎才女貌/音容笑貌]瞀懋**非韵脚字

máo 牦酕

【5】dao(ㄉㄠ)刀[名刨刀/冰刀/菜刀/车刀/刺刀/大刀/单刀/尖刀/剪刀/绞刀/戒刀/军刀/砍刀/镰刀/麻刀/马刀/佩刀/朴刀/剃刀/屠刀/瓦刀/铣刀/铡刀/錾刀/战刀/二把刀/螺丝刀/指挥刀动开刀/主刀/捉刀语两肋插刀/两面三刀/笑里藏刀/割鸡焉用牛刀]叨[叨叨/唠叨/忙叨/磨叨/念叨/数叨/絮叨]忉[忧愁忉忉]氘(重氢)鱽◎捯 ‖ **导[名报导/编导/领导/前导/先导/向导/指导动报导/编导/倡导/传导/辅导/教导/开导/领导/前导/劝导/疏导/先导/训导/引导/诱导/执导/指导/制导/主导语因势利导]岛[半岛/孤岛/海岛/列岛/群岛/**

小岛/安全岛/交通岛/珊瑚岛]捣倒[动拜倒/扳倒/驳倒/出倒/打倒/颠倒/跪倒/绝倒/拉倒/倾倒/摔倒/推倒/卧倒/压倒/栽倒/随风倒 形潦倒 语兵败如山倒]祷[动祈祷/盼祷/祝祷 语是所至祷]蹈[名舞蹈 语手舞足蹈] ◎到[动报到/迟到/达到/得到/等到/签到/遇到/想不到/想得到 形不到/独到/精到/老到/周到 语面面俱到/说到做到/新来乍到/说曹操,曹操就到/读书有三到:心到,眼到,口到]帱(覆盖)倒[动倾倒 副反倒]焘盗[名匪盗/海盗/强盗 动被盗/防盗/失盗/偷盗 语诲淫诲盗/鸡鸣狗盗/监守自盗/开门揖盗/窃国大盗/奸近杀,赌近盗]悼[哀悼/悲悼/痛悼/追悼]道[名半道/报道/便道/茶道/岔道/赤道/大道/弹道/地道/东道/地道/妇道/管道/轨道/航道/河道/横道/家道/夹道/交道/街道/老道/门道/墓道/跑道/频道/渠道/人道/僧道/食道/世道/熟道/竖道/水道/隧道/索道/铁道/通道/味道/小道/孝道/要道/医道/栈道/林荫道/人行道/武士道/下水道/阳关道/黄河故道 动扳道/报道/布道/称道/传道/打道/当道/得道/开道/失道/修道/知道 形霸道/地道/公道/厚道/人道 副难道/一道 语豺狼当道/大逆不道/胡说八道/康庄大道/能说会道/旁门左道/天公地道/头头是道/邪门歪道/微不足道/羊肠小道/怨声载道/坐而论道]稻[旱稻/粳稻/糯稻/水稻/晚稻/籼稻/早稻/中稻/三季稻/双季稻]纛[大纛] 非韵脚字 dáo 叨

【6】tao(ㄊㄠ)叨涛[波涛/惊涛/林涛]绦[丝绦]焘掏滔[滔滔]韬[六韬]饕[老饕]◎匋逃[动奔逃/出逃/溃逃/脱逃/在逃 语望风而逃/在劫难逃]洮[临洮]桃[碧桃/核桃/胡桃/毛

桃/棉桃/蟠桃/蒲桃/寿桃/樱桃/夹竹桃/猕猴桃/水蜜桃]陶[名彩陶 动熏陶 形陶陶]萄[葡萄]啕[号啕]淘绹陶[酕máo 醄(大醉貌)]鼗(拨浪鼓)‖**讨[检讨/乞讨/商讨/申讨/声讨/探讨/研讨/招讨/征讨]◎套[名被套/封套/河套/客套/龙套/圈套/手套/书套/俗套/外套/牲口套 动客套/乱套/配套/下套 语成龙配套/生搬硬套]**

【7】nao(ㄋㄠ)孬◎呶[呶呶]挠[动抓挠/阻挠 形刺挠 语百折不挠/不屈不挠/心痒难挠]硇铙蛲猱[飞猱]‖**垴[南垴/沙洲垴]恼[懊恼/烦恼/苦恼/气恼/着恼]脑[名大脑/电脑/首脑/头脑/小脑/樟脑/主脑/薄荷脑/豆腐脑 语呆头呆脑/凤肝龙脑/虎头虎脑/磕头碰脑/劈头盖脑/探头探脑/摇头晃脑/油头滑脑/贼头贼脑/针头线脑/丈二和尚——摸不着头脑]瑙[玛瑙]◎闹[动吵闹/打闹/胡闹/喧闹 形吵闹/热闹/喧闹 语无理取闹/内行看门道,外行看热闹]淖[泥淖]臑**

【8】lao(ㄌㄠ)捞[捕捞/打捞]◎劳[名伯劳/酬劳/功劳/勋劳 动操劳/酬劳/代劳/烦劳/犒劳/耐劳/徒劳/慰劳/效劳 形疲劳/勤劳 语汗马功劳/好逸恶劳/举手之劳/能者多劳/以逸待劳]牢[名大牢/监牢/囚牢/水牢/太牢/天牢 动坐牢 语画地为牢/亡羊补牢/嘴上没毛,办事不牢]唠[叨唠]崂铹(金属元素)痨[肠痨/肺痨/干血痨]醪‖**老[名父老/遗老/元老/月老/长老 动告老/养老 形苍老/古老/衰老 语白头到老/宝刀未老/怜贫惜老/天荒地老/养儿防老/倚老卖老/活到老,学到老/天若有情天亦老]佬[阔佬/和事佬]荖姥[姥姥]栳[栲**

栳］**铑**(金属元素)**潦络唠烙涝**［排涝］**落**［莲花落］**耢酪**［奶酪/核桃酪/杏仁酪］**嫪**

【9】gao(ㄍㄠ)皋［汉皋/江皋］高［名标高动拔高/登高/攀高/提高/增高形崇高/孤高/清高/眼高语劳苦功高/水涨船高/有志不在年高/人不求人一般高/这山望着那山高/芝麻开花节节高/众人拾柴火焰高/万般皆下品，唯有读书高］羔［名鹿羔/羊羔动产羔/接羔/下羔］槔［桔槔］睾［附睾/隐睾］膏［名唇膏/梨膏/牙膏/药膏/脂膏/橡皮膏/雪花膏语春雨如膏/民脂民膏］篙［杉篙/竹篙］糕［名冰糕/蛋糕/蜂糕/扒糕/年糕/丝糕/炸糕/绿豆糕/酸楂糕形糟糕语没有双黄蛋，照样做槽子糕］‖ **杲**［秋阳杲杲］**搞**［胡搞/乱搞］**缟**(一种白绢)**槁**［枯槁］**镐**［风镐/鹤嘴镐］**稿**［名草稿/初稿/定稿/腹稿/画稿/讲稿/手稿/书稿/文稿/遗稿/译稿/原稿动打稿/底稿/定稿/发稿/核稿/拟稿/起稿/清稿/投稿/脱稿/完稿/征稿/撰稿/组稿］**藁**◎告［名报告/被告/布告/讣告/公告/广告/通告/文告/原告/忠告动哀告/报告/禀告/祷告/电告/奉告/讣告/公告/警告/控告/求告/劝告/上告/通告/诬告/宣告/央告/预告/诏告/正告/忠告］**郜**(姓)**诰**［诏诰］**锆膏**

【10】kao(ㄎㄠ)尻(屁股)‖ **考**［名高考/期考/中考/主考动报考/备考/补考/参考/查考/待考/稽考/监考/思考/投考/应考/招考语无可稽考］**拷**［生丝拷/香云拷］**栲烤**［烘烤/熏烤］◎**铐**［名镣铐/手铐动上铐］**犒靠**［形可靠/牢靠/妥靠动求靠/停靠/投靠/依靠/倚靠/指靠］

【11】hao(ㄏㄠ)蒿［草蒿/蓬蒿/野蒿］薅嚆◎号［哀号/呼号/

怒号］毦毫［名秤毫/分毫/狼毫/丝毫/头毫/纤毫/羊毫/银毫动挥毫语明察秋毫/一丝一毫］嗥［狼嗥］貉豪［名富豪/土豪/文豪/英豪形粗豪/自豪］壕［城壕/堑壕/战壕/防空壕/交通壕］嚎［长嚎/干嚎/狼嚎］濠［城濠］ ‖ 好［动病好/和好/交好/叫好/买好/卖好/讨好/通好/问好/相好/行好/修好形安好/和好/绝好/康好/良好/美好/完好/要好/友好/正好副刚好/恰好/幸好/正好语评功摆好/言归于好/费力不讨好/绱鞋不使锥子——针（真）好/谁笑到最后，谁笑得最好］郝（姓）◎号［名暗号/宝号/编号/别号/病号/彩号/称号/绰号/逗号/番号/分号/符号/国号/记号/句号/军号/口号/螺号/名号/年号/牌号/票号/旗号/伤号/商号/外号/问号/信号/星号/型号/雅号/银号/引号/字号/账号/冲锋号/加减号动挂号/喊号/溜号/排号语击掌为号］好［名爱好/癖好/嗜好/同好/雅好动爱好/喜好语洁身自好/投其所好/君子不夺人所好］昊耗［名噩耗/亏耗/内耗/伤耗/死耗/损耗/音耗/折耗动空耗/亏耗/磨耗/损耗/消耗］浩淏（水清）皓镐颢灏

【12】zhao（ㄓㄠ）钊招［名高招儿/花招儿/绝招儿动没招儿/全招语不打自招/屈打成招/福祸无门，唯人自招］昭［以其昏昏，使人昭昭］着［名高着儿/花着儿/绝着儿动支着儿］朝［名今朝/一朝语暴雨不终朝］ ◎着［动猜着/点着/睡着/犯不着/管不着/数得着语炮仗脾气——一点就着］ ‖ 爪［名脚爪/鳞爪/龙爪/魔爪/鹰爪语东鳞西爪/雪泥鸿爪/一鳞半爪/张牙舞爪］找［寻找/自找］沼［池沼/泥沼］ ◎召［名罗布召/

乌审召[动]感召/号召/征召]兆[[名]吉兆/前兆/先兆/凶兆/预兆/征兆[动]预兆[数]亿兆]诏[下诏]赵[完璧归赵/围魏救赵]棹[桂棹]照[[名]车照/残照/存照/护照/剧照/牌照/凭照/日照/小照/写照/遗照/映照/玉照/执照[动]按照/比照/参照/查照/存照/对照/仿照/关照/拍照/依照/映照/知照/遵照[语]肝胆相照/回光返照/吉星高照/阳光普照/撒泡尿照照]罩[[名]灯罩/口罩/面罩/袍罩/乳罩/外罩/眼罩[动]笼罩]鮡肇

[非韵脚字] zhāo 啁嘲 zhào 笊

【13】chao(ㄔㄠ)抄[[名]诗抄/史抄/文抄/摘抄[动]包抄/查抄/传抄/手抄/照抄]吵[吵吵]怊(悲愤)钞[[名]冥钞/外钞/现钞[动]会钞]绰超[[动]出超/赶超/入超[形]高超]焯剿◎晁(姓)巢[[名]敌巢/匪巢/蜂巢/精巢/老巢/卵巢/鸟巢/窝巢/蚁巢[动]倾巢]朝[[名]当朝/国朝/皇朝/历朝/六朝/前朝/天朝/王朝[动]上朝/退朝/下朝/在朝/坐朝[语]得胜回朝]嘲[讽嘲/讥嘲/解嘲/冷嘲]潮[[名]暗潮/低潮/风潮/高潮/工潮/海潮/寒潮/江潮/狂潮/浪潮/怒潮/热潮/思潮/晚潮/心潮/学潮/早潮[动]返潮/防潮/观潮/回潮/落潮/弄潮/受潮/退潮/涨潮[语]手艺潮/心血来潮]‖吵[争吵]炒[爆炒/热炒]◎耖

【14】shao(ㄕㄠ)捎烧[[名]叉烧/低烧/高烧/火烧[动]发烧/焚烧/红烧/火烧/燃烧/退烧/延烧[语]怒火中烧/留得青山在，不怕没柴烧]梢[[名]辫梢/柳梢/眉梢/末梢/树梢/下梢/眼梢/头发梢[动]盯梢]稍[稍稍]蛸[蟏蛸]筲[水筲]艄[[名]船艄[动]撑艄/掌艄]鞘[鞭鞘]◎勺[[名]炒勺/饭勺/漏勺/马勺/铁勺/后

脑勺[动]掌勺]苕[红苕]韶‖少[名]多少[动]短少/减少[形]缺少/微少/稀少/些少[副]至少[语]绝甘分少/僧多粥少/凶多吉少/书到用时方恨少]◎少[名]恶少/阔少/老少/遗少[形]年少[语]老老少少/男女老少]召邵(姓)劭[年高德劭]绍[陈绍/介绍]捎[向后捎]哨[名]步哨/岗哨/呼哨/口哨/前哨/观察哨[动]查哨/吹哨/放哨/巡哨[形]花哨/花里胡哨[语]神聊海哨]潲[猪潲][非韵脚字] sháo 芍 shào 稍

【15】rao(ㄖㄠ)荛[刍荛]饶[动]告饶/求饶/讨饶[形]丰饶/富饶[语]世间公道惟白发,贵人头上不曾饶]娆[娇娆/妖娆]桡(船桨)‖扰[动]打扰/烦扰/干扰/搅扰/困扰/侵扰/骚扰/叨扰/袭扰/相扰/喧扰/滋扰[语]庸人自扰]娆(烦扰)◎绕[缠绕/环绕/缭绕/盘绕/围绕/萦绕]

【16】zao(ㄗㄠ)遭[周遭]糟[名]醋糟/酒糟/醪糟[形]乱糟糟/一团糟]◎凿★[名]扁凿/圆凿[动]穿凿/开凿[形]确凿[语]方枘圆凿]‖早[名]老早/明早/清早/一早[动]提早[副]趁早/迟早/赶早/及早/尽早[语]老师早/为时尚早/无利不起早]枣[名]黑枣/红枣/蜜枣/酸枣/乌枣/小枣/椰枣/杀杀枣[语]仨瓜俩枣/囫囵吞枣]蚤[跳蚤]澡[洗澡]璪(皇冠前下垂的玉石串)藻[名]辞藻/海藻/红藻/绿藻/水藻[动]品藻]◎皂[名]肥皂/香皂/药皂[语]男要俏,一身皂]灶[名]病灶/大灶/锅灶/炉灶/小灶/老虎灶/煤气灶[动]倒灶/祭灶/起灶/送灶/下灶]造[名]甲造/两造/乙造[动]编造/创造/打造/缔造/锻造/仿造/改造/构造/假造/建造/酿造/捏造/深造/生造/塑造/伪造/修造/虚造/臆造/

营造/再造/制造/铸造[形]人造[语]粗制滥造/恩同再造/向壁虚造]慥[慥慥]噪[[动]鼓噪/聒噪/呼噪/喧噪[语]声名大噪]簉燥[[形]干燥/枯燥[语]口干舌燥]躁[[形]暴躁/烦躁/浮躁/急躁/焦躁/毛躁[语]戒骄戒躁/少安毋躁]

【17】cao(ㄘㄠ)操[[名]兵操/风操/节操/军操/情操/体操/早操/贞操/保健操/工间操/广播操/健美操/团体操[动]出操/会操/练操/上操/收操/下操/做操]糙[粗糙/毛糙/毛里毛糙]◎曹[尔曹/军曹/吾曹/阴曹]嘈[嘈嘈]漕槽[[名]渡槽/河槽/键槽/酒槽/马槽/水槽/猪槽[动]溜槽/落槽/跑槽/平槽/跳槽[语]二马不同槽]螬[蛴螬]艚(运物的木船)‖草[[名]柴草/稻草/毒草/芳草/干草/甘草/谷草/花草/今草/劲草/狂草/粮草/蔓草/茅草/青草/水草/莎草/蓑草/萱草/烟草/演草/药草/野草/杂草/章草/狗尾草/含羞草/乌拉草/益母草/冬虫夏草[动]除草/割草/结草/落草/起草[形]草草/潦草[语]捞稻草/浮皮潦草/疾风知劲草/好马不吃回头草/兔子不吃窝边草/天涯何处无芳草/又要马儿跑,又要马儿不吃草]

【18】sao(ㄙㄠ)搔骚[[名]离骚/牢骚/风骚[动]牢骚[姓]风骚]缫缲臊[[名]狐臊/尿臊[形]腥臊[语]没逮着狐狸,反惹一身臊]‖扫[[动]拜扫/打扫/横扫/祭扫/清扫/洒扫[语]杜门却扫]嫂[表嫂/姑嫂/军嫂/空嫂/兄嫂]◎嗖埽[坝埽/堤埽]梢[拔梢]瘙(疥疮)臊[扯臊/害臊/羞臊][非韵脚字] sào 扫

【19】yao(ㄧㄠ)幺夭[[名]寿夭[动]早夭[语]逃之夭夭]吆约妖[[名]群妖[动]除妖]要喓[虫声喓喓]腰[[名]当腰/海腰/裤腰/

山腰/土腰/围腰/猪腰/水蛇腰[动]叉腰/撑腰/打腰/躬腰/哈腰/猫腰/伸腰/弯腰/折腰[副]拦腰[语]摧眉折腰/点头哈腰/虎背熊腰/猫走鼠伸腰/狼怕摇手，狗怕弯腰]邀[特邀/应邀]◎爻[阳爻/阴爻]尧[唐尧/舜尧]侥[僬侥]肴[菜肴/佳肴/酒肴]垚(山高)轺(轻便小车)峣(高峻貌)姚(姓)珧[江珧]陶[皋陶]铫窑[瓷窑/寒窑/煤窑/柴窑/汝窑/瓦窑/砖窑/石灰窑/宣德窑]谣[[名]风谣/歌谣/民谣/童谣[动]传谣/辟谣/信谣/造谣]摇[[名]扶摇[动]动摇/扶摇/飘摇/招摇]徭(劳役)遥[[形]迢遥/逍遥/遥遥[语]任重途遥]猺[黄猺]瑶[琼瑶]繇鳐‖杳[夭杳]咬[鸡鸣狗咬/鼠吃虫咬/牙关紧咬]舀窅(深远)窈◎药[[名]补药/草药/成药/弹药/毒药/方药/膏药/焊药/火药/良药/凉药/麻药/蒙药/妙药/农药/热药/山药/芍药/圣药/汤药/丸药/西药/医药/炸药/中药/迷魂药[动]吃药/服药/配药/入药/上药/投药/下药/抓药[语]不可救药/对症下药/灵丹妙药/换汤不换药/卖狗皮膏药]要[[名]冲要/撮要/大要/概要/纲要/纪要/津要/权要/首要/枢要/提要/显要/需要[动]撮要/须要/需要/摘要[形]必要/冲要/次要/扼要/机要/简要/紧要/切要/首要/显要/险要/重要/主要]袎靿[矮靿/高靿/靴靿]鹞[鹰鹞]曜[七曜]耀[[名]光耀[动]光耀/夸耀/闪耀/显耀/炫耀/照耀[形]光耀/荣耀/显耀] [非韵脚字] yào 疟钥

【20】biao(ㄅㄧㄠ)杓★标[[名]浮标/航标/锦标/路标/目标/权标/商标/袖标/音标/指标/坐标/风向标[动]达标/超标/夺标/投标/招标/治标]飑彪[虎彪彪]摽膘[[名]肥膘/肉膘[动]跌膘/

蹲膘/长膘[语]寸草铡三刀，没料也上膘]飙[狂飙]镖[[名]保镖/飞镖/梭镖/袖镖[动]保镖/走镖]藨瀌[大雪瀌瀌]镳[分道扬镳] ‖ **表[[名]报表/代表/地表/电表/圭表/华表/怀表/课表/坤表/秒表/手表/水表/图表/外表/仪表/战表/钟表/课程表/煤气表/温度表/统计表/一览表[动]代表/发表/列表[形]中表[语]按下不表/堂堂一表/徒有其表/为人师表]婊[装裱]** ◎ **俵摽鳔[鱼鳔]**[非韵脚字] biāo 骠瘭 biǎo 婊

【21】piao（ㄆㄧㄠ）剽漂[[名]浮漂[语]打水漂]飘[飘飘/轻飘] ◎朴(姓)嫖瓢[照葫芦画瓢/东扯葫芦西扯瓢] ‖ **莩殍[饿殍]漂缥瞟**◎**票[[名]包票/保票/彩票/钞票/车票/传票/船票/大票/当票/发票/股票/汇票/货票/拘票/客票/门票/期票/钱票/全票/戏票/小票/选票/邮票/月票/支票/电影票/站台票[动]绑票/补票/唱票/剪票/开票/免票/赎票/投票/退票/玩票[语]空头支票]嘌**(急速)**漂骠**[非韵脚字] piāo 缥螵

【22】miao（ㄇㄧㄠ）喵(拟声词)◎苗[[名]豆苗/痘苗/独苗/根苗/禾苗/火苗/矿苗/麦苗/青苗/蒜苗/秧苗/银苗/疫苗/油苗/幼苗/鱼苗/猪苗/卡介苗[动]补苗/出苗/扶苗/间苗/育苗/植苗[语]眼乃心之苗]描[[名]白描/素描[动]扫描]鹋[鸸鹋]瞄 ‖ **杪[秋杪/岁杪/月杪]眇秒[分秒/分分秒秒]淼[碧波淼淼]渺[浩渺/飘渺/杳渺]缈[缥缈]藐[藐藐(不以为然)]邈**(遥远)◎**妙[[形]奥妙/高妙/精妙/绝妙/美妙/奇妙/巧妙/神妙/微妙/玄妙[语]莫名其妙]庙[[名]家庙/廊庙/圣庙/寺庙/太庙/文庙/武庙/岳庙/宗庙/关公庙/娘娘庙/土地庙/药王庙[动]赶庙[语]跑**

得了和尚跑不了庙]缪(姓)

【23】diao(ㄉㄧㄠ)刁[逞刁/放刁/撒刁/嘴刁]叼汈凋[松柏后凋]貂[名石貂/水貂/紫貂语狗尾续貂]碉雕[名贝雕/冰雕/浮雕/根雕/海雕/花雕/金雕/老雕/漆雕/石雕/玉雕语泥塑木雕/一箭双雕]鲷‖鸟屌◎吊[名塔吊/龙门吊动开吊/陪吊/凭吊/上吊语形影相吊]钓[垂钓]调[名笔调/步调/长调/低调/对调/高调/格调/基调/老调/论调/腔调/情调/曲调/色调/声调/音调/语调/咏叹调/诸宫调动变调/抽调/函调/强调/提调/外调/征调/走调形单调/低调语唱反调/唱高调/陈词滥调/南腔北调/内查外调/油腔滑调]掉[动除掉/丢掉/改掉/干掉/漏掉/抹掉/扔掉/失掉/忘掉语尾大不掉]铞[钌铞]铫[沙铫/药铫]

【24】tiao(ㄊㄧㄠ)佻[轻佻]挑祧[兼祧]◎条[名白条/便条/布条/粉条/封条/假条/教条/戒条/借条/金条/荆条/口条/肋条/链条/柳条/面条/批条/皮条/屏条/铅条/欠条/收条/天条/通条/信条/枝条/字条形教条/苗条/萧条/赤条条语井井有条/死路一条]苕迢[千里迢迢]调[名空调动烹调/失调/协调形协调/谐调语众口难调]龆蜩(蝉)髫[垂髫]‖挑朓窕[窈窕]◎眺[凭眺/远眺]粜[出粜/平粜]跳[动暴跳/蹦跳/起跳/弹跳/心跳/眼跳语上蹿下跳/心惊肉跳/癞蛤蟆上脚面——不咬人吓一跳]非韵脚字 tiáo 笤

【25】niao(ㄋㄧㄠ)鸟[名翠鸟/飞鸟/凤鸟/害鸟/候鸟/水鸟/鸵鸟/小鸟/益鸟/鸷鸟/百灵鸟/比翼鸟/火烈鸟/相思鸟/啄木

鸟[语]惊弓之鸟/一石二鸟/枪打出头鸟/深山出俊鸟]袅[炊烟袅袅]嬲◎尿[动]尿尿/排尿/撒尿/遗尿[语]懒人多屎尿]脲(尿素)溺[非韵脚字] niǎo 茑

【26】liao(ㄌㄧㄠ)撩蹽◎辽疗[电疗/理疗/水疗/医疗/诊疗/治疗]聊[海聊/神聊/闲聊]僚[官僚/幕僚/同僚]寥[寂寥/寥寥]撩寮[茶寮/茅寮/竹寮]缭燎鹩[鹪鹩]髎‖了[名]末了[动]罢了/临了/明了/私了/完了/终了/免不了/受不了[形]得了/了了/明了/大不了[语]不得了/没完没了/一了百了/兔子尾巴长不了/真的假不了,假的真不了]钌(金属元素)蓼[水蓼]燎[火烧火燎]◎尥料[名]布料/材料/草料/大料/电料/肥料/燃料/染料/史料/饲料/塑料/填料/调料/涂料/香料/颜料/养料/衣料/饮料/预料/原料/资料/作料/下脚料[动]备料/不料/加料/预料/照料[语]不出所料/出人意料/停工待料/偷工减料]撂廖(姓)瞭镣[脚镣/铁镣][非韵脚字] liáo 嘹獠潦 liào 钌

【27】jiao(ㄐㄧㄠ)艽[秦艽]交[名]邦交/社交/世交/私交/外交/至交/忘年交[动]成交/递交/缔交/断交/建交/结交/绝交/开交/提交/相交/性交/移交/杂交/转交[语]八拜之交/春夏之交/患难之交/莫逆之交/水米无交/一面之交]郊[城郊/荒郊/近郊/市郊/四郊/远郊]茭(喂牲口的干草)峧[西峧]浇娇[动]撒娇[语]江山多娇]姣骄[名]天骄[形]矜骄/虚骄]胶[名]鳔胶/虫胶/阿胶/果胶/乳胶/树胶/塑胶/桃胶/橡胶/鱼胶/万能胶/驴皮胶[动]熬胶/割胶]教椒[胡椒/花椒/尖椒/辣椒/青椒/柿子椒]蛟焦[名]煤焦/上焦/下焦/中焦[动]聚焦/炼焦/烧焦[形]枯

焦/心焦[语]舌敝唇焦/近火者先焦]跤[跌跤/摺跤/摔跤]鲛蕉[芭蕉/香蕉/美人蕉]礁[[名]暗礁/珊瑚礁[动]触礁] ◎矫嚼[过屠门而大嚼]‖角[[名]鬓角/触角/豆角/额角/鼓角/拐角/犄角/夹角/岬角/口角/号角/鹿角/棱角/菱角/牛角/墙角/锐角/视角/死角/头角/眼角/羊角/仰角/皂角/直角/桌角/总角/英语角[语]凤毛麟角/勾心斗角/天涯海角/崭露头角/转弯抹角]佼[佼佼]挢狡[奸狡]饺[水饺/烫面饺]绞铰矫皎[月光皎皎]脚[[名]赤脚/垫脚/后脚/马脚/前脚/墙脚/拳脚/山脚/手脚/腿脚/韵脚/针脚/阵脚/注脚/二踢脚[动]搭脚/打脚/踮脚/跺脚/拉脚/落脚/捎脚/歇脚/修脚[形]蹩脚[语]抱佛脚/大手大脚/毛手毛脚/缩手缩脚/指手画脚/深一脚,浅一脚/头疼医头,脚疼医脚/搬起石头砸自己的脚]搅[[动]打搅/胡搅[语]心如刀搅]湫剿[清剿/搜剿/围剿/征剿]徼(求)缴[上缴/收缴/追缴]曒◎叫[[动]喊叫/号叫/吼叫/呼叫/惊叫/哭叫/鸣叫/嘶叫/啼叫/大喊大叫[形]呱呱叫]峤(山道)觉[[名]午觉/回笼觉[动]睡觉]校[[动]参校/活校/勘校/考校/死校[语]犯而不校]轿[[名]花轿/山轿/八抬大轿[动]上轿/抬轿]较[[动]比较/计较[语]斤斤计较/锱铢必较]教[[名]道教/佛教/管教/家教/见教/科教/礼教/儒教/新教/宗教/基督教/天主教/伊斯兰教[动]罢教/传教/赐教/管教/就教/聆教/领教/请教/求教/任教/身教/受教/说教/信教/在教[语]孺子可教/言传身教/移樽就教/因材施教]窖[[名]地窖/白菜窖[动]入窖]滘[道滘/双滘]斠酵[发酵]噍徼藠醮[打醮/再醮]嚼[倒嚼][非韵脚字] jiāo 僬

鷦 jiǎo 侥

【28】qiao(ㄑㄧㄠ)悄[悄悄]硗跷[高跷]锹[铁锹]劁敲[动推敲语零打碎敲]橇[冰橇/雪橇]缲◎乔[拿乔]侨[归侨/华侨/外侨]峤(山尖而高)桥[名吊桥/浮桥/拱桥/木桥/鹊桥/石桥/天桥/铁桥/引桥/栈桥/正桥/独木桥/铁索桥动搭桥/架桥/建桥/修桥语过河拆桥/你走你的阳关道,我走我的独木桥]硚翘谯荞[鞍荞]樵[砍樵/渔樵]瞧[动小瞧语骑驴看唱本——走着瞧/写字别描,拉屎别瞧]‖巧[名技巧/精巧/灵巧动乞巧/取巧/手巧/讨巧/小巧形凑巧/乖巧/机巧/轻巧副刚巧/碰巧/偏巧/恰巧/正巧语熟能生巧/心灵手巧/来得早不如来得巧]悄雀[名家雀语天老爷饿不死瞎家雀]愀◎壳[名地壳/甲壳/皮壳/躯壳/硬壳语金蝉脱壳]俏[动卖俏/看俏/讨俏形紧俏/俊俏]诮[讥诮]峭[陡峭/峻峭/冷峭/料峭]窍[名诀窍/七窍动开窍语鬼迷心窍/灵魂出窍]翘撬鞘[名刀鞘/腱鞘动出鞘]非韵脚字 qiāo 雀 qiáo 荞憔

【29】xiao(ㄒㄧㄠ)肖(姓)枭[毒枭/私枭/盐枭]枵(空虚)削[刮削/切削]哓[哓哓]骁(勇猛)鸮[鸱鸮]消[动冰消/撤消/打消/抵消/取消/烟消/吃不消/吃得消语心里痛快百病消]宵[春宵/连宵/良宵/通宵/夜宵/元宵]绡[红绡]萧猇硝[芒硝/朴硝]销[名插销/产销/供销/花销/开销动包销/报销/畅销/撤销/代销/吊销/动销/兜销/返销/经销/开销/热销/试销/适销/推销/脱销/注销语实报实销/一笔勾销]翛[风雨翛翛]蛸[螵蛸]箫[名洞箫/排箫动吹箫]潇[潇潇]霄[重霄/九

霄/凌霄/云霄]魈[山魈]嚣[名尘嚣动叫嚣/喧嚣形喧嚣]◎洨崤淆[混淆]‖小[名初小/大小/发fà小/附小/高小/妻小/完小(完全小学)动缩小/讨小/作小形矮小/娇小/渺小/微小/狭小/幼小副起小语妻儿老小/雷声大,雨点小/上有老,下有小/不到西天,不知佛大小]晓[名分晓/拂晓动报晓/洞晓/分晓/揭晓/破晓/通晓/知晓语家喻户晓]筱◎孝[名热孝/重孝动穿孝/戴孝/吊孝/挂孝/尽孝/守孝/脱孝语忤逆不孝/女要俏,一身孝]肖[名生肖动逼肖/毕肖/酷肖形不肖语惟妙惟肖]校[大校/党校/高校/将校/军校/母校/上校/学校/夜校/中校]哮[咆哮]笑[名玩笑动暗笑/嘲笑/耻笑/大笑/发笑/憨笑/含笑/讥笑/奸笑/见笑/苦笑/冷笑/狞笑/赔笑/取笑/傻笑/讪笑/失笑/调笑/玩笑/微笑/嬉笑形好笑语不苟言笑/眉开眼笑/破涕为笑/千金一笑/胁肩谄笑/哑然失笑/皮笑肉不笑]效[名成效/功效/疗效/奇效/实效/时效/特效动报效/仿效/见效/投效/生效/失效/无效/有效/奏效语上行下效]啸[长啸/风啸/呼啸/虎啸/尖啸]非韵脚字 xiāo 逍蟏

第九道　由求辙

一、由求辙声律启蒙

其　一

荣对辱，喜对忧；夜宴对春游。

燕关对楚水，蜀犬对吴牛。

茶敌睡，酒消愁；豺狼对猿猴。

马迁修史记，孔子作春秋。

孤嶂耸，大江流；

适兴子猷常泛棹，思归王粲强登楼。

波浪千层喜见蛟龙得水，

云霄万里惊看雕鹗横秋。

蜀犬：四川地方多雾，那里的狗不常见日光，每逢日出，都叫起来。吴牛：江浙一带的水牛怕热，见到月亮就以为是太阳而发喘。子猷：晋王子猷居山阴，夜大雪，忽忆戴安道。时戴在剡，即便夜乘小舟就之。经宿方至，造门不前而返。人问其故，王曰："吾本乘兴而行，兴尽而返，何必见戴？"王粲：东汉末年著名文学家，曾写下了名篇《登楼赋》。

其　二

鱼对鸟，鸡对狗；列辟对诸侯。

毫尖对笔底，误算对良筹。

杨柳岸，芦荻洲；语燕对啼鸠。

客乘金络马，人泛木兰舟。

暖三三，寒九九；

绿野耕夫春举耜，碧池渔父晚垂钩。

钟子听琴荒径入林山寂寂，

谪仙捉月洪涛接岸水悠悠。

钟子：指春秋时知音者钟子期。谪仙：有人称李白谪仙人。

其　三

多对少，无对有；四季对三秋。

花潭来越唱，柳屿起吴讴。

眉对目，心对口；明争对暗斗。

江汉接天流，峰峦扶地秀。

约七贤，会三友；

一湾绿水渔村小，万里青山佛寺幽。

龙马呈河羲皇画卦而阐微，

神龟出洛禹王取法以陈畴。

越唱：指李白《赠汪伦》中踏歌声。七贤：三国魏嵇康、阮籍、山涛、向秀、刘伶、王戎、阮咸这七位名士的合称。羲皇画卦：相传伏羲时，有龙马从黄河出现，伏羲细看龙马身上花纹，悟出了八卦。禹王取法：大禹时，洛河中浮出神龟，背驮“洛书”，献给大禹。大禹依此治水成功，遂划天下为九州。又依此定九章大法，治理社会。

二、由求辙诗歌欣赏

《关雎》(诗经・周南)

关关雎鸠，在河之洲。
窈窕淑女，君子好逑。
……

＊鸠、洲、逑，押韵(幽部)

《胡笳十八拍・第八拍》(汉・蔡琰)

为天有眼兮何不见我独漂流？
为神有灵兮何事处我天南海北头？
我不负天兮天何配我殊匹？
我不负神兮神何殛我越荒州？
制兹八拍兮拟排忧，何知曲成兮心转愁。

＊流、头、州、忧、愁，押韵(尤韵)

《黄鹤楼送孟浩然之广陵》(唐・李白)

故人西辞黄鹤楼，烟花三月下扬州。
孤帆远影碧空尽，唯见长江天际流。

＊楼、州、流，押韵(尤韵)

《黄鹤楼》(唐・崔颢)

昔人已乘黄鹤去，此地空余黄鹤楼。

黄鹤一去不复返，白云千载空悠悠。

晴川历历汉阳树，芳草萋萋鹦鹉洲。

日暮乡关何处是？烟波江上使人愁。

＊楼、悠、洲、愁，押韵（尤韵）

《长相思》（唐·白居易）

汴水流，泗水流，流到瓜洲古渡头，吴山点点愁。

思悠悠，恨悠悠，恨到归时方始休，月明人倚楼。

＊流、头、愁、悠、休、楼，押韵（尤韵）

《诉衷情》（宋·陆游）

当年万里觅封侯，匹马戍梁州。

关河梦断何处，尘暗旧貂裘。

胡未灭，鬓先秋，泪空流。

此生谁料，心在天山，身老沧州。

＊侯、州、裘、秋、流，押韵（词韵第 12 部）

《金乌坠玉兔升黄昏时候》（京剧《碰碑》杨令公唱段）

［二黄导板］　金乌坠玉兔升黄昏时候，

［回龙］　盼娇儿不由人珠泪双流，我的儿啊。

［快 三 眼］　七郎儿回雁门搬兵求救，

为什么此一去不见回头？

唯恐那潘仁美记起前仇，

怕的是我的儿一命罢休!
含悲泪进大营双眉愁皱,
腹内饥身寒冷遍体飕飕。

《月儿弯弯照九州》(江苏民歌)
月儿弯弯照九州,几家欢乐几家愁;
几家高楼饮美酒,几家流浪在外头。
月儿弯弯照九州,几家欢乐几家愁;
几家夫妻团圆聚,几家流落在街头。

《自嘲》(鲁迅)
运交华盖欲何求,未敢翻身已碰头;
破帽遮颜过闹市,漏船载酒泛中流。
横眉冷对千夫指,俯首甘为孺子牛;
躲进小楼成一统,管他冬夏与春秋。

三、由求辙特色分析

由求辙可用做韵脚的字不很多,属"窄韵";适于表现曲折惆怅的情调。如《诗经》的《关雎》,描写的是一位痴情小伙子对心上人朝思暮想的执著追求。蔡琰的《胡笳十八拍》,一迭连声地责问"天""神",充分表达心中的幽愤;无怪乎郭沫若先生曾称道此诗"是一首自屈原《离骚》以来最值得欣赏的长篇抒情诗”。李白的《黄鹤楼送孟浩然之广陵》，流露着送好友远游而不能相随的怅惘。崔颢的《黄鹤楼》，洋溢着对历史的怀想和慨叹。白居易的《长相思》以山水作比，表现倚楼女子对远方人的悠悠愁思和怨恨。陆游的《诉衷情》，倾诉出沉重的壮志未酬的心中悲伤。《碰碑》中杨令公的那段唱，早先余叔岩依照其祖父余三胜的“余派秘笈”，押的是人辰辙“金乌坠玉兔升黄昏时分，盼娇儿不由人珠泪双淋……”后来谭鑫培演唱时改为由求辙。这一改动应该说是成功的，因为“珠泪双淋”远不如“珠泪双流”来得通俗易懂；由求辙也比人辰辙更能表达人物情态。李清照是公认的“婉约派”代表词人，一个有意思的现象是，这位婉约派女词人的相当数量的词均是步“由求辙”的，比如：

《点绛唇》：蹴罢秋千，起来慵整纤纤手。露浓花瘦，薄汗轻衣透。见有人来，袜刬金钗溜；和羞走。倚门回首，却把青梅嗅。(手、透、溜、走、首、嗅，押韵第 12 部)

《如梦令》：昨夜雨疏风骤，浓睡不消残酒。试问卷帘人，却道“海棠依旧”。知否？知否？应是绿肥红瘦！(骤、酒、旧、否、瘦，押韵第 12 部)

《一剪梅》：红藕香残玉簟秋。轻解罗裳，独上兰舟。云中谁寄锦书来？雁字回时，月满西楼。花自飘零水自流。一种相思，两地闲愁。此情无计可消除，才下眉头，却上心头。(秋、舟、楼、流、愁、头，押韵第 12 部)

《凤凰台上忆吹箫》：香冷金猊，被翻红浪，起来慵自梳头。任宝奁尘满，日上帘钩。生怕离怀别苦，多少事、欲说还休。新来瘦，非干病酒，不是悲秋。休休！这回去也，千万遍阳关，也则难留。念武陵人远，烟锁秦楼。惟有楼前流水，应念我、终日凝眸。凝眸处，从今又添，一段新愁。（头、钩、休、瘦、酒、秋、留、楼、眸、愁，押韵第 12 部）

《武陵春》：风住尘香花已尽，日晚倦梳头。物是人非事事休，欲语泪先流。闻说双溪春尚好，也拟泛轻舟。只恐双溪舴艋舟，载不动许多愁。（头、休、流、舟、愁，押韵第 12 部）

《醉花阴》：薄雾浓云愁永昼，瑞脑消金兽。佳节又重阳，玉枕纱橱，半夜凉初透。东篱把酒黄昏後，有暗香盈袖。莫道不消魂，帘卷西风，人比黄花瘦。（昼、兽、透、后、袖、瘦，押韵第 12 部）

这是否也能证明“由求辙”更适宜于委婉含蓄的情感表现呢？

四、由求辙同韵音节情况

【此辙包含 ou（ㄡ），iou（ㄧㄡ）两种韵母；出音节 26 个】

〈开口呼〉【1】ou（ㄡ）［区］

【2】pou（ㄆㄡ）［剖］【3】mou（ㄇㄡ）［哞］【4】fou（ㄈㄡ）［否］

【5】dou（ㄉㄡ）［兜］【6】tou（ㄊㄡ）［偷］

【7】nou（ㄋㄡ）［耨］【8】lou（ㄌㄡ）［搂］

【9】gou（ㄍㄡ）［勾］【10】kou（ㄎㄡ）［抠］【11】hou（ㄏㄡ）［齁］

【12】zhou(ㄓㄡ)[舟]【13】chou(ㄔㄡ)[抽]

【14】shou(ㄕㄡ)[收]【15】rou(ㄖㄡ)[柔]

【16】zou(ㄗㄡ)[邹]【17】cou(ㄘㄡ)[凑]【18】sou(ㄙㄡ)[搜]

〈齐齿呼〉【19】you(ㄧㄡ)[优]

【20】miu(ㄇㄧㄡ)[谬]

【21】diu(ㄉㄧㄡ)[丢]【22】niu(ㄋㄧㄡ)[妞]【23】liu(ㄌㄧㄡ)[溜]

【24】jiu(ㄐㄧㄡ)[纠]【25】qiu(ㄑㄧㄡ)[丘]【26】xiu(ㄒㄧㄡ)[休]

*由求辙 26 音节，韵腹韵尾是二合的前响复元音韵母 ou[ou]。

五、由求辙常见同韵字词

【1】ou(ㄡ)区(姓)讴[吴讴/越讴/采菱讴]沤[浮沤]瓯[茶瓯/金瓯/酒瓯]欧殴[斗殴/群殴/痛殴]鸥[白鸥/海鸥/黑尾鸥]‖**呕[作呕]偶[名对偶/佳偶/木偶/泥偶/配偶/玩偶/怨偶动求偶/丧偶语无独有偶]耦藕[莲藕]◎沤怄**

【2】pou(ㄆㄡ)剖[解剖]◎抔掊裒‖**掊**

【3】mou(ㄇㄡ)哞(牛叫声)◎牟侔[相侔]眸[名明眸动回眸/凝眸]谋[名参谋/毒谋/机谋/计谋/同谋/图谋/阴谋/远谋/智谋/主谋动参谋/筹谋/合谋/密谋/同谋/图谋/蓄谋/预谋语筑室道谋/有勇无谋/足智多谋/道不同，不相为谋/小不

忍，则乱大谋]蛑[蛸蛑]缪[绸缪]蝥[兜蝥] ‖ **某[刘某/某某]**

【4】fou(ㄈㄡ)**缶[瓦缶]否[可否/能否/是否]**

【5】dou(ㄉㄡ)都[大都/全都]哣兜[裤兜/网兜/衣兜/红兜兜/塑料兜]蔸[禾蔸]篼[背篼] ‖ **斗[名笆斗/北斗/抽斗/刁斗/吊斗/风斗/挂斗/筋斗/量斗/漏斗/墨斗/南斗/泰斗/星斗/烟斗/熨斗语泰山北斗/学贯五车，才倾八斗]抖[颤抖/发抖/战抖]枓[柱枓]陡[山高路陡]蚪[蝌蚪]** ◎**斗[名战斗动搏斗/打斗/奋斗/格斗/决斗/角斗/械斗/战斗/争斗/智斗语困兽犹斗/龙争虎斗/明争暗斗/坐山观虎斗/好男不和女斗]豆[名巴豆/扁豆/蚕豆/大豆/黄豆/豇豆/绿豆/毛豆/土豆/豌豆/小豆/咖啡豆/四季豆语目光如豆/种瓜得瓜，种豆得豆]逗[挑逗/引逗]读[句读]痘[名牛痘/水痘动出痘/种痘]窦[鼻窦/狗窦/疑窦]**

【6】tou(ㄊㄡ)偷[名惯偷/小偷形偷偷语鼠窃狗偷] ◎头[名案头/鳌头/把头/白头/报头/笔头/鼻头/捕头/埠头/布头/彩头/插头/锄头/词头/船头/磁头/搭头/大头/弹头/渡头/对头/额头/分头/坟头/风头/斧头/个头/跟头/工头/骨头/寡头/关头/罐头/光头/龟头/喉头/猴头/后头/户头/滑头/话头/肩头/箭头/浇头/嚼头/教头/街头/尽头/劲头/镜头/巨头/开头/刊头/看头/炕头/口头/苦头/块头/浪头/来头/里头/两头/零头/龙头/码头/馒头/矛头/眉头/霉头/苗头/木头/念头/派头/辔头/喷头/姘头/平头/起头/前头/墙头/拳头/饶头/人头/日头/山头/汕头/上头/舌头/石头/势头/手头/锁头/甜头/听头/头头/外头/窝头/下头/想头/心头/行头/噱头/丫头/由

头/芋头/兆头/指头/钟头/赚头/钻头/准头/大块头/二锅头/核弹头/软骨头[动]抽头/打头/带头/当头/到头/倒头/点头/回头/接头/开头/磕头/领头/埋头/起头/牵头/认头/搔头/杀头/上头/梳头/抬头/剃头/摇头/不摸头/触霉头/翻跟头/赶浪头/嚼舌头[形]对头/滑头/挠头[语]百尺竿头/大祸临头/独占鳌头/狗血喷头/顽石点头/绣花枕头/一年到头/鸡蛋碰石头/蚂蚁啃骨头/鸡蛋里挑骨头/不撞南墙不回头/牛不喝水强按头/好记性不如烂笔头/三亩地、一头牛,老婆孩子热炕头]投[[动]空投[形]相投[语]臭味相投/明珠暗投]骰[掷骰] ‖ **钭**(姓)

◎**透**[[动]穿透/浸透/渗透[形]灵透/深透/通透[语]玲珑剔透/话不说不明,木不钻不透]

【7】nou(ㄋㄡ)**耨**[深耕细耨]

【8】lou(ㄌㄡ)搂[抖搂]◎娄偻[佝偻]蒌[瓜蒌/栝蒌]喽溇楼[[名]茶楼/城楼/大楼/碉楼/吊楼/岗楼/高楼/阁楼/鼓楼/箭楼/角楼/酒楼/门楼/牌楼/炮楼/谯楼/青楼/望楼/银楼/钟楼/竹楼/过街楼/教学楼[语]海市蜃楼/山雨欲来风满楼/欲穷千里目,更上一层楼/昔人已乘黄鹤去,此地空余黄鹤楼]耧[摇耧]蝼髅[髑髅/骷髅] ‖ **搂嵝**[岣嵝]**篓**[背篓/油篓/鱼篓/竹篓/字纸篓] ◎**陋**[鄙陋/丑陋/粗陋/孤陋/固陋/简陋/僻陋/浅陋/愚陋]**镂**[雕镂]**瘘**[肛瘘]**漏**[[名]纰漏/缺漏/疏漏/罅漏[动]滴漏/挂漏/渗漏/疏漏/透漏/脱漏/泄漏/遗漏/走漏[语]滴水不漏/天机不可泄露/天网恢恢,疏而不漏]**露**[锢露/泄露/走露] ◎**喽**(助词)

【9】gou(ㄍㄡ)勾[画勾]沟[[名]暗沟/代沟/壕沟/河沟/鸿沟/

明沟/山沟/渗沟/瓦沟/阳沟/阴沟/腹股沟/交通沟[动]挖沟]钩[[名]秤钩/对钩/挂钩/挠钩/鱼钩/双钩[动]拉钩/上钩/脱钩[语]铁花银钩/贪食鱼儿易上钩/姜太公钓鱼——愿者上钩]缑篝鞲[臂鞲/射鞲]‖**苟[一丝不苟/蝇营狗苟]狗[[名]豺狗/疯狗/海狗/狼狗/猎狗/鬣狗/天狗/野狗/走狗/巴儿狗/哈巴狗/看家狗/癞皮狗/落水狗[语]白云苍狗/偷鸡摸狗/招猫逗狗/肉包子打狗/画虎不成反类狗/嫁鸡随鸡,嫁狗随狗]笱◎勾构[[名]机构/佳构/结构[动]建构/虚构]购[采购/订购/定购/函购/派购/抢购/认购/赊购/收购/套购/统购/选购/邮购/预购/征购/争购]诟垢[[名]尘垢/茶垢/耳垢/积垢/泥垢/污垢/牙垢/油垢[动]去垢/忍垢[语]藏污纳垢/忍辱含垢]够[能够/足够]遘(相遇)彀[入彀]媾[婚媾/交媾]觏[罕觏]**[非韵脚字] gōu 句佝枸 gǒu 岣枸

【10】kou(ㄎㄡ)抠芤(葱)眍‖**口[[名]隘口/白口/插口/岔口/出口/创口/疮口/刀口/道口/渡口/断口/风口/关口/海口/虎口/户口/豁口/活口/家口/借口/苦口/裂口/领口/路口/门口/切口/缺口/人口/入口/山口/伤口/牲口/碗口/胃口/西口/心口/胸口/牙口/闸口/财贸口/胡同口/火山口/小两口/张家口[动]出口/封口/改口/归口/害口/合口/糊口/忌口/缄口/交口/进口/决口/夸口/人口/收口/松口/张口/住口/转口[形]碍口/拗口/对口/合口/可口/上口/适口/爽口/顺口[副]交口/空口/亲口/矢口/随口[语]反咬一口/脍炙人口/拉家带口/良药苦口/三缄其口/杀人灭口/养家糊口/赞不绝口/拳不离手,曲不离口/是打没好手,是吵没好口]◎叩[三跪九叩]扣[[名]摁**

扣/回扣/活扣/脚扣/纽扣/折扣/绳扣/衣扣/螺丝扣[动]**克扣/扣扣/勚yì扣**[语]**不折不扣/丝丝入扣]寇[**[名]**草寇/敌寇/海寇/流寇/穷寇/司寇/外寇/倭寇/贼寇**[动]**入寇]筘蔻[豆蔻/蔻蔻]**

【11】hou（厂又）齁◎侯[[名]公侯/王侯/诸侯/万户侯[动]封侯]喉[[名]白喉/歌喉/结喉/咽喉[语]如鲠在喉]猴[[名]猕猴/棉猴/皮猴/孙猴/野猴/叶猴/猿猴/金丝猴[语]杀鸡儆猴]骺[骨骺]篌[箜篌]糇（干粮）‖**吼[大吼/狂吼/牛吼/怒吼/狮子吼]犼◎后[**[名]**背后/皇后/幕后/前后/日后/身后/事后/王后/往后/午后/先后/之后**[动]**殿后/断后/绝后/落后/善后/退后/无后**[形]**落后**[副]**随后**[语]**跋前踬后/茶余饭后/瞠乎其后/承前启后/惩前毖后/空前绝后/瞻前顾后/争先恐后/宁为鸡头，不为牛后/螳螂捕蝉，黄雀在后/虚心使人进步，骄傲使人落后]郈**（姓）**厚[**[名]**薄厚**[形]**淳厚/醇厚/笃厚/敦厚/丰厚/憨厚/浑厚/宽厚/浓厚/深厚/温厚/雄厚/优厚/忠厚**[语]**得天独厚/天高地厚/天不言自高，地不言自厚]侯[闽侯]垕[神垕]逅[邂逅]候[**[名]**火候/季候/气候/时候/物候/征候/症候**[动]**伺候/等候/恭候/敬候/稍候/侍候/守候/听候/问候/迎候/致候]堠鲎鲘**[非韵脚字] hóu 瘊

【12】zhou（ㄓ又）舟[[名]飞舟/龙舟/轻舟/扁舟/小舟[动]泛舟[语]风雨同舟/积羽沉舟/木已成舟/逆水行舟/破釜沉舟/顺水推舟/水能载舟，也能覆舟/书山有路勤为径，学海无涯苦做舟]州[[名]九州/神州/苏州/中州/自治州[语]大意失荆州]诌[胡诌/瞎诌]周[[名]上周/四周/下周/圆周[形]不周]洲[非洲/绿

洲/满洲/欧洲/沙洲/五洲/亚洲/大洋洲/北美洲/南美洲/南极洲/三角洲]辀(车辕)鸼[鹘鸼]赒粥★[名稀粥/八宝粥/江米粥语乱成一锅粥/心急吃不得热粥/一粒老鼠屎坏了一锅粥]◎轴★[名车轴/磁轴/地轴/挂轴/花轴/画轴/立轴/轮轴/穗轴/天轴/杼轴/转轴动超轴]碡[碌碡]‖肘[名后肘/酱肘动掣肘语捉襟见肘]帚[炊帚/扫帚/笤帚]◎纣[桀纣]咒[名符咒/紧箍咒动赌咒/念咒/诅咒]宙[宇宙]绉[名湖绉形文绉zhōu 绉zhōu]荮轴[名大轴动压轴]胄[贵胄/华胄/甲胄]昼[白昼]酎皱[名褶皱动打皱/起皱]僽[僝僽]繇(占卜的文辞)骤[名步骤/驰骤形急骤]籀[大籀]非韵脚字 zhōu 啁盩 zhóu 妯

【13】chou(ㄔㄡ)抽[抽抽]瘳犨◎仇[名家仇/寇仇/世仇/私仇/冤仇/怨仇/血泪仇动报仇/复仇/记仇/结仇语反目成仇/公报私仇/疾恶如仇/三年归报楚王仇/相逢一笑泯恩仇/往日无冤,近日无仇]俦帱[衾帱]惆(失意)绸[彩绸/纺绸/府绸/绵绸/丝绸]畴[范畴/平畴/田畴]酬[名报酬/稿酬/谢酬动计酬/应酬语按劳取酬/同工同酬/壮志未酬]稠愁[名离愁/乡愁动发愁/犯愁/消愁形哀愁/悲愁/忧愁语借酒浇愁/虱多不咬,债多不愁/月儿弯弯照九州,几家欢乐几家愁]筹[名酒筹动统筹/运筹/自筹语略胜一筹/稍逊一筹]雠[校雠]‖丑[名家丑/文丑/武丑/小丑动出丑/丢丑/现丑/献丑/遮丑语出乖露丑/跳梁小丑/一白遮百丑]杻(铐手的刑具)俞(姓)瞅◎臭[名恶臭/狐臭/脚臭/铜臭/香臭/腋臭动遗臭/逐臭形腥臭语如蝇逐臭]非韵脚字 chóu 踌

【14】shou(ㄕㄡ)收[名秋收/税收/夏收动查收/点收/丰收/回收/接收/绝收/麦收/没收/签收/歉收/抢收/秋收/失收/吸收/验收/招收/征收语覆水难收/广种薄收/旱涝保收/美不胜收]◎熟[形烂熟/面熟语半生不熟/驾轻就熟]‖手[名把手/帮手/抄手/出手/触手/打手/敌手/毒手/对手/舵手/扶手/副手/佛手/高手/歌手/国手/好手/号手/黑手/后手/拉手/老手/里手/猎手/妙手/名手/能手/扒手/炮手/平手/骑手/旗手/枪手/抢手/强手/巧手/人手/上手/射手/身手/生手/圣手/熟手/双手/水手/下手/新手/凶手/选手/硬手/右手/正手/助手/左手/多面手/神枪手/拖拉机手动罢手/插手/抄手/出手/垂手/凑手/措手/倒手/到手/得手/动手/放手/分手/拱手/过手/还手/挥手/回手/假手/交手/接手/解手/经手/举手/撂手/拍手/撒手/上手/伸手/失手/试手/松手/甩手/缩手/抬手/停手/脱手/挽手/握手/洗手/下手/歇手/携手/扬手/摇手/援手/沾手/招手/住手/转手/着手形碍手/缠手/趁手/棘手/拿手/顺手副亲手/顺手/随手/徒手语留一手/有两手/爱不释手/大显身手/得心应手/高抬贵手/行家里手/鹿死谁手/棋逢对手/上下其手/斲轮老手/得放手时须放手/君子动口不动手/强中自有强中手/大处着眼,小处着手]守[名操守/职守动把守/扼守/防守/固守/坚守/据守/看守/恪守/困守/留守/墨守/确守/失守/戍守/死守/退守/信守/巡守/严守/镇守/株守/驻守/遵守形保守语闭关自守/玩忽职守]首[名匕首/部首/匪首/皓首/后首/会首/祸首/魁首/面首/起首/黔首/上首/尸首/岁首/下首/右首/元首/左首动昂首/出首/垂首/顿首/回首/疾首/聚首/开首/叩首/埋首/稽首/翘首/搔首/为首/枭

首/斩首/自首[语]不堪回首/群龙无首/痛心疾首/罪魁祸首/万恶淫为首]艏◎寿[[名]福寿/高寿/年寿/暖寿/阳寿/阴寿[动]拜寿/折寿/祝寿/做寿[形]长寿/高寿[语]延年益寿]受[[动]承受/感受/接受/禁受/经受/领受/蒙受/忍受/身受/收受/授受/享受/消受/遭受[形]好受/难受[语]感同身受/逆来顺受/自作自受/将在外,君命有所不受]狩[春狩/冬狩/巡狩]授[[名]教jiào授[动]除授/传授/函授/讲授/教jiāo授/口授/面授/天授]售[[动]出售/代售/兜售/发售/寄售/奖售/交售/经售/零售/抛售/配售/摊售/投售/销售[语]其计不售]兽[[名]害兽/猛兽/鸟兽/禽兽/野兽/走兽[语]洪水猛兽/衣冠禽兽]绶[印绶]瘦[[名]肥瘦[形]干瘦/黄瘦/瘠瘦/精瘦/枯瘦/清瘦/纤瘦/消瘦[语]抽肥补瘦/黄皮寡瘦/绿肥红瘦/面黄肌瘦/挑肥拣瘦/千金难买老来瘦]

【15】rou(ㄖㄡ)柔[[名]刚柔[动]怀柔[形]娇柔/轻柔/温柔/优柔[语]百炼钢化为绕指柔]揉[搓揉]糅[杂糅]蹂(躁)鞣 ‖ 肉[[名]白肉/肥肉/骨肉/瓜肉/果肉/肌肉/酱肉/腊肉/皮肉/瘦肉/息肉/咸肉/羊肉/猪肉/红烧肉/回锅肉/五花肉[语]行尸走肉/挂羊头,卖狗肉/手心手背都是肉/癞蛤蟆想吃天鹅肉/人为刀俎,我为鱼肉/医得眼前疮,剜却心头肉]

【16】zou(ㄗㄡ)邹驺诹(商量)陬(角落)鄹鲰 ‖ 走[[动]奔走/撤走/出走/调走/赶走/轰走/竞走/快走/慢走/逃走/退走/行走/齐步走[语]不胫而走/乌飞兔走/吃不了兜着走/水往低处流,人向高处走/饭要一口一口吃,路要一步一步走]◎奏

[名节奏/前奏动重奏/伴奏/吹奏/独奏/合奏/齐奏/启奏/演奏语先斩后奏]揍[挨揍]

【17】cou(ㄘㄡ)凑[动帮凑/拼凑/杂凑形紧凑语东拼西凑/时来福凑]辏[辐辏]腠

【18】sou(ㄙㄡ)搜嗖(拟声词)馊廋(隐藏)溲(排泄小便)飕[冷飕飕/凉飕飕]螋[蠼螋]艘‖叟[老叟/智叟]瞍嗾擞[抖擞]薮[盗薮/林薮/渊薮/逋逃薮] ◎嗽[干嗽/咳嗽]擞

【19】you(ㄧㄡ)优[名倡优/名优/女优/俳优动从优语品学兼优/养尊处优]攸忧[名近忧/内忧/杞忧/殷忧/隐忧动担忧/丁忧/分忧/解忧/堪忧/纾忧/忘忧/无忧/消忧形烦忧/幽忧语采薪之忧/高枕无忧/后顾之忧/儿行千里母担忧/先天下之忧而忧/人无远虑,必有近忧/知足则乐,务贪必忧]呦[呦呦(形容鹿鸣)]幽[动阐幽/探幽/通幽/寻幽/烛幽形清幽/青幽/幽幽]悠[动颤悠/忽悠/晃悠/飘悠/转悠形悠悠]耰◎尤[名蚩尤/衍尤/罪尤动效尤/怨尤/择尤语无耻之尤/以儆效尤]由[名案由/根由/来由/理由/情由/事由/因由/原由/缘由动摘由形自由]邮[名督邮/军邮动付邮/集邮/通邮/投邮/置邮]犹油[名柏油/茶油/大油/灯油/甘油/蚝油/黄油/荤油/酱油/麻油/煤油/奶油/汽油/轻油/清油/生油/石油/食油/松油/酥油/素油/头油/香油/鞋油/椰油/原油/重油/花生油/挥发油/色拉油/万金油/鱼肝油动打油/加油/揩油/流油/榨油/走油语火上浇油/春雨贵如油/扳倒葫芦撒了油]柚疣[赘疣/扁平疣/寻常疣]莜莸[薰莸]铀(金属元素)蚰[蜒蚰]鱿

游[名导游/上游/下游/中游/信天游动邀游/畅游/出游/导游/浮游/宦游/洄游/交游/郊游/倦游/浪游/旅游/漫游/梦游/飘游/潜游/神游/同游/仙游/闲游/巡游/冶游/夜游/优游/远游/云游/周游/逍遥游形优游]鲉猷[才猷/鸿猷/嘉猷/新猷]蝣[蜉蝣]蝤繇‖友[名窗友/工友/故友/好友/会友/伙友/酒友/旧友/老友/良友/盟友/密友/难友/腻友/朋友/票友/戚友/契友/亲友/师友/诗友/畏友/小友/校友/学友/益友/战友/诤友/知友/挚友/忘年友动卖友/求友/择友语狐朋狗友/良师益友/岁寒三友]有[名所有动保有/常有/大有/独有/富有/赋有/公有/固有/国有/含有/兼有/具有/领有/没有/私有/所有/乌有/享有/拥有/占有形富有/所有/稀有/原有/专有语莫须有/亘古未有/据为己有/绝无仅有/无奇不有/无中生有/应有尽有/子虚乌有/锅里有,碗里才能有/一争两丑,一让两有/林子大了,什么鸟都有/嗑瓜子嗑出个臭虫来——什么人(仁)都有]酉卣羑莠[良莠]铕(金属元素)牖[名窗牖/户牖/瓮牖动窥牖/虚牖]黝◎又右[名豪右/江右/山右/左右语无出其右]幼[名妇幼/老幼/年幼/长幼动慈幼/托幼语扶老携幼]有佑[保佑/庇佑/护佑/眷佑]侑狖(一种猴)柚[沙田柚]囿[名鹿囿/园囿动拘囿]宥[动宽宥/赦宥/原宥语尚希见宥]诱[动利诱/劝诱/煽诱/引诱语循循善诱]蚴[毛蚴/尾蚴]釉[名彩釉/瓷釉动上釉]鼬[黄鼬/青鼬]

【20】miu(ㄇㄧㄡ)谬[悖谬/讹谬/乖谬/荒谬]缪[纰缪]

【21】diu(ㄉㄧㄡ)丢[灰不溜丢]铥(金属元素)

【22】niu(ㄋㄧㄡ)妞[美妞/妞妞/小妞/柴火妞]◎牛[名耕

牛/牯牛/海牛/黄牛/犍牛/犴牛/牦牛/乳牛/水牛/天牛/铁牛/蜗牛/犀牛 动 吹牛/顶牛/放牛/牵牛 语 鞭打快牛/目无全牛/庖丁解牛/气壮如牛/儿孙自有儿孙福，莫为儿孙作马牛/横眉冷对千夫指，俯首甘为孺子牛]‖**扭[别扭/歪歪扭扭]狃忸纽[秤纽/衣纽/印纽/南瓜纽]杻**(一种树)**钮[按钮/电钮/旋钮]**◎**拗[执拗]**

【23】liu(ㄌㄧㄡ)溜[名 顺口溜 动 出溜 形 光溜/滑溜/顺溜/直溜/灰溜溜/中不溜 拟声 哧溜]熘[醋熘/滑熘]蹓◎刘(姓)浏留[动 保留/残留/逗留/拘留/扣留/稽留/羁留/久留/截留/居留/弥留/收留/停留/挽留/淹留/遗留/滞留 语 片甲不留/女大不中留/心去意难留]流[名 暗流/潮流/电流/干流/寒流/河流/洪流/激流/急流/巨流/客流/名流/逆流/女流/暖流/气流/潜流/清流/人流/上流/水流/铁流/涡流/溪流/下流/源流/支流/中流/主流/浊流/泥石流 动 奔流/倒流/对流/分流/合流/交流/轮流/漂流/外流/引流/整流/不入流 形 风流/下流 语 沧海横流/从善如流/放任自流/付诸东流/开源节流/屁滚尿流/穷源溯流/三教九流/随波逐流/头破血流/投鞭断流/细水长流/人往高处走，水往低处流/牡丹花下死，做鬼也风流]硫遛馏[分馏/干馏/蒸馏]旒[冕旒]骝[枣骝]榴[石榴]飗[微风飗飗]镏鹠[鸺鹠]瘤[毒瘤/根瘤/肉瘤/树瘤/肿瘤/赘瘤/脂肪瘤]镠鎏‖**柳[柽柳/垂柳/旱柳/河柳/柜柳/蒲柳/杞柳/雪柳/杨柳]绺**(量词)**罶**(捕鱼的竹篓)◎**六[不知四六/吆五喝六]陆遛[是骡子是马，拉出来遛遛]馏溜[名 水溜/檐溜/承溜 语 随大溜]镏鹨[树鹨/田鹨]蹓** 非韵脚字 liú 琉 liù 碌

【24】jiu(ㄐㄧㄡ)勼(聚集)纠[有错必纠]鸠[名斑鸠/雉鸠语关关雎鸠]究[名讲究/学究动查究/根究/讲究/考究/穷究/深究/探究/推究/细究/寻究/研究/追究形讲究/考究副终究语民不举，官不究]赳[赳赳]阄[拈阄/抓阄]揪啾[鸣声啾啾]鬏[抓鬏] ‖ **九[名重九/三九/小九九动数九语饭后百步走，活到九十九]久[动经久形长久/持久/好久/经久/良久/耐久/许久/永久/悠久/终久语旷日持久/年深月久/天长地久/蓄谋已久/酒肉朋友不长久]氿[东氿/团氿/西氿]玖灸[艾灸/针灸]韭[春韭/嫩韭]酒[名白酒/陈酒/假酒/老酒/料酒/烈酒/露酒/美酒/名酒/啤酒/喜酒/药酒/鸡尾酒/交杯酒/葡萄酒动把酒/打酒/罚酒/酤酒/喝酒/忌酒/敬酒/酿酒/品酒/劝酒/下酒/醒酒/酗酒/饮酒/斟酒/祝酒/纵酒/醉酒语旧瓶装新酒/醉翁之意不在酒]** ◎**旧[名故旧动复旧/话旧/怀旧/念旧/弃旧/守旧/叙旧/依旧/照旧/折旧形陈旧/废旧/古旧语喜新厌旧/衣不如新，人不如旧]臼[名木臼/石臼动脱臼语不落窠臼]咎[名休咎动引咎/自咎语动辄得咎/既往不咎/自取其咎]疚[动负疚形愧疚/内疚/歉疚]柩[棺柩/灵柩]桕[乌桕]救[动补救/搭救/呼救/获救/急救/解救/扑救/抢救/求救/挽救/营救/遇救/援救/拯救/自救语见死不救]厩[马厩]就[名成就/造就动成就/俯就/高就/将就/迁就/屈就/生就/造就/铸就语半推半就/功成名就/一蹴而就]舅[国舅/郎舅/母舅/娘舅/妻舅]僦(租赁)鹫[兀鹫/秃鹫]**

【25】qiu(ㄑㄧㄡ)丘[名比丘/坟丘/荒丘/沙丘/山丘/土丘/蚁

丘[语]狐死首丘]邱秋[[名]初秋/春秋/大秋/立秋/麦秋/孟秋/暮秋/千秋/三秋/深秋/晚秋/中秋/仲秋[动]立秋/收秋[形]黑不溜秋[语]多事之秋/老气横秋/皮里阳秋/一日三秋/一叶知秋/人生一世，草木一秋/头伏无雨二伏休，三伏无雨干到秋]萩(蒿类植物)湫[大龙湫]楸[鹅掌楸]鳅[泥鳅/鲯鳅]鞧[后鞧]◎仇(姓)囚[[名]死囚/罪囚/阶下囚[动]被囚/幽囚]求[[名]供求/请求/希求/需求/要求[动]哀求/吹求/访求/讲求/苛求/渴求/恳求/谋求/乞求/强求/请求/探求/推求/搜求/希求/寻求/央求/要求/征求/追求[语]供不应求/梦寐以求/予取予求/礼下于人，必有所求/人各有志，不可强求/千金易得，知音难求/千军易得，一将难求/知我者谓我心忧，不知我者谓我何求]虬泅俅[俅俅(恭顺的样子)]揂(逼迫)酋[敌酋/匪酋/贼酋]逑[窈窕淑女，君子好逑]球[棒球/冰球/地球/环球/寰球/篮球/垒球/煤球/棉球/排球/皮球/气球/铅球/全球/手球/水球/台球/网球/星球/绣球/眼球/银球/月球/足球/白血球/红血球/乒乓球/曲棍球/羽毛球/高尔夫球[动]传球/打球/发球/环球/接球/踢球/投球/掷球]赇(贿赂)遒裘[[名]狐裘/皮裘/轻裘[语]集腋成裘]璆(美玉)‖糗[非韵脚字] qiū 龟蚯 qiú 犰巯蝤

【26】xiu(ㄒㄧㄡ)休[[动]罢休/病休/甘休/公休/离休/轮休/退休[语]喋喋不休/善罢甘休/无尽无休/一不做，二不休/人到中年万事休/语不惊人死不休/臣心一片磁针石，不指南方死不休]咻[气咻咻]修[[名]编修[动]编修/翻修/返修/检修/进修/抢修/维修/兴修/增修/整修/装修/专修/自修[形]必修/选修[语]年久失修/止谤莫若自修]庥(荫庇)脩[束脩]羞[[动]含羞/

怕羞/遮羞[形]害羞/娇羞]貅[貔貅]馐[珍馐]髹(漆涂于器物)‖朽[[名]老朽[动]不朽/腐朽[形]老朽/腐朽[语]摧枯拉朽/永垂不朽]宿[通宿/整宿/三天两宿]滫(臭泔水)◎秀[[名]闺秀[形]娟秀/俊秀/内秀/清秀/优秀[语]后起之秀/眉清目秀/苗而不秀/山清水秀/六月六，看谷秀]岫[[名]岩岫/远岫[动]出岫]臭[一身乳臭/无色无臭]袖[[名]领袖/水袖/套袖[动]拂袖]绣[[名]刺绣/锦绣/瓯绣/蜀绣/苏绣/湘绣[动]刺绣[形]锦绣]琇(像玉的石头)宿[星宿/二十八宿]锈[[名]茶锈/水锈/铁锈/铜锈[动]除锈/防锈/生锈]嗅溴[非韵脚字] xiū 鸺

第十道　言前辙

一、言前辙声律启蒙

其　一

寒对暑，日对年；蹴鞠对秋千。

琢磨对雕镂，脱俗对超凡。

宽对猛，冷对炎；凿井对耕田。

贤人耻献媚，正士嫉工谗。

藏书洞，避诏岩；

洗耳尚逢高士笑，折腰肯受小儿怜。

郦下狂生羯鼓三挝羞锦袄，

江州司马琵琶一曲湿青衫。

藏书洞：秦始皇下达焚书坑儒令。有两个咸阳书生不忍看着自己珍藏的万卷竹简付之一炬，就冒险将五车书简运出咸阳经黄河入洞庭，千里迢迢来到偏僻的二酉山，把书简藏到峭壁之上的洞内。避诏岩：四皓隐商山，高帝诏之，不至。洗耳：尧说要将天下让给许由，箕山高人巢父听见，以为污耳，就池水洗之。池主怒曰："何污我水！"折腰：陶渊明为彭泽令，有年轻督邮来视察，明曰："吾不为五斗米折腰。"遂去，做《归去来兮辞》。郦下狂生：曹操欲辱祢衡，使为鼓吏。衡裸体而为渔阳三挝，以辱曹操。江州司马：唐代诗人白居易。因曾被贬为江州司马，在其名作《琵琶行》中有"座中泣下谁最多？江州司马青衫湿"二句。

其　二

吟对咏，授对传；乐矣对凄然。

郊寒对岛瘦，酒圣对诗仙。

春九十，岁三千；钟鼓对管弦。

丹山对碧水，细雨对浓烟。

歌婉转，貌婵娟；

豪饮客吞波底月，酣游人醉水中天。

七碗月团啜罢清风生腋下，

三杯云液饮余红雨晕腮边。

郊寒：孟郊诗失之寒。岛瘦：贾岛诗失之瘦。

其　三

中对外，后对先；树下对花前。

玉柱对金屋，叠嶂对平川。

孙子策，祖生鞭；盛席对华筵。

解醉知茶力，消愁识酒权。

依玉树，步金莲；

丝剪芰荷开东沼，锦妆凫雁泛温泉。

江水流长环绕似青罗带，

海蟾轮满澄明如白玉盘。

罗带：《摘句》水作青罗带。海蟾：谓海上明月。白玉盘：《李白诗》小时不识月，呼作白玉盘；又疑光明镜，挂在青云端。

二、言前辙诗歌欣赏

《伐檀》(诗经·魏风)

坎坎伐檀兮，置之河之干兮，河水清且涟猗。
不稼不穑，胡取禾三百廛兮？
不狩不猎，胡瞻尔庭有县貆兮？
彼君子兮，不素餐兮！
……

* 檀、干、涟、廛、貆、餐，押韵(元部)

《饮酒·结庐在人境》(晋·陶渊明)

结庐在人境，而无车马喧。
问君何能尔，心远地自偏。
采菊东篱下，悠然见南山。
山气日夕佳，飞鸟相与还。
此中有真意，欲辨已忘言。

* 喧、偏、山、还、言，押韵(元删先通韵)

《浪淘沙》(南唐·李煜)

帘外雨潺潺，春意阑珊。罗衾不耐五更寒。
梦里不知身是客，一晌贪欢。
独自莫凭栏，无限关山。别时容易见时难。
流水落花春去也，天上人间！

* 潺、珊、寒、欢、栏、山、难、间，押韵(第7部寒删通韵)

《水调歌头》(宋・苏轼)

明月几时有？把酒问青天。

不知天上宫阙，今夕是何年？

我欲乘风归去，又恐琼楼玉宇，高处不胜寒。

起舞弄清影，何似在人间？

转朱阁，低绮户，照无眠。

不应有恨，何事长向别时圆？

人有悲欢离合，月有阴晴圆缺，此事古难全。

但愿人长久，千里共婵娟。

* 天、年、寒、间、眠、圆、全、娟，押韵(第 7 部先寒通韵)

《窦娥冤》(元・关汉卿)

[滚绣球]　有日月朝暮悬，有鬼神掌着生死权。

天地也只合把清浊分辨，可怎生糊涂了盗跖颜渊。

为善的受贫穷更命短，造恶的享富贵又寿延。

天地也做得个怕硬欺软，却原来也这般顺水推船。

地也，你不分好歹难为地；天也，你错勘贤愚枉做天！

哎，只落得两泪涟涟。

* 悬、权、辨、渊、短、延、软、船、天，押韵(第 10 部先天)

《牡丹亭・游园》昆曲(明・汤显祖)

[皂罗袍]　原来姹紫嫣红开遍，

似这般都付与断井颓垣。
良辰美景奈何天，赏心乐事谁家院！
朝飞暮卷，云霞翠轩；雨丝风片，烟波画船，
锦屏人忒看的这韶光贱！
［好姐姐］　遍青山啼红了杜鹃，那荼蘼外烟丝醉软。
那牡丹虽好，他春归怎占的先！
闲凝眄，生生燕语明如翦，呖呖莺歌溜的圆。

* 遍、垣、院、卷、轩、片、船、贱、鹃、软、先、眄、翦、圆，押韵（第 10 部先天）

《大雪飘扑人面》（京剧《野猪林》林冲唱段）

［反二黄散板］　大雪飘扑人面，朔风阵阵透骨寒。
彤云低锁山河暗，疏林冷落尽凋残。
往事萦怀难排遣，荒村沽酒慰愁烦。
望家乡去路远，别妻千里音信断，
关山阻隔两心悬。讲什么雄心欲把星河挽，
空怀血刃未除奸。叹英雄生死离别遭厄难，
［原板］　满怀激愤问苍天。
问苍天，万里关山何日返？问苍天，缺月儿何时再团圆？
问苍天，何日里重挥三尺剑，除尽奸贼庙堂宽？
壮怀得抒展，贼头祭龙泉！
却为何天颜遍堆愁和怨？天呀天，

［反二黄散板］　莫非你也怕权奸，有口难言？
风雪破、屋瓦断、苍天弄险，
你何苦林冲头上逞威严？
埋乾坤难埋英雄怨，忍孤愤山神庙暂避风寒。

《一道道水来一道道山》歌剧《刘胡兰》选曲（词作者　于村、海啸）

一道道水来一道道山，队伍出发要上前线，
一心一意去打仗，后方的事情别挂在心间。
放心吧，别挂牵，真金不怕火来炼；
绳索刀斧摆在眼前，也难动我的心半点。
放心吧，别挂牵，句句话儿我记在心间，
不怕风来不怕浪，不怕难来不避险。
埋头一心多工作，争取胜利早实现。
风会停，云会散，阎匪总会消灭完。
等着吧，到了胜利的那一天我们再相见。

《清粼粼的水来，蓝格莹莹的天》歌剧《小二黑结婚》选曲
（词作者　胡沙、田川）

清粼粼的水来，蓝格莹莹的天，
小芹我洗衣裳来到了河边。
二黑哥，县里去开英雄会，他说是今天要回家转；
我前晌也等，后晌也盼，站也站不定，我坐也坐不安，
背着我的娘来洗衣衫。

你去开会的那一天，乡亲们送你到村外边，
我有心想跟你说呀，说上那几句话，
人多眼杂，人多眼杂我没敢靠前！没敢靠前！
昨夜晚小芹我做了一个梦，梦见了二黑哥你当了模范。
人人都夸你，夸你是神枪手，人人都夸你打鬼子最勇敢。
县长也给你披红又戴花，你红光满面站在那讲台前，
大伙儿啊，大伙儿啊，你拍手呀，他叫喊哪，拍手叫喊，
都说你是一个好呀么好青年，好青年。

《过雪山草地》《长征组歌》（词作者　肖华）

雪皑皑，野茫茫；高原寒，炊断粮。
红军都是钢铁汉，千锤百炼不怕难！
雪山低头迎远客，草毯泥毡扎营盘。
风雨侵衣骨更硬，野菜充饥志愈坚！
官兵一致同甘苦，革命理想高于天！

三、言前辙特色分析

根据发音的响亮程度，“言前辙”属一级（洪亮级），具有较明朗的色彩；其所含韵脚字也较多，属“宽韵”。在诗歌创作中，选用此韵的很是不少；诗歌所表达的情感也多种多样：有抒发心中愤恨的（如《诗经·魏风·伐檀》中“彼君子兮，不素餐兮！”《窦娥冤》中“地也，你不分好歹难为地；天也，你错勘贤愚枉做天！”《野

猪林》中“叹英雄生死离别遭厄难，满怀激愤问苍天”）；有表达胸中愁苦或惆怅的（如《浪淘沙》中“流水落花春去也，天上人间！”《牡丹亭·游园》中“原来姹紫嫣红开遍，似这般都付与断井颓垣。”《水调歌头》中“人有悲欢离合，月有阴晴圆缺，此事古难全”）；有抒发闲适或欢愉之情的（如《结庐在人境》中“采菊东篱下，悠然见南山”。《清粼粼的水来，蓝格莹莹的天》中“昨夜晚小芹我做了一个梦，梦见了二黑哥你当了模范”）；有表达坚定意志的（如《一道道水来一道道山》中“风会停，云会散，阎匪总会消灭完。”《过雪山草地》中“官兵一致同甘苦，革命理想高于天”）。由此可见，很难说言前辙最适宜表达怎样的情感。

如果非要总结出言前辙的特点，我的感觉是：用言前辙写出的诗歌总显得雄浑、大气些。——这可以从古代传说里得到证明。相传唐开元年间，一日天寒微雪，诗人王昌龄、高适、王之涣三人共聚旗亭酒楼小酌，恰有伶官数十人登楼会宴，三诗人便边饮酒边听演唱。第一个歌女唱了一首“寒雨连江夜入吴，平明送客楚山孤。洛阳亲友如相问，一片冰心在玉壶。”（韵脚字属今姑苏辙）这正是王昌龄的绝句《芙蓉楼送辛渐》，于是王昌龄便在墙壁上画了一道，说：“一绝句。”第二个歌女唱了一首“开箧泪沾臆，见君前日书。夜台何寂寞，犹是子云居。”（韵脚字属今衣期辙）这正是高适的绝句《哭单父梁九少府》，于是高适便在墙壁上画了一道，说：“一绝句。”第三个歌女唱了一首“奉帚平明金殿开，且将团扇暂徘徊。玉颜不及寒鸦色，犹带昭阳日影来。”（韵脚字属今怀来辙）这又是王昌龄的绝句《长信秋词》，于是王昌龄便在墙壁上又画了一道，说：“二绝句。”此时，王之涣一首没有，然而，他却非常自信地说：“此辈皆潦倒乐官，所唱皆下里巴人词耳，岂阳春白雪之曲，俗物敢近哉？”并指着最庄重、漂亮的一位歌女说：“待此子所唱，如非我诗，吾即终身不敢与子争衡矣！”不一会儿，那最庄重、漂亮的歌女果然唱道：“黄河远上白云间，一片孤城万仞山。羌笛何须怨杨柳，春风不度玉门关。”（韵脚字属今言前辙）这正是王之涣的绝句《凉州词》。王之涣即指着王昌龄、高适问：“田舍奴，我岂妄哉？”三人“因大谐笑”。

说起《凉州词》，还有一个故事：乾隆皇帝有一素扇面，命大学士纪晓岚在上面题字。纪晓岚题的便是《凉州词》。题好之后，纪晓岚也没认真检查就呈了上去。乾隆皇帝扫了一眼递给旁边的宠臣和珅。和珅的字也写得很好，且与纪晓岚平日有些不对付；他一读扇面便发现一个大错误——纪晓岚漏写了“白云间”的“间”字。这可是欺君之罪！和珅赶紧报告了乾隆皇帝。乾隆皇帝再看后，颇为震怒，把扇面掷给纪晓岚，责问：“你写的这叫什么？”纪晓岚发现自己的笔误，登时一身冷汗，但很快冷静下来，沉着应对：“臣写的是《凉州词》，但不是绝句《凉州词》，而是改写的长短句《凉州词》，它是这样读的：‘黄河远上，白云一片，孤城万仞山。羌笛何须怨，杨柳春风，不度玉门关。’”这样一解释，弄得和珅和乾隆皇帝瞠目结舌。我听完这个故事，一面赞叹纪晓岚的才思敏捷，一面又为他庆幸：幸亏《凉州词》韵脚字属今言前大辙，28 个字中有“远”“间”“片”“万”“山”“怨”“关”等 7 个字在韵上，若是用的其他窄辙，纪晓岚想逃脱此劫，恐怕就难上加难了。

另外，像发花、言前、江阳等韵辙的字，由于韵母中 a 的舌位低、口腔开度较大，所以歌唱中声波容易从口咽腔内传导出来，声音比较开，音量相对来说比较大。但这一类字音容易横、咧，表现力较差；在较高音域中，口咽腔状态不利于声波通向头腔，产生共鸣。为了避免这些缺点，就要采用宽韵窄咬的方法，即：将口咽腔状态变得窄一些、圆一些、立一些，声音的着力点的位置靠后些。也就是在唱 a 时，随着音的不断升高，口咽腔逐渐加入 u 的成分。这种发音技巧也早被演唱界的艺术家认可和运用。

四、言前辙同韵音节情况

【此辙包含 an（ㄢ），ian（ㄧㄢ），uan（ㄨㄢ），üan（ㄩㄢ）四种韵母；出音节 49 个】

〈开口呼〉【1】an（ㄢ）［安］

【2】ban（ㄅㄢ）［扳］【3】pan（ㄆㄢ）［潘］

【4】man（ㄇㄢ）［嫚］【5】fan（ㄈㄢ）［帆］

【6】dan（ㄉㄢ）［丹］【7】tan（ㄊㄢ）［坍］

【8】nan（ㄋㄢ）［囡］【9】lan（ㄌㄢ）［兰］

【10】gan（ㄍㄢ）［干］【11】kan（ㄎㄢ）［刊］【12】han（ㄏㄢ）［顸］

【13】zhan（ㄓㄢ）［占］【14】chan（ㄕㄢ）［辿］

【15】shan(ㄕㄢ)[山]【16】ran(ㄖㄢ)[蚺]

【17】zan(ㄗㄢ)[簪]【18】can(ㄘㄢ)[参]【19】san(ㄙㄢ)[三]

〈齐齿呼〉【20】yan(ㄧㄢ)[咽]

【21】bian(ㄅㄧㄢ)[边]【22】pian(ㄆㄧㄢ)[片]【23】mian(ㄇㄧㄢ)[眠]

【24】dian(ㄉㄧㄢ)[掂]【25】tian(ㄊㄧㄢ)[天]

【26】nian(ㄋㄧㄢ)[拈]【27】lian(ㄌㄧㄢ)[奁]

【28】jian(ㄐㄧㄢ)[戋]【29】qian(ㄑㄧㄢ)[千]【30】xian(ㄒㄧㄢ)[仙]

〈合口呼〉【31】wan(ㄨㄢ)[弯]

【32】duan(ㄉㄨㄢ)[端]【33】tuan(ㄊㄨㄢ)[湍]

【34】nuan(ㄋㄨㄢ)[暖]【35】luan(ㄌㄨㄢ)[峦]

【36】guan(ㄍㄨㄢ)[关]【37】kuan(ㄎㄨㄢ)[宽]

【38】huan(ㄏㄨㄢ)[欢]

【39】zhuan(ㄓㄨㄢ)[专]【40】chuan(ㄔㄨㄢ)[川]

【41】shuan(ㄕㄨㄢ)[闩]【42】ruan(ㄖㄨㄢ)[阮]

【43】zuan(ㄗㄨㄢ)[钻]【44】cuan(ㄘㄨㄢ)[汆]

【45】suan(ㄙㄨㄢ)[酸]

〈撮口呼〉【46】yuan(ㄩㄢ)[鸢]

【47】juan(ㄐㄩㄢ)[捐]【48】quan(ㄑㄩㄢ)[悛]

【49】xuan(ㄒㄩㄢ)[轩]

* 言前辙 49 音节，音节的韵母组合是韵头(零 i、u、ü)＋韵腹(a)＋韵尾(n)；

an[an]、ian[iɛn]、uan[uan]、üan[yɛn]是带舌尖鼻音的韵母。

五、言前辙常见同韵字词

【1】an(ㄢ)安[名保安/长安/公安/延安动保安/苟安/偏安/欠安/请安/偷安/晚安/问安/相安/心安/早安/招安/治安形平安语苟且偷安/国泰民安/能忍自安/入土为安/随遇而安/转危为安/坐立不安]桉氨(氮氢化合物)庵[茅庵/尼姑庵/三清庵]谙[熟谙/素谙]鞍[名雕鞍/马鞍动离鞍/下鞍/歇鞍语一马不跨双鞍/人是衣裳马是鞍/买得起马配不起鞍]盦‖俺埯唵铵揞◎犴[狴犴]岸[名彼岸/堤岸/对岸/海岸/河岸/江岸/口岸/两岸/沿岸动登岸/靠岸/拢岸/上岸形傲岸/伟岸语回头是岸/惊涛拍岸/移船就岸]按[编者按]胺[苯胺/磺胺]案[名白案/惨案/草案/答案/档案/定案/法案/方案/公案/红案/几案/教案/命案/书案/提案/条案/图案/悬案/血案/疑案/议案/冤案/专案动办案/报案/备案/存案/定案/断案/翻案/犯案/伏案/拍案/判案/破案/投案/问案/在案/作案语三头对案]暗[形黑暗/灰暗/昏暗/阴暗/幽暗语天昏地暗/兼听则明,偏信则暗]黯非韵脚字 ān 鹌

【2】ban(ㄅㄢ)扳攽(发给)班[名白班/大班/道班/跟班/航班/科班/领班/同班/晚班/戏班/夜班/尖刀班/进修班/作业班动插班/搭班/当班/倒班/跟班/换班/加班/交班/接班/领班/轮班/上班/同班/值班/坐班语按部就班]般[代哪般/那般/

这般[形]一般[副]百般/万般]颁斑[[名]光斑/黑斑/红斑/雀斑/日斑/寿斑[形]斑斑[语]可见一斑]搬[生搬/照搬]瘢[刀瘢]癍[白癍/紫癍] ‖ **阪**[大阪]**坂**[如丸走坂]**板**[[名]钢板/黑板/滑板/画板/甲板/脚板/快板/老板/慢板/模板/木板/平板/石板/踏板/檀板/跳板/样板/腰板/砧板/纸板/玻璃板/天花板/血小板[动]叫板/拍板/上板/走板[形]呆板/古板/刻板/死板[语]离弦走板/各打五十大板]**版**[[名]初版/底版/胶版/木版/铜版/头版/锌版/原版[动]出版/翻版/刻版/排版/拼版/修版/制版/再版]**钣**[钢钣/铝钣/金属钣]**舨**[舢舨]**蝂**[蝜蝂] ◎ **办**[[名]帮办/代办/督办/买办[动]帮办/包办/备办/采办/查办/承办/惩办/筹办/创办/代办/督办/法办/举办/开办/协办/兴办/严办/照办/置办/主办[形]官办/民办[语]首恶必办/新事新办]**半**[[名]夜半/月半[动]参半/对半/过半[数]大半/多半/小半[语]事倍功半/见面分一半/年怕中秋月怕半]**扮**[打扮/假扮/装扮]**伴**[[名]伙伴/老伴/旅伴/女伴/同伴/舞伴[动]搭伴/结伴/陪伴/做伴[语]少年夫妻老来伴]**拌**[搅拌/凉拌]**绊**[[动]羁绊/使绊/下绊[形]磕磕绊绊]**柈靽瓣**[[名]豆瓣/花瓣/蒜瓣/橘子瓣[语]汗珠掉地摔八瓣]

【3】pan(ㄆㄢ)扳番潘(姓)攀[登攀/高攀] ◎ 爿[柴爿/竹爿]胖[心宽体胖]盘[[名]茶盘/出盘/地盘/开盘/罗盘/磨盘/拼盘/平盘/棋盘/全盘/软盘/收盘/受盘/算盘/台盘/托盘/营盘/硬盘/招盘/转盘/字盘/方向盘[语]虎踞龙盘/大珠小珠落玉盘]槃磐蟠 ‖ **判**[[名]裁判[动]裁判/改判/公判/批判/评判/

审判/谈判/宣判]拚泮[入泮]盼[动 顾盼/渴盼/流盼/企盼/切盼/翘盼 语 左顾右盼]叛[动 背叛/反叛 语 招降纳叛]畔[湖畔/江畔/路畔/桥畔/田畔/枕畔]袢[袷袢]鋬[壶鋬/桶鋬]襻[纽襻/鞋襻] 非韵脚字 pán 磻蹒

【4】man(ㄇㄢ)嫚◎蛮[野蛮/横蛮]谩(欺骗)瞒[欺瞒/隐瞒]鳗‖满[名 小满 动 充满/届满 形 饱满/不满/丰满/美满/完满/圆满/自满 语 志得意满]螨◎曼[轻曼]谩墁蔓幔[布幔/窗幔/地幔/帷幔]漫[动 弥漫/迷漫 形 汗漫/烂漫/浪漫/散漫 语 长夜漫漫]慢[动 怠慢/且慢/侮慢 形 傲慢/高慢/缓慢/简慢/轻慢 语 心急恨马慢/上不紧则下慢]嫚(轻视)缦熳(色彩艳丽)镘 非韵脚字 mān 颟 mán 埋蔓馒

【5】fan(ㄈㄢ)帆[名 船帆/风帆/篷帆/征帆 动 挂帆/升帆/扬帆]番[名 生番 动 翻番 副 更番/轮番 语 屡次三番]蕃幡[名 灵幡/降幡/中幡/引魂幡 动 打幡]藩[屏藩/外藩]翻[名 滚翻 动 搅翻/闹翻/惹翻/推翻 语 地覆天翻/人仰马翻]凡[动 发凡/下凡 形 不凡/非凡/平凡 副 大凡/但凡 语 自命不凡]矾[绿矾/明矾]钒(金属元素)烦[动 麻烦/厌烦 形 心烦/不耐烦 语 不厌其烦/要言不烦/眼不见,心不烦]墦(坟墓)蕃樊璠(美玉)燔繁[纷繁/浩繁/频繁]蹯[熊蹯]蘩(白蒿)‖反[动 策反/谋反/平反/违反/相反/造反/镇反 语 官逼民反/适得其反/物极必反/一隅三反]返[动 回返/遣返/往返/折返 语 积重难返/流连忘返/迷途知返/一去不复返] ◎犯[名 从犯/惯犯/囚犯/逃犯/凶犯/要犯/战犯/主犯/罪犯/盗窃犯/嫌疑犯 动 干犯/

冲犯/触犯/进犯/冒犯/侵犯/违犯 语 明知故犯/秋毫无犯/众怒难犯]饭[名 便饭/茶饭/干饭/酒饭/米饭/晚饭/午饭/稀饭/早饭/斋饭/中饭/八宝饭/大锅饭/现成饭 动 吃饭/饿饭/开饭/焖饭/喷饭/讨饭/下饭/要饭/造饭/煮饭 语 残羹剩饭/粗茶淡饭/生米煮成熟饭]泛[肤泛/泛泛/浮泛/广泛/活泛/空泛/宽泛]范[名 典范/风范/规范/模范/钱范/师范 动 防范/规范/就范/示范 形 规范/模范]贩[商贩/摊贩/小贩]畈[田畈]梵

【6】dan(ㄉㄢ)丹[名 蔻丹/牡丹/契丹/铅丹/仁丹/仙丹 动 炼丹]担[名 负担 动 承担/分担/负担]单[名 保单/报单/被单/传单/床单/存单/订单/仿单/名单/清单/褥单/失单/账单/黑名单/三联单/提货单 动 挂单/开单 形 孤单/简单 语 势孤力单]眈[虎视眈眈]耽郸聃[老聃]殚瘅箪儋‖胆[名 肝胆/海胆/苦胆/球胆/豹子胆 动 放胆/丧胆/壮胆 形 大胆/孤胆 副 斗胆 语 明目张胆/披肝沥胆/群威群胆/提心吊胆/卧薪尝胆]疸[黄疸]掸[鸡毛掸]赕亶(实在)◎石(量词)旦[名 彩蛋/花旦/老旦/年旦/撒旦/文旦/武旦/一旦/元旦/正旦/刀马旦 语 通宵达旦/信誓旦旦/枕戈待旦]但[不但/非但/岂但]担[名 扁担/公担/石担/市担/重担/货郎担 动 担 dān 担/挑担 语 路遥无轻担]诞[名 华诞/圣诞/寿诞 形 放诞/怪诞/荒诞/夸诞/虚诞]疍萏[菡萏]啖淡[名 咸淡 动 扯淡/冲淡/冷淡 形 暗淡/惨淡/冷淡/平淡/清淡/素淡/恬淡 语 天高云淡]惮[肆无忌惮]弹[名 导弹/流弹/炮弹/枪弹/氢弹/糖弹/炸弹/子弹/燃烧弹/手榴弹/信号灯/烟幕弹/原子弹/照明弹/定时炸弹/糖

衣炮弹/洲际导弹[动]投弹/中弹]蛋[[名]笨蛋/变蛋/冰蛋/坏蛋/浑蛋/脸蛋儿/皮蛋/荷包蛋/穷光蛋/山药蛋/王八蛋[动]产蛋/捣蛋/滚蛋/完蛋/下蛋[语]苍蝇不叮无缝的蛋]氮亶瘅禫

【7】tan(ㄊㄢ)坍贪[倡廉肃贪]怹啴[啴啴(牲畜喘息)]摊[[名]地摊/水果摊/旧货摊[动]分摊/均摊/平摊/铺摊/散摊/收摊]滩[[名]海滩/河滩/险滩/盐滩[语]跑马怕山,行船怕滩]瘫[风瘫/偏瘫] ◎坛[醋坛/花坛/祭坛/酒坛/讲坛/论坛/诗坛/体坛/天坛/文坛/影坛]昙倓郯谈[[名]丛谈/美谈/奇谈[动]笔谈/畅谈/侈谈/和谈/空谈/漫谈/面谈/清谈/倾谈[语]混为一谈/夸夸其谈/老生常谈/无稽之谈]弹[[名]评弹[动]动弹/讥弹/纠弹/抨弹[语]老调重弹/男儿有泪不轻弹]覃锬(长矛)痰[吐痰/化痰]谭潭[[名]古潭/泥潭/清潭/水潭[语]虎穴龙潭]檀[青檀/香檀/紫檀]镡(姓)‖**坦[宽坦/平坦/舒坦]钽(金属元素)袒[偏袒]菼(初生之荻)毯[壁毯/地毯/挂毯/毛毯/线毯] ◎叹[[动]哀叹/悲叹/长叹/感叹/可叹/喟叹/惊叹/咏叹/赞叹[语]长吁短叹/望洋兴叹/一唱三叹]炭[[名]火炭/焦炭/煤炭/木炭/泥炭/石炭/活性炭/山楂炭[动]烧炭/挖炭[语]生灵涂炭/雪中送炭]探[[名]敌探/密探[动]刺探/勘探/窥探/试探/侦探/钻探]碳**

[非韵脚字] tán 澹 tǎn 忐

【8】nan(ㄋㄢ)囡[囡囡/小囡] ◎男[猛男/长男]南[[名]江南/司南/山南/指南[语]坐北朝南]难[[名]万难[动]犯难/为难/畏难/作难[形]繁难/艰难/两难/为难/疑难[语]进退两难/勉为其难/强人所难/开口求人难/万事开头难/上山容易下山难/事非经

过不知难/创业难，守业更难/好借好还，再借不难]喃[喃喃]楠‖赧腩[牛腩/鱼腩]蝻[蝗蝻]◎难[名海难/患难/急难/空难/苦难/困难/磨难/灾难动被难/辩难/驳难/刁难/发难/非难/赴难/急难/罹难/留难/落难/蒙难/受难/死难/逃难/问难/遇难/遭难/责难/阻难形困难语毁家纾难/救苦救难/排忧解难/质疑问难]

【9】lan(ㄌㄢ)兰[马兰/木兰/玉兰/芝兰/君子兰/紫罗兰]岚[山岚/晓岚]拦[遮拦/阻拦]栏[名勾栏/牛栏/桥栏/石栏/通栏/栅栏/专栏/广告栏/宣传栏动出栏/存栏/凭栏]婪[贪婪]阑[勾阑/光阑/岁阑/夜阑]蓝[名甘蓝/蓼蓝/伽蓝/景泰蓝形宝蓝/碧蓝/靛蓝/品蓝/天蓝/蔚蓝/湛蓝语青出于蓝]谰澜[名波澜/狂澜/微澜形安澜语力挽狂澜/推波助澜]篮[名烘篮/花篮/男篮/女篮/网篮/摇篮/竹篮动扣篮/上篮/投篮]斓[斑斓]镧(金属元素)襕(上下衣相连的古装)‖览[名便览/一览动博览/浏览/一览/游览/阅览/展览/纵览]揽[包揽/承揽/兜揽/独揽/招揽/总揽]缆[名电缆/钢缆/光缆动解缆]榄[橄榄]罱漤壈[坎壈]懒[动躲懒/偷懒形疏懒/酸懒语心灰意懒/人勤地不懒]◎烂[动腐烂/溃烂/霉烂形灿烂/腐烂/糜烂/破烂/稀烂语火到猪头烂/贪多嚼不烂/出头的椽子先烂]滥[动泛滥语宁缺毋滥]非韵脚字 lán 褴

【10】gan(ㄍㄢ)干[名饼干/河干/江干/天干/阑干/豆腐干/葡萄干动包干/风干/烘干/晾干/晒干/阴干/折干/无干/相干形枯干代何干/若干语口血未干/乳臭未干/唾面自干/外

强中干/大河没水小河干/蜡炬成灰泪始干]甘[不甘]玕[琅玕]杆[标杆/栏杆/旗杆/桅杆]肝[炒肝/沙肝/心肝/脂肪肝]坩(陶质盛器)苷[糖苷]矸泔柑[广柑/芦柑/蜜柑/招柑]竿[名钓竿/滑竿/马竿/竹竿 语 日上三竿]酐[酸酐]疳‖杆[名笔杆/杠杆/光杆/箭杆/枪杆/腰杆 形 光杆/铁杆]秆[麻秆/麦秆/高粱秆]赶[轰赶/驱赶/追赶]笴(箭杆)敢[动胆敢 形 果敢/勇敢]感[名 百感/恶感/反感/观感/好感/快感/灵感/流感/美感/情感/手感/同感/痛感/性感/预感/杂感/直感/质感/自豪感 动 铭感/痛感/遥感/预感 形 敏感/伤感/性感 语 多愁善感/真情实感]澉擀鳡◎干[名 才干/公干/骨干/贵干/基干/躯干/树干/桢干/主干 动 单干/调干/蛮干/盲干/实干/提干 形 精干/能干 语 精明强干/埋头苦干]旰(天色晚)绀(带红的黑色)淦赣 非韵脚字 gān 尴 gǎn 橄

【11】kan(ㄎㄢ)刊[名 报刊/副刊/集刊/期刊/书刊/旬刊/月刊/周刊 动 办刊/复刊/创刊/停刊]看勘[查勘/校勘/踏勘/探勘]龛[佛龛]堪[动 不堪 形 不堪/难堪]戡‖坎[田坎/土坎/沟沟坎坎]侃[动 调侃/神侃 形 侃侃]砍莰(有机化合物)槛[门槛]◎看[动 参看/查看/察看/观看/试看/收看/踏看/小看/眼看/照看 形 好看/难看/中看 语 刮目相看/杀鸡给猴看/河里无鱼市上看/女大十八变,越变越好看]崁[赤崁]墈阚(姓)磡[槐花磡]瞰[俯瞰/鸟瞰]非韵脚字 kǎn 颇

【12】han(ㄏㄢ)顸蚶[毛蚶/泥蚶]酣[半酣/酒酣]憨鼾[打鼾]◎汗[可汗]含函[名 便函/公函/贺函/镜函/来函/石函/

唁函[动]发函/复函/来函/致函]琀(死者口中所含珠玉)晗(天将明)焓涵[名]内涵/桥涵[动]包涵/海涵/蕴涵]韩寒[名]风寒/伤寒[形]单寒/胆寒/饥寒/苦寒/酷寒/贫寒/凄寒/清寒/心寒/严寒[语]唇亡齿寒/胆战心寒/地冻天寒/啼饥号寒/一曝十寒/一场秋雨一场寒/冰冻三尺，非一日之寒]‖罕[稀罕]喊[呼喊/叫喊/呐喊]阚(虎吼叫)◎汉[名]好汉/懒汉/老汉/罗汉/霄汉/银汉/硬汉/云汉/单身汉/门外汉/英雄汉[语]彪形大汉/不到长城非好汉/痴心女子负心汉/身在曹营心在汉]扞闬汗[名]冷汗/热汗/虚汗/血汗[动]出汗/盗汗/发汗/冒汗/淌汗[语]捏一把汗]旱[动]防旱/抗旱/起旱[形]干旱/亢旱]埠[中埠]捍悍[刁悍/精悍/剽悍/强悍/凶悍]焊[电焊/气焊]颔撖(姓)撼[摇撼/震撼]翰[挥翰/书翰]憾[名]缺憾/遗憾[形]遗憾[语]引以为憾]瀚[浩瀚][非韵脚字] hán 邯浛 hàn 菡

【13】zhan(ㄓㄢ)占沾[利益均沾]毡[名]毛毡/油毡[动]擀毡[语]如坐针毡]旃[勉旃]粘詹(姓)谵(说胡话)邅[迍邅]瞻[动]观瞻[语]马首是瞻]‖斩[问斩/腰斩]飐(风吹动)盏[杯盏/灯盏/酒盏]展[名]画展[动]发展/进展/开展/扩展/伸展/施展/舒展/预展/招展[形]平展/舒展[语]愁眉不展/花枝招展/一筹莫展]崭搌辗[转辗]黵[耐黵]◎占[动]霸占/独占/攻占/强占/抢占/侵占[语]多吃多占/鹊巢鸠占]栈[堆栈/货栈/粮栈/马栈/客栈/羊栈]战[名]笔战/初战/海战/寒战/空战/冷战/论战/内战/热战/商战/实战/水战/死战/巷战/血战/野战/白刃战/持久战/攻坚战/肉搏战[动]备战/参战/打战/奋战/观战/混战/

激战/交战/决战/开战/苦战/免战/挑战/停战/休战/宣战/厌战/迎战/应战/征战/争战/助战/转战/作战形**善战**语**决一死战/南征北战/身经百战/骁勇善战/心惊胆战]站[**名**兵站/车站/电站/粮站/驿站/服务站/气象站/中转站**动**到站**语**靠边站/不怕慢,就怕站/船到码头车到站]绽[**名**破绽**动**开绽**语**皮开肉绽]湛[精湛/清湛/深湛]颤[**名**寒颤**动**打颤]蘸**

【14】chan(ㄕㄢ)讪[龙王讪]觇掺搀幨(车帷子)◎谗馋[解馋/贪馋/眼馋/嘴馋]禅[名口头禅动参禅/打禅/坐禅]孱(瘦弱)缠[名盘缠动纠缠/牵缠/歪缠语胡搅蛮缠/阎王好见,小鬼难缠]蝉[名寒蝉/秋蝉语噤若寒蝉]廛[市廛]潺[潺潺]镡(姓)瀍蟾巉(山势高险)躔镵‖**产[**名**财产/单产/地产/房产/公产/恒产/家产/矿产/林产/亩产/水产/私产/特产/田产/土产/物产/遗产/资产/总产/祖产/不动产/土特产**动**包产/超产/出产/丰产/减产/临产/流产/难产/破产/生产/投产/脱产/早产/增产/转产**形**国产**语**倾家荡产]浐谄啴**(宽缓)**铲[电铲/风铲/锅铲/煤铲/铁铲]阐蒇**(完成)**骣輾**(笑的样子)◎**忏[拜忏]刬[一刬]颤[打颤/发颤/震颤]羼[入羼]韂[鞍韂]**

非韵脚字 chán 单婵僝

【15】shan(ㄕㄢ)山[名冰山/房山/高山/关山/河山/火山/假山/江山/开山/靠山/矿山/名山/青山/深山/石山/泰山/童山/土山/雪山/火焰山动朝山/出山/开山/劈山/上山/下山语半壁江山/逼上梁山/调虎离山/放虎归山/火海刀山/开门见山/名落孙山/日薄西山/寿比南山/铁案如山/万水千山/愚

公移山/执法如山/重于泰山/有眼不识泰山/轻舟已过万重山/一片孤城万仞山/没有过不去的火焰山]芟杉[红杉/冷杉/水杉/铁杉/云杉/紫杉]删[增删]苫[草苫]钐(金属元素)衫[名布衫/长衫/衬衫/汗衫/花衫/偏衫/套衫/衣衫/罩衫/春秋衫/海魂衫/棉毛衫 语 破衣烂衫]姗[姗姗]珊[阑珊]埏(和泥)栅★扇[呼扇/唿扇/扑扇]跚★[蹒跚]煽潸[潸潸]膻[名 腥膻 语 如蚁附膻/想吃羊肉又怕膻]羴 ‖ 闪[名 霍闪/失闪 动 打闪/躲闪/忽闪/抛闪/扑闪 形 闪闪 语 千里雷声万里闪]陕掺(持)◎讪[谤讪/搭讪/发讪/讥讪]汕苫钐疝单赸(躲开)剡扇[名 电扇/隔扇/葵扇/门扇/蒲扇/团扇/纨扇/折扇/鹅毛扇/落地扇 动 扇shān 扇]掸掞(舒展)善[动 改善/劝善/完善/行善 形 慈善/和善/良善/面善/亲善/妥善/完善/伪善/友善 语 多多益善/来者不善/隐恶扬善/与人为善/人非尧舜,谁能尽善/鸟之将死,其鸣也哀;人之将死,其言也善]禅[受禅]骟鄯缮[修缮]擅[专擅]膳[名 晚膳/午膳/早膳 动 用膳]嬗赡[动 顾赡/详赡/养赡 形 丰赡/宏赡]蟮[曲蟮]鳝[白鳝/黄鳝]

非韵脚字 shān 舢

【16】ran(ㄖㄢ)蚺然[名 必然/自然 动 或然/未然/依然/已然/想当然 形 蔼然/安然/黯然/昂然/盎然/傲然/必然/不然/惨然/粲然/怅然/超然/当然/荡然/淡然/断然/愕然/斐然/愤然/公然/骇然/悍然/赫然/哗然/恍然/豁然/孑然/尽然/井然/迥然/遽然/决然/铿然/岿然/喟然/了然/凛然/茫然/贸然/漠然/默然/偶然/木然/翩然/沛然/凄然/悄然/愀然/森然/潸然/释然/肃然/索然/泰然/坦然/陶然/天然/恬然/突然/徒然/

颓然/枉然/惘然/巍然/蔚然/显然/欣然/嫣然/俨然/怡然/屹然/毅然/悠然/油然/昭然/骤然/卓然/自然/飘飘然副诚然/当然/断然/公然/果然/忽然/居然/竟然/猛然/蓦然/仍然/突然/宛然连不然/既然/虽然/纵然语不以为然/处之泰然/大谬不然/大义凛然/道貌岸然/防患未然/果不其然/毛骨悚然/一目了然/只知其然,不知其所以然]髯[苍髯/长髯/美髯/虬髯]燃[动点燃/助燃/自燃语死灰复燃] ‖ **冉[冉冉]苒[荏苒]染[动传染/感染/浸染/蜡染/污染/渲染/熏染/印染/沾染语耳濡目染/一尘不染/出淤泥而不染]**

【17】zan(ㄗㄢ)簪[名扁簪/发簪/玉簪语白头搔更短,浑欲不胜簪] ◎咱 ‖ **拶(压紧)昝(姓)攒[积攒]趱(快走)◎暂[短暂]錾赞[名参赞动参赞/称赞/夸赞/礼赞/盛赞]酂瓒(祭祀时用的玉勺)** 非韵脚字 zān 糌

【18】can(ㄘㄢ)参骖(车辕两旁的马)餐[名快餐/圣餐/素餐/晚餐/午餐/西餐/野餐/夜餐/早餐/正餐/中餐动会餐/进餐/就餐/聚餐/用餐/佐餐语露宿风餐/尸位素餐/秀色可餐/一日三餐] ◎残[名病残动摧残/伤残/致残/自残形凋残/衰残/贪残/凶残]蚕[春蚕/地蚕/桑蚕/柞蚕]惭[形羞惭语大言不惭] ‖ **惨[悲惨/凄惨/伤惨/阴惨惨]黪◎灿[光灿灿/黄灿灿/金灿灿/明灿灿]掺[渔阳掺]粲[云轻星粲]璨[璀璨]**

非韵脚字 càn 孱

【19】san(ㄙㄢ)三[名瘪三/封三/洗三副再三语接二连三/举一反三/一而再,再而三]叁毵[毵毵(细长貌)] ‖ **伞[名灯**

伞/旱伞/凉伞/阳伞/雨伞/保护伞/降落伞 动 打伞/跳伞 语 雨后送伞］散［ 名 健胃散 动 拆散/披散 形 懒散/零散/松散/闲散］糁馓◎散［ 动 拆散/发散/分散/涣散/集散/解散/溃散/扩散/离散/飘散/遣散/驱散/失散/疏散/四散/逃散/消散/星散/走散 形 分散/涣散 语 鸟兽散/不欢而散/风流云散/魂飞魄散/烟消云散/树倒猢狲散］

【20】yan(丨ㄢ)咽［鼻咽/喉咽/口咽］恹［病恹恹］殷(赤黑色)胭烟［ 名 鼻烟/炊烟/大烟/风烟/烽烟/旱烟/卷烟/烤烟/人烟/水烟/松烟/夕烟/香烟/硝烟/油烟/云烟/纸烟 动 抽烟/戒烟/禁烟/敬烟/晒烟/吸烟 副 一溜烟 语 过眼云烟/七窍生烟］焉［善莫大焉/心不在焉］崦阉［天阉/赘阉］淹腌湮鄢嫣(容貌美好)燕◎延［ 名 外延 动 迟延/苟延/稽延/羁延/曼延/蔓延/绵延/迁延/伸延/顺延/推延/拖延］闫(姓)严［ 名 家严/威严/先严/尊严 动 从严/解严/戒严 形 谨严/森严/威严/庄严/尊严 语 壁垒森严/义正辞严］言［ 名 弁言/谗言/昌言/常言/陈言/侈言/断言/发言/胡言/谎言/空言/狂言/谰言/例言/良言/留言/流言/诺言/片言/前言/誓言/婉言/危言/文言/戏言/虚言/序言/宣言/雅言/妖言/谣言/遗言/引言/语言/预言/寓言/怨言/赠言/真言/箴言/诤言/忠言/赘言 动 倡言/侈言/重言/刍言/传言/导言/断言/烦言/方言/格言/胡言/讳言/开言/进言/留言/美言/声言/失言/食言/扬言/预言/直言 语 畅所欲言/沉默寡言/金口玉言/苦不堪言/无庸讳言/哑口无言/倚马千言/仗义执言/知无不言/至理名言/自食其言/酒后吐真言/事无不可对人言］妍［百花争妍］岩［巉岩/熔岩/砂岩/花岗岩/

芦滴岩/水成岩/嶂石岩]炎[动发炎/消炎形炎炎]沿[边沿/窗沿/床沿/沟沿/河沿/炕沿/前沿]研[调研/教研/科研/钻研]盐[海盐/椒盐/精盐/井盐/食盐/岩盐]铅阎蜒[名海蜒/蚰蜒形蜿蜒]筵[寿筵/喜筵]颜[名惭颜/慈颜/红颜/厚颜/龙颜/奴颜/容颜/童颜/酡颜/笑颜/玉颜/正颜/朱颜动犯颜/汗颜/开颜/赧颜/破颜/启颜/强颜语鹤发童颜/安得广厦千万间,大庇天下寒士聚欢颜]檐[房檐/飞檐/廊檐/茅檐/帽檐/屋檐] ‖ 奄[气息奄奄]兖俨衍[充衍/繁衍/敷衍/广衍/曼衍/平衍/推衍]弇(覆盖)剡厣掩[动虚掩/遮掩语兵来将挡,水来土掩]郾眼[名白眼/板眼/榜眼/对眼/法眼/红眼/慧眼/鸡眼/巨眼/冷眼/满眼/眉眼/炮眼/枪眼/青眼/泉眼/砂眼/手眼/斜眼/心眼/腰眼/正眼/字眼/醉眼/斗鸡眼/节骨眼/势利眼动放眼/过眼/害眼/合眼/红眼/急眼/开眼/入眼/傻眼/挑眼/瞎眼/现眼/眨眼/转眼/着眼/走眼形碍眼/背眼/刺眼/打眼/对眼/起眼/抢眼/惹眼/傻眼/顺眼/显眼/耀眼/招眼副亲眼语别具只眼/独具慧眼/横眉竖眼/挤眉弄眼/有板有眼/贼眉鼠眼/吹胡子瞪眼/杀人不眨眼/横挑鼻子竖挑眼/睁只眼,闭只眼/张飞穿针——大眼瞪小眼]偃琰晻(阴暗不明)罨[热罨]演[名导演/主演动搬演/扮演/编演/表演/操演/串演/导演/敷演/公演/会演/讲演/开演/排演/上演/推演/义演/预演/主演]魇[梦魇]鼹◎厌[动讨厌形讨厌/嫌厌/厌厌语贪得无厌/学而不厌/好话说三遍,鸡狗也讨厌]砚[名笔砚/端砚/歙砚/洮砚/同砚语磨穿铁砚]咽[动吞咽语狼吞虎咽/细嚼慢咽/打掉牙往肚子里咽]彦艳[形哀艳/光艳/华艳/娇艳/明艳/浓艳/鲜艳/香艳/妖艳/冶艳[语]争奇斗艳]晏唁[悼唁/电唁/吊唁/慰唁]宴[[名]便宴/国宴/欢宴/家宴/盛宴/午宴/筵宴[动]赴宴/设宴]验[[名]经验/效验/证验[动]案验/参验/测验/查验/点验/化验/检验/经验/勘验/考验/实验/试验/体验/应验/证验[形]灵验]谚[古谚/农谚]堰[塘堰/围堰/都江堰]雁[[名]大雁/孤雁/鸿雁/头雁[语]沉鱼落雁]焰[光焰/火焰/烈焰/气焰/势焰]焱滟[潋滟]酽餍谳[定谳]燕[灰燕/家燕/银燕]赝嬿(美好)[非韵脚字] yān 阏 yán 芫 yǎn 扊

【21】bian(ㄅㄧㄢ)边[[名]半边/北边/花边/金边/两边/南边/旁边/前边/上边/身边/手边/四边/天边/外边/西边/一边[动]擦边/靠边/溜边/戍边/贴边/拓边/无边/沾边/支边[语]生有涯,学无边/耗子拉木锨——大头在后边]砭[针砭]笾萹编[[名]长编/汇编/简编/上编/下编/新编/续编/选编/正编/中编/主编[动]超编/合编/汇编/瞎编/在编/整编/主编]煸鳊鞭[[名]钢鞭/教鞭/鹿鞭/牛鞭/蛇鞭/霸王鞭/仙人鞭/竹节鞭[动]放鞭/扬鞭[语]快马加鞭] ‖ 贬[褒贬]窆(埋葬)扁[看扁/压扁]匾[横匾/金匾/牌匾/铜匾/团匾/竹匾/光荣匾/针线匾]碥褊(狭窄)◎卞弁[马弁/武弁]抃苄汴忭[欢忭]变[[名]事变/量变/质变/目连变[动]兵变/改变/哗变/渐变/剧变/叛变/突变/演变/应变/政变/转变[语]穷则思变/瞬息万变/随机应变/谈虎色变/通权达变/摇身一变/一成不变/女大十八变/六月的天——说变就变/属孙猴儿的——一天七十二变]便[[名]大便/粪便/小便[动]称便/乘便/大便/得便/排便/请便/随便/小

便/自便形方便/简便/近便/轻便/随便/稳便副顺便连即便/随便/以便语客随主便/与人方便，自己方便］遍［普遍］缏［草帽缏］辨［分辨/明辨］辩［答辩/分辩/诡辩/狡辩/强辩/巧辩/申辩/雄辩/争辩语百口莫辩/事实胜于雄辩］辫［发辫/小辫］非韵脚字 biān 蝙 biǎn 萹

【22】pian(ㄆㄧㄢ)片［唱片/相片/影片/拉洋片］偏［动纠偏/走偏形一偏副偏偏］犏篇［名开篇/诗篇/闲篇/遗篇语断简残篇/阎王爷贴告示——鬼话连篇］翩［翩翩/联翩］◎便［大腹便便］骈缏(用针缝)蹁(走路脚不正)‖**谝◎片［冰片/布片/唱片/弹片/刀片/瓜片/画片/胶片/镜片/卡片/麦片/名片/肉片/软片/拓片/图片/香片/雪片/影片/照片/纸片/玻璃片/动画片/纪录片/明信片/羊肉片语打成一片/拨亮一盏灯，照亮一大片］骗［动串骗/盗骗/拐骗/哄骗/谎骗/坑骗/诓骗/蒙骗/欺骗/受骗/行骗/诱骗/诈骗语坑蒙拐骗/招摇撞骗］**

非韵脚字 piān 扁 pián 胼跰

【23】mian(ㄇㄧㄢ)眠［动安眠/蚕眠/长眠/成眠/冬眠/失眠/睡眠/休眠语辗转难眠/巧妻常伴拙夫眠］绵［名海绵/水绵/丝绵动连绵形缠绵/软绵绵］棉［名草棉/矿棉/木棉/皮棉/芊绵/石棉/树棉/絮棉/药棉/原棉/子棉/海岛棉/陆地棉/人造棉/脱脂棉动梳棉/摘棉/植棉/种棉语爱俏不穿棉］‖**丏免［动罢免/避免/黜免/豁免/减免/任免/赦免/幸免形难免副不免/未免连以免］沔黾勉［动奋勉/互勉/嘉勉/勤勉/劝勉/自勉语有则改之，无则加勉］娩［分娩/十月怀胎，一朝分**

娩]勔(勤勉)冕[名冠冕动加冕]渑湎[沉湎]缅鮸◎面[名版面/背面/表面/场面/炒面/出面/地面/断面/发面/反面/方面/封面/跗面/海面/后面/画面/截面/界面/局面/里面/脸面/路面/门面/票面/前面/情面/上面/世面/市面/书面/水面/体面/外面/斜面/鞋面/颜面/阳面/阴面/右面/正面/字面/左面/对立面/工作面动觌面/发面/会面/见面/露面/谋面/扑面/相面/照面形片面/全面/体面副当面/迎面语别开生面/独当一面/改头换面/牛头马面/抛头露面/蓬头垢面/网开一面/洗心革面/油头粉面/闻名不如见面/不看僧面看佛面/犹抱琵琶半遮面/三张纸画个鼻子——好大脸面]非韵脚字

miǎn 腼

【24】dian(ㄉㄧㄢ)掂滇颠[名华颠/树颠/塔颠动连跑带颠]巅[山巅]癫[疯癫]‖典[名操典/词典/大典/恩典/法典/古典/经典/庆典/盛典/字典动出典/用典形古典/经典语引经据典]点[名斑点/标点/冰点/茶点/地点/顶点/沸点/糕点/观点/基点/极点/交点/焦点/据点/论点/起点/缺点/弱点/试点/特点/污点/要点/优点/雨点/早点/支点/质点/指点/终点/钟点/重点/出发点/火力点/居民点/立足点/小数点/制高点/转折点动布点/查点/打点/蹲点/检点/盘点/评点/清点/圈点/误点/驻点/装点形差一点语文不加点/一星半点]碘[缺碘]踮◎电[名负电/函电/贺电/回电/机电/急电/静电/雷电/闪电/手电/唁电/邮电/正电/专电/高压电/交流电/无线电/直流电动充电/触电/带电/导电/发电/放电/烤电/输电/通电/致电语暗室亏心，神目如电]佃甸[桦甸/宽甸]阽

(临近危险)坫店[名布店/饭店/分店/黑店/客店/旅店/商店/夫妻店/鸡毛店/零售点动开店/住店语过了这村没这店/前不着村,后不着店]玷[白圭之玷]垫[名草垫/靠垫/铺垫/褥垫/鞋垫/椅垫/坐垫/弹簧垫动铺垫]钿[宝钿/翠钿/金钿/螺钿]淀[名茶淀/海淀/积淀/白洋淀动沉淀/积淀]惦奠[祭奠]殿[名大殿/佛殿/宫殿/配殿/正殿/金銮殿/太和殿/大雄宝殿语无事不登三宝殿]靛簟[晒簟]癜[紫癜]

【25】tian(ㄊㄧㄢ)天[名白天/苍天/春天/冬天/飞天/后天/今天/冷天/明天/每天/霉天/青天/晴天/秋天/热天/上天/霜天/夏天/先天/阴天/黄梅天/三伏天/五更天/艳阳天动变天/参天/冲天/翻天/归天/航天/回天/聊天/上天/升天/滔天/谈天/通天/巡天语抱恨终天/不共戴天/臭气熏天/沸反盈天/鸡犬升天/叫苦连天/锣鼓喧天/怒气冲天/杞人忧天/热火朝天/人定胜天/人命关天/手眼通天/如日中天/色胆包天/天外有天/无法无天/一步登天/一手遮天/坐井观天/鸡毛飞上天/民以食为天/农忙五月天/一招鲜,吃遍天/妇女能顶半边天/伤筋动骨一百天/谋事在人,成事在天/秋后的蚂蚱——蹦跶不了几天]添[加添/平添/增添]黇(白黄色)◎田[名丹田/稻田/耕田/归田/井田/麦田/煤田/棉田/农田/畦田/气田/水田/梯田/心田/油田/园田/海绵田/试验田动耕田/犁田语沧海桑田/解甲归田/耕者有其田/肥水不流外人田]佃畋(打猎)恬钿[车钿/铜钿]甜[形甘甜/绵甜/香甜/嘴甜语忆苦思甜/吃得苦中苦,方知甜上甜/针无两头尖,蔗无两头甜]湉[湉湉]填阗[骈阗/喧阗] ‖ 忝殄淟(污浊)觍腆[腼腆]舔◎掭

【26】nian(ㄋㄧㄢ)拈蔫[老蔫]◎年[名百年/丰年/过年/今年/近年/老年/末年/暮年/平年/前年/歉年/青年/去年/少年/天年/通年/同年/童年/往年/新年/学年/幼年/中年/终年/壮年/周年动拜年/过年/同年/享年/有年形陈年语度日如年/风烛残年/耄耋之年/似水流年/遗臭万年/亿万斯年/益寿延年/瑞雪兆丰年/自古英雄出少年/养怡之福,可得永年/江山代有才人出,各领风骚数百年]粘鲇黏‖捻[灯捻/火捻/药捻/纸捻]辇[龙车凤辇]撵碾[汽碾/石碾/水碾]◎廿念[名概念/观念/纪念/闪念/私念/妄念/邪念/信念/悬念/意念/欲念/杂念动叨念/悼念/惦念/感念/顾念/挂念/怀念/纪念/眷念/渴念/留念/牵念/体念/想念/瞻念/轸念/转念]埝[堤埝]

【27】lian(ㄌㄧㄢ)奁[镜奁/妆奁]连[名黄连动串连/勾连/接连/流连/毗连/牵连/粘连/株连副一连语藕断丝连/血肉相连]怜[动哀怜/爱怜/可怜/乞怜形可怜语顾影自怜/同病相怜/摇尾乞怜]帘[草帘/窗帘/布帘/酒帘/门帘/竹帘]莲[建莲/金莲/榴莲/木莲/睡莲/湘莲/雪莲/并蒂莲/穿心莲/马蹄莲/西番莲]涟[泣涕涟涟]梿联[名春联/对联/门联/上联/下联/挽联/楹联动并联/蝉联/串联/关联]裢[褡裢]廉[形低廉/清廉语物美价廉/勤能补拙,俭以养廉]鲢濂臁(小腿的两侧)镰[名钐镰动挂镰/开镰]蠊[蜚蠊]‖琏敛[动聚敛/收敛语横征暴敛]脸[名方脸/鬼脸/花脸/门脸/笑脸/鞋脸/圆脸/嘴脸/瓜子脸动变脸/丢脸/翻脸/勾脸/刮脸/开脸/露脸/赏脸/洗脸语不要脸/愁眉苦脸/急赤白脸/劈头盖脸/死皮赖脸/嬉皮笑脸/有头有脸/蹬鼻子上脸/拳头不打笑脸]

裣蔹［白蔹］◎练［名教练/团练动谙练/操练/闯练/教练/拉练/历练/磨练/排练/训练形谙练/干练/简练/精练/老练/凝练/熟练/洗练语天桥的把势——光说不练］炼［动锤炼/锻炼/熔炼/提炼/修炼/冶炼语千锤百炼/真金不怕火炼］恋［爱恋/初恋/怀恋/眷恋/留恋/失恋/贪恋/相恋/依恋］殓［成殓/入殓/装殓］链［表链/吊链/铰链/脚链/手链/锁链/铁链］楝潋

【28】jian（ㄐㄧㄢ）戋［戋戋（少）］尖［名笔尖/刀尖/塔尖/心尖/针尖/牛角尖动拔尖/打尖/冒尖形拔尖/耳尖/眼尖/嘴尖语风口浪尖］奸［名汉奸/内奸/权奸动藏奸/除奸/锄奸/鸡奸/轮奸/强奸/耍奸/通奸/诱奸/捉奸语洞察其奸/姑息养奸/狼狈为奸/朋比为奸］歼［攻歼/聚歼/全歼/痛歼/围歼］坚［名中坚动攻坚语穷且益坚］间［名暗间/车间/房间/坊间/居间/空间/里间/民间/期间/其间/人间/时间/世间/瞬间/套间/田间/晚间/午间/阴间/夜间/阳间/中间/太平间/亭子间/卫生间/衣帽间语字里行间/弹指之间/粉身碎骨浑不怕，要留清白在人间］浅［水流浅浅］肩［名两肩/披肩/铁肩动比肩/并肩/息肩/歇肩］艰［动丁艰语举步维艰/蒿目时艰/一粥一饭当思来处不易，一丝一缕恒念物力维艰］监［名男监/女监/学监/总监动收监/探监/坐监］兼菅笺［便笺/信笺］渐犍［老犍］湔（洗）缄搛蒹（苇类植物）煎［熬煎］缣（细绢）鲣鹣［鹣鹣（比翼鸟）］鞯［鞍鞯］鳒 ‖ **囝拣［分拣/挑拣］枧茧柬［请柬］俭［形节俭/勤俭/省俭语克勤克俭/守家二字勤与俭］捡笕检［名**

纪检动查检/翻检/拘检/搜检/体检语行为不检/言语失检]趼[老趼]减[动裁减/递减/节减/锐减/衰减/缩减/削减/酌减语有增无减]剪[名火剪/夹剪/指甲剪动裁剪/反剪/修剪]硷睑[眼睑]锏[杀手锏]裥简[名尺简/短简/汉简/书简/小简/竹简动从简/精简语残篇断简/断编残简/删繁就简/因陋就简]谫(浅薄)戬碱[火碱/面碱/强碱/弱碱/烧碱]翦蹇[形乖蹇/骄蹇语时乖命蹇]謇◎见[名鄙见/成见/创见/定见/短见/高见/管见/另见/陋见/偏见/浅见/私见/习见/预见/远见/政见/主见/卓见动拜见/参见/常见/朝见/洞见/罕见/会见/接见/觐见/进见/晋见/看见/窥见/梦见/碰见/求见/少见/听见/望见/相见/显见/想见/引见/预见/遇见/再见/召见形罕见/少见语固执己见/门户之见/视而不见/喜闻乐见/瑕瑜互见/真知灼见/低头不见抬头见]件[案件/部件/抄件/附件/稿件/工件/函件/急件/来件/零件/密件/配件/器件/软件/事件/条件/文件/物件/信件/硬件/邮件/元件/原件/证件/铸件]间[动反间/离间/相间语亲密无间]饯[蜜饯]建[名封建/基建动重建/筹建/创建/改建/构建/扩建/新建/兴建/修建/营建/整建形封建]荐[名草荐动保荐/举荐/推荐/引荐语毛遂自荐]贱[名贵贱形卑贱/低贱/贫贱/轻贱/微贱/下贱语自轻自贱]牮剑[名宝剑/长剑/短剑/花剑/利剑/重剑动击剑/舞剑语唇枪舌剑/刻舟求剑/口蜜腹剑/尚方宝剑/项庄舞剑]监[国子监/钦天监]涧[山涧/溪涧]健[动保健形刚健/矫健/康健/强健/轻健/稳健/雄健/壮健]舰[兵舰/军

舰/炮舰/旗舰/战舰/驱逐舰/巡洋舰/航空母舰]渐[动积渐副渐渐/日渐/逐渐语防微杜渐/西学东渐]谏[动进谏/拒谏/死谏语直言敢谏]楗践[名实践动实践/糟践/作践]锏毽[名鸡毛毽动踢毽]腱[肌腱]溅[四溅]鉴[名龟鉴/年鉴/通鉴/图鉴/殷鉴/印鉴动洞鉴/惠鉴/借鉴/钧鉴/明鉴/赏鉴/圣鉴/台鉴语前车之鉴/引以为鉴]键[按键/电键/关键/琴键/字键]槛[兽槛]僭踺箭[名暗箭/毒箭/弓箭/火箭/冷箭/令箭/射箭/响箭语归心似箭/明枪暗箭/弯弓搭箭/开弓没有回头箭/拿着鸡毛当令箭]

【29】qian(ㄑㄧㄢ)千[名秋千动打千语气象万千]仟阡扦[蜡扦]芊[青草芊芊]迁[动搬迁/变迁/拆迁/乔迁/升迁/左迁语安土重迁/见异思迁/事过境迁]岍佥汧钎[钢钎]牵[动挂牵/拘牵语千里姻缘一线牵]铅悭谦[自谦]签[名标签/浮签/上签/书签/题签/下签/牙签/中签动草签/抽签/求签/题签]愆[前愆]鹐骞搴磏[大磏]褰(撩起)◎钤前[名从前/当前/跟前/面前/目前/生前/事前/先前/眼前/以前动提前/向前/支前形空前语裹足不前/畏缩不前/一往无前/勇往直前/火烧眉毛顾眼前/远在天边,近在眼前/不听老人言,吃亏在眼前]虔(恭敬)钱[名本钱/车钱/定钱/饭钱/工钱/价钱/金钱/利钱/零钱/赏钱/铜钱/现钱/小钱/洋钱/银钱/榆钱/纸钱/制钱/租钱/压岁钱/印子钱动赌钱/花钱/捞钱/敛钱/搂钱/赔钱/要钱/有钱/攒钱/找钱/挣钱/赚钱形值钱语不名一钱/欠债还钱/身体是本钱/说大话,使小钱]钳[老虎钳]掮乾

潜[革新挖潜]黔 ‖ 肷[狐肷]浅[名深浅动搁浅形粗浅/短浅/肤浅语才疏学浅/酒要满，茶要浅/下河才知水深浅]遣[动差遣/调遣/排遣/派遣/消遣/自遣形特遣/先遣]谴[自谴] ◎欠[名哈欠/积欠动积欠/亏欠/赊欠/拖欠/下欠]纤[拉纤]芡[勾芡]茜倩堑[沟堑/壕堑/天堑]椠[宋椠/元椠]嵌[镶嵌]慊(憾；恨)歉[动抱歉/道歉/致歉形荒歉语以丰补歉] 非韵脚字 qián 荨犍 qiǎn 缱

【30】xian(ㄒㄧㄢ)仙[名八仙/狐仙/神仙/水仙/天仙/谪仙动成仙/求仙/修仙]先[名事先/原先/祖先动领先/抢先/优先/争先副首先/率先语一马当先/有言在先/百善孝为先/敢为天下先]纤[十指纤纤]氙(气体元素)祆籼莶[豨莶]掀铦(锋利)酰跹[翩跹]锨[铁锨/木锨]鲜[名海鲜/时鲜/鱼鲜动尝鲜形新鲜语屡见不鲜]暹◎闲[名帮闲/空闲/农闲动赋闲/消闲/休闲形安闲/等闲/空闲/清闲/悠闲/幽闲语忙里偷闲/游手好闲]贤[名前贤/圣贤/时贤/先贤语任人唯贤]弦[名单弦儿/弓弦/心弦动断弦/上弦/续弦语扣人心弦]挦咸涎[垂涎/流涎]娴衔[军衔/头衔/学衔/职衔]舷[船舷/右舷/左舷]痫[癫痫]鹇[白鹇]嫌[名前嫌动避嫌/猜嫌/涉嫌/讨嫌/挟嫌] ‖ 狝冼(姓)显[明显/浅显]洗(姓)险[名保险/风险/天险动保险/冒险/抢险/探险/脱险形保险/艰险/惊险/危险/阴险语山高水险/铤而走险/宁绕百步远，不走一步险]蚬崄毨(齐整)猃(嘴长的狗)铣筅跣(光着脚)鲜藓[苔藓]燹[兵燹] ◎见[图穷匕见/一贵一贱，交情乃见]苋县[赤县/知县]岘现

[名表现动表现/呈现/出现/兑现/发现/浮现/闪现/实现/体现/贴现/显现/涌现/再现/展现语活灵活现/昙花一现]限[名大限/户限/极限/界限/门限/年限/期限/权限/上限/时限/下限动局限/宽限形无限/有限]线[名单线/导线/地线/电线/防线/复线/干线/管线/光线/航线/火线/界线/经线/路线/毛线/内线/前线/曲线/热线/射线/视线/膛线/天线/外线/纬线/虚线/雪线/沿线/眼线/战线/针线/阵线/支线/直线/专线/单行线/导火线/地平线/国境线/海岸线/回归线/交通线/流水线/贫困线/生命线/死亡线/运输线动吊线/牵线语上纲上线/穿针引线/单丝不成线/轻伤不下火线]宪[立宪/违宪]陷[名缺陷动沉陷/攻陷/构陷/沦陷/失陷/塌陷/诬陷/下陷]馅[白菜馅/豆沙馅/枣泥馅/猪肉馅]羡[称羡/惊羡/欣羡/歆羡/艳羡]缐献[名贡献/文献动呈献/奉献/贡献/敬献/捐献]腺[汗腺/蜜腺/肾腺/胃腺/唾液腺]霰

【31】wan(ㄨㄢ)弯[动拐弯/绕弯/转弯语宁折不弯]剜豌蜿湾[港湾/河湾/水湾/渤海湾]◎丸[弹丸/睾丸/泥丸/肉丸/药丸/鱼丸/定心丸]刓纨完[没完/玩儿完]玩[名古玩/清玩/珍玩动把玩/游玩形好玩]顽[刁顽/冥顽/凶顽/愚顽]烷[甲烷/乙烷]‖宛挽[哀挽/敬挽/推挽]莞菀[紫菀]晚[名傍晚/今晚/岁晚/夜晚/早晚动向晚语一天到晚/为时已晚/君子报仇，十年不晚/亡羊补牢，犹未为晚]脘[胃脘]惋[悲惋/怅惋/叹惋]婉[和婉/凄婉/清婉/柔婉/委婉/温婉/幽婉]绾琬(美玉)皖碗[名茶碗/饭碗/海碗/轴碗语铁饭碗/砸饭碗]◎万[数巨万/千万/万万/亿万语成千累万/挂一漏

万]忨(贪)腕[名大腕/脚腕/手腕/铁腕 动扼腕/悬腕]蔓[名瓜蔓/藤蔓 动爬蔓/压蔓] 非韵脚字 wān 蜿豌

【32】duan(ㄉㄨㄢ)端[名笔端/弊端/祸端/极端/尖端/开端/事端/异端/云端/战端/争端 动发端 形极端/尖端/好端端 副极端/借端/无端 语连锅端/变化多端/感慨万端/举其一端/品行不端/首鼠两端] ‖ 短[名长短 动打短/护短/揭短/缩短 形简短/理短/气短 语家长里短/取长补短/三长两短/说长道短/问长问短/头发长,见识短/马瘦毛长,人穷志短/有话则长,无话则短/吃了人家的嘴软,拿了人家的手短] ◎段[名波段/唱段/地段/工段/阶段/路段/片段/身段/手段/机务段 语不择手段/铁路警察——各管一段]断[名论断/片断 动不断/裁断/肠断/独断/割断/隔断/公断/间断/截断/决断/砍断/垄断/判断/专断 形果断/武断/臆断/预断/诊断/中断/专断 语当机立断/多谋善断/一刀两断/优柔寡断]塅[大塅/中塅]缎[彩缎/绸缎/锦缎/素缎/羽缎]椴煅锻簖[鱼簖]

【33】tuan(ㄊㄨㄢ)湍[急湍] ◎团[名兵团/财团/党团/集团/剧团/军团/面团/民团/蒲团/气团/商团/社团/师团/汤团/星团/疑团/乐团/纸团/参观团/代表团/儿童团/还乡团/棉花团/青年团/文工团/义和团/主席团 动抱团/抟团 语漆黑一团]抟 ‖ 疃[刘疃/柳疃]◎彖(判断)

【34】nuan(ㄋㄨㄢ)暖[名冷暖 动保暖/采暖/供暖/回暖/取暖/晒暖 形和暖/温暖 语席不暇暖/嘘寒问暖]

【35】luan(ㄌㄨㄢ)峦[峰峦/冈峦/山峦]孪娈(相貌美)栾挛

[痉挛/拘挛]鸾[扶鸾]脔[名禁脔语尝鼎一脔]滦銮[迎銮]‖**卵[名虫卵/龟卵/鸟卵/蛇峦动产卵/孵卵语杀鸡取卵/危如累卵/覆巢之下无完卵]乱[名暴乱/变乱/兵乱/祸乱/霍乱/内乱/战乱动避乱/变乱/捣乱/动乱/搅乱/戡乱/叛乱/平乱/扰乱/骚乱形错乱/烦乱/繁乱/纷乱/慌乱/昏乱/混乱/惑乱/缭乱/凌乱/零乱/忙乱/迷乱/紊乱/淫乱/杂乱副胡乱语兵荒马乱/手忙脚乱/眼花缭乱/唯恐天下不乱/当断不断,反受其乱]**

【36】guan(ㄍㄨㄢ)关[名边关/插关儿/城关/机关/开关/难关/年关/双关/雄关/阳关/鬼门关/嘉峪关/山海关动报关/攻关/过关/叩关/双关/无关/相关/有关语生死攸关]观[名大观/概观/景观/旧观/奇观/外观/人生观/世界观/宇宙观动参观/改观/静观/旁观/通观/围观/综观形悲观/达观/宏观/可观/客观/乐观/美观/微观/雅观/直观/主观/壮观语等量齐观/袖手旁观/作壁上观]纶官[名稗官/达官/法官/感官/宦官/将官/教官/警官/军官/看官/考官/判官/器官/清官/升官/史官/贪官/外官/尉官/文官/五官/武官/校官/赃官/长官/职官/父母官/外交官/先行官/芝麻官动罢官/加官/升官/做官]冠[名凤冠/桂冠/皇冠/鸡冠/树冠/王冠/衣冠动挂冠/加冠/免冠语怒发冲冠/瓜田不纳履,李下不整冠]莞倌[马倌/堂倌/羊倌/猪倌]棺[悬棺]瘝(痛苦)鳏‖**莞[东莞]馆[名宾馆/茶馆/饭馆/公馆/会馆/家馆/旅馆/使馆/书馆/殡仪馆/博物馆/领事馆/理发馆/体育馆/天文馆/图书馆/文化馆/展览馆/照相馆动坐馆]琯(玉制笛状乐器)筦管[名保管/**

导管/钢管/黑管/气管/水管/竹管/主管/电子管/晶体管[动]包管/保管/别管/监管/接管/经管/拘管/看管/统管/掌管/照管/主管[副]尽管/只管[语]不怕县官，就怕现管/端人家碗，服人家管]鳤◎丱(儿童束发成两角状)观[道观/白云观/三清观]贯[[名]本贯/籍贯/条贯/乡贯[动]连贯/联贯[形]满贯/一贯/纵贯[副]鱼贯[语]一仍旧贯/破家值万贯]冠[[名]弱冠[动]夺冠/及冠/未冠[语]沐猴而冠]掼涫(沸)惯[[名]习惯[动]宠惯/娇惯[语]司空见惯]祼盥[涤盥]灌[倒灌/浇灌/漫灌/排灌/提灌]瓘(一种玉)鹳[白鹳/黑鹳]罐[水罐/瓦罐/煤气罐/易拉罐]

【37】kuan(ㄎㄨㄢ)宽[坦白从宽/对己严，待人宽/退后半步天地宽]髋‖款[[名]存款/贷款/罚款/公款/行款/汇款/货款/借款/旧款/捐款/落款/赔款/上款/条款/下款/现款/新款/押款/赃款/专款[动]拨款/筹款/存款/贷款/罚款/汇款/借款/捐款/赔款/押款[形]款款]

【38】huan(ㄏㄨㄢ)欢[[名]合欢/新欢/合家欢[动]合欢/狂欢/联欢/失欢/喜欢[形]喜欢[语]握手言欢/郁郁寡欢]獾[狗獾/猪獾]◎还[[动]璧还/偿还/返还/发还/奉还/复还/归还/回还/交还/清还/生还/索还/退还/掷还[语]好借好还/风萧萧兮易水寒，壮士一去兮不复还]环[[名]吊环/耳环/光环/花环/连环/门环/铁环/圆环/指环[动]循环[形]连环]郇(姓)洹桓[[名]乌桓[动]盘桓]萑貆锾圜[转圜]澴寰[尘寰/人寰]缳[投缳]鹮[白鹮/朱鹮]鬟[丫鬟/云鬟]‖缓[[名]死缓[动]减缓/延缓/暂缓[形]迟缓/和缓/平缓/轻缓/舒缓/坦缓/徐缓[语]刻不容缓]

◎幻[名科幻/梦幻 动变幻 形空幻/虚幻]**奂**[美轮美奂]**宦**[官宦/仕宦]**换**[动变换/撤换/串换/倒换/掉换/兑换/更换/互换/交换/轮换/淘换/替换/退换/置换 语浪子回头金不换]**唤**[传唤/呼唤/叫唤/使唤/召唤]**涣**[涣涣(水大貌)]**浣**[上浣/下浣/中浣]**患**[名病患/匪患/后患/祸患/疾患/水患/外患/隐患/忧患/灾患 语养痈遗患/有备无患]**焕逭**(逃避)**痪**[瘫痪]**豢漶**[漫漶]**鲩擐**

【39】zhuan(ㄓㄨㄢ)专[名美专/中专 形白专/红专 动擅专/自专]砖[名茶砖/瓷砖/方砖/缸砖/硅砖/火砖/金砖/煤砖/青砖/玻璃砖/空心砖/耐火砖/敲门砖 动铺砖/烧砖 语女大三,抱金砖]颛 ‖ **转**[动暗转/承转/倒转/掉转/翻转/好转/回转/流转/逆转/扭转/偏转/旋转/辗转/中转/周转 形婉转]**◎传**[名别传/经传/列传/外传/小传/正传/自传/水浒传 语树碑立传/言归正传]**沌转**[名二人转 动打转/公转/空转/轮转/自转/连轴转]**啭**[啼啭]**赚撰**[编撰/杜撰]**篆**[大篆/小篆/真草隶篆]**馔**[酒馔/盛馔]

【40】chuan(ㄔㄨㄢ)川[名冰川/常川/河川/盘川/平川/山川/米粮川 语一马平川/八百里秦川]氚穿[动拆穿/戳穿/贯穿/揭穿/看穿/磨穿/射穿/说穿/望穿 语水滴石穿/望眼欲穿/人心专,石山穿] ◎**传**[名谣传/真传 动单传/嫡传/讹传/风传/家传/口传/流传/盛传/失传/师传/世传/相传/宣传/谣传/遗传/祖传 语捷报频传/口耳相传/名不虚传/谬种流传/只可意会,不可言传]船[名驳船/渡船/趸船/帆船/航船/客船/龙

船/轮船/汽船/商船/拖船/邮船/油船/游船/渔船 动 撑船/乘船/划船/摇船 语 借风使船/脚踏两只船/阴沟里也翻船/小心驶得万年船/宰相肚里能撑船/任凭风浪起，稳坐钓鱼船] ‖ 舛[名 讹舛/乖舛 语 命途多舛]喘[动 气喘/痰喘/哮喘 语 苟延残喘] ◎ 串[名 树串/羊肉串 动 反串/贯串/客串 形 一连串]钏[金钏/玉钏]

【41】shuan(ㄕㄨㄢ)闩[名 门闩 动 上闩]拴栓[名 螺栓/枪栓/血栓/消火栓 语 拉不开栓] ‖ 涮[洗涮]

【42】ruan(ㄖㄨㄢ)阮[大阮/中阮]软[名 细软 动 瘫软 形 绵软/疲软/柔软/手软/松软/酥软/酸软/心软 语 耳根子软/腰酸腿软/心慈面软/理不短，嘴不软/武大郎卖豆腐——人松货软]朊

【43】zuan(ㄗㄨㄢ)钻[形 刁钻 语 削尖了脑袋往里钻]躜 ‖ 缵(继承)纂[编纂] ◎ 钻[电钻/风钻/金刚钻/手摇钻]赚攥[手拿把攥]

【44】cuan(ㄘㄨㄢ)汆撺[现撺]镩[冰镩]蹿[乱蹿] ◎ 攒 ‖ 窜[动 奔窜/点窜/改窜/溃窜/流窜/鼠窜/逃窜 语 抱头鼠窜/东逃西窜]篡爨[动 分爨/析爨/执爨 语 分居异爨]

【45】suan(ㄙㄨㄢ)狻酸 [名 硫酸/胃酸/盐酸 形 悲酸/鼻酸/寒酸/尖酸/耐酸/穷酸/腿酸/心酸/辛酸/腰酸 语 吃不着葡萄说葡萄酸] ‖ 蒜[名 大蒜/青蒜/石蒜/糖蒜 动 拌蒜/装蒜]算[名 成算/打算/概算/决算/神算/胜算/预算/珠算 动 暗算/笔算/测算/筹算/打算/掂算/概算/估算/核算/换算/计算/结算/

口算/匡算/谋算/盘算/掐算/清算/失算/速算/推算/无算/心算/演算/验算/预算/运算/折算[形]合算/划算/上算[副]总算[语]反攻倒算/精打细算/老谋深算/满打满算/神机妙算/人算不如天算]

【46】yuan(ㄩㄢ)鸢[纸鸢]眢鸳冤[[名]沉冤[动]辨冤/含冤/喊冤/结冤/鸣冤/申冤/诉冤/衔冤/雪冤[语]不白之冤/种地不看天,不收别喊冤]渊[[名]九渊/深渊/天渊[动]临渊[语]积水成渊]涴蜎(孑孓)箢◎元[[名]单元/公元/开元/黎元/美元/会元/纪元/解元/金元/上元/西元/下元/银元/元元/中元/状元[动]复元/改元/还元[形]多元/二元/三元/一元[语]三百六十行,行行出状元]芫园[[名]菜园/公园/故园/果园/花园/家园/酱园/乐园/梨园/陵园/名园/田园/庭园/小园/校园/庄园/动物园/幼儿园[动]灌园/游园[语]目不窥园/不与寒霜斗,哪来春满园]员[[名]兵员/病员/成员/船员/大员/党员/店员/队员/幅员/阁员/雇员/官员/海员/会员/教员/人员/冗员/伤员/社员/生员/属员/随员/团员/委员/学员/演员/要员/议员/职员/炊事员/指挥员[动]裁员/超员/定员/动员/复员/减员/满员]沅垣[宸垣/城垣/短垣/墙垣/省垣/颓垣]爰袁(姓)原[[名]本原/草原/川原/高原/荒原/莽原/平原/雪原/中原[动]复原/还原/燎原/推原[语]情有可原/推本究原/星火燎原/没有高山,不显平原]圆[[名]方圆/汤圆/铜圆/椭圆/银圆/正圆[动]包圆/复圆/团圆[形]滚圆/浑圆/溜圆/团圆[语]花好月圆/破镜重圆/随方就圆/字正腔圆/砍的不如旋的圆/十五月亮十六圆/没有规矩不

成方圆]鼋援[名奥援/后援/外援动驰援/打援/待援/回援/接援/救援/攀援/乞援/请援/求援/声援/应援/增援/支援/阻援语孤立无援]湲[潺湲]媛[婵媛]缘[名边缘/尘缘/机缘/良缘/前缘/亲缘/人缘/俗缘/夙缘/血缘/姻缘/因缘/夤缘动化缘/结缘/绝缘/攀缘/随缘/无缘/有缘形投缘语不解之缘]塬猿[名古猿/类人猿/长臂猿语意马心猿]源[名本源/兵源/病源/财源/电源/富源/根源/光源/河源/货源/来源/能源/起源/泉源/热源/水源/渊源/震源/资源/桃花源动导源/发源/开源/起源/溯源/同源语世外桃源/饮水思源/正本清源/左右逢源]嫄[姜嫄]辕[名车辕/南辕/行辕/轩辕动改辕/驾辕/推辕语我以我血荐轩辕/兔子再大也驾不了辕]橼[枸橼/香橼]螈[蝾螈]圜羱‖远[动绕远/疏远/望远/致远形边远/长远/广远/荒远/久远/旷远/辽远/偏远/深远/疏远/遥远/悠远/旨远副永远语好高骛远/任重道远/舍近求远/天差地远/为时不远/天高皇帝远/站得高，看得远]◎苑[池苑/宫苑/翰苑/禁苑/阆苑/林苑/鹿苑/说苑/文苑/艺苑/御苑]怨[名仇怨/恩怨/愤怨/闺怨/积怨/旧怨/民怨/私怨/宿怨/嫌怨/幽怨动抱怨/构怨/积怨/结怨/埋怨/挟怨/修怨/责怨/招怨形哀怨/悲怨语任劳任怨/天怒人怨/以德报怨]院[名病院/场院/大院/道院/独院/法院/贡院/后院/画院/妓院/经院/剧院/跨院/僧院/深院/试院/书院/寺院/庭院/小院/学院/医院/议院/杂院/宅院/博物院/电影院/国务院/翰林院/科学院/四合院/研究院动出院/入院/住院语三宫六院]垸[堤垸]衍掾(属员)媛[才媛/令媛/名媛/淑媛/贤媛]瑗(大孔璧)愿

[名本愿/初愿/大愿/宏愿/誓愿/私愿/夙愿/宿愿/素愿/乡愿/心愿/遗愿/意愿/志愿/平生愿 动称愿/发愿/甘愿/还愿/宁愿/情愿/请愿/如愿/遂愿/许愿/祝愿/自愿 语天从人愿/一相情愿] 非韵脚字 yuān 鹓

【47】juan(ㄐㄩㄢ)捐[名车捐/税捐 动抗捐/募捐/上捐 语细大不捐]涓[水流涓涓]娟[婵娟]圈朘[日削月朘]鹃[杜鹃]镌[雕镌]蠲 ‖ 卷[名花卷/胶卷/烟卷/金银卷/铺盖卷 动翻卷/漫卷/舒卷/席卷]锩 ◎ 卷[名案卷/白卷/宝卷/答卷/画卷/经卷/考卷/手卷/书卷/文卷 动查卷/答卷/调卷/交卷/开卷/判卷/掩卷/阅卷 语手不释卷]隽倦[动厌倦 形困倦/疲倦/慵倦 语诲人不倦/孜孜不倦]狷桊(穿在牛鼻子上的铁环或木棍)绢鄄圈[名棚圈/羊圈/猪圈 动出圈/闹圈/起圈]眷[名宝眷/芳眷/家眷/女眷/侨眷/亲眷 形眷眷]

【48】quan(ㄑㄩㄢ)弮(弩弓)悛[怙恶不悛]圈[名光圈/花圈/罗圈/铁圈/瓦圈/线圈/项圈/圆圈/包围圈/北极圈/火力圈/救生圈/南极圈 动画圈/绕圈/转圈]棬(木制饮器)◎ 权[名霸权/版权/兵权/财权/产权/大权/民权/强权/全权/人权/神权/实权/特权/威权/债权/政权/职权/主权/表决权/发言权/否决权/公民权/继承权/所有权/选举权/制空权/主动权/著作权/被选举权/治外法权/领事裁判权 动当权/集权/弃权/受权/授权/越权/掌权/专权]全[动保全/成全/苟全/顾全 形安全/健全/齐全/完全/周全 语委曲求全/文武双全/一应俱全/忠孝不能两全/金无足赤，人无十全/麻雀虽小，五脏俱

全/宁为玉碎，不为瓦全]佺[偓佺]诠[真诠]荃(一种香草)泉[飞泉/甘泉/黄泉/九泉/矿泉/喷泉/清泉/温泉/源泉]辁拳[名花拳/老拳/套拳/铁拳/太极拳动抱拳/猜拳/打拳/划拳/练拳/握拳形拳拳语赤手空拳/单手难抵众拳]铨痊惓[惓惓]筌[得鱼忘筌]蜷醛[甲醛/乙醛]鳈[华鳈/黑鳍鳈]鬈颧‖**犬[名警犬/军犬/狂犬/猎犬/牧犬/鹰犬语丧家之犬/画虎不成反类犬/乱离人不及太平犬]甽(田间小沟)绻[缱绻]◎劝[奉劝/规劝/解劝/婉劝/相劝]券[名奖券/债券/证券/公债券/国库券语可操左券]**

【49】xuan(ㄒㄩㄢ)轩[名小轩动开轩/临轩]宣[名虎皮宣/玉版宣语心照不宣]谖揎萱[椿萱]喧瑄暄[寒暄]煊儇禤(姓)◎玄痃[横痃]悬[动倒悬形心悬/虚悬语明镜高悬]旋[名螺旋/气旋动打旋/飞旋/回旋/凯旋/盘旋/斡旋/周旋]漩璇(美玉)‖**选[名人选/上选/诗选/文选/民歌选动编选/大选/当选/改选/候选/精选/竞选/落选/评选/普选/入选/筛选/挑选/推选/中 zhòng 选]烜(盛大)癣[脚癣/手癣/头癣/牛皮癣]◎券[打券/发券]泫(水滴下垂)炫[自炫]绚眩[头晕目眩]铉旋渲楦[帽楦/鞋楦]碹[填碹]**

附：小言前儿

【此辙包括言前辙儿化词及发花辙、怀来辙的儿化词。为何这原本是各具声色的三个大辙，儿化以后，音调就变得近似与和谐了呢？这是汉语普通话儿化变音规则使然；使它们的韵尾都带有了 ar 音。下列词

汇，普通话里一般必儿化】

挨边儿/暗花儿/暗间儿/拔尖儿/白干儿/白面儿/摆摊儿/板擦儿/包干儿/包圆儿/抱团儿/本色儿/鼻尖儿/笔杆儿/笔尖儿/变法儿/菜花儿/茶馆儿/茶盘儿/差点儿/长法儿/炒肝儿/出圈儿/出摊儿/窗花儿/春卷儿/葱白儿/葱花儿/搓板儿/搭伴儿/搭茬儿/打杈儿/打滚儿/打蔫儿/打杂儿/大褂儿/大面儿/大腕儿/单弦儿/当间儿/刀把儿/灯捻儿/地面儿/地摊儿/钓竿儿/掉点儿/豆瓣儿/豆花儿/豆芽儿/短褂儿/对茬儿/对眼儿/饭馆儿/汆汆儿/盖帘儿/歌篇儿/沟沿儿/够本儿/鼓点儿/拐弯儿/光板儿/光杆儿/绲边儿/汗褂儿/好天儿/好玩儿/河沿儿/红牌儿/花卷儿/花扦儿/滑竿儿/话把儿/话茬儿/坏天儿/黄花儿/黄牌儿/活茬儿/活话儿/活钱儿/火罐儿/货摊儿/鸡杂儿/急茬儿/加塞儿/夹馅儿/胶卷儿/脚尖儿/接茬儿/酒馆儿/就伴儿/绢花儿/坎肩儿/ 靠边儿/裤衩儿/跨院儿/快板儿/拉花儿/拉链儿/蜡花儿/蜡扦儿/蜡丸儿/老伴儿/老牌儿/冷盘儿/脸蛋儿/脸盘儿/聊天儿/溜边儿/刘海儿/遛弯儿/露馅儿/麻花儿/马竿儿/马褂儿/马倌儿/马扎儿/猫眼儿/毛孩儿/帽花儿/帽檐儿/没边儿/没法儿/门槛儿/门脸儿/蜜丸儿/棉签儿/面馆儿/面码儿/面团儿/名牌儿/明间儿/纳闷儿/脑瓜儿/泥胎儿/纽襻儿/排叉儿/胖墩儿/跑片儿/赔本儿/配搭儿/皮板儿/屁帘儿/拼盘儿/破烂儿/起眼儿/钱眼儿/枪眼儿/绕弯儿/绕远儿/人家儿/人缘儿/绒花儿/撒欢儿/三弦儿/扇面儿/身板儿/使绊儿/收摊儿/手绢儿/手腕儿/书签儿/蒜瓣儿/贪玩儿/谈天儿/提花儿/挑花儿/铁杆儿/听话儿/稀罕儿/戏单儿/戏法儿/戏码儿/下本儿/香干儿/相片儿/小辫儿/小褂儿/小孩儿/小钱儿/笑话儿/鞋带儿/鞋脸儿/心肝儿/心坎儿/心眼儿/胸花儿/绣花儿/雪花儿/压蔓儿/牙签儿/牙刷儿/烟卷儿/

沿边儿/盐花儿/眼圈儿/羊倌儿/腰板儿/腰花儿/腰眼儿/药面儿/药捻儿/药片儿/药丸儿/一块儿/影片儿/硬面儿/油花儿/有点儿/榆钱儿/雨点儿/月牙儿/杂拌儿/杂牌儿/杂耍儿/杂院儿/沾边儿/找茬儿/照面儿/照片儿/针尖儿/正牌儿/正片儿/纸捻儿/钟点儿/猪倌儿/住家儿/爪尖儿/转脸儿/转弯儿/转圈儿/桌面儿/字码儿/字眼儿/做伴儿

拔火罐儿/鼻子眼儿/不对茬儿/不起眼儿/草帽缏儿/吃老本儿/吃瓦片儿/大杂院儿/当中间儿/定心丸儿/豆腐干儿/肚脐眼儿/耳朵眼儿/胳膊腕儿/呱嗒板儿/蒿子秆儿/好说话儿/混合面儿/节骨眼儿/开小差儿/开心丸儿/可怜见儿/窟窿眼儿/宽心丸儿/驴打滚儿/门插关儿/面包圈儿/那么点儿/闹着玩儿/捻捻转儿/偏心眼儿/铺盖卷儿/葡萄干儿/实心眼儿/死心眼儿/四合院儿/松紧带儿/小白脸儿/小心眼儿/一丁点儿/油茶面儿/杂和面儿/这么点儿/直心眼儿/指甲盖儿

曲里拐弯儿/一个心眼儿/一星半点儿/有头有脸儿

第十一道　人辰辙

一、人辰辙声律启蒙

其　一

登对眺，涉对临；瑞雪对甘霖。

主欢对民乐，交浅对言深。

耻三战，乐七擒；顾曲对知音。

大车行槛槛，驷马骤骎骎。

扬子渡，谢公墩；

紫电青虹腾剑气，高山流水识琴心。

远水平沙有客泛舟桃叶渡，

斜风细雨何人携榼杏花村。

耻三战：以屡战屡败为耻。乐七擒：诸葛亮征孟获，七擒七纵。扬子渡：扬侯封子于金陵，故名江曰扬子渡。谢公墩：在金陵谢安登眺处。紫电青虹：宝剑名。高山流水：古琴曲名。桃叶渡：王献子有妾名桃叶，渡江送歌云："桃叶复桃叶，渡江不用楫。"榼（kē）：盛酒的器具。

其　二

歌对曲，啸对吟；往古对来今。

山头对水面，远浦对遥岑。

勤三上，惜寸阴；茂树对平林。

卞和三献玉，杨震四知金。

雪漫漫，风凛凛；

青皇风暖催芳草，白帝城高急暮砧。

绣虎雕龙才子窗前挥彩笔，

描鸾刺凤佳人帘下度金针。

浦：河流入海处。岑：崖岸。三上：欧阳修说自己平生读书有“三上”，马上、枕上、厕上。寸阴：晋明帝时，有征西大将军陶侃，曾说：“大禹圣人，乃惜寸阴；至于众人，当惜分阴。”卞和：春秋时楚国采石人，曾因得一璞玉，献予楚王，未被接纳，反被诬玉为石，处以刖刑。杨震：汉安帝时，杨震受任为东莱郡太守，赴任途中经过昌邑县，县令王密是杨震举荐的，因此对杨震感恩戴德，总想报答。因此，夜里怀藏黄金，悄悄来到杨震住处，双手敬上，劝杨震放心收下，说：“夜深无人知”。杨震却严肃地对王密说：“天知，神知，我知，你知，怎能说无人知道？”

其　三

幼对长，季对昆；抱怨对怀恩。

山亭对水阁，旅舍对军屯。

君对相，祖对孙；德重对年尊。

陵埋金吐气，田种玉生根。

碑堕泪，赋招魂；

相府竹帘垂白昼，边城画阁动黄昏。

枫叶半山秋去烟霞堪倚杖，

梨花满地夜来风雨不开门。

埋金：楚威王熊商率军攻越，尽取吴故地。兵至南京，惊叹于此地山水之美和形胜之险，于是吩咐手下在今狮子山以北的江边（古称尤湾）“埋金以镇之”，南京古称金陵即始于此。种玉：晋·干宝《搜神记》载，杨公多行善事，有神仙授其种玉之法。杨公未娶，求婚徐氏女，徐氏笑以为狂，因戏云："得白璧一双来，当听为婚。"公至所种玉田中，得白璧五双，以聘。徐氏大惊，遂以女妻公。碑堕泪：西晋时期著名的军事家羊祜政绩突出，文学成就也很高，被时人称为"文为辞宗，行为世表。"羊祜死后，襄阳百姓在其生前游憩之地岘山建庙立碑，以示纪念。每当人们至此，睹碑生情，莫不流泪。杜预因称此碑为"堕泪碑"。赋招魂：楚国宋玉哀师屈原之死，作招魂赋。

二、人辰辙诗歌欣赏

《送杜少府之任蜀州》(唐·王勃)

城阙辅三秦，风烟望五津。
与君离别意，同是宦游人。
海内存知己，天涯若比邻。
无为在歧路，儿女共沾巾。

* 秦、津、人、邻、巾，押韵(真韵)

《别董大》(唐·高适)

千里黄云白日曛，北风吹雁雪纷纷。
莫愁前路无知己，天下谁人不识君。

* 曛、纷、君，押韵(真文通韵)

《送元二使安西》(唐·王维)

渭城朝雨浥轻尘，客舍青青柳色新。
劝君更尽一杯酒，西出阳关无故人。

* 尘、新、人，押韵(真韵)

《我本是卧龙岗散淡的人》(京剧《空城计》诸葛亮唱段)

［西皮慢板］　我本是卧龙岗散淡的人，
评阴阳如反掌保定乾坤。
先帝爷下南阳御驾三请，
算就了汉家的业鼎足三分。
官封到武乡侯执掌帅印，
东西战南北剿博古通今。
周文王访姜尚周室大振，
俺诸葛怎比得前辈的先生。
闲无事在敌楼我亮一亮琴音，
［原板］　我面前缺少个知音的人。

《天涯歌女》(词作者 田汉)

天涯呀海角，觅呀觅知音。
小妹妹唱歌，郎奏琴。
郎呀，咱们俩是一条心。哎呀哎哟……
郎呀，咱们俩是一条心。
家山呀北望，泪呀泪沾襟。
小妹妹想郎，直到今。
郎呀，患难之交恩爱深。哎呀哎哟……
郎呀，患难之交恩爱深。
人生呀谁不，惜呀惜青春。
小妹妹似线，郎似针。

郎呀，穿在一起不离分。哎呀哎哟……
郎呀，穿在一起不离分。

《唱支山歌给党听》（词作者　蕉萍、雷锋）

唱支山歌给党听，我把党来比母亲；
母亲只生了我的身，党的光辉照我心。
旧社会鞭子抽我身，母亲只会泪淋淋；
共产党号召我闹革命，夺过鞭子揍敌人。
共产党号召我闹革命，夺过鞭子，夺过鞭子揍敌人！
唱支山歌给党听，我把党来比母亲；
母亲只生了我的身，党的光辉照我心，党的光辉照我心。

《都有一颗红亮的心》（京剧《红灯记》李铁梅唱段）

我家的表叔，数不清，没有大事，不登门。
虽说是，虽说是亲眷又不相认，
可他比亲眷还要亲。
爹爹和奶奶齐声唤亲人，
这里的奥妙我也能猜出几分。
他们和爹爹都一样，都有一颗红亮的心。

三、人辰辙特色分析

根据发音的响亮程度，“人辰辙”一般归于一级（洪亮级）。

但我觉得：由于其音节中主要元音“e”发音时口略开、舌后缩，这就限定了它发出的声音不会响到哪儿去。事实上，就我们的听觉来说，也就是“问”“滚”“困”“混”几个音听着较为响亮，其余如“春”“今”“军”等各音听起来并不太响亮。所以，“人辰辙”应属一级末等，介于“洪亮”与“柔和”之间。中国古代将一个八度音阶分为十二律吕，从低到高依次是黄钟、大吕、太蔟、夹钟、姑洗、中吕、蕤宾、林钟、夷则、南吕、无射、应钟；我觉得“人辰辙”与排在第七的“蕤宾”颇靠谱，相当于雄壮的男中音。雄壮的男中音宜于表现明快慷慨、清新委婉的感情。

试看唐代三首最著名的送别诗：第一首《送杜少府之任蜀州》，是初唐四杰之首王勃在京城送一位杜姓朋友到蜀地任县令时所作；虽为送别诗，但全诗却少有伤感之情，诗句豪放清新、委婉亲切，既让人感受到朋友间那真挚深厚的友情，又让人感受到诗人那开朗的胸襟。第二首《别董大》，前两句以描写恶劣的景象起兴，后两句又用慷慨激昂、鼓舞人心的临别赠言来了个大逆转。第三首《送元二使安西》，前两句以描写美好的景象起兴，后两句继之纯真的劝慰，虽让人感受到一丝淡淡的愁绪，但主调仍是对友情的珍重和对友人的关怀。三首送别诗皆传世之作，且韵脚字皆属今人辰辙，表达的情感绝少悲切、凄惘成分。这或许能反映人辰辙的特色吧。

四、人辰辙同韵音节情况

【此辙包含 en(ㄣ),in(ㄧㄣ),uen(ㄨㄣ),ün(ㄩㄣ)四种韵母;出音节 44 个】

〈开口呼〉【1】en(ㄣ)[恩]

【2】ben(ㄅㄣ)[奔]【3】pen(ㄆㄣ)[喷]【4】men(ㄇㄣ)[闷]【5】fen(ㄈㄣ)[分]

【6】den(ㄉㄣ)[扽]【7】nen(ㄋㄣ)[恁]

【8】gen(ㄍㄣ)[根]【9】ken(ㄎㄣ)[肯]【10】hen(ㄏㄣ)[痕]

【11】zhen(ㄓㄣ)[贞]【12】chen(ㄔㄣ)[抻]

【13】shen(ㄕㄣ)[申]【14】ren(ㄖㄣ)[人]

【15】zen(ㄗㄣ)[怎]【16】cen(ㄘㄣ)[岑]【17】sen(ㄙㄣ)[森]

〈齐齿呼〉【18】yin(ㄧㄣ)[因]

【19】bin(ㄅㄧㄣ)[邠]【20】pin(ㄆㄧㄣ)[拼]【21】min(ㄇㄧㄣ)[民]

【22】nin(ㄋㄧㄣ)[您]【23】lin(ㄌㄧㄣ)[拎]

【24】jin(ㄐㄧㄣ)[巾]【25】qin(ㄑㄧㄣ)[钦]【26】xin(ㄒㄧㄣ)[心]

〈合口呼〉【27】wen(ㄨㄣ)[温]

【28】dun(ㄉㄨㄣ)[吨]【29】tun(ㄊㄨㄣ)[吞]【30】

lun(ㄌㄨㄣ)[抡]

【31】gun(ㄍㄨㄣ)[衮]【32】kun(ㄎㄨㄣ)[坤]【33】hun(ㄏㄨㄣ)[昏]

【34】zhun(ㄓㄨㄣ)[肫]【35】chun(ㄔㄨㄣ)[春]

【36】shun(ㄕㄨㄣ)[吮]【37】run(ㄖㄨㄣ)[闰]

【38】zun(ㄗㄨㄣ)[尊]【39】cun(ㄘㄨㄣ)[村]【40】sun(ㄙㄨㄣ)[孙]

〈撮口呼〉【41】yun(ㄩㄣ)[晕]

【42】jun(ㄐㄩㄣ)[军]【43】qun(ㄑㄩㄣ)[逡]【44】xun(ㄒㄩㄣ)[勋]

* 人辰辙 44 音节，音节的韵母组合是韵头(i、u、ü) + 韵腹(e) + 韵尾(n)；en[ən]、in[in]、ün[yn]、uen[uən]是带舌尖鼻音的韵母。

五、人辰辙常见同韵字词

【1】en(ㄣ)恩[名洪恩动报恩/感恩/开恩语养儿方知父母恩/一日夫妻百日恩/鸦有反哺之孝，羊知跪乳之恩]蒽(有机化合物)‖摁

【2】ben(ㄅㄣ)奔[出奔/飞奔/狂奔/私奔]贲[虎贲]犇锛‖**本[名版本/本本/标本/草本/唱本/抄本/成本/底本/读本/范本/副本/稿本/根本/工本/孤本/话本/基本/简本/脚本/教本/节本/洁本/剧本/开本/课本/刻本/蓝本/母本/木本/善本/手本/书本/文本/选本/样本/译本/账本/珍本/资本动够本/捞本/赔本/忘本/奏本形根本/基本语吃老本/不惜血本/**

水有源，木有本/要治标更要治本]苯(有机化合物)**畚◎夯坌[尘坌/微坌]奔[投奔]倴笨[蠢笨/愚笨/拙笨]**

【3】pen(ㄆㄣ)喷◎盆[名骨盆/花盆/脸盆/澡盆/聚宝盆动临盆/倾盆语蛤蟆出巡，大雨倾盆/勤是摇钱树，俭是聚宝盆]湓‖**喷[二喷/瓜喷/头喷]**

【4】men(ㄇㄣ)闷◎门[名便门/部门/侧门/柴门/电门/调门/阀门/佛门/肛门/国门/豪门/后门/家门/空门/快门/牢门/冷门/旁门/前门/窍门/球门/权门/缺门/热门/山门/水门/天门/同门/屋门/油门/辕门/闸门/朱门/穿堂门/太平门动把门/出门/关门/过门/回门/开门/叩门/临门形抠门语阿门/不摸门/倒插门/不二法门/扫地出门/双喜临门/送货上门/五花八门/上天无路，入地无门]们[图们]扪钔(金属元素)‖**闷[憋闷/沉闷/愁闷/烦闷/苦闷/忧闷/郁闷]焖懑[愤懑]**◎**们[你们/我们/咱们/孩子们/同志们]**

【5】fen(ㄈㄣ)分[名春分/工分/公分/积分/秋分/学分/夜分动得分/瓜分/划分/积分/计分/平分/评分/区分/通分/约分副十分/十二分/万分语难解难分/入木三分/有口难分]芬[清芬]吩[嘿吩]纷[名纠纷形缤纷/纷纷/乱纷纷语排解解纷]玢[赛璐玢]氛[气氛/战氛]棻酚[苯酚/甲酚]雰[雰雰]◎汾坟[名祖坟动刨坟/上坟]焚[玩火自焚/忧心如焚/玉石俱焚]棼[治丝益棼]豮‖**粉◎分[名辈分/本分/部分/才分/成分/福分/名分/情分/时分/水分/天分/养分/缘分/职分动处分/过分/逾分/自分形充分/生分/应分语恰如其分]份**

[名等份/股份/年份/身份/省份/月份]坋奋[动发奋/振奋形感奋/激奋/亢奋/勤奋/兴奋]忿[不忿/气不忿儿]愤[名公愤/民愤/私愤/义愤/幽愤/怨愤动发愤/泄愤形愤愤/激奋/气愤/羞愤/忧愤]粪[名大粪/底粪动倒粪/施粪]鲼[蝠鲼]瀵 非韵脚字 fén 鼢

【6】den(ㄉㄣ)扽

【7】nen(ㄋㄣ)恁嫩[形娇嫩/柔嫩/细嫩/鲜嫩语外焦里嫩]

【8】gen(ㄍㄣ)根[名铵根/病根/城根/词根/存根/耳根/祸根/苦根/命根/年根/票根/墙根/穷根/山根/舌根/牙根/银根动除根/断根/归根/刨根/生根/寻根/压根/扎根/追根语叶落归根/游谈无根/斩草除根]跟[鞋跟/脚根/脚后跟] ◎哏[逗哏/捧哏]‖艮[发艮] ◎亘[横亘/连亘/绵亘/盘亘]艮茛[毛茛]

【9】ken(ㄎㄣ)肯[动首肯形中肯副宁肯]垦[军垦/开垦/屯垦/围垦]恳[名诚恳/勤恳动敬恳/转恳]啃◎掯[勒掯]裉[名抬裉动煞裉]

【10】hen(ㄏㄣ)痕[斑痕/创痕/刀痕/泪痕/裂痕/伤痕/印痕]‖很[好得很]狠[动发狠形凶狠/恶狠狠] ◎恨[名仇恨/遗恨/怨恨动懊恨/抱恨/怅恨/仇恨/愤恨/悔恨/记恨/嫉恨/解恨/愧恨/恼恨/泄恨/饮恨/怨恨/憎恨形可恨语报仇雪恨/深仇大恨/一失足成千古恨]

【11】zhen(ㄓㄣ)贞[忠贞/坚贞]针[名别针/顶针/方针/分针/毫针/金针/秒针/时针/松针/银针/指针/撞针/大头针/防

疫针/曲别针/指南针/绣花针[动]穿针/打针/纫针/扎针[语]大海捞针/见缝插针/绵里藏针/铁杵磨成针/给个棒槌也当针(真)]侦[刑侦]珍[[名]奇珍/山珍[形]袖珍[语]敝帚自珍/如数家珍]帧胗[鸡胗/鸭胗]浈真[[名]传真/写真[动]传真/失真/写真[形]逼真/纯真/当真/清真/认真/率真/天真[副]当真/果真[语]返璞归真/弄假成真/去伪存真/以假乱真]桢砧[木砧/石砧/铁砧]祯蓁[蓁蓁]斟[自斟]甄溱榛[草木榛榛]箴臻[百福并臻]鱵‖**诊[[名]急诊[动]出诊/候诊/会诊/急诊/门诊/确诊/施诊/听诊/巡诊/应诊]枕[靠枕/凉枕/气枕/绣花枕]轸畛疹[风疹/麻疹/疱疹/皮疹/丘疹/湿疹]袗缜◎圳[深圳]阵[[名]敌阵/龙门阵/一字长蛇阵[动]摆阵/败阵/叫阵/怯阵/上阵/压阵/助阵[语]打头阵/迷魂阵/冲锋陷阵/骡马上不了阵]鸩振[[动]共振/谐振[语]为之一振/一蹶不振]朕赈[以工代赈]震[[名]地震/余震[动]地震/防震/减震/抗震]镇[[名]村镇/藩镇/集镇/市镇/乡镇/重镇[动]坐镇[形]冰镇]**

【12】chen(ㄔㄣ)抻郴琛嗔瞋◎臣[[名]大臣/贰臣/功臣/奸臣/近臣/君臣/谋臣/佞臣/弄臣/权臣/贤臣/幸臣/忠臣/钦差大臣[语]位极人臣/乱世显忠臣/一朝天子一朝臣]尘[[名]粉尘/风尘/拂尘/浮尘/红尘/后尘/灰尘/前尘/沙尘/纤尘/烟尘/音尘/征尘[动]承尘/出尘/除尘/蒙尘/洗尘[语]步人后尘/和光同尘/看破红尘/仆仆风尘]辰[北辰/诞辰/芳辰/忌辰/良辰/年辰/生辰/时辰/寿辰/星辰]沉[[名]血沉[动]浮沉/陆沉/升沉[形]低沉/昏沉/深沉/消沉/阴沉/黑沉沉/灰沉沉[语]死气沉沉/玉

碎珠沉]忱[名鄙忱/赤忱/丹忱/热忱/谢忱/血忱形赤忱/热忱语略表微忱]陈[名条陈动敷陈/缕陈/铺陈/疏陈/条陈/详陈/指陈]宸晨[名凌晨/侵晨/清晨/早晨语牝鸡司晨/一年之计在于春，一日之计在于晨]谌‖**碜[寒碜/牙碜]◎衬[名环衬/陪衬动帮衬/反衬/烘衬/陪衬/铺衬/映衬形对衬语红花也要绿叶衬]疢龀称[形配称/对称/相称/匀称语铢两悉称]趁榇[灵榇]谶◎伧[寒伧]**

【13】shen(ㄕㄣ)申[动重申/引申形申申语三令五申]伸[欠伸/屈伸/延伸/能屈能伸]身[名本身/车身/出身/船身/单身/独身/孤身/河身/化身/浑身/机身/人身/尸身/替身/正身/终身/周身/自身动安身/藏身/赤身/抽身/出身/存身/等身/动身/翻身/分身/化身/回身/寄身/健身/洁身/立身/卖身/平身/栖身/起身/欠身/强身/容身/丧身/闪身/舍身/失身/搜身/挺身/投身/脱身/委身/文身/献身/修身/置身形合身/切身/随身/贴身副亲身语独善其身/奋不顾身/明哲保身/艺不压身/引火烧身/良田万顷，不如薄技在身/以其人之道，还治其人之身/百尺竿头须进步，十方世界是金身]诜[诜诜]参[刺参/丹参/党参/海参/苦参/人参/沙参/玄参/高丽参/花旗参/西洋参]绅[豪绅/缙绅/劣绅/耆绅/士绅/乡绅]珅莘[莘莘]砷娠[妊娠]深[名景深形高深/艰深/精深/幽深/渊深/纵深/湛深语博大精深/讳莫如深/交浅言深/莫测高深/树大根深/夜静更深/一往情深/由浅入深/好酒不怕巷子深]糁[玉米糁]鲹燊(炽盛)◎神[名爱神/财神/风神/鬼神/精神/门神/女神/死神/天神/瘟神/心神/凶神/眼神/战神/夜游神

动安神/定神/渎神/费神/分神/劳神/留神/凝神/入神/赛神/伤神/失神/提神/跳神/养神/走神 形 传神/精神/入神/伤神 语 炯炯有神/聚精会神/牛鬼蛇神/神乎其神/用兵如神/读书破万卷,下笔如有神] ‖ **沈**[墨沈]**审**[名 编审/原审/终审 动 编审/待审/复审/公审/核审/候审/会审/开审/陪审/评审/受审/提审/政审 形 精审 语 三堂会审]**哂**[聊博一哂]**矧**(况且)**谂婶**[婶婶] ◎**肾甚**[名 食甚 形 过甚/幸甚 语 不为已甚/莫此为甚/欺人太甚]**胂**(有机化合物)**渗葚**[桑葚]**蜃**(大蛤蜊)**瘆慎**[动 失慎 形 不慎/谨慎/审慎] 非韵脚字 shēn 呻 shén 什

【14】ren(ㄖㄣ)人[名 本人/别人/常人/超人/仇人/蠢人/道人/敌人/恩人/法人/犯人/夫人/妇人/富人/高人/工人/古人/贾人/故人/寡人/贵人/佳人/军人/客人/狂人/老人/丽人/恋人/猎人/伶人/媒人/美人/名人/男人/女人/名人/旁人/旗人/前人/情人/穷人/僧人/商人/生人/圣人/熟人/私人/死人/俗人/外人/伟人/文人/下人/小人/行人/要人/艺人/游人/友人/中人/众人/主人/罪人/辩护人/代理人/介绍人/自己人 动 害人/骂人/吓人/咬人/做人 形 动人/丢人/迷人/宜人 语 暗箭伤人/悲天悯人/睹物思人/咄咄逼人/俯仰由人/后发制人/后继有人/嫁祸于人/借刀杀人/目中无人/旁若无人/平易近人/前无古人/舍己为人/推己及人/盛气凌人/下里巴人/血口喷人/以理服人/以貌取人/怨天尤人/长大成人/治病救人/自欺欺人/夹紧尾巴做人/得饶人处且饶人/功夫不负有心人/喝水不忘掘井人/能人背后有能人/伸手不打笑脸人/一方水土养一方人/家有千口,主事一人/金无足赤,人无完人/没有君子,不养艺人/人不犯我,我不犯人/人人为我,我为人人/十

年树木，百年树人/师傅领进门，修行在个人/要知山中事，须问打柴人/猪八戒照镜子——里外不是人/长江后浪推前浪，世上新人赶旧人/大水冲了龙王庙——一家人不认一家人/桃养人，杏伤人，李子树下埋死人］壬仁［名 砂仁/瞳仁/虾仁/杏仁/种仁/核桃仁/花生仁 语 杀身成仁/为富不仁/智者见智，仁者见仁］任 ‖ **忍［动 容忍/隐忍 形 残忍 语 忍无可忍/于心不忍/是可忍，孰不可忍］荏［色厉内荏］稔［动 素稔 形 丰稔］◎刃［名 白刃/兵刃/刀刃/锋刃/利刃 动 手刃/自刃 形 锋刃 语 兵不血刃］认［动 辨认/承认/否认/公认/供认/默认/确认/追认 语 六亲不认］仞任［名 简任/责任/重任 动 出任/担任/调任/继任/兼任/简任/荐任/就任/连任/聘任/胜任/委任/信任/专任 语 知人善任/走马上任］纫［缝纫］韧［柔韧］轫［发轫］饪［烹饪］妊纴**(纺织)**衽［敛衽/裣衽］葚［桑葚］**

【15】zen(ㄗㄣ)怎◎谮

【16】cen(ㄘㄣ)岑涔［涔涔］ 非韵脚字 chēn 参

【17】sen(ㄙㄣ)森［森森/萧森/阴森］

【18】yin(ㄧㄣ)因［名 病因/成因/基因/近因/内因/起因/前因/外因/诱因/原因/远因/海洛因 语 陈陈相因/事出有因］阴［名 碑阴/背阴/寸阴/光阴/华阴/江阴/树阴/太阴 动 背阴/惜阴 语 寸金难买寸光阴］茵［绿草如茵］荫［名 树荫 语 有心栽花花不开，无心插柳柳成荫］音［名 发音/读音/方音/福音/辅音/话音/回音/佳音/口音/录音/嗓音/声音/童音/土音/尾音/五音/乡音/译音/余音/语音/元音/乐音/杂音/噪音/正音/知音/直音/重音/标准音/观世音 动 播音/发音/录音/落音/配

音/拼音/失音/收音/谐音/译音/正音/注音[语]空谷足音/弦外之音/一锤定音/看人看心，听话听音]洇姻[婚姻/联姻]殷[我心殷殷]铟(金属元素)堙喑[万马齐喑]愔[愔愔] ◎吟[悲吟/蝉吟/长吟/沉吟/歌吟/呻吟/笑吟吟]垠[一望无垠]狺[狺狺]崟[嵚 qīn 崟(形容山高)]银[[名]白银/包银/本银/饼银/金银/水银/纹银[动]镀银/嵌银[语]三年清知府，十万雪花银]淫[[动]诲淫/奸淫/卖淫/浸淫/手淫[形]荒淫[语]乐而不淫]寅鄞龈[牙龈]夤[夜夤]嚚霪 ‖ **尹[道尹/府尹/京兆尹]引[[名]路引/索引/小引/盐引[动]称引/导引/逗引/发引/勾引/汲引/荐引/接引/牵引/推引/吸引/诱引/援引/摘引/招引/征引/指引[语]旁征博引]饮[[名]冷饮/热饮/小饮/香苏饮[动]畅饮/啜饮/酣饮/豪饮/牛饮/痛饮]蚓[蚯蚓]殷[雷声殷殷]隐[[名]索隐[动]退隐[形]恻隐/隐隐[语]难言之隐]靷瘾[[名]酒瘾/球瘾/戏瘾/烟瘾[动]成瘾/上瘾[形]过瘾] ◎印[[名]钢印/官印/火印/脚印/烙印/手印/水印/血印[动]编印/重印/抽印/打印/叠印/翻印/付印/盖印/挂印/刊印/刻印/扩印/摹印/排印/铅印/石印/缩印/拓印/套印/洗印/影印/用印/油印/掌印[语]心心相印]饮茚(有机化合物)荫胤窨憖[憖憖(小心谨慎)]**[非韵脚字] yīn 氤 yǐn 吲

【19】bin(ㄅㄧㄣ)邠玢宾[[名]贵宾/国宾/嘉宾/来宾/上宾/外宾[语]相敬如宾]彬[文质彬彬]傧[男傧/女傧]斌滨[海滨/湖滨/水滨/哈尔滨]缤槟镔濒豳 ‖ **摈殡[出殡]膑髌鬓[耳鬓/两鬓/双鬓]**

【20】pin(ㄆㄧㄣ)拼姘◎贫[动扶贫/济贫/脱贫 形赤贫/清贫 语惜老怜贫/笑娼不笑贫]频[名高频/视频 动调频 形高频 副频频]嫔[妃嫔]颦‖**品[名补品/产品/成品/出品/次品/毒品/废品/贡品/果品/极品/奖品/精品/礼品/人品/商品/上品/神品/食品/物品/下品/样品/药品/用品/赠品/展品/珍品/正品/制品/作品/舶来品/处理品/代用品/牺牲品/战利品 动出品/评品]榀◎牝[牡牝]聘[报聘/出聘/敦聘/解聘/礼聘/受聘/行聘/延聘/应聘/招聘/征聘]**

【21】min(ㄇㄧㄣ)民[名公民/国民/汉民/回民/饥民/贱民/居民/军民/黎民/流民/牧民/难民/农民/贫民/侨民/人民/庶民/选民/移民/遗民/游民/渔民/藏民 语祸国殃民/拥政爱民/治国安民]苠旻[苍旻]岷珉缗‖**皿[器皿]闵抿黾泯[良心未泯]闽悯[怜悯/其情可悯]笢敏[形聪敏/过敏/机敏/灵敏 语敬谢不敏]鳘**

【22】nin(ㄋㄧㄣ)您

【23】lin(ㄌㄧㄣ)拎◎邻[名比邻/芳邻/四邻/乡邻 动紧邻/睦邻 语福与祸为邻/远亲不如近邻]林[名碑林/辞林/丛林/翰林/老林/绿林/密林/农林/儒林/森林/山林/石林/树林/艺林/园林/竹林/防护林/穆斯林 动造林 语封山育林/独木不成林/一叶障目，不见森林]临[濒临/登临/光临/驾临/降临/来临/莅临/面临]啉[卟啉/喹啉]淋[日晒雨淋/天上钩钩云，地上雨淋淋]琳粼[波光粼粼]嶙[礁石嶙嶙]遴璘霖[甘霖/秋霖]辚[辚辚(车行声)]磷[白磷/黑磷/红磷]瞵鳞[鱼鳞]麟[麒麟] ‖**凛[凛凛]廪[仓廪]檩◎吝[悭吝]赁[出赁/租赁]淋**

[过淋]蔺[马蔺]膦(有机化合物)躏[蹂躏]

【24】jin(ㄐㄧㄣ)巾[餐巾/纶巾/领巾/毛巾/纱巾/手巾/头巾/围巾/浴巾/枕巾/红领巾/绿头巾]斤[名斧斤/千斤语一巧破千斤/秤砣虽小压千斤]今[名当今/古今/如今/现今动迄今/至今语博古通今/借古讽今/以古况今/无古不成今]金[名白金/本金/赤金/酬金/罚金/股金/合金/黄金/基金/奖金/礼金/五金/现金/薪金/押金/佣金/重金/资金/租金/抚恤金/公益金/奖学金动镀金/罚金/镏金/烫金/淘金/贴金/冶金语点石成金/沙里淘金/惜墨如金/一诺千金/众口铄金/给脸上贴金/家书抵万金/烈火炼真金/男儿膝下有黄金/农时一刻值千金/一寸光阴一寸金/二人同心,其力断金]津[名渡津/关津/要津动问津形甜津津语遍体生津/指点迷津]衿矜[哀矜/骄矜/自矜]筋[名钢筋/面筋/脑筋/青筋/蹄筋/叶筋/橡皮筋动抽筋/转筋语姑舅亲,姑舅亲,打断骨头连着筋]禁[副不禁语情不自禁/忍俊不禁]襟[名大襟/对襟/连襟/胸襟/衣襟语出师未捷身先死,长使英雄泪满襟]‖**仅[不仅]尽卺[合卺]紧[名松紧动加紧/抓紧形吃紧/打紧/口紧/手紧/严紧/要紧/嘴紧副赶紧]锦[名尺锦/集锦/什锦/蜀锦/壮锦语如花似锦]谨[纯谨/恭谨/拘谨/勤谨/严谨]馑[饥馑]瑾槿[木槿]◎仅尽[名穷尽动殆尽/费尽/耗尽/竭尽/历尽/穷尽/自尽形详尽语除恶务尽/筋疲力尽/民穷财尽/取之不尽/仁至义尽/山穷水尽/同归于尽/一网打尽/知无不言,言无不尽]进[名后进/先进动并进/促进/递进/奋进/改进/**

渐进/卷进/亢进/跨进/累进/买进/迈进/冒进/前进/上进/挺进/推进/行进/演进/跃进/增进/长进 形 后进/激进/先进 语 高歌猛进/突飞猛进/知难而进/针插不进，水泼不进/篱笆扎得紧，野狗钻不进]近[名 附近/远近/最近/左近 动 挨近/逼近/凑近/将近/接近/就近/靠近/邻近/迫近/亲近/贴近 形 浅近/亲近 副 新近]劲[名 冲劲/闯劲/后劲/牛劲/巧劲/手劲/心劲/虚劲 动 鼓劲/费劲/使劲/省劲/松劲/泄劲/用劲 形 差劲/吃劲/带劲/对劲/起劲/不得劲]荩[忠荩]浕晋[东晋/西晋]赆烬[灰烬/余烬]浸琎祲(妖气)靳禁[名 党禁/官禁/海禁/宵禁 动 查禁/犯禁/监禁/解禁/拘禁/囚禁/软禁/失禁/违禁/严禁/幽禁 语 情不自禁/入国问禁/形格势禁]缙(赤色帛)觐[朝觐]殣噤[寒噤] 非韵脚字 jǐn 堇 jìn 妗

【25】qin(ㄑㄧㄣ)钦[可钦]侵[入侵]亲[名 表亲/父亲/近亲/六亲/母亲/双亲/乡亲/至亲 动 成亲/定亲/躬亲/结亲/近亲/攀亲/抢亲/娶亲/说亲/送亲/探亲/提亲/投亲/退亲/省亲/迎亲/招亲 形 嫡亲 语 大义灭亲/举目无亲/任人唯亲/事必躬亲/每逢佳节倍思亲/贫居闹市无人问，富在深山有远亲]衾[衣衾]骎[骎骎] ◎芹[西芹]芩矜秦琴[名 风琴/钢琴/古琴/胡琴/口琴/柳琴/竖琴/提琴/扬琴/瑶琴/月琴/六弦琴/马头琴/手风琴/小提琴 动 抚琴/弹琴 语 乱弹琴/对牛弹琴/煮鹤焚琴]覃禽[飞禽/家禽/猛禽/鸣禽/珍禽]勤[名 地勤/后勤/外勤 动 出勤/考勤/缺勤/值勤 形 手勤/腿勤/辛勤/殷勤 语 四体不勤/业精于勤/主雅客来勤]嗪[吖嗪/哒嗪/哌嗪]溱擒[生

擒/束手就擒]噙檎[林檎] ‖ **锓**(雕刻)**寝**[名陵寝 动安寝/就寝/入寝 语寿终正寝] ◎**吣**[满口胡吣]**沁揿** 非韵脚字 qīn 嵚

【26】xin(ㄒㄧㄣ)心[名背心/寸心/歹心/点心/二心/核心/欢心/匠心/脚心/决心/苦心/良心/民心/人心/手心/信心/野心/疑心/用心/忧心/圆心/中心/忠心/重心/好奇心/事业心/自尊心 动安心/变心/操心/存心/担心/当心/动心/多心/放心/费心/关心/狠心/灰心/交心/留心/倾心/忍心/上心/谈心/疑心/忧心/有心 形安心/粗心/狠心/焦心/精心/耐心/热心/伤心/贪心/细心/小心/虚心/衷心/专心 语赤胆忠心/触目惊心/大快人心/掉以轻心/独具匠心/将心比心/刻骨铭心/苦口婆心/力不从心/利欲熏心/漫不经心/人面兽心/十指连心/无所用心/日久见人心/刀子嘴豆腐心/可怜天下父母心/火要空心,人要实心/感时花溅泪,恨别鸟惊心/刘备摔孩子——刁买人心/家事,国事,天下事,事事关心/画虎画皮难画骨,知人知面不知心]芯[笔芯/机芯/岩芯]辛[悲辛/艰辛/酸辛]忻昕欣[欢欣/欣欣]莘锌新[动尝新/创新/翻新/革新/更新/刷新/维新/迎新/自新 形簇新/清新/全新/崭新 副重新 语除旧布新/耳目一新/记忆犹新/破旧立新/弃旧图新/吐故纳新/推陈出新/万象更新/温故知新/以老带新]歆薪[名底薪/干薪/工薪/年薪/月薪 动发薪/加薪 语杯水车薪/釜底抽薪/曲突徙薪]馨[形宁馨/清馨/温馨 语明德惟馨]鑫伈镡 ‖ **伈**[伈伈(恐惧貌)] ◎**囟信**[名电信/复信/回信/口信/亲信/确信/威信/音信/引信/印信/鸡毛信/介绍信/匿名信/证明信 动报信/复信/回信/迷信/确信/失信/守信/送信/通信/相信/自信

语 **通风报信/言而有信]衅[挑衅/寻衅]焮** 非韵脚字 xìn 芯

【27】wen(ㄨㄣ)温[名 常温/低温/地温/高温/恒温/气温/体温 动 保温/降温/升温]瘟[春瘟/弼马瘟] ◎文[名 白文/碑文/电文/分文/公文/古文/国文/汉文/换文/金文/课文/论文/散文/水文/天文/条文/外文/檄文/虚文/衍文/引文/英文/语文/原文/韵文/杂文/征文/中文/咨文/作文/白话文/记叙文/甲骨文/文言文/小品文/应用文/钟鼎文 动 换文/征文/作文 形 斯文 语 偃武修文/一纸空文]纹[斑纹/波纹/花纹/裂纹/绫纹/罗纹/螺纹/平纹/条纹/笑纹/斜纹/指纹/皱纹]炆闻[名 丑闻/传闻/秽闻/见闻/令闻/奇闻/新闻/要闻/逸闻/珍闻 动 传闻/耳闻 语 充耳不闻/孤陋寡闻/骇人听闻/闻所未闻/置若罔闻]蚊阌雯 ‖ **刎[自刎]吻[名 鸱吻/唇吻/口吻 动 飞吻/接吻/亲吻]紊[有条不紊]稳[形 安稳/沉稳/平稳 语 十拿九稳/四平八稳] ◎问[名 顾问/学问/疑问 动 查问/发问/反问/访问/过问/盘问/请问/审问/试问/提问/慰问/询问/责问/质问/追问 语 不耻下问/不闻不问/答非所问/反躬自问/明知故问/首恶必办,胁从不问]汶纹揾璺** 非韵脚字 wēn 榅辒蕰鳁

【28】dun(ㄉㄨㄣ)吨惇敦墩[名 锦墩/门墩/桥墩/树墩/土墩/坐墩 形 矮墩墩/胖墩墩]撴礅[石礅]镦[冷镦/热镦]蹾蹲[下蹲] ‖ **盹[打盹]趸[打趸/现趸] ◎囤[粮食囤]沌[混沌]炖[清炖]砘钝[形 迟钝/鲁钝/驽钝 语 成败利钝]盾[名 后盾/金盾/矛盾/银盾 形 矛盾 语 以子之矛,攻子之盾]顿[动 安**

顿/停顿/整顿形困顿/劳顿/委顿]遁[逃遁/隐遁/远遁]楯

【29】tun(ㄊㄨㄣ)吞[动并吞/独吞/鲸吞/侵吞/生吞形温吞/慢吞吞]暾[朝暾]◎屯[名小屯/皇姑屯动驻屯]坉囤饨[馄饨]忳[忳忳(烦闷貌)]豚[海豚/河豚/江豚/土豚/白鳍豚]魨臀[肥臀]‖**氽◎褪**

【30】lun(ㄌㄨㄣ)抡◎仑[名昆仑量加仑/库仑语我自横刀向天笑,去留肝胆两昆仑]伦[名人伦/天伦/五伦动绝伦/乱伦语比拟不伦/荒谬绝伦]论[上论/下论]抡囵[囫囵]沦[沉沦]纶[丙纶/垂纶/涤纶/锦纶/经纶/腈纶]轮[班轮/车轮/齿轮/渡轮/耳轮/海轮/滑轮/火轮/货轮/江轮/巨轮/客轮/年轮/日轮/砂轮/拖轮/油轮/月轮]‖**论[名罢论/导轮/定论/概论/高论/公论/宏论/结论/谬论/评论/社论/通论/推论/绪论/言论/议论/引论/舆论/政论/多元论/进化论/唯物论/唯心论/先验论/相对论/信息论动辩论/不论/理论/立论/评论/谈论/讨论/推论/争论连不论/无论语高谈阔论/格杀勿论/平心而论/奇谈怪论/相提并论/一概而论]**

【31】gun(ㄍㄨㄣ)**衮绲辊滚[动翻滚形圆滚滚]磙[石磙/铁磙]鲧◎棍[党棍/赌棍/恶棍/拐棍/光棍/军棍/闷棍/木棍/讼棍/铁棍]**

【32】kun(ㄎㄨㄣ)坤[乾坤]昆[后昆]堃裈琨焜(明亮)髡醌锟‖**捆阃悃[聊表谢悃]◎困[动围困/坐困形窘困/贫困/穷困语扶危济困/内外交困]**非韵脚字 kūn 锟

【33】hun(ㄏㄨㄣ)昏[名晨昏/黄昏动发昏语利令智昏/夕

阳无限好，只是近黄昏］荤［名 大荤/冷荤/五荤 动 开荤］阍［叩阍］婚［名 金婚/军婚/银婚 动 成婚/重婚/初婚/订婚/悔婚/结婚/离婚/求婚/通婚/未婚/新婚/征婚/证婚 语 久别胜新婚］◎浑［名 吐谷浑 动 搅浑 形 雄浑/圆浑］混魂［名 鬼魂/国魂/花魂/惊魂/军魂/灵魂/神魂/诗魂/亡魂/阴魂/英魂/幽魂/冤魂/忠魂/民族魂 动 还魂/销魂/招魂 语 借尸还魂/扬幡招魂］‖ **诨［打诨］圂**（厕所）**混［动 鬼混/胡混/蒙混/厮混 形 含混 语 种地不上粪，等于瞎胡混］溷** 非韵脚字 hún 珲馄

【34】zhun（ㄓㄨㄣ）肫［名 鸡肫/鸭肫 形 肫肫（诚恳貌）］谆［谆谆］‖ **准［名 定准/基准/隆准/水准/音准 动 定准/核准/获准/校准/瞄准/批准/照准/作准 副 一准］** 非韵脚字 zhūn 屯迍窀

【35】chun（ㄔㄨㄣ）春［名 残春/季春/孟春/青春/新春/阳春/迎春/早春/仲春/碧螺春/小阳春 动 怀春/回春/开春/立春/踏春/迎春/游春 语 枯木逢春/妙手回春/温暖如春/着手成春/病树前头万木春/人望幸福树望春/万紫千红才是春］椿［臭椿/香椿］蝽◎纯［动 提纯 形 单纯/真纯］莼唇［兔唇/鱼唇/嘴唇］淳鹑［鹌鹑］漘（水边）醇［名 甲醇/乙醇/胆固醇/木糖醇 形 清醇/香醇］‖ **蠢［蠢蠢/愚蠢/拙蠢］**

【36】shun（ㄕㄨㄣ）**吮［吸吮］楯**（栏杆）**◎顺［名 笔顺/耳顺 动 俯顺/归顺/投顺/降顺/孝顺/依顺 形 耳顺/恭顺/和顺/平顺/柔顺/随顺/通顺/温顺/孝顺/驯顺/一顺/忠顺 语 气不顺/百依百顺/风调雨顺/名正言顺/文从字顺/一帆风顺］舜［尧舜］**

瞬[一瞬/转瞬]

【37】run(ㄖㄨㄣ)**闰润[名利润动分润/浸润/滋润形丰润/光润/红润/滑润/湿润/甜润/温润/细润/圆润/滋润语珠圆玉润]**

【38】zun(ㄗㄨㄣ)尊[名令尊/年尊/天尊动屈尊/自尊语唯我独尊]遵樽鳟[虹鳟/赤眼鳟] ‖ **撙◎捘(用手指按)**

【39】cun(ㄘㄨㄣ)村[名荒村/农村/山村/乡村/新村/三家村/行政村/自然村动撒村语柳暗花明又一村]皴踆(踢)◎存[名库存/结存动保存/并存/残存/长存/储存/封存/共存/惠存/积存/寄存/结存/净存/留存/盘存/生存/图存/温存/依存/永存/余存/贮存形温存语片瓦无存/硕果仅存/一息尚存/青山不老，绿水长存]蹲 ‖ **忖[暗忖/思忖/自忖]◎寸[名尺寸/方寸/分寸/头寸语积铢累寸/打蛇要打七寸]**

【40】sun(ㄙㄨㄣ)孙[名稻孙/儿孙/徒孙/外孙/王孙/玄孙/曾孙/侄孙/子孙/祖孙语断子绝孙/含饴弄孙/孝子贤孙]荪狲[猢狲]飧(晚饭) ‖ **损[名海损/增损动贬损/耗损/毁损/减损/亏损/劳损/磨损/破损/缺损/污损/消损形残损/阴损语完好无损/有益无损]笋[名春笋/冬笋/干笋/芦笋/毛笋/石笋/竹笋语雨后春笋]隼[飞隼/翔隼/鹰隼]榫[斗榫/卯榫]**

【41】yun(ㄩㄣ)晕[头晕]氲[氤氲]赟(美好)◎云[名白云/彩云/残云/层云/愁云/风云/浮云/红云/密云/暮云/青云/彤云/乌云/闲云/祥云/星云/烟云/疑云/阴云/战云/火烧云动凌云助云云语不知所云/人云亦云/响遏行云/壮志凌云/富贵

于我如浮云/曾经沧海难为水，除却巫山不是云]匀[均匀/停匀]芸[名书芸/香芸形芸芸]员[伍员]沄[沄沄(水流动貌)]纭[纷纭/纭纭]昀(日光)郧耘[锄耘/耕耘/释耘/夏耘]涢筠鋆‖

允[动俯允/概允/明允/依允/应允形公允/平允/中允]狁[猃狁]陨殒◎孕[名身孕/胎孕动包孕/避孕/含孕/怀孕/妊孕/受孕]运[名财运/厄运/官运/国运/黑运/红运/货运/机运/家运/命运/气运/时运/世运/颓运/文运/桃花运动搬运/背运/驳运/漕运/车运/承运/储运/倒运/调运/发运/贩运/海运/航运/河运/集运/客运/空运/联运/陆运/盘运/起运/水运/挑运/托运/押运/应运/营运/载运/转运/装运形幸运/走运语匠心独运]员郓恽晕[名波晕/红晕/酒晕/眉晕/墨晕/日晕/月晕动头晕/眩晕/血晕/眼晕]酝[佳酝]愠[名微愠语人不知而不愠]韫(蕴藏)韵[名词韵/叠韵/风韵/气韵/琴韵/清韵/神韵/诗韵/险韵/新韵/阳韵/阴韵/音韵/余韵/闭口韵动步韵/出韵/次韵/和韵/协韵/押韵]蕴[名才蕴/底蕴/精蕴/内蕴/意蕴动含蕴]熨非韵脚字 yún 篔

【42】jun(ㄐㄩㄣ)军[名白军/敌军/殿军/督军/冠军/海军/红军/将军/禁军/空军/联军/陆军/叛军/全军/荣军/三军/守军/水军/伪军/我军/亚军/友军/援军/驻军/解放军/生力军/火头军/同盟军/志愿军/主力军动裁军/参军/充军/从军/将军/进军/犒军/扩军/劳军/随军/行军/驻军]均[动年均/平均/人均形平均]君[名暴君/储君/帝君/夫君/国君/昏君/郎君/灶君/诸君语莫愁前路无知己，天下谁人不识君]钧

[名陶钧动秉钧/陶钧语雷霆万钧/一发千钧]菌[黏菌/细菌/真菌]皲鲪麇 ‖ **俊[英俊]郡[会稽郡]捃(拾取)峻[陡峻/高峻/冷峻/清峻/险峻/严峻]隽浚[疏浚]骏菌焌(用火烧)畯竣[告竣/完竣]**非韵脚字 jūn 龟君筠

【43】qun(ㄑㄩㄣ)逡(退让)◎裙[布裙/短裙/墙裙/围裙/百褶裙/连衣裙]群[名人群/建筑群动超群/合群语鹤立鸡群/敬业乐群/卓尔不群]麇(成群)

【44】xun(ㄒㄩㄣ)勋[名功勋/奇勋/殊勋/元勋动授勋]埙熏窨薰曛醺[微醺/醉醺醺] ◎旬[名兼旬/上旬/下旬/中旬语年过八旬]寻[访寻/搜寻/探寻/推寻/找寻/追寻]巡[动出巡/逡巡语酒过三巡]郇询[查询/征询/质询/咨询]荀峋[嶙峋]洵(诚然)浔[江浔]恂珣栒循[因循/遵循]鲟 ‖ **训[名古训/家训/教训/校训/遗训动集训/教训/军训/轮训/培训/受训语不足为训]讯[名电讯/简讯/快讯/零讯/喜讯/音讯/新华社讯动传讯/审讯/通讯/问讯]汛[名潮汛/伏汛/凌汛/秋汛/鱼汛/桃花汛动防汛]迅[鲁迅]驯[形温驯/雅驯语桀骜不驯]徇逊[形谦逊/稍逊语出言不逊]殉浚巽熏蕈[香蕈/毒蝇蕈]噀**非韵脚字 xūn 獯 xún 荨

附：小人辰儿

【此辙包括人辰辙儿化词及衣期辙、灰堆辙的儿化词。为何这原本是各具声色的三个大辙，儿化以后，音调就变得近似与和谐了呢？这是汉语普通话儿化变音规则使然：使它们的韵尾都带有了 ər 音。下列词汇，普通话里一般必儿化】

暗记儿/八字儿/白嘴儿/扳指儿/班底儿/宝贝儿/保本儿/背心儿/背阴儿/绷瓷儿/鼻翅儿/笔芯儿/便门儿/便盆儿/便衣儿/变味儿/别针儿/冰棍儿/冰锥儿/病根儿/擦黑儿/猜谜儿/菜籽儿/蚕子儿/草刺儿/草底儿/茶匙儿/茶几儿/岔气儿/插曲儿/岔曲儿/唱本儿/抄近儿/车份儿/城根儿/冲劲儿/抽筋儿/串味儿/凑趣儿/醋劲儿/寸劲儿/打盹儿/打滚儿/带刺儿/调门儿/顶门儿/豆汁儿/豆嘴儿/逗趣儿/对味儿/多会儿/耳垂儿/耳坠儿/饭粒儿/飞轮儿/**干劲儿/**高枝儿/哥们儿/歌本儿/够本儿/够味儿/瓜子儿/拐棍儿/光棍儿/果仁儿/过门儿/好气儿/后跟儿/后门儿/后身儿/后尾儿/荒信儿/慌神儿/回神儿/回信儿/鸡子儿/记事儿/夹心儿/较真儿/京味儿/究根儿/绝门儿/开刃儿/空地儿/抠门儿/裤腿儿/拉鼻儿/捞本儿/老本儿/老人儿/泪人儿/愣神儿/凉粉儿/驴驹儿/骡驹儿/马驹儿/猫鱼儿/铆劲儿/没词儿/没错儿/没劲儿/没门儿/没准儿/美人儿/门鼻儿/门墩儿/米粒儿/面剂儿/面坯儿/面人儿/摸黑儿/墨水儿/木鱼儿/哪会儿/那会儿/那阵儿/纳闷儿/奶皮儿/奶嘴儿/齉鼻儿/脑门儿/泥人儿/年根儿/娘们儿/胖墩儿/刨根儿/跑腿儿/花盆儿/皮筋儿/破谜儿/汽水儿/前身儿/枪子儿/屈戌儿/蛐蛐儿/入味儿/桑葚儿/嗓门儿/傻劲儿/山根儿/扇坠儿/上身儿/是味儿/手印儿/书皮儿/死劲儿/死信儿/松仁儿/松子儿/送信儿/溏心儿/糖人儿/桃仁儿/挑刺儿/铜子儿/瞳仁儿/透信儿/围嘴儿/媳妇儿/戏份儿/虾仁儿/下本儿/下身儿/响鼻儿/小曲儿/小人儿/歇腿儿/邪门儿/心劲儿/信皮儿/杏仁儿/凶信儿/压根儿/烟嘴儿/盐粒儿/眼神儿/咬字儿/爷们儿/一会儿/一气儿/一水儿/一顺儿/有门儿/脏字儿/

这会儿/这阵儿/针鼻儿/转身儿/准信儿/滋味儿/走神儿/走味儿

白话文儿/败家子儿/包袱皮儿/不大离儿/不得劲儿/差不离儿/吃老本儿/儿媳妇儿/红药水儿/猴皮筋儿/花生仁儿/黄花女儿/火药味儿/驴打滚儿/木头人儿/攀高枝儿/齐眉穗儿/气门心儿/人情味儿/石头子儿/算盘子儿/太阳地儿/橡皮筋儿/小大人儿/新媳妇儿/一个劲儿/一股劲儿/月亮门儿/走后门儿/一时半会儿

第十二道　江阳辙

一、江阳辙声律启蒙

其　一

下对上，门对窗；故国对他乡。

千山对万水，九泽对三江。

灯闪闪，月幢幢；地久对天长。

一堤杨柳绿，三径菊花黄。

逢端午，遇重阳；

闻鼓塞兵方战斗，听钟宫女正梳妆。

跨凤登台潇洒仙姬秦弄玉，

斩蛇当道英雄天子汉刘邦。

九泽：《史记》载，大禹劈九岳，掘九泽、通九江、定九州。三江：指金沙江、澜沧江和怒江。秦弄玉：古传有萧史与秦弄玉夫妇，琴箫之技举世无双，一日于高台合奏，吸引了凤凰前来赏乐。

其　二

台对阁，沼对塘；朝雨对夕阳。

游人对隐士，谢女对秋娘。

三寸舌，九回肠；玉液对琼浆。

仙棋藏绿橘，客枕梦黄粱。

学荀孟，习老庄；

青萍夜啸芙蓉匣，黄卷时摊薜荔床。

元亨利贞天地一机成化育，

仁义礼智圣贤千古定纲常。

谢女：指东晋女诗人谢道韫，谢奕之女，王凝之之妻，聪慧有才辩。秋娘：指杜秋娘，唐宪宗的爱妃。曾自己谱写一曲金缕衣“劝君莫惜金缕衣，劝君惜取少年时；花开堪折直须折，莫待无花空折枝。”藏绿橘：传说古代有户人家在园子里种了很多柑橘树。这一年，还不到结果时节，忽然间冒出了三个绿色橘子，个个都有一只斗那么大，谁见了都吃惊不已。主人就命令仆人摘下来，使劲揭开皮。里面竟然是两个老头儿对坐着在下棋！梦黄粱：《枕中记》载，有个姓卢的年轻人，进京赶考，在邯郸一家旅店内遇见一个老道士。卢生向老道士说起自己的家世，怨恨自己的命运不好。道士听了，便取出一个青瓷枕头来说：“你枕着它睡一觉吧，它会使你心满意足的！”于是卢生接过枕头睡下。刚刚合上眼，就梦见自己考试高中，随后当了官，还立了战功，过上了荣华富贵的生活，娶了一个聪明美丽的妻子，之后又当了丞相，生活得很幸福。可是一觉醒来，发现这只不过是一场美梦而已，睡前店里煮着的小米饭还没熟呢！青萍：一种水草。宋玉答楚王时说：“夫风生于地，起于青萍之末。”后用做利剑名。黄卷：指经典书籍。元亨利贞：《周易》的卦辞。

其　三

臣对子，帝对王；日月对风霜。

乌台对紫府，雪牖对云房。

香山社，昼锦堂；石屋对岩廊。

芳淑涂内壁，文杏饰高梁。

读班马，识求羊；

贫女幸分东壁影，幽火高卧北窗凉。

绣阁探春丽日半笼青镜色，

水亭醉夏熏风常透碧筒香。

乌台：指的是御史台，汉代时御史台外柏树很多并有很多乌鸦，所以人称御史台为乌台。紫府：指仙宫或官衙。雪牖、云房：唐姚鹄《题终南山隐者居》"夜吟明雪牖，春梦闭云房。"香山社：唐白居易等九人结为香山九老社。昼锦堂：宋韩琦封魏国公，造昼锦堂退老其中。文杏、高梁：唐王维《文杏馆》："文杏裁为梁，香茅结为宇。不知栋里云，去作人间雨。"贫女：齐女与邻妇共烛而绩，妇辞之。女曰：我贫无烛，一室之中，多不为暗，少不为明，何惜东壁余光。幽火：《晋书》本传记陶渊明："尝言夏月虚闲，高卧北窗之下，清风飒至，自谓羲皇上人。"碧筒香：郑悫取荷茎，通之盛酒。名曰碧筒杯。

二、江阳辙诗歌欣赏

《蒹葭》(诗经·秦风)

蒹葭苍苍，白露为霜。所谓伊人，在水一方。

溯洄从之，道阻且长。溯游从之，宛在水中央。

……

*苍、霜、方、长、央，押韵(阳部)

《大风歌》(汉·刘邦)

大风起兮云飞扬，

威加海内兮归故乡，

安得猛士兮守四方?

*扬、乡、方，押韵(阳韵)

《燕歌行》(三国魏·曹丕)

秋风萧瑟天气凉,草木摇落露为霜。
群燕辞归雁南翔,念君客游多思肠。
慊慊思归恋故乡,君何淹留寄他方。
贱妾茕茕守空房,忧来思君不敢忘,不觉泪下沾衣裳。
援琴鸣弦发清商,短歌微吟不能长。
明月皎皎照我床,星汉西流夜未央。
牵牛织女遥相望,尔独何辜限河梁。

* 凉、霜、翔、肠、乡、方、房、忘、裳、商、长、床、央、望、梁,押韵(阳韵)

《静夜思》(唐·李白)

床前明月光,疑是地上霜。
举头望明月,低头思故乡。

* 光、霜、乡,押韵(阳韵)

《闻官军收河南河北》(唐·杜甫)

剑外忽传收蓟北,初闻涕泪满衣裳。
却看妻子愁何在,漫卷诗书喜欲狂。
白日放歌须纵酒,青春作伴好还乡。
即从巴峡穿巫峡,便下襄阳向洛阳。

* 裳、狂、乡、阳,押韵(阳韵)

《江城子· 乙卯正月二十日夜记梦》(宋·苏轼)

十年生死两茫茫。不思量,自难忘。

千里孤坟,无处话凄凉。

纵使相逢应不识,尘满面,鬓如霜。

夜来幽梦忽还乡。小轩窗,正梳妆。

相顾无言,惟有泪千行。

料得年年断肠处,明月夜,短松冈。

* 茫、量、忘、凉、霜、乡、窗、妆、行、冈,押韵(第 2 部阳韵)

《遵奉将令沂州往》(京剧《黑旋风李逵》李逵唱段)

[西皮散板] 遵奉将令沂州往,道旁的杨柳列成行。

水波如鳞翻碧浪,满山的桃花放红光。

山影儿在水中随波荡漾,这样的美景不寻常。

黄莺儿在枝头飞舞高唱,一路上观不尽这大好的春光。

顺着这溪水岸忙把路上,耳听得卖酒声动我心肠。

[流水] 在山寨宋大哥对我细讲,为什么初下山我就要荒唐?

临行的言语我记心上,怎奈是闻得一阵一阵的热酒香。

酒香引得我喉中痒,咬住牙关我说不香。

甩开了大步某就急忙朝前闯,

[散板] 抖擞精神某去走一场。

《炉中煤——眷念祖国的情绪》(诗作者 郭沫若)

啊,我年青的女郎!
我不辜负你的殷勤,你也不要辜负我的思量。
我为我心爱的人儿,燃到了这般模样!
啊,我年青的女郎!
你该知道了我的前身?你该不嫌我的黑奴卤莽?
要我这黑奴的胸中,才有火一样的心肠。
啊,我年青的女郎!
我想我的前身,原本是有用的栋梁,
我活埋在地底多年,到今朝总得重见天光。
啊,我年青的女郎!
我自从重见天光,我常常思念我的故乡,
我为我心爱的人儿,燃到了这般模样!

《松花江上》(词曲作者 张寒晖)

我的家,在东北松花江上,
那里有森林煤矿,还有那满山遍野的大豆高粱。
我的家在东北松花江上,
那里有我的同胞,还有那衰老的爹娘。
“九一八”“九一八”,从那个悲惨的时候,
“九一八”“九一八”,从那个悲惨的时候,
脱离了我的家乡,抛弃那无尽的宝藏,
流浪!流浪!整日价在关内,流浪!

哪年，哪月，才能够回到我那可爱的故乡？
哪年，哪月，才能够收回那无尽的宝藏？
爹娘啊，爹娘啊，什么时候，才能欢聚一堂？

《洪湖水浪打浪》歌剧《洪湖赤卫队》选曲
（词作者　《洪湖赤卫队》创作组）

洪湖水呀，浪呀嘛浪打浪啊，
洪湖岸边，是呀嘛是家乡啊。
清早船儿去呀去撒网，晚上回来鱼满舱。
四处野鸭和菱藕，秋收满畈稻谷香。
人人都说天堂美，怎比我洪湖鱼米乡。
洪湖水呀，长呀嘛长又长啊，
太阳一出，闪呀嘛闪金光啊。
共产党的恩情，比那东海深。
渔民的光景，一年更比一年强。

《我们走在大路上》（词曲作者　劫夫）

我们走在大路上，意气风发斗志昂扬。
毛主席领导革命队伍，披荆斩棘奔向前方。
向前进！向前进！革命气势不可阻挡。
向前进！向前进！朝着胜利的方向。
五星红旗迎风飘扬，劳动人民奋发图强，
勤恳建设锦绣河山，誓把祖国变成天堂。

向前进！向前进！革命气势不可阻挡。
向前进！向前进！朝着胜利的方向。
我们的道路多么宽广，我们的前程无比辉煌，
我们献身这壮丽的事业，无限幸福无限荣光。
向前进！向前进！革命气势不可阻挡。
向前进！向前进！朝着胜利的方向。

《朝霞映在阳澄湖上》（京剧《沙家浜》郭建光唱段）

［西皮原板］朝霞映在阳澄湖上，芦花放稻谷香岸柳成行。
全凭着劳动人民一双手，画出了锦绣江南鱼米乡。
祖国的好山河寸土不让，岂容日寇逞凶狂！
战斗负伤离战场，养伤来在沙家浜。
半月来思念战友（转［二六］）与首长，
［流水］也不知转移在何方。
［快板］军民们准备反“扫荡”，何日里奋臂挥刀斩豺狼！
伤员们日夜盼望身健壮，为的是早早回前方！

《在希望的田野上》（词作者　晓光）

我们的家乡，在希望的田野上；
炊烟在新建的住房上飘荡，小河在美丽的村庄旁流淌。
一片冬麦，（那个）一片高粱，十里（哟）荷塘，十里果香。
哎咳哟嗬呀儿伊儿哟！咳！
我们世世代代在这田野上生活，为她富裕，为她兴旺。

我们的理想，在希望的田野上；
禾苗在农民的汗水里抽穗，牛羊在牧人的笛声中成长。
西村纺纱，（那个）东港撒网，北疆（哟）播种，南国打场。
哎咳哟嗬呀儿伊儿哟！咳！
我们世世代代在这田野上生活，为她打扮，为它梳妆。
我们的未来，在希望的田野上；
人们在明媚的阳光下生活，生活在人们的劳动中变样。
老人们举杯，（那个）孩子们欢笑，小伙儿（哟）弹奏，姑娘歌唱。
哎咳哟嗬呀儿伊儿哟！咳！
我们世世代代在这田野上生活，为她幸福，为她增光。

三、江阳辙特色分析

江阳辙的韵腹是 a，开口度大；韵尾是 ng，和 a 构成舌根鼻音韵母 ang，极易引起头腔共鸣；所以，根据发音的响亮程度，“江阳辙”应属一级（洪亮级）甲等，具有明朗的色彩；其所含韵脚字也较多，属“宽韵”。

在诗歌创作中，选用此韵的很是不少；诗歌所表达的情感也多种多样：比如《诗经》的《蒹葭》是一首怀念故人的诗歌，表达的情感相当细腻；而刘邦的《大风歌》虽仅三句，却昂扬着一股粗犷、豪迈的气势；至于曹丕的《燕歌行》，即使十五句句句用韵，表达出的情感却仍然不凉不热、温温吞吞，因此，我认为算不得好诗。李白诗风豪放，然而，那首江阳辙的《静夜思》却安静得宛若处子；杜甫诗风沉郁，然而，那首《闻官军收河南河北》却欢快得胜似顽童；至于苏轼，一向豁达，然而，那首《江城子·乙卯正月二十日夜记梦》却表现出无限的凄凉哀伤。由此可见，很难说江阳辙最适宜表达怎样的情感。

如果非要总结出江阳辙的特点，我的感觉是：用江阳辙表现豪放的韵味似乎更自然更合适些。——这可以从韩愈《听颖师琴》诗的用韵得到印证。韩愈《听颖师琴》诗的背景是这样的：相传有一个名叫颖的和尚，从印度来到我国，人们尊称他为颖师。颖师演奏古琴十分出名，技艺精湛、韵味特别。据说有个生病的人，躺在床上，听到颖师弹琴的声音，顿时觉得病已痊愈，坐了起来，不再服药。韩愈也慕名前来欣赏颖师弹琴。开始的时候，琴音柔和细弱，婉转轻盈，像一对少男少女在温柔细语，倾诉彼此心里的爱慕。韩愈听得十分愉悦，像是欣赏一首美丽的情诗。突然，琴声激昂高亢，像万马奔腾，勇士们奔赴沙场，刹那间刀剑齐鸣，惨烈悲壮。韩愈为之精神振奋，好像自己也赴沙场。一会儿，琴声又悠扬飘逸，像柳絮随风在蓝天白云间飞舞。韩愈如醉如痴，仿佛自己也飘上太空。很快地，琴声又热烈起来，到处是莺歌燕舞，百鸟齐鸣，其间一只凤凰引领高歌，呈现一片欢乐、升平气象。接着，琴音激越地往上攀升，越攀越高，仿佛在峭壁悬崖一寸一寸艰难前进。不料，琴声从最高处忽然下滑到最低音，好像是攀登者忽然失足，从千丈高峰一下子掉落到无底深渊。韩愈听到这里，心惊肉跳，坐立不安，泪如雨下，他不得不伸手拦阻，请颖师中止弹奏，对颖师说：我虽然长着两只耳朵，但是不懂音乐。不过这次听到你的弹奏，却让我激动得控制不了自己。你的演奏实在太高明了，好像是把冰和炭火放在我的心窝似的，你要是再弹下去，我可真的受不了了。韩愈《听颖师琴》诗的内容是这样的：

昵昵儿女语，恩怨相尔汝。

划然变轩昂，勇士赴敌场。浮云柳絮无根蒂，天地阔远随飞扬。喧啾百鸟群，忽见孤凤凰。跻攀分寸不可上，失势一落千丈强。

嗟余有两耳，未省听丝篁。自闻颖师弹，起坐在一旁。推手遽止之，湿衣泪滂滂。颖乎尔诚能，无以冰炭置我肠！

诗中，作者将音韵的运用与音乐相配合，第一段当琴音柔和婉转时，作者用“语”和“汝”押韵（属《诗韵》上声三十六“语”韵），声调也比较柔和。第二段当琴音转入激昂高亢时，作者的用韵也一下子变为“昂”“场”押。接下来的“凤凰高歌”“悬崖行进”“高峰坠渊”等，琴音、意气也俱是昂扬的。第三段写自己听罢弹奏的激动情绪，诗歌的用韵仍然保持着下平声二十二“阳”韵。通过韩愈在这一首诗中运用“语”韵、“阳”韵的不同手法，我想是可以体会、感觉到“江阳辙”的一些特色的。

至于近现代的新诗歌，从《炉中煤》到《松花江上》，从《我们走在大路上》到《在希望的田野上》，无不闪耀着昂扬高亢的光芒。

四、江阳辙同韵音节情况

【此辙包含 ang(ㄤ),iang(ㄧㄤ),uang(ㄨㄤ)三种韵母;出音节 32 个】

〈开口呼〉【1】ang(ㄤ)[昂]

【2】bang(ㄅㄤ)[邦]【3】pang(ㄆㄤ)[乓]

【4】mang(ㄇㄤ)[牤]【5】fang(ㄈㄤ)[方]

【6】dang(ㄉㄤ)[当]【7】tang(ㄊㄤ)[汤]

【8】nang(ㄋㄤ)[囊]【9】lang(ㄌㄤ)[啷]

【10】gang(ㄍㄤ)[冈]【11】kang(ㄎㄤ)[康]【12】hang(ㄏㄤ)[夯]

【13】zhang(ㄓㄤ)[张]【14】chang(ㄔㄤ)[伥]

【15】shang(ㄕㄤ)[伤]【16】rang(ㄖㄤ)[嚷]

【17】zang(ㄗㄤ)[赃]【18】cang(ㄘㄤ)[仓]【19】sang(ㄙㄤ)[丧]

〈齐齿呼〉【20】yang(ㄧㄤ)[央]

【21】niang(ㄋㄧㄤ)[娘]【22】liang(ㄌㄧㄤ)[良]

【23】jiang(ㄐㄧㄤ)[江]【24】qiang(ㄑㄧㄤ)[呛]【25】xiang(ㄒㄧㄤ)[乡]

〈合口呼〉【26】wang(ㄨㄤ)[尪]

【27】guang(ㄍㄨㄤ)[光]【28】kuang(ㄎㄨㄤ)[匡]

【29】huang(ㄏㄨㄤ)[肓]

【30】zhuang(ㄓㄨㄤ)[妆]【31】chuang(ㄔㄨㄤ)[创]【32】shuang(ㄕㄨㄤ)[双]

* 江阳辙 32 音节，音节的韵母组合是韵头(零、i、u)+韵腹(a)+韵尾(ng)；ang[aŋ]、iang[iaŋ]、uang[uaŋ]是带舌根鼻音的韵母。

五、江阳辙常见同韵字词

【1】ang(ㄤ)卬昂[高昂/激昂/轩昂]枊(拴马桩)盎 非韵脚字 āng 肮

【2】bang(ㄅㄤ)邦[名 联邦/邻邦/盟邦/土邦/友邦/乌托邦 语 多难兴邦]帮[名 菜帮/船帮/床帮/单帮/匪帮/行帮/黑帮/洪帮/马帮/青帮/桶帮/鞋帮 动 搭帮 语 一个篱笆三个桩，一个好汉三个帮]梆[木梆]浜[河浜] ‖ **绑[动 捆绑/陪绑/松绑 语 五花大绑]榜[名 金榜/红榜/光荣榜/选民榜 动 标榜/发榜/落榜/上榜/题榜/张榜]膀[臂膀/翅膀/肩膀] ◎ 蚌棒[棍棒/木棒/蒲棒/拳棒/接力棒/金箍棒/哭丧棒/炭精棒]棓傍[依傍]谤[诽谤/毁谤/弭谤]塝搒(划船)蒡[牛蒡]磅镑艕(船船相靠)** 非韵脚字 bàng 稖

【3】pang(ㄆㄤ)乓[乒乓]雱滂膀 ◎ 庞[脸庞/面庞]逄旁[近旁/两旁/偏旁/声旁/四旁/形旁/意旁] ‖ **嗙[开嗙/胡吹乱嗙]耪[念书不讲，如同种地不耪]髈 ◎ 胖[肥胖]** 非韵脚字 páng 彷蒡膀磅螃鳑

【4】mang(ㄇㄤ)牤 ◎ 邙芒[锋芒/光芒/麦芒]忙[名 农忙 动

帮忙/奔忙/着忙[形]匆忙/大忙/繁忙/慌忙/穷忙/着忙[副]赶忙/急忙/连忙[语]帮倒忙/小骂大帮忙/忙者不会，会者不忙]尨盲[[名]法盲/色盲/文盲/雪盲/夜盲[动]扫盲/脱盲]氓[流氓]茫[苍茫/浩茫/昏茫/迷茫/渺茫/微茫]铓[锋铓] ‖ **莽[[名]草莽/丛莽/榛莽[形]苍莽/鲁莽]漭[漭漭(水面广阔貌)]蟒[巨蟒]**[非韵脚字] máng 杧硭

【5】fang(ㄈㄤ)方[[名]处方/单方/地方/东方/斗方/对方/贵方/甲方/立方/偏方/平方/前方/双方/四方/我方/五方/西方/验方/药方/远方/正方/土石方[动]塌方/挖方/无方/游方/有方[形]长方/大方/端方/四方/正方[语]四面八方/天各一方/仪态万方/贻笑大方/好男儿志在四方/打一枪换一个地方/眼观六路，耳听八方]邡[什邡]坊[街坊/牌坊/书坊/白纸坊/节义坊]芳[[名]群芳/众芳[动]流芳[形]芬芳]枋钫◎防[[名]边防/堤防/国防/海防[动]布防/返防/换防/谨防/联防/设防/消防/严防/预防/御防/驻防[副]冷不防[语]防不胜防/明枪易躲，暗箭难防]坊[粉坊/磨坊/染坊/油坊/作坊]妨[不妨/何妨/无妨]肪[脂肪]房[[名]班房/病房/捕房/仓房/茶房/禅房/厂房/厨房/洞房/蜂房/闺房/客房/库房/牢房/莲房/楼房/茅房/门房/磨房/暖房/偏房/票房/平房/乳房/书房/私房/糖房/填房/瓦房/卧房/厢房/心房/新房/刑房/药房/营房/栈房/长房/账房/正房/子房[动]填房/同房/行房/圆房[形]私房/堂房/远房[语]临街三年盖不成房/拉不出屎来赖茅房]鲂 ‖ **仿[[动]模仿/判仿/效仿/写仿[形]相仿]访[[动]拜访/采访/查访/出访/过访/回**

访/家访/来访/上访/探访/寻访/造访/走访[语]明察暗访/微服私访]纺[[名]混纺[动]粗纺/混纺/细纺[形]毛纺/棉纺]昉舫[画舫/石舫/游舫]◎放[[动]安放/存放/发放/寄放/解放/开放/流放/燃放/施放/释放/停放/投放/下放[形]奔放/粗放/豪放/狂放/疏放/颓放[语]百花齐放/心花怒放]

【6】dang(ㄉㄤ)当[[名]伴当/空当/瓦当[动]承当/充当/担当/该当/理当/相当/应当[形]妥当/稳当/相当/正当/响当当/满满当当[拟声]叮当[语]不敢当/吊儿郎当/敢作敢当/旗鼓相当/锐不可当/好汉做事好汉当/有福同享,有难同当]珰铛(拟声词)裆[[名]横裆/裤裆/胯裆/腿裆/直裆[动]开裆/钻裆]筜[筼筜] ‖ 挡[[名]火挡/空挡/炉挡/排挡/头挡[动]倒挡/抵挡/挂挡/拦挡/遮挡/阻挡[语]兵来将挡]党[[名]父党/会党/母党/朋党/妻党/私党/死党/同党/余党[动]入党/整党/政党[语]狐群狗党]谠(正直的话)◎当[[名]勾当/行当/家当[动]当当/典当/上当/赎当/押当[形]不当/得当/精当/快当/恰当/确当/失当/适当/顺当/停当/妥当/稳当/正当/值当[语]大而无当/直截了当]凼[粪凼/水凼]砀[砀砀]宕[跌宕/推宕/延宕]垱挡[摒挡]荡[[名]黄天荡/芦花荡[动]波荡/冲荡/闯荡/涤荡/动荡/逛荡/晃荡/回荡/激荡/浪荡/飘荡/扫荡/闲荡/摇荡/游荡/振荡/震荡[形]跌荡/动荡/放荡/浮荡/浩荡/浪荡/坦荡/淫荡[语]半瓶子醋好晃荡]档[[名]床档/横档/搭档/低档/高档/排档/鱼档[动]查档/存档/调档/断档/分档/归档/脱档]菪[莨菪]

【7】tang(ㄊㄤ)汤[[名]茶汤/池汤/高汤/鸡汤/米汤/面汤/清

汤/豆腐汤/迷魂汤/酸梅汤 动 煎汤 语 一粒老鼠屎，坏了一锅汤]耥嘡(拟声词)趟羰镗蹚◎饧唐[荒唐/颓唐]堂[名 祠堂/大堂/佛堂/公堂/教堂/课堂/礼堂/灵堂/弄堂/食堂/天堂/厅堂/学堂/印堂/澡堂/同仁堂/一言堂 动 拜堂/过堂 形 亮堂/堂堂 语 叫花子难登大雅之堂]棠[海棠]郾塘[池塘/海塘/河塘/火塘/鱼塘/澡塘]搪溏瑭樘[窗樘/门樘]膛[名 炉膛/枪膛/胸膛 动 开膛/破膛/上膛]螗[蜩螗]镗糖[单糖/多糖/果糖/奶糖/乳糖/食糖/葡萄糖/水果糖]赯螳 ‖ **帑[公帑/国帑]倘淌[流淌]傥[倜傥]锐躺◎烫[形 滚烫/火烫 语 死猪不怕开水烫]趟** 非韵脚字 tāng 铴

【8】nang(ㄋㄤ)囊[鼓鼓囊囊]囔[囔囔] ◎囊[名 胆囊/精囊/毛囊/皮囊/气囊/琴囊/肾囊/私囊/行囊/药囊/智囊 形 窝囊 语 慷慨解囊/中饱私囊]馕 ‖ **曩攮馕◎齉**

【9】lang(ㄌㄤ)啷◎郎[名 伴郎/儿郎/货郎/令郎/女郎/情郎/侍郎/新郎/放牛郎/员外郎 语 烈女怕缠郎/男怕入错行，女怕嫁错郎]狼[名 豺狼/虎狼/白眼狼/黄鼠狼/中山狼 语 披着人皮的狼/一虎难敌群狼/前门拒虎，后门进狼]阆[闶阆]琅[书声琅琅]桹[桹桹(木相击声)]廊[长廊/穿廊/画廊/回廊/游廊/走廊]榔[槟榔/桄榔]稂螂[蜣螂/螳螂/蟑螂] ‖ **朗[豁朗/开朗/明朗/晴朗/爽朗/硬朗]烺(明朗)◎郎[屎壳郎]埌[圹埌]莨阆浪[名 波浪/风浪/麦浪/热浪/声浪 动 流浪 形 放浪/孟浪 语 乘风破浪/大风大浪/兴风作浪/无风不起浪/长江后浪推前浪/一石激起千层浪]蒗** 非韵脚字 láng 锒 làng 莨

【10】gang(《尢)冈[山冈/景阳冈]江扛刚[名金刚 副刚刚 语柔能克刚/血气方刚]杠岗肛[脱肛]纲[名朝纲/大纲/党纲/纪纲/提纲/王纲/盐纲/政纲/总纲/花石纲 动上纲]矼(石桥)钢[名槽钢/锋钢/不锈钢 语百炼成钢/恨铁不成钢/人是铁,饭是钢]缸[汽缸/水缸/鱼缸/浴缸]罡堽 ‖ **岗[名门岗/肉岗/黄土岗 动查岗/换岗/上岗/设岗/下岗/在岗/站岗]港[名海港/河港/军港/领港/商港/香港/渔港/避风港/不冻港/航空港 动离港/领港/入港/引港]◎杠[名单杠/双杠/丝杠/顶门杠/高低杠 动打杠/画杠/抬杠/敲竹杠]岗钢筻戆**

【11】kang(丂尢)康[安康/健康/小康]慷槺[槺槺]糠[秕糠/稻糠/砻糠/米糠/糟糠]◎扛 ‖ **亢[名甲亢 形高亢/阳亢 语不卑不亢]伉抗[抵抗/对抗/反抗/顽抗/违抗]囥(藏)闶(高大)炕[火炕/土炕]钪**非韵脚字 kāng 闶

【12】hang(厂尢)夯[名木夯/石夯/铁夯 动打夯/砸夯]◎行[名本行/车行/内行/排行/商行/同行/外行/银行 动改行 形懂行/内行/外行/在行 语一目十行/三句话不离本行]吭[引吭]杭[上有天堂,下有苏杭]绗航[名领航/动出航/导航/领航/通航/巡航/引航/宇航]颃[颉颃] ‖ **行沆(水面辽阔)巷**

【13】zhang(ㄓ尢)张[名夸张/样张/印张/纸张/主张 动开张/扩张/伸张/声张/舒张/翕张/新张/主张 形乖张/慌张/紧张/夸张/铺张/嚣张 语改弦更张/纲举目张/剑拔弩张/重打锣鼓另开张/秀才人情纸半张]章[名报章/臂章/辞章/党章/典章/公章/规章/徽章/肩章/简章/奖章/领章/篇章/诗章/图章/团

章/文章/像章/袖章/勋章/印章/乐章/证章/奏章 动 盖章 语 约法三章/杂乱无章/铁肩担道义，妙手著文章］鄣獐彰［动 表彰 形 昭彰 语 相得益彰/欲盖弥彰］漳嫜［姑嫜］璋樟蟑‖

长［名 班长/部长/船长/队长/家长/军长/连长/旅长/排长/酋长/师长/市长/首长/团长/校长/乡长/兄长/学长/营长 动 成长/生长/增长/助长/滋长 形 年长 语 教学相长/揠苗助长］**仉涨**［暴涨/飞涨/高涨/上涨/升涨］**掌**［名 手掌/熊掌/鸭掌/仙人掌 动 钉掌/鼓掌/执掌 语 了如指掌/摩拳擦掌/易如反掌］◎**丈**［名 方丈/姑丈/姐丈/老丈/岳丈 动 清丈 语 光芒万丈/一落千丈/道高一尺，魔高一丈］**仗**［名 败仗/炮仗/胜仗/仪仗/硬仗 动 打仗/对仗/开仗/凭仗/仰仗/依仗/倚仗 语 明火执仗］**杖**［名 禅杖/拐杖/手杖/锡杖/擀面杖 语 拿刀动杖］**帐**［幔帐/蚊帐/营帐/青纱帐］**账**［名 欠账/细账/流水账/阎王账 动 报账/查账/冲账/出账/放账/还账/记账/交账/结账/赖账/欠账 形 混账 语 一笔糊涂账］**胀**［鼓胀/膨胀/肿胀］**涨**［头昏脑涨］**障**［名 保障/故障/路障/魔障/孽障/屏障/白内障 动 保障］**幛**［贺幛/寿幛/挽幛/喜幛］**嶂**［层峦叠嶂］**瘴**

【14】chang（ㄔㄤ）伥［为虎作伥］昌［顺之者昌］猖娼［名 暗娼 动 嫖娼 语 逼良为娼/男盗女娼］鲳◎长［名 短长/身长/特长/专长 动 擅长/延长 形 久长/漫长/绵长/颀长/冗长/深长/细长/狭长/修长/悠长 副 扬长 语 地久天长/飞短流长/日久天长/一技之长/语重心长/说来话长/尺有所短，寸有所长/人穷志短，马瘦毛长/英雄气短，儿女情长/懒婆娘的裹脚布——又

臭又长]场[打场/登场/翻场/赶场/碾场/起场/抢场/摊场/扬场]苌肠[名愁肠/大肠/饥肠/腊肠/热肠/柔肠/香肠/小肠/心肠/羊肠/鱼肠/衷肠/热心肠动断肠语荡气回肠/古道热肠/搜索枯肠/铁石心肠]尝[动品尝/浅尝副何尝/未尝语艰苦备尝]常[名纲常/家常/伦常/往常动照常形反常/平常/日常/失常/通常/异常/正常副常常/非常/经常/时常/照常语反复无常/三纲五常/习以为常/胜败乃兵家之常]偿[动报偿/补偿/代偿/抵偿/赔偿/清偿/形无偿语如愿以偿]裳嫦‖厂[名船厂/工厂/纱厂/纺织厂/钢铁厂动出厂/进厂]场[名靶场/操场/道场/法场/坟场/工场/官场/广场/过场/会场/火场/疆场/剧场/考场/科场/立场/排场/情场/沙场/商场/市场/外场/下场/现场/刑场/洋场/战场/电磁场/名利场/引力场动包场/出场/登场/开场/冷场/临场/捧场/怯场/上场/下场/圆场/在场/终场形排场副当场语粉墨登场]昶敞[高敞/宏敞/空敞/宽敞/轩敞]氅[大氅]◎玚怅[怅怅/惆怅/怨怅]畅[酣畅/和畅/欢畅/宽畅/流畅/明畅/舒畅/顺畅/条畅/通畅]倡[首倡/提倡]鬯唱[名绝唱/说唱/小唱/表演唱/大合唱动伴唱/重唱/独唱/对唱/高唱/歌唱/合唱/欢唱/领唱/轮唱/卖唱/齐唱/清唱/弹唱/演唱语假戏真唱/浅斟低唱/七分锣鼓三分唱]非韵脚字 chāng 菖阊 cháng 倘徜 chǎng 惝

【15】shang(ㄕㄤ)伤[名创伤/虫伤/工伤/内伤/轻伤/外伤/重伤/致命伤动负伤/毁伤/杀伤/受伤/损伤/探伤/养伤/中伤形哀伤/悲伤/感伤/心伤/忧伤语遍体鳞伤/救死扶伤/两

败俱伤]汤[汤汤(水大而急)]殇[国殇]商[名厂商/官商/客商/参商/外商/小商/行商/牙商/业商/智商/坐商动筹商/磋商/会商/经商/面商/洽商/私商/通商/相商/协商]觞[举觞/流觞]墒[名底墒动保墒/趁墒/接墒/开墒/跑墒/抢墒/透墒/验墒/走墒]熵‖上垧晌[名半晌/傍晌/过晌/后晌/片晌/前晌/头晌/一晌/早晌动歇晌]赏[名重赏动称赏/观赏/鉴赏/奖赏/犒赏/领赏/受赏/叹赏/玩赏/欣赏/悬赏/赞赏/重赏语孤芳自赏/论功行赏/奇文共赏/雅俗共赏]◎上[名春上/府上/皇上/会上/脸上/年上/墙上/圣上/世上/书上/堂上/早上/长上/主上/祖上/报纸上/课堂上/事实上/思想上/组织上动爱上/考上/锁上形无上/至上副马上语扶摇直上/高高在上/后来居上/青云直上/甚嚣尘上/迎头赶上/蒸蒸日上/至高无上/好钢用在刀刃上/鲜花插在牛粪上/羊毛出在羊身上]尚[名风尚/和尚/时尚/俗尚/习尚动崇尚形高尚]绱◎裳[衣裳]

【16】rang(ㄖㄤ)嚷[嚷嚷] ◎蘘瀼禳穰[穰穰(五谷丰饶)]瓤[瓜瓤] ‖壤[名天壤/土壤/沃壤/霄壤动接壤语穷乡僻壤]攘[纷攘/扰攘/攘攘]嚷[吵嚷/叫嚷] ◎让[动避让/出让/辞让/躲让/割让/互让/礼让/谦让/忍让/推让/退让/转让语当仁不让]瀼

【17】zang(ㄗㄤ)赃[名贼赃动分赃/贪赃/退赃/栽赃/追赃]脏[肮脏]牂(母羊)臧‖驵(骏马)◎脏[肝脏/肾脏/五脏/心脏]奘[玄奘]葬[名国葬/墓葬/丧葬/随葬动安葬/火葬/埋葬/水葬/送葬/随葬/天葬/土葬/下葬/殉葬]藏[宝藏/道藏/

三藏/释藏]

【18】cang(ㄘㄤ)仓[名义仓动补仓/倒仓/减仓/添仓/填仓语暗度陈仓/颗粒归仓]伧苍[名上苍/穹苍形莽苍/青苍/莽莽苍苍]沧舱[船舱/房舱/官舱/货舱/机舱/客舱/统舱/卧舱/坐舱/公务舱/经济舱]◎藏[名矿藏/行藏动暗藏/包藏/保藏/储藏/躲藏/窖藏/库藏/冷藏/埋藏/匿藏/潜藏/收藏/窝藏/掩藏/隐藏/蕴藏/遮藏/珍藏/贮藏形昂藏语鸟尽弓藏]

非韵脚字 cāng 鸧

【19】sang(ㄙㄤ)丧[名国丧动报丧/奔丧/出丧/除丧/吊丧/发丧/服丧/号丧/居丧/哭丧/守丧/送丧/治丧]桑[沧桑/扶桑]‖**搡[推推搡搡]嗓[名本嗓/假嗓/气嗓/哑嗓动倒嗓]磉[石磉]颡**(脑门子)◎**丧[动沦丧/斫丧形懊丧/沮丧/恼丧/颓丧]**

【20】yang(丨ㄤ)央[名当央/中央动未央/无央]泱[泱泱]殃[名祸殃/灾殃动遭殃语先下手为强,后下手遭殃]鸯[鸳鸯]秧[名菜秧/豆秧/瓜秧/花秧/树秧/鱼秧/猪秧/白薯秧动插秧/串秧/拉秧/莳秧/育秧]鞅◎扬[动褒扬/表扬/称扬/传扬/发扬/飞扬/高扬/激扬/飘扬/轻扬/上扬/颂扬/外扬/显扬/宣扬/抑扬/揄扬/远扬/赞扬形昂扬/悠扬/扬扬/张扬语臭名远扬/其貌不扬/趾高气扬/家丑不可外扬]羊[名羔羊/黄羊/羚羊/绵羊/奶羊/山羊/头羊/岩羊/替罪羊语歧路亡羊/顺手牵羊/群羊看头羊]阳[名残阳/重阳/端阳/衡阳/骄阳/洛阳/太阳/夕阳/斜阳/艳阳/阴阳/云阳/朝 zhāo 阳动朝 cháo 阳/

还阳/向阳/遮阳[语]乌云遮不住太阳]杨[[名]白杨/胡杨/响杨/小叶杨[语]百步穿杨]旸炀佯[倘佯/装佯]疡[溃疡]垟[黄垟/翁垟]徉[徜徉]洋[[名]北洋/大洋/东洋/光洋/海洋/毫洋/外洋/汪洋/西洋/现洋/银洋/远洋/北冰洋/大西洋/太平洋/印度洋[动]出洋/留洋[形]洋洋]烊蛘 ‖ **仰[[名]信仰[动]俯仰/景仰/敬仰/久仰/渴仰/钦仰/信仰/瞻仰/宗仰[语]前俯后仰]养[[名]涵养/给养/教养/素养/修养/学养/营养[动]保养/抱养/补养/哺养/放养/奉养/扶养/抚养/供养/涵养/护养/豢养/寄养/娇养/鞠养/圈养/疗养/领养/培养/弃养/赡养/生养/侍养/收养/饲养/调养/喂养/孝养/休养/蓄养/驯养/颐养/滋养/静养[形]家养[语]娇生惯养]氧[[名]臭氧[动]供氧/缺氧/输氧]痒[[形]技痒/痒痒[语]隔靴搔痒/无关痛痒/债多不愁,虱多不痒]** ◎ **怏[怏怏]样[[名]榜样/别样/大样/花样/货样/校样/模样/清样/时样/式样/图样/小样/字样[动]变样/抽样/取样/试样/照样/走样[形]两样/同样/一样/异样[语]各式各样/装模作样]恙[[名]贵恙/贱恙/微恙[动]抱恙/无恙]烊[打烊]鞅[牛鞅]漾[荡漾]**

【21】niang(ㄋㄧㄤ)娘[[名]伴娘/大娘/爹娘/姑娘/娘娘/婆娘/婶娘/师娘/新娘/渔娘/纺织娘/老板娘/丈母娘[语]儿大不由娘/有奶便是娘] ‖ **酿[[名]佳酿[动]酝酿]**

【22】liang(ㄌㄧㄤ)良[[名]天良/忠良/的确良[动]改良[形]不良/精良/善良/优良/忠良[语]除暴安良/黄鼠狼给鸡拜年——居心不良]莨[薯莨]凉[凉 liàng 凉][[动]乘凉/受凉/歇凉/着凉

形 悲凉/冰凉/苍凉/荒凉/凄凉/清凉/阴凉 语 人走茶凉/世态炎凉/心静自然凉/大树底下好乘凉]梁[名 鼻梁/大梁/栋梁/房梁/脊梁/津梁/桥梁/山梁/提梁 动 悬梁 语 余音绕梁]椋辌[辒辌]**量**[动 测量/称量/打量/掂量/端量/估量/衡量/商量/思量/酌量 语 海水不可斗量/风物长宜放眼量]粮[名 粗粮/干粮/公粮/口粮/钱粮/细粮/余粮/原粮/杂粮/商品粮 动 纳粮/完粮 语 寅吃卯粮/别拿豆包不当干粮/麦熟一晌,虎口夺粮]粱[高粱/膏粱]墚**踉**[跳踉] ‖ **两[名 斤两/市两/银两 语 半斤八两/掂斤播两/三三两两/着三不着两/此地无银三百两]俩[伎俩]唡魉[魍魉] ◎亮[名 光亮/月亮 动 发亮/天亮 形 敞亮/洪亮/豁亮/嘹亮/明亮/漂亮/透亮/响亮 语 心明眼亮/西方不亮东方亮/三个臭皮匠,顶个诸葛亮]倞(索取)凉悢[悢悢]谅[体谅/原谅]辆[车辆]靓量[名 产量/胆量/当量/电量/定量/动量/肚量/饭量/分量/海量/含量/剂量/酒量/力量/流量/能量/气量/器量/容量/数量/雅量/质量/重量/饱和量/降雨量 动 较量/尽量/限量 形 大量 语 不自量/充其量/功德无量/宽宏大量/蚍蜉撼大树,可笑不自量]晾喨[嘹喨]踉**

【23】jiang(ㄐㄧㄤ)江[名 长江/两江/领江/外江/下江/珠江/黑龙江/松花江 语 倒海翻江/陆海潘江]**将**[名 干将 动 输将 副 方将/即将/行将 语 日就月将]姜**浆**[名 豆浆/痘浆/粉浆/脑浆/泥浆/琼浆/砂浆/糖浆/血浆/岩浆/纸浆 动 翻浆/灌浆 语 箪食壶浆/玉液琼浆]僵[李代桃僵/百足之虫,死而不僵]缰[动 脱缰 语 信马由缰]鳉礓[砂礓]疆[名 边疆/海疆/新疆

语 万寿无疆］‖ **讲**［播讲/串讲/听讲/宣讲/演讲/主讲］**奖**［颁奖/褒奖/得奖/发奖/过奖/嘉奖/夸奖/领奖/评奖/受奖/授奖/中zhòng奖］**桨**［木桨］**蒋耩膙** ◎ **匠**［名 工匠/巨匠/木匠/石匠/铁匠/铜匠/瓦匠/意匠/宗匠 语 能工巧匠］**降**［名 霜降 动 沉降/空降/下降］**虹将**［名 败将/闯将/大将/虎将/健将/老将/良将/猛将/强将 动 点将 语 走马换将/请将不如激将］**洚**(大水泛滥)**绛浆弶强**［倔强］**酱**［名 黄酱/炸酱/果子酱/花生酱/辣椒酱/甜面酱/芝麻酱 动 炸酱］**犟**［脾气犟］**糨** 非韵脚字 jiāng 茳豇

【24】qiang(ㄑㄧㄤ)抢呛羌枪［名 标枪/步枪/大枪/焊枪/花枪/火枪/机枪/冷枪/猎枪/马枪/鸟枪/气枪/手枪/水枪/烟枪/驳壳枪/冲锋枪/电子枪/盒子枪/红缨枪/回马枪/机关枪/信号枪 动 打枪 语 临阵磨枪/匹马单枪/舌剑唇枪］戗戕［自戕］将(请)腔［名 鼻腔/唱腔/腹腔/高腔/官腔/花腔/京腔/口腔/昆腔/满腔/秦腔/胸腔/学生腔/弋阳腔 动 帮腔/搭腔/开腔/装腔 语 耍花腔］锖锵(拟声词)◎强［名 豪强/列强/压强 动 逞强/加强/增强 形 富强/刚强/高强/豪强/好强/坚强/顽强/要强 语 年富力强/男儿当自强］墙［名 城墙/女墙/人墙/山墙/土墙/围墙/萧墙/院墙/砖墙 动 骑墙 语 狗急跳墙/铁壁铜墙/忝列门墙/兄弟阋墙］嫱樯［桅樯］‖ **抢**［争抢/拼抢］**羟强**［动 勉强 形 勉强/牵强］**镪襁** ◎ **呛戗**［够戗］**炝跄**［踉跄］

非韵脚字 qiāng 蜣镪 qiáng 蔷

【25】xiang(ㄒㄧㄤ)乡［名 城乡/故乡/家乡/老乡/梦乡/山乡/

睡乡/四乡/同乡动下乡语背井离乡/上山下乡/衣锦还乡]芗相[互相/竞相/争相/自相]香[名沉香/丁香/茴香/藿香/麝香/书香/檀香/蚊香/龙涎香动降香/拈香/烧香/进香/烧香形吃香/芳香/清香/馨香语古色古香/国色天香/鸟语花香/墙里开花墙外香/人争一口气,佛争一炉香/不经一番严霜苦,焉得梅花扑鼻香]厢[包厢/车厢/城厢/关厢/两厢/那厢/这厢]葙[青葙]湘缃(浅黄色)箱[暗箱/冰箱/车箱/风箱/木箱/皮箱/水箱/信箱/油箱/保险箱/电冰箱/手提箱]襄骧镶◎详[动端详/内详形安详/端详/周详语不厌其详/耳熟能详/语焉不详]降[归降/请降/受降/投降/诱降/诈降/招降]庠祥[动发祥动吉祥/不祥/慈祥语遇难成祥/龙凤呈祥/知人隐私者不祥]翔[翱翔/飞翔/滑翔/回翔]‖享[动分享/坐享语有福同享]响[名反响/回响/绝响/声响/音响动回响/影响语不同凡响/穷得叮当响/一个巴掌拍不响]饷[名军饷/粮饷/薪饷/月饷动关饷]飨想[名感想/幻想/理想/思想/妄想动猜想/畅想/断想/怀想/幻想/回想/联想/料想/梦想/冥想/设想/妄想/臆想/着想形理想语胡思乱想/朝思暮想/梦是心头想]鲞[白鲞/鳗鲞]◎向[名动向/方向/风向/偏向/倾向/趋向/去向/一向/意向/志向/走向动偏向/倾向/趋向语人心所向/晕头转向/是亲三分向]项[名出项/存项/进项/颈项/款项/强项/事项/义项/用项动说项形强项副逐项]巷[陋巷/深巷/小巷]相[名扮相/傧相/丞相/金相/首相/洋相/月相/宰相/长相/真相/可怜相动看相/亮相/照相形变相语吉人天相/男子无丑相/人不可貌相/真人不露相/站有站相，坐有坐相]象[名表象/大象/对象/旱象/迹象/假象/景象/具象/气象/天象/现象/形象/野象/印象 形 抽象/具象/形象 语 包罗万象/盲人摸象/人心不足蛇吞象/鼻子眼里插大葱——装象]像[名 画像/偶像/神像/实像/塑像/肖像/虚像/遗像 副 好像]橡

【26】wang(ㄨㄤ)尪汪[汪汪] ◎亡[名存亡 动 出亡/悼亡/覆亡/救亡/流亡/灭亡/伤亡/衰亡/死亡/逃亡/危亡/消亡/兴亡/夭亡/阵亡 语 家破人亡/名存实亡/人为财死，鸟为食亡]王[名 霸王/大王/帝王/蜂王/国王/君王/龙王/魔王/女王/亲王/天王/阎王/蚁王/孩子王 语 占山为王/擒贼先擒王]‖网[名 电网/法网/发网/河网/火网/罗网/情网/渔网/通讯网/交通网/蜘蛛网 动 结网/漏网/落网/撒网/上网/张网 语 天罗地网/三天打鱼，两天晒网/临渊羡鱼，莫如退而结网]枉[诬枉/冤枉]罔[欺罔]往[名 过往/已往 动 过往/交往/来往/前往/神往/向往 副 往往 语 不咎既往/寒来暑往/熙来攘往/心驰神往/一如既往]惘[怅惘/迷惘/凄惘]辋 ◎ 妄[狂妄/虚妄/愚妄]忘[动 淡忘/遗忘 形 健忘 语 念念不忘]旺[健旺/兴旺]望[名 酒望/名望/声望/朔望/威望/希望/欲望/愿望/指望/众望 动 巴望/拜望/观望/冀望/绝望/看望/渴望/盼望/期望/失望/探望/眺望/希望/仰望/远望/怨望/展望/张望/指望 语 大失所望/大喜过望/丰收在望] 非韵脚字 wǎng 魍

【27】guang(ㄍㄨㄤ)光[名 波光/蟾光/辰光/晨光/春光/刀

光/灯光/电光/耳光/风光/寒光/辉光/火光/激光/极光/亮光/灵光/流光/目光/年光/日光/容光/荣光/韶光/声光/时光/曙光/天光/霞光/眼光/阳光/月光[动]曝光/背光/采光/反光/感光/观光/借光/开光/漏光/闪光/赏光/叨光/增光/沾光/争光/走光[形]精光/灵光/溜光/散光/油光[语]满面红光/鼠目寸光/一扫而光/凿壁偷光]咣(拟声词)洸[浛洸]桄胱[膀胱] ‖ **广[[动]推广/增广[形]宽广/深广[语]见多识广/人多智慧广]犷[粗犷] ◎桄[线桄]逛[瞎逛/闲逛/游逛]**

【28】kuang(ㄎㄨㄤ)匡诓哐(拟声词)洭恇(惊怕)筐[[名]粪筐/箩筐/抬筐/竹筐/柳条筐[语]宁吃仙桃一口,不吃烂杏一筐]◎狂[[动]发狂/佯狂[形]猖狂/癫狂/疯狂/轻狂/凶狂/张狂[语]丧心病狂/子系中山狼,得志便猖狂]诳 ‖ **夼[大夼/刘家夼]◎邝圹[打圹]纩(丝绵)旷[放旷/空旷/宽旷]况[[名]概况/近况/景况/境况/窘况/情况/盛况/实况/战况/状况[动]比况[连]而况/何况]矿[[名]厂矿/富矿/精矿/油矿/露天矿[动]采矿/开矿/探矿/选矿]贶(赠)框[边框/窗框/方框/镜框/框框/门框]眶[[名]眼眶[动]夺眶[语]热泪盈眶]**

【29】huang(ㄏㄨㄤ)肓[病入膏肓]荒[[名]饥荒/粮荒/生荒/熟荒/灾荒[动]备荒/救荒/开荒/垦荒/撂荒/落荒/烧荒/逃荒/拓荒[语]打饥荒/破天荒]塃慌[[形]惊慌/恐慌/心慌[语]早起三光,晚起三慌]◎皇[[名]教皇/女皇/太上皇[形]仓皇/张皇[语]冠冕堂皇]黄[[名]蛋黄/韭黄/硫黄/麻黄/篾黄/牛黄/皮黄/藤黄/雄黄/炎黄[动]扫黄/治黄[形]橙黄/金黄/橘黄/枯黄/蜡黄

语人老珠黄/信口雌黄]凰[名凤凰语没有梧桐树，引不来金凤凰]隍[城隍]喤[喤喤]遑[不遑/遑遑]徨[彷徨]湟惶[惶惶/惊惶]煌[煌煌/辉煌]锽[锽锽]潢[装潢]璜蝗[名飞蝗动灭蝗]篁[修篁/幽篁]艎[艅艎]磺[硫磺]癀蟥[蚂蟥]簧[名绷簧/弹簧/笙簧/双簧语巧舌如簧]鳇‖**恍[惝恍]恍晃谎[动扯谎/撒谎/说谎/圆谎语弥天大谎]幌◎晃[打晃]**

【30】zhuang(ㄓㄨㄤ)妆[名红妆/嫁妆/靓妆动化妆/梳妆/卸妆]庄[名布庄/茶庄/村庄/饭庄/锅庄/皇庄/农庄/钱庄动坐庄形端庄]桩[名界桩/木桩/桥桩/树桩/拴马桩动打桩]装[名便装/春装/冬装/军装/轻装/戎装/盛装/时装/伪装/武装/西装/戏装/新装/行装/洋装/正装/学生装/中山装动安装/包装/化装/假装/乔装/伪装/武装/整装/治装形袋装/简装/散装/桶装语佛要金装，人要衣装]‖**奘[身高腰奘]◎壮[形悲壮/粗壮/健壮/精壮/强壮/少壮/雄壮/茁壮语老当益壮/理直气壮/身强力壮/人怕出名猪怕壮]状[名保状/病状/供状/奖状/情状/诉状/行状/形状/性状/罪状/军令状/委任状动告状/摹状语不可名状/奇形怪状/恶人先告状]僮撞[动冲撞/顶撞/碰撞形莽撞语白日撞/跌跌撞撞/横冲直撞]幢戆**

【31】chuang(ㄔㄨㄤ)创[名金创动惩创/重创]疮[名棒疮/刀疮/冻疮/金疮/口疮/脓疮/褥疮/痔疮/砍头疮动生疮/张疮语百孔千疮/剜肉补疮]窗[名橱窗/气窗/纱窗/天窗/铁窗/同窗/舷窗/百叶窗/玻璃窗/落地窗/知识窗语十年寒窗]

◎床[名冰床/病床/车床/道床/东床/河床/机床/矿床/苗床/温床/牙床/单人床/行军床动临床/起床/卧床]噇幢[名幡幢/经幢/石幢形幢幢]‖**闯[横冲直闯]◎创[草创/初创/独创/开创/首创]怆[悲怆/凄怆]**

【32】shuang(ㄕㄨㄤ)双[盖世无双/拿贼拿赃，捉奸捉双/天生的一对，地设的一双]泷霜[名风霜/砒霜/秋霜/柿霜/糖霜/晚霜/严霜/盐霜/早霜动下霜语饱经风霜/凛若冰霜/六月飞霜/雪上加霜/各人自扫门前雪，莫管他人瓦上霜]孀[名孤孀/遗孀动居孀]骦[骕骦]礵鹴[鹔鹴]‖**爽[形脆爽/干爽/高爽/豪爽/滑爽/俊爽/凉爽/明爽/清爽/晴爽/飒爽/松爽/坦爽/直爽语毫厘不爽/屡试不爽/秋高气爽/神清目爽/人逢喜事精神爽]**

第十三道　中东辙

一、中东辙声律启蒙

其　一

春对夏，秋对冬；暮鼓对晨钟。

观山对玩水，烟锁对云封。

冯妇虎，叶公龙；雨伯对雷公。

衔泥双紫燕，课蜜几黄蜂。

神女庙，大夫松；

春日园中莺恰恰，秋天塞外雁雍雍。

茅店村前皓月坠林鸡唱韵，

板桥路上青霜锁道马行踪。

冯妇虎：《孟子·尽心下》："晋人有冯妇者，善搏虎。"他曾发誓不再打虎，但是一日路过某地，见到老虎伤人，还是忍不住上前打死了那只虎。叶公龙：春秋时期，楚国的叶公自称非常喜欢龙。他吃饭的碗上画着龙，睡觉的被褥上绣着龙，连门窗、廊柱上都刻满了龙。后来天上的真龙听说后去拜访他时，叶公却吓得魂飞魄散、抱头鼠窜。神女庙：为巫山神女所立之庙。在重庆市巫山县东巫山飞凤峰麓。大夫松：指泰山五大夫松。据《史记》载，秦始皇登封泰山，中途遇雨，避于大树之下，因树护驾有功，遂封该树为"五大夫"爵位。

其　二

天对地，雨对风；大陆对长空。
来鸿对去燕，宿鸟对鸣虫。
雷隐隐，雾蒙蒙；岭北对江东。
人间清暑殿，天上广寒宫。
颜巷陋，阮途穷；
风高飒飒秋月白，雨霁泠泠晚霞红。
两鬓风霜途次早行客，
一蓑烟雨溪边晚钓翁。

颜巷陋：孔子的弟子颜回，居于陋巷，生活清贫，其他人都觉得不能忍受，颜回却依然很乐观，因此孔子对他大为赞赏。阮途穷：魏晋时的著名隐士阮籍，生性好酒，常常独自驾着牛车，载着一坛好酒，边行边喝。有时前面没路了，阮籍便痛哭一场，再转向其他道路继续前行。他曾到楚汉相争时的战场，感慨道："世无英雄，遂使竖子成名！"

其　三

仁对义，让对恭；禹舜对羲农。
雪花对云叶，芍药对芙蓉。
陈后主，汉中宗；白叟对黄童。
柳塘风淡淡，花圃月浓浓。
星似箭，月如弓；
春日正宜朝看蝶，秋风不堪夜闻蛩。
战士邀功借干戈成勇武，
逸民适志凭诗酒养疏慵。

陈后主：指南朝陈第五个皇帝陈叔宝，是个完全不懂国事，只知道喝酒享乐的人。终为隋灭。汉中宗：指刘询，武帝曾孙，在位二十五年，崩，谥宣帝。

二、中东辙诗歌欣赏

《赋得古原草送别》（唐·白居易）

离离原上草，一岁一枯荣。
野火烧不尽，春风吹又生。
远芳侵古道，晴翠接荒城。
又送王孙去，萋萋满别情。

* 荣、生、城、情，押韵（庚韵）

《陋室铭》（唐·刘禹锡）

山不在高，有仙则名。
水不在深，有龙则灵。
斯是陋室，唯吾德馨。
苔痕上阶绿，草色入帘青。
谈笑有鸿儒，往来无白丁。
可以调素琴，阅金经。
无丝竹之乱耳，无案牍之劳形。
南阳诸葛庐，西蜀子云亭。
孔子曰："何陋之有？"

* 名、灵、馨、青、丁、经、形、亭，押韵（庚青通韵）

《雪》(唐·张打油)

江上一笼统，井口黑窟窿。

黄狗身上白，白狗身上肿。

* 统、窿、肿，押韵(宋东肿通韵)

《过零丁洋》(南宋·文天祥)

辛苦遭逢起一经，干戈寥落四周星。

山河破碎风飘絮，身世浮沉雨打萍。

惶恐滩头说惶恐，零丁洋里叹零丁。

人生自古谁无死，留取丹心照汗青。

* 经、星、萍、恐、丁、青，押韵(庚青肿通韵)

《水仙子·讥时》(元·张鸣善)

铺眉苫眼早三公，裸袖揎拳享万钟，

胡言乱语成时用。大纲来都是烘。

说英雄是英雄？五眼鸡岐山鸣凤，

两头蛇南阳卧龙，三脚猫渭水飞熊！

* 公、钟、用、烘、雄、凤、龙、熊，押韵(东钟韵)

《我魏绛闻此言如梦方醒》(京剧《赵氏孤儿》魏绛唱段)

[汉调二黄原板]　我魏绛闻此言如梦方醒，

却原来这内中还有隐情：

公孙兄为救孤丧了性命，

老程婴为救孤你舍了亲生！
似这样大义人理当尊敬，
反落得晋国上下留骂名。
到如今我却用皮鞭拷打，
实实的老迈昏庸我不知真情。
［散板］　望先生休怪我一时懵懂。
你好比苍松翠柏万古长青！

《大江歌罢掉头东》（周恩来）

大江歌罢掉头东，邃密群科济世穷。
面壁十年图破壁，难酬蹈海亦英雄。

《东方红》（李有源）

东方红，太阳升，
中国出了个毛泽东，
他为人民谋幸福，
他是人民大救星。
……

《草原之夜》电影《绿色的原野》插曲（张加毅）

美丽的夜色多沉静，
草原上只留下我的琴声。
想给远方的姑娘写封信，耶……

可惜没有邮递员来传情。
等到千里雪消融，等到草原上送来春风；
可克达拉改变了模样，耶……
姑娘就会来伴我的琴声。来来来来来　来来来来来
姑娘就会来伴我的琴声。

《月朦胧鸟朦胧》(琼瑶)
月朦胧，鸟朦胧，萤光照夜空；
山朦胧，树朦胧，秋虫在呢哝；
花朦胧，夜朦胧，晚风叩帘笼；
灯朦胧，人朦胧，但愿同入梦。

三、中东辙特色分析

中东辙的发音特点是“中东舌居中，喉咙感觉松。出字半闭口，收字鼻出声”。从生理上分析，中东辙的字，发音时喉位自然下移，舌根不抬起，只要使口腔、咽腔的空间增大，声音就可以自由流通，不受阻碍，换声也容易解决。有段相声《学大鼓》，其中有这样两句对话把这些情况说得更明白：“(甲)唱成本大套的书可也讲究辙韵，十三道大辙，最好唱的就是‘中东’辙。(乙)怎么哪？(甲)这个辙宽，比方‘面前迎’‘往前行’‘刮大风’‘在路东’‘满天星’‘出大恭’，这都是中东辙，像这样的辙它好唱。比方说不是中东辙的也能按着中东唱。你家

‘大姑娘’，这是江阳，‘老太太’，这是怀来。他若唱中东辙韵也行：大姑娘，唱‘大姑拧’；老太太唱‘老太疼’。”

从音色上看，中东辙带有鼻音，念起来比较响亮，属阳辙，通常情况下，利于表现阳刚之美。比如白居易的《赋得古原草送别》“野火烧不尽，春风吹又生”；文天祥的《过零丁洋》“人生自古谁无死，留取丹心照汗青”；周恩来的《大江歌罢掉头东》；读来都使人感受到一股刚毅、豪迈的力量。但是，这并非绝对！中东辙也适于表现诙谐、讥讽的情调。比如张打油的《雪》；张鸣善的《水仙子·讥时》。中东辙甚至也很适于表现沉静、细腻、朦胧的情调。宋代著名词人张先（字子野）赖以成名（世谓张三影）的、自谓平生最得意的三首词，其韵脚字便都是属今中东辙，它们是：《天仙子》水调数声持酒听，午醉醒来愁未醒。送春春去几时回？临晚镜，伤流景，往事后期空记省。沙上并禽池上暝，云破月来花弄影。重重帘幕密遮灯，风不定，人初静，明日落红应满径。《归朝欢》声转辘轳闻露井，晓引银瓶牵素绠。西园语夜来风，丛英飘坠红成径。宝猊烟未冷。莲台香蜡残痕凝。等身金，谁能得意，买此好光景。粉落轻妆红玉莹。月枕横钗云坠领。有情无物不双栖，文禽只合常交颈。昼长欢岂定。争如翻作春消永。日曈昽，娇柔懒起，帘压卷花影。《剪牡丹》野绿连空，天青垂水，素色溶漾都净。柳径无人，坠飞絮无影。汀洲日落人归，修巾薄袂，撷香拾翠相竞。如解凌波，泊烟渚春暝。采绦朱索新整。宿绣屏、画船风定。金凤响双槽，弹出今古幽思谁省。玉盘大小乱珠迸。酒上妆面，花艳媚相并。重听。尽汉妃一曲，江空月静。三首词均沿袭宋初婉约派词风，内容均反映士大夫的诗酒生活和男女之情，格调均纤巧冶艳、含蓄蕴藉、情味隽永。值得注意的是，继承和发扬此种风韵的诗歌在近现代也颇不少见，像那首《草原之夜》，描画的情境简直优美到极致；至于那首《月朦胧鸟朦胧》，更是优美得让人不知用什么词来形容了。

四、中东辙同韵音节情况

【此辙包含 eng（ㄥ“亨”的韵母），ong（ㄨㄥ“轰”的韵母），ing（ㄧㄥ），iong（ㄩㄥ），ueng（ㄨㄥ）五种韵母；出音节 47 个】

〈开口呼〉eng（ㄥ“亨”的韵母）

【1】beng（ㄅㄥ）［崩］【2】peng（ㄆㄥ）［抨］

【3】meng（ㄇㄥ）［蒙］【4】feng（ㄈㄥ）［丰］

【5】deng（ㄉㄥ）［灯］【6】teng（ㄊㄥ）［鼟］

【7】neng（ㄋㄥ）［能］【8】leng（ㄌㄥ）［棱］

【9】geng（ㄍㄥ）［更］【10】keng（ㄎㄥ）［坑］【11】heng（ㄏㄥ）［亨］

【12】zheng（ㄓㄥ）［丁］【13】cheng（ㄔㄥ）［柽］

【14】sheng（ㄕㄥ）［升］【15】reng（ㄖㄥ）［扔］

【16】zeng（ㄗㄥ）［曾］【17】ceng（ㄘㄥ）［噌］【18】seng（ㄙㄥ）［僧］

ong（ㄨㄥ“轰”的韵母）

【19】dong(ㄉㄨㄥ)[东]【20】tong(ㄊㄨㄥ)[恫]

【21】nong(ㄋㄨㄥ)[农]【22】long(ㄌㄨㄥ)[咙]

【23】gong(ㄍㄨㄥ)[工]【24】kong(ㄎㄨㄥ)[空]

【25】hong(ㄏㄨㄥ)[吽]

【26】zhong(ㄓㄨㄥ)[中]【27】chong(ㄔㄨㄥ)[冲]

【28】rong(ㄖㄨㄥ)[戎]

【29】zong(ㄗㄨㄥ)[枞]

【30】cong(ㄘㄨㄥ)[匆]【31】song(ㄙㄨㄥ)[松]

〈齐齿呼〉【32】ying(ㄧㄥ)[应]

【33】bing(ㄅㄧㄥ)[冰]【34】ping(ㄆㄧㄥ)[乒]【35】ming(ㄇㄧㄥ)[名]

【36】ding(ㄉㄧㄥ)[丁]【37】ting(ㄊㄧㄥ)[厅]

【38】ning(ㄋㄧㄥ)[宁]【39】ling(ㄌㄧㄥ)[伶]

【40】jing(ㄐㄧㄥ)[茎]【41】qing(ㄑㄧㄥ)[青]【42】xing(ㄒㄧㄥ)[兴]

【43】yong(ㄩㄥ)[佣]

【44】jiong(ㄐㄩㄥ)[扃]【45】qiong(ㄑㄩㄥ)[邛]

【46】xiong(ㄒㄩㄥ)[凶]

〈合口呼〉【47】weng(ㄨㄥ)[翁]

＊江阳辙 47 音节，音节的韵母组合是韵头(i、u)＋韵腹(e、i、o)＋韵尾(ng)；eng[əŋ]、ing[iŋ]、ong[uŋ]、ueng[uəŋ]、iong[yŋ]是带舌根鼻音的韵母。

五、中东辙常见同韵字词

【1】beng(ㄅㄥ)祊崩［驾崩/山崩/雪崩］绷［名竹绷/棕绷 动紧绷］嘣(拟声词)◎甭‖菶［菶菶］绷琫◎泵［风泵/气泵/水泵/油泵］迸绷甏［酒甏］镚［钢镚］蹦 非韵脚字 bèng 蚌

【2】peng(ㄆㄥ)抨(弹劾)怦(拟声词)砰(拟声词)烹［兔死狗烹］嘭(拟声词)澎◎朋［名宾朋/高朋/良朋/亲朋 语硕大无朋］堋淜［普淜(地名)］弸(充满)彭棚［名彩棚/顶棚/工棚/瓜棚/凉棚/碾棚/天棚/牲口棚 动糊棚］搒蓬［名飞蓬/莲蓬/飘蓬/转蓬 形乱蓬蓬］硼鹏［大鹏］澎篷［名船篷/斗篷/帐篷/遮阳篷 形敞篷］膨蟛‖捧［吹捧/追捧］◎碰［磕碰］非韵脚字 pèng 椪

【3】meng(ㄇㄥ)蒙［打蒙/发蒙］◎氓虻［牛虻］萌［故态复萌］蒙［名童蒙/荷尔蒙 动承蒙/开蒙/启蒙 形蒙蒙/愚蒙］盟［名联盟/同盟 动拜盟/同盟 语城下之盟/攻守同盟/海誓山盟］甍［雕甍］瞢(目不明)幪［帡幪］濛［细雨其濛］檬［柠檬］鹲艨‖勐猛［迅猛/凶猛/勇猛］蒙锰蜢［蚱蜢］艋［舴艋］獴［蟹獴/红颊獴］懵蠓◎孟梦［名春梦/噩梦/酣梦/美梦/迷梦/睡梦 动入梦/托梦/圆梦/占梦/做梦 语痴人说梦/重温旧梦/黄粱美梦/南柯一梦/同床异梦/日有所思，夜有所梦］非韵脚字 méng 尨幪朦艨

【4】feng(ㄈㄥ)丰［打抽丰/羽毛未丰/物阜民丰］风［名春风/东风/罡风/古风/疾风/季风/飓风/口风/狂风/冷风/麻风/门

风/逆风/披风/屏风/清风/上风/世风/顺风/台风/威风/文风/西风/下风/校风/新风/信风/旋风/学风/妖风/遗风/阴风/余风/作风/鹅掌风/耳边风/龙卷风/羊角风动把风/抽风/吹风/兜风/放风/接风/惊风/临风/漏风/伤风/通风/透风/望风/巡风/招风/整风/中风语不正之风/空穴来风/两袖清风/弱不禁风/树大招风/蔚然成风/兵听将令草随风/破船又遇顶头风/长别人志气，灭自己威风/日晕三更雨，月晕午时风]沣沨[沨沨]枫[红枫]封[名护封/赏封/信封动查封/尘封/分封/加封/弥封/密封语故步自封/冯唐易老，李广难封]砜疯[发疯/装疯/撒酒疯]峰[冰峰/波峰/顶峰/高峰/洪峰/山峰/驼峰/上峰/险峰/主峰/珠穆朗玛峰]烽葑锋[名笔锋/刀锋/词锋/冷锋/暖锋/偏锋/前锋/先锋/八面锋/急先锋动冲锋/交锋语蜀中无大将，廖化做先锋]蜂[名工蜂/黄蜂/马蜂/土蜂语一窝蜂]酆◎冯浲[杨家浲]逢[动重逢/相逢/遭逢语萍水相逢/千载难逢/狭路相逢/人生何处不相逢]缝‖**讽[动嘲讽/讥讽语冷嘲热讽]唪◎凤[名龙凤/鸾凤语百鸟朝凤/攀龙附凤]奉[名朝奉动崇奉/供奉/敬奉/趋奉/侍奉/信奉]俸[薪俸]葑缝[名夹缝/接缝/裂缝/门缝/中缝语严丝合缝]**

【5】deng(ㄉㄥ)灯[名壁灯/电灯/宫灯/花灯/华灯/幻灯/龙灯/路灯/绿灯/台灯/尾灯/油灯/安全灯/保险灯/本生灯/长明灯/红绿灯/弧光灯/酒精灯/煤气灯/霓虹灯/日光灯/太阳灯/探照灯/信号灯/荧光灯/走马灯动点灯/关灯/开灯/掌灯语只许州官放火，不许百姓点灯/八月十五云遮月，正月十五雪打灯]登[动刊登/攀登形摩登/满登登/红不棱登语捷足

先登/五谷丰登]噔(拟声词)镫簦蹬‖等[代我等动相等/坐等形不等/超等/初等/次等/对等/高等/均等/平等/上等/特等/同等/下等/优等/中等语三六九等/罪加一等]戥◎邓凳[板凳/方凳/圆凳/竹凳]嶝澄磴瞪镫[马镫]蹬[蹭蹬]

【6】teng(ㄊㄥ)鼟(拟鼓声)◎疼[动心疼形头疼/酸疼/心疼语好了伤疤忘了疼]腾[名图腾动奔腾/倒腾/翻腾/飞腾/沸腾/欢腾/闹腾/扑腾/升腾/折腾/蒸腾形慢慢腾腾]誊滕螣藤[白藤/紫藤/葡萄藤]籐

【7】neng(ㄋㄥ)能[名本能/才能/功能/机能/技能/权能/势能/贤能/效能/性能/职能/太阳能/原子能动逞能形低能/全能/万能/无能/贤能语积不相能/良知良能/欲罢不能/老不以筋骨为能]

【8】leng(ㄌㄥ)棱[刺棱/扑棱]◎塄[地塄]棱[眉棱/瓦棱]楞稜‖冷[名生冷动齿冷/制冷形冰冷/干冷/寒冷/清冷/阴冷语心灰意冷]◎堎[长堎]愣[发愣]睖

【9】geng(ㄍㄥ)更[名残更/三更/五更动变更/打更/定更/起更/巡更/值更]庚[名长庚/贵庚/红庚/老庚/年庚动同庚]耕[备耕/笔耕/春耕/伙耕/舌耕/退耕/中耕]浭赓鹒[鸧鹒]羹[果羹/调羹/羊羹/鸡蛋羹/莲子羹]‖埂[堤埂/山埂/田埂]耿[耿耿]哽绠(汲水用的绳)梗[名脖梗/花梗/萍梗/高粱梗动阻梗/作梗形顽梗]颈[脖颈]鲠◎更暅(晒)

【10】keng(ㄎㄥ)坑[名弹坑/粪坑/火坑/矿坑/茅坑/泥坑/沙坑/土坑/陷坑/万人坑语一个萝卜一个坑]吭硁[硁硁]铿

（拟鼓声）

【11】heng(ㄏㄥ)亨[大亨]哼[哼哼]啈脝[膨脝] ◎行[道行]恒[动有恒 形永恒 语持之以恒]姮珩桁鸻横[连横/纵横]衡[动抗衡/权衡/争衡 形均衡/平衡]蘅[杜蘅] ‖ **啈横[豪横/骄横/蛮横/强横/凶横/专横]**

【12】zheng(ㄓㄥ)丁[丁丁]正[新正]争[名战争/纷争/论争 动斗争/纷争/竞争/力争/论争 语寸土必争/意气之争/鹬蚌相争]征[名病征/长征/特征/象征/综合征 动长征/出征/从征/应征/远征 语信而有征]怔挣峥狰钲症烝睁铮[铮铮]筝[风筝/古筝]蒸鲭 ‖ **拯[包拯]整[动调整/休整/修整 形工整/平整/齐整/完整/严整]** ◎ **正[动辨正/补正/订正/端正/反正/斧正/改正/更正/矫正/校正/纠正/立正/修正/指正/转正 形纯正/端正/方正/刚正/公正/廉正/真正 副反正/真正 语拨乱反正/改邪归正/矫枉过正/心术不正]证[名党证/反证/见证/例证/旁证/凭证/人证/实证/物证/罪证/出入证/工作证/通行证 动保证/辩证/查证/对证/反证/公证/见证/考证/论证/求证/验证/引证/印证]郑怔[怔怔]诤政[名暴政/财政/朝政/德政/家政/苛政/民政/内政/仁政/时政/行政/邮政 动当政/施政/行政/专政 语各自为政]挣[扎挣]症[名病症/急症/绝症/顽症/炎症/并发症/后遗症 语不治之症]**

【13】cheng(ㄔㄥ)柽琤[琤琤]称[名爱称/别称/代称/公称/简称/美称/名称/人称/声称/省称/俗称/通称/统称/职称/尊称 动诡称/号称/简称/僭称/据称/堪称/口称/俗称/通称/统

称/宣称/著称/自称/尊称]蛏铛[饼铛]偁穿赪(红色)撑[名俯卧撑动硬撑/支撑]瞠◎成[名构成/年成/收成/提成动促成/达成/分成/告成/构成/合成/落成/生成/守成/速成/提成/完成/形成/玉成/赞成/责成形老成/现成语集大成/大功告成/大器晚成/功败垂成/少年老成/水到渠成/相辅相成/一气呵成/一事无成/约定俗成/坐享其成/功到自然成/有志者事竟成]丞[府丞/县丞]呈[名辞呈动纷呈/谨呈/进呈/具呈/签呈]枨(触动)诚[动投诚/形赤诚/竭诚/精诚/虔诚/热诚/坦诚/真诚/至诚/挚诚/忠诚/专诚]承[名师承动秉承/担承/继承/辱承/师承/应承/支承语阿谀奉承/一脉相承]城[名长城/都城/坚城/京城/山城/省城/危城/瓮城/县城/紫禁城动进城/入城/围城语价值连城/倾国倾城/众志成城/只讲过五关,不说走麦城]宬[皇史宬]埕晟乘[名大乘/上乘/下乘/小乘动出乘/搭乘/自乘形上乘/下乘语有隙可乘]盛程[名单程/工程/归程/规程/过程/航程/回程/教程/进程/课程/里程/历程/疗程/流程/路程/旅程/前程/全程/日程/射程/行程/议程/章程/征程动登程/兼程/启程/起程副专程语将军不下马,各自奔前程]惩[严惩]裎(光着身子)塍[田塍]酲澄橙[脐橙]‖**逞[得逞]骋[驰骋]裎(对襟单衣)◎秤[名案秤/磅秤/地秤/短秤/杆秤/盘秤/台秤/弹簧秤动过秤/开秤语众人眼里有杆秤]牚**非韵脚字 chēng 噌

【14】sheng(ㄕㄥ)升[动超升/飞升/回升/晋升/上升/提升/擢升语步步高升/旭日东升]生[名半生/毕生/残生/苍生/

畜生/此生/浮生/后生/今生/考生/来生/老生/门生/民生/平生/前生/儒生/师生/书生/童生/晚生/卫生/武生/先生/小生/新生/学生/营生/永生/医生/余生/终生/众生/毕业生 动 产生/长生/超生/出生/丛生/催生/诞生/发生/放生/横生/寄生/降生/救生/落生/萌生/谋生/派生/欺生/轻生/认生/丧生/偷生/写生/永生/优生/再生/增生/招生/滋生/孳生 形 安生/夹生/孪生/卵生/陌生/亲生/胎生/天生/卫生/眼生/野生 副 好生/偏生 语 虎口余生/九死一生/绝处逢生/妙趣横生/起死回生/谈笑风生/栩栩如生/自力更生/蝼蚁尚且贪生/野火烧不尽,春风吹又生/只有状元学生,没有状元先生]声[名 和声/欢声/回声/闷声/名声/平声/市声/双声/四声/童声/尾声/先声/相声/心声/仄声/政声 动 蜚声/失声/吞声/无声/应声/吱声/做声 副 放声/厉声 语 绘影绘声/泣不成声/忍气吞声/鸦雀无声/言为心声/异口同声/掷地有声/润物细无声/人过留名,雁过留声/一犬吠影,群犬吠声]牲[名 畜牲/三牲 动 牺牲/献牲]胜笙[芦笙]甥[外甥]鼪(黄鼪)◎渑绳[名 缆绳/麻绳/头绳/线绳/钢丝绳 语 一朝遭蛇咬,十年怕井绳]‖**省[名 外省/行省/河北省/台湾省 动 简省/节省 形 俭省/轻省]眚◎圣[名 神圣/诗圣/先圣/亚圣 动 朝圣/显圣 形 神圣/至圣 语 超凡入圣]胜[名 方胜/名胜 动 不胜/得胜/决胜/取胜/速胜/险胜/战胜/争胜/制胜 形 好胜/形胜/优胜 语 哀兵必胜/百战百胜/出奇制胜/反败为胜/旗开得胜/无往不胜/引人入胜/两强相遇勇者胜]晟乘[骖乘/家乘/史乘/野乘]盛[形 昌盛/炽盛/鼎盛/繁盛/丰盛/隆盛/茂盛/强盛/全盛/旺盛/兴盛 语 年轻**

气盛]剩[名残剩/余剩动过剩/下剩]嵊

【15】reng(ㄖㄥ)扔仍[频仍]

【16】zeng(ㄗㄥ)曾增[动递增/激增语与日俱增]憎[可憎/嫌憎]缯罾[搬罾]矰‖综锃缯赠[赙赠/捐赠/馈赠/遗赠/转赠/追赠]甑[曲颈甑]

【17】ceng(ㄘㄥ)噌(拟声词)◎层[地层/断层/基层/夹层/阶层/皮层/上层/外层/下层/岩层/云层]曾嶒[崚嶒]‖蹭[吃蹭/磨蹭]

【18】seng(ㄙㄥ)僧[高僧/贫僧/山僧/圣僧]

【19】dong(ㄉㄨㄥ)东[名财东/城东/房东/股东/关东/华东/近东/辽东/山东/远东/中东动做东]冬[名立冬/严冬/隆冬动立冬/越冬拟声丁冬]咚[叮咚]岽氡鸫[斑鸫/乌鸫]‖董[商董/校董]懂[看懂/弄懂/听懂]◎动[名活动/举动/劳动/行动/运动动摆动/搬动/暴动/变动/波动/策动/颤动/出动/打动/带动/调动/发动/改动/感动/鼓动/活动/搅动/劳动/流动/挪动/牵动/骚动/扇动/煽动/跳动/推动/心动/行动/运动/振动/震动/转动形被动/冲动/反动/机动/激动/能动/主动/自动语按兵不动/蠢蠢欲动/风吹草动/轻举妄动/纹丝不动/闻风而动/相时而动/生命在于运动]冻[名冰冻/霜冻动冰冻/解冻/冷冻/上冻]侗垌[麻垌(地名)]栋[雕梁画栋/汗牛充栋]峒胨[蛋白胨]洞[名地洞/涵洞/漏洞/溶洞/山洞/岩洞/窑洞/防空洞/无底洞形空洞/黑洞洞语龙生龙，凤生凤，老鼠生儿会打洞]恫胴硐

【20】tong(ㄊㄨㄥ)恫通[名交通/卡通/神通/万事通动变通/串通/打通/沟通/贯通/会通/交通/开通/流通/买通/疏通/私通形畅通/亨通/精通/开通/灵通/普通/清通/圆通拟声扑通副通通语触类旁通/此路不通/水泄不通/息息相通/一窍不通/心有灵犀一点通/八仙过海,各显神通]嗵(拟声词)◎仝同[名大同/合同动等同/苟同/会同/混同/伙同/雷同/陪同/随同/偕同/赞同形共同/相同副一同语不约而同/与众不同/英雄所见略同/十里乡俗各不同]佟彤[红彤彤]峂侗(幼稚)垌茼峒[崆峒]桐[泡桐/梧桐/油桐]砼烔铜[古铜/红铜/黄铜/青铜/王铜/紫铜]童[名儿童/孩童/家童/牧童/神童/书童/顽童语返老还童]酮鲖潼橦曈[初日曈曈]瞳‖统[名传统/道统/法统/体统/系统/血统/总统动一统形笼统/正统副统统]捅桶[饭桶/恭桶/马桶/水桶/痰桶/汽油桶]筒[笔筒/电筒/浮筒/滚筒/话筒/唧筒/炮筒/听筒/袜筒/信筒/袖筒/烟筒/邮筒/竹筒/爆破筒/出气筒/传声筒/万花筒]◎同[胡同]恸[哀恸/悲恸]通痛[名病痛/创痛/隐痛/阵痛形哀痛/悲痛/惨痛/沉痛/绞痛/苦痛/酸痛/疼痛/头痛动镇痛/止痛语仇快亲痛/切肤之痛/痛定思痛/爬得越高,摔得越痛]

【21】nong(ㄋㄨㄥ)农[名菜农/茶农/佃农/富农/雇农/果农/花农/老农/棉农/小农/贫下中农动务农/支农]侬哝[咕哝/哝哝]浓[睡意正浓]脓[动化脓/溃脓语头顶长疮,脚底流脓]秾(草木茂盛)‖弄[摆弄/搬弄/拨弄/嘲弄/撮弄/逗弄/掇弄/卖弄/侍弄/耍弄/调弄/玩弄/舞弄/戏弄/愚弄/捉弄/作弄]

【22】long(ㄌㄨㄥ)隆[轰隆]◎龙[名苍龙/火龙/恐龙/尼

龙/青龙/虬龙/沙龙/水龙/变色龙/独眼龙[动]合龙/舞龙[语]一条龙/车水马龙/麟凤龟龙/叶公好龙]茏[葱茏]咙[喉咙]泷[七里泷(地名)]珑[玲珑]栊[房栊/帘栊]昽[曚昽]胧[朦胧]砻昽[蒙眬]聋[震耳欲聋]笼[[名]灯笼/樊笼/烘笼/牢笼/囚笼/兔笼/蒸笼/竹笼[动]出笼/回笼]隆[兴隆]癃[疲癃]窿[窟窿] ‖ **陇垅拢[凑拢/归拢/合拢/聚拢/靠拢/拉拢/收拢/梳拢/围拢]垄[瓦垄]笼[箱笼] ◎弄哢(鸟叫)**

【23】gong(ㄍㄨㄥ)工[[名]帮工/长工/唱工/刀工/底工/短工/高工/雇工/化工/技工/监工/军工/苦工/矿工/劳工/零工/美工/民工/女工/钳工/青工/人工/日工/散工/手工/特工/童工/徒工/土工/瓦工/尾工/武工/小工/夜工/员工/月工/职工/壮工/包身工/合同工/临时工[动]罢工/帮工/包工/出工/怠工/动工/返工/放工/分工/复工/赶工/雇工/换工/记工/加工/监工/交工/竣工/开工/评工/上工/施工/试工/收工/替工/停工/完工/窝工/误工/下工/歇工/兴工/招工/做工/磨洋工[形]精工[语]鬼斧神工/巧夺天工/异曲同工/紧车工,慢钳工]弓[[名]步弓/弹弓/弩弓/神弓[语]盘马弯弓/左右开弓/站如松,坐如钟,睡如弓]公[[名]公公/明公/师公/叔公/天公/王公/相公/寓公/诸公/文抄公/主人公[动]办公/充公/归公[形]不公[副]秉公[语]开诚布公/克己奉公/舍己为公/枵腹从公/一国三公/项庄舞剑,意在沛公]功[[名]唱功/寸功/军功/苦功/内功/气功/外功/武功/勋功/阴功/基本功[动]表功/归功/记功/居功/立功/卖功/评功/请功/叙功/邀功/用功/战功/奏功/做功/丑表功[形]成功[语]好大喜功/计日程功/马到成功/贪天之功/徒劳

无功/干活不随东，累死也无功/台上三分钟，台下十年功]红[女红]攻[动反攻/会攻/火攻/夹攻/进攻/强攻/围攻/佯攻/主攻/助攻/专攻/总攻语远交近攻]供肱[股肱]宫[名白宫/蟾宫/储宫/春宫/东宫/故宫/皇宫/后宫/冷宫/离宫/龙宫/迷宫/泮宫/寝宫/天宫/行宫/月宫/子宫/广寒宫/少年宫/水晶宫/雍和宫动逼宫/刮宫]恭[动出恭形谦恭语却之不恭/玩世不恭]蚣[蜈蚣]躬[鞠躬]龚觥 ‖ **巩汞**(金属元素)**拱[斗拱/环拱]珙栱[斗栱]** ◎**共[形公共副拢共/通共/统共/一共/总共语患难与共]贡[朝贡/进贡/纳贡]供[名笔供/口供/蜜供/清供/自供动逼供/串供/翻供/画供/录供/攀供/上供/诱供]唝**

【24】kong(ㄎㄨㄥ)空[名高空/领空/晴空/司空/太空/星空/真空动当空/防空/航空/架空/凌空/镂空/落空/扑空/腾空形虚空副凭空语海阔天空/买空卖空/四大皆空/天马行空/坐吃山空/竹篮打水——一场空] ‖ **孔[鼻孔/毛孔/面孔/气孔/桥孔/瞳孔]恐[形惶恐/惊恐副生恐/唯恐语有恃无恐]** ◎**空[名亏空/闲空动抽空/得空/没空/填空/偷空]控[失控/遥控/掌控/指控]鞚**(马笼头)非韵脚字 kōng 倥崆箜 kǒng 倥

【25】hong(ㄏㄨㄥ)吽轰[雷声轰轰/天打五雷轰]哄[乱哄哄]訇[阿訇]烘[暖烘烘]薨◎弘[恢弘]红[名口红/祁红/映山红/一品红动分红/挂红/描红/披红/走红形潮红/粉红/通红/鲜红/猩红/杏红/血红/眼红/殷红/枣红语开门红/满堂红/姹紫嫣红/万紫千红/花无百日红/仇人相见，分外眼红]

吰[噌吰]闳宏[动恢宏 形恢宏/宽宏 语取精用宏]纮泓荭虹[名彩虹 语气贯长虹]竑(广大)洪[名山洪 动防洪/分洪/蓄洪]翃(飞)鸿[来鸿]渶蕻[雪里蕻]黉(学校)‖**哄[诓哄/瞒哄/蒙哄/欺哄◎]讧[内讧]哄[起哄]蕻[菜蕻]**

【26】zhong(ㄓㄨㄥ)中[名暗中/当中/华中/家中/郎中/其中/人中/山中/水中/心中/正中 动集中/居中/折中/做中 形集中/适中 副从中 语鱼游釜中/锥处囊中/如坠五里雾中/金玉其外,败絮其中/跳出三界外,不在五行中]忪[怔忪]忠[尽忠/效忠]终[名年终/始终 动告终/临终/送终 副始终 语善始善终/自始至终]盅[茶盅/酒盅]钟[名摆钟/挂钟/洪钟/警钟/闹钟/丧钟/时钟/座钟/石英钟 形龙钟 语暮鼓晨钟/做一天和尚撞一天钟]衷[名初衷/苦衷 动热衷/由衷 语无动于衷/言不由衷]螽 ‖ **肿[名囊肿/脓肿/水肿/肺气肿 动浮肿 形臃肿]种[名白种/兵种/稻种/工种/黑种/黄种/火种/剧种/良种/麦种/谬种/孬种/品种/人种/树种/物种/语种/杂种 动变种/播种/采种/传种/绝种/灭种/配种/下种/有种/育种 语将相本无种]冢[古冢/荒冢/衣冠冢]踵[动接踵/举踵/旋踵 语比肩继踵]◎中[名卒中 动猜中/打中/看中/命中/切中 语百发百中/谈言微中/言必有中]仲[名杜仲/昆仲 语不分伯仲]众[名大众/观众/会众/民众/群众/听众/万众 动示众 形出众 副当众 语大庭广众/法不责众/寡不敌众/乌合之众/兴师动众/妖言惑众]种[名芒种 动播种/点种/复种/耕种/间种/接种/连种/轮种/抢种/套种/引种/栽种 语刀耕火**

种/过了芒种,不可强种]重[名比重/净重/毛重/体重动保重/并重/侧重/承重/吃重/加重/借重/敬重/举重/看重/器重/失重/推重/言重/倚重/载重/珍重/注重/着重/尊重形笨重/惨重/沉重/吃重/粗重/繁重/贵重/过重/口重/隆重/浓重/偏重/深重/慎重/手重/危重/稳重/严重/郑重/庄重语德高望重/举足轻重/老成持重/拈轻怕重/忍辱负重/千里送鹅毛——礼轻情意重]

【27】chong(ㄔㄨㄥ)冲[名脉冲/要冲/韶山冲动俯冲/缓冲/折冲形怒冲冲/气冲冲/喜冲冲/兴冲冲语首当其冲]充[补充/混充/假充/扩充/冒充/填充]忡[忧心忡忡]茺涌[虾涌(地名)]翀(向上直飞)舂憧[人影憧憧]艟[艨艟]虫[名草虫/长虫/成虫/大虫/蠹虫/飞虫/害虫/蝗虫/昆虫/懒虫/毛虫/蠓虫/爬虫/蛆虫/书虫/网虫/益虫/蛀虫/害人虫/糊涂虫/寄生虫/可怜虫/应声虫语百足之虫]种重[形重重数量九重/双重]崇[推崇/尊崇] ‖ **宠[名光宠动得宠/娇宠/取宠/失宠/受宠语哗众取宠]** ◎**冲铳[火铳/鸟铳]**

【28】rong(ㄖㄨㄥ)戎[名兵戎/元戎语投笔从戎]茸[名鹿茸/参茸形毛茸茸]荣[名虚荣动繁荣形光荣/虚荣语安富尊荣/木固枝荣/欣欣向荣]绒[艾绒/棉绒/呢绒/丝绒/条绒/驼绒/鸭绒/羽绒/灯芯绒]容[名病容/愁容/军容/面容/内容/怒容/市容/笑容/仪容/遗容/音容/阵容动包容/不容/宽容/敛容/美容/收容/整容/纵容形从容/雍容语苟合取容/情理难容/无地自容/女为悦己者容]嵘[峥嵘]蓉[苁蓉/豆蓉/芙蓉/椰蓉]溶[易溶]瑢榕熔镕融[名金融动交融/通融/消融

语其乐融融/水乳交融］‖ **冗［动拨冗形烦冗］氄** 非韵脚字 róng 蝾

【29】zong(ㄗㄨㄥ)枞宗［名禅宗/大宗/岱宗/卷宗/文宗/祖宗动同宗形大宗/正宗语万变不离其宗］综［错综］棕腙踪［名萍踪/行踪/影踪动藏踪/跟踪/蹑踪/失踪/追踪］鬃［马鬃/猪鬃］‖ **总［名老总动归总/汇总副拢总/共总/一总］偬［倥偬］◎纵［动操纵/放纵/骄纵/宽纵形放纵/骄纵语欲擒故纵］疭［瘈疭(抽风)］粽［肉粽/豆沙粽］**

【30】cong(ㄘㄨㄥ)匆［行色匆匆］囱［烟囱］枞(冷杉)葱［名大葱/青葱/水葱/小葱/洋葱语倒栽葱/郁郁葱葱］骢璁聪［失聪］熜◎从［名扈从/仆从/侍从/随从/主从动服从/过从/扈从/盲从/屈从/任从/顺从/随从/听从/胁从/信从/依从/自从/遵从语何去何从/轻装简从/唯命是从/无所适从/言听计从/择善而从/其身不正，虽令不从］丛［草丛/刀丛/论丛/人丛/树丛/译丛］淙［流水淙淙］琮藂(丛集) 非韵脚字 cōng 苁

【31】song(ㄙㄨㄥ)忪［惺忪］松［名劲松/肉松/雪松/油松/白皮松/马拉松动放松形宽松/蓬松/轻松/手松/疏松/稀松］凇［雾凇/雨凇］菘(白菜)淞［吴淞］嵩 ‖ **怂(惊惧)耸［高耸］悚［寒悚/惶悚/愧悚/震悚］竦◎讼［词讼/辞讼/聚讼/涉讼/诉讼/听讼/息讼/争讼］宋送［名陪送动保送/播送/传送/递送/断送/发送/放送/奉送/护送/欢送/解送/目送/扭送/陪送/赔送/遣送/输送/投送/选送/押送/运送/葬送/赠送/转送］诵［动背诵/传诵/讽诵/记诵/朗诵/念诵/吟诵语过目成诵/熟**

读成诵]颂[称颂/传颂/歌颂/敬颂/赞颂/祝颂]

【32】ying(丨ㄥ)应[代一应动理应/亟应/相应/自应]英[残英/含英/精英/落英/耆英/秋英/群英/石英/舜英/紫云英]莺[黄莺/柳莺/夜莺]婴[名妇婴/男婴/女婴动溺婴/育婴]媖瑛撄嘤[鸟鸣嘤嘤]罂缨[长缨/请缨/簪缨/萝卜缨]璎樱霙膺[动服膺/拊膺/荣膺语义愤填膺]鹰[名苍鹰/老鹰/猎鹰/雀鹰/鹞鹰/银鹰/鱼鹰/战鹰/猫头鹰语不见兔子不撒鹰]◎迎[出迎/逢迎/恭迎/欢迎/郊迎/失迎/送迎/相迎/笑迎]茔[坟茔/祖茔]荥荧[名光荧/青荧语荧荧]盈[动充盈形充盈/丰盈/骄盈/轻盈/虚盈/盈盈语恶贯满盈]莹[澄莹/光莹/晶莹/莹莹/玉莹]萤[名飞萤/流萤/秋萤/夜萤动囊萤]营[名兵营/军营/绿营/行营/阵营/大本营/集中营动安营/拔营/合营/劫营/经营/联营/露营/乱营/宿营/偷营/野营/运营/扎营/钻营形公营/国营/民营/私营/怔营语步步为营/狗苟蝇营]萦[名梦萦/心萦动回萦/牵萦]蓥楹滢(清澈)蝇[名苍蝇/飞蝇/家蝇/麻蝇/青蝇/蚊蝇/绿豆蝇动捕蝇/灭蝇]潆嬴赢[输赢/双赢]瀛‖**郢颍颖[名才颖/短颖/锋颖/毛颖/内颖/外颖动脱颖形聪颖/新颖/秀颖]影[名暗影/背影/倒影/电影/合影/黑影/后影/幻影/剪影/俪影/泡影/皮影/倩影/人影/身影/书影/树影/缩影/小影/笑影/形影/阴影/真影/踪影动合影/留影/摄影/息影语杯弓蛇影/捕风捉影/刀光剑影/浮光掠影/绘声绘影/立竿见影/人的名,树的影]瘿◎应[名反应/内应/效应动报应/策应/承应/酬应/答应/对应/反应/**

感应/供应/呼应/接应/适应/顺应/相应/响应/照应/支应形对应语一呼百应/有求必应]映[播映/衬映/重映/反映/放映/辉映/交映/开映/上映/相映/掩映/照映]硬[形粗硬/过硬/坚硬/僵硬/强硬/生硬/死硬/心硬/嘴硬/硬碰硬语欺软怕硬/打铁先得自身硬/绵里藏针——软中有硬/茅坑里的石头——又臭又硬]媵非韵脚字 yīng 鹦

【33】bing(ㄅㄧㄥ)冰[名刨冰/干冰动冻冰/滑冰/结冰/溜冰形冷冰冰语滴水成冰]并兵[名标兵/刀兵/伏兵/官兵/尖兵/骄兵/精兵/尖兵/救兵/民兵/奇兵/骑兵/炮兵/哨兵/士兵/水兵/逃兵/雄兵/追兵动鏖兵/搬兵/出兵/当兵/收兵/屯兵/兴兵/阅兵/增兵/征兵语草木皆兵/老弱残兵/秣马厉兵/先礼后兵/纸上谈兵/上阵父子兵/赔了夫人又折兵/强将手下无弱兵/铁打的营盘流水的兵] ‖ 丙[付丙(用火烧掉)]邴秉柄[把柄/刀柄/国柄/花柄/话柄/权柄/勺柄/笑柄/叶柄]昺(明亮)饼[名春饼/大饼/豆饼/画饼/煎饼/烙饼/煤饼/烧饼/柿饼/铁饼/馅饼/油饼/月饼/蒸饼语盼着天上掉馅饼]炳[彪炳]屏禀[回禀/启禀/容禀] ◎并[动归并/合并/火并/兼并/吞并副一并]病[名暴病/弊病/疾病/毛病/通病/心病/性病/语病/传染病/精神病/冷热病/疑心病/职业病动发病/犯病/扶病/诟病/闹病/染病/托病/卧病语偏方治大病/名医难治心头病]摒非韵脚字 bīng 屏栟槟

【34】ping(ㄆㄧㄥ)乒(拟声词)俜[伶俜] ◎平[名生平/水平/天平动持平形持平/公平/和平/清平/升平/太平语打抱不

平/一碗水端平/飞机上挂暖壶——高水平(瓶)]冯评[名短评/好评/社评/时评/史评/书评/述评/影评/总评动讥评/讲评/批评/品评/述评]坪[草坪/停机坪/杨家坪]苹凭[名文凭/依凭动任凭/听凭/依凭语不足为凭/空口无凭]枰[棋枰]帡洴屏[名插屏/藩屏/挂屏/画屏/围屏/四扇屏/显示屏/荧光屏语孔雀开屏]瓶[名花瓶/酒瓶/烧瓶/药瓶/银瓶/暖水瓶语守口如瓶/打翻了五味瓶]萍[浮萍]蛢鲆 非韵脚字

pīng 娉

【35】ming(ㄇㄧㄥ)名[名笔名/大名/法名/功名/官名/化名/诨名/假名/令名/骂名/美名/人名/声名/盛名/书名/俗名/威名/小名/姓名/虚名/学名/艺名/英名/专名/罪名动报名/成名/驰名/出名/除名/点名/定名/沽名/挂名/记名/冒名/命名/匿名/齐名/起名/签名/署名/提名/同名/闻名/扬名形有名/知名/著名语欺世盗名/师出无名/一文不名/隐姓埋名]明[名发明/光明/黎明/清明/声明/说明/文明/幽明/证明动标明/表明/查明/阐明/发明/讲明/申明/声明/失明/说明/问明/照明/证明/指明形昌明/聪明/分明/高明/光明/简明/精明/开明/清明/圣明/通明/透明/文明/鲜明/显明/严明/英明语察察为明/耳聪目明/兼听则明/泾渭分明/弃暗投明/月是故乡明/举头三尺有神明/人贵有自知之明/月到中秋分外明]鸣[动蝉鸣/虫鸣/悲鸣/耳鸣/雷鸣/鸟鸣/啸鸣语百家争鸣/不平则鸣/孤掌难鸣]茗[名香茗动品茗]洺冥[名幽冥形晦冥]铭[碑铭/砚铭/墓志铭/座右铭]蓂溟[北溟/东溟]暝瞑

［耳聋目瞑］螟‖酩◎命［名成命/诰命/活命/人命/生命/使命/死命/宿命/天命/性命动奔命/毙命/偿命/催命/待命/抵命/奉命/复命/革命/活命/救命/卖命/拼命/请命/饶命/认命/任命/丧命/舍命/授命/送命/算命/逃命/亡命/效命/要命/拚命/致命/自命/遵命形薄命/短命/革命副狠命/死命语爱财如命/安身立命/草菅人命/耳提面命/红颜薄命/乐天知命/临危受命/谋财害命/疲于奔命/相依为命/恭敬不如从命/牙疼不是病，疼起来要人命/机关算尽太聪明，反误了卿卿性命］

【36】ding（ㄉㄧㄥ）丁［名白丁/兵丁/成丁/人丁/园丁/壮丁动添丁形零丁语甲乙丙丁/目不识丁］仃［伶仃］叮玎盯町［畹町（地名）］钉［名道钉/螺钉/图钉/螺丝钉语眼中钉/板上钉钉］疔耵酊靪‖顶［名尖顶/绝顶/山顶/塔顶/头顶/秃顶/屋顶/千斤顶动出顶/灭顶/秃顶/歇顶/拿大顶形透顶副绝顶语天塌自有长人顶］酊［酩酊］鼎［名大鼎/赝鼎动定鼎/问鼎语大名鼎鼎/力能扛鼎/一言九鼎］◎订［改订/校订/考订/拟订/签订/审订/修订/预订/增订/制订/装订］饤［饾饤］钉定［名规定/假定/鉴定/决定/协定动安定/奠定/断定/否定/固定/规定/假定/鉴定/决定/肯定/厘定/立定/拟定/评定/确定/认定/入定/商定/审定/下定/限定/预定/约定/指定/制定/注定/坐定形安定/法定/固定/坚定/肯定/确定/特定/铁定/稳定/一定/镇定副必定/一定语盖棺论定/举棋不定］啶［吡啶］铤［铜铤］腚［光腚］碇［启碇/起碇/下碇］锭［钢锭/金锭/万应锭］

【37】ting（ㄊㄧㄥ）厅［餐厅/大厅/花厅/客厅/门厅/舞厅/办公

厅/财政厅/教育厅] 汀[绿汀/蓼花汀]听[动打听/接听/聆听/窃听/倾听/收听/探听/偷听形动听/好听/难听/中听/重听语闭目塞听/混淆视听/危言耸听/唯命是听/洗耳恭听/说的比唱的好听]烃桯鞓◎廷[朝廷/宫廷/教廷/清廷]莛[麦莛]亭[名岗亭/凉亭/书亭/邮亭/风波亭/醉翁亭形亭亭]庭[名法庭/民庭/天庭/刑庭动开庭/退庭语大相径庭]停[动叫停/调停/暂停形消停/匀停]葶蜓[蜻蜓]渟(水停滞)婷[婷婷/娉婷]霆[雷霆] ‖ **町侹挺[形笔挺/英挺动硬挺]珽梃[独梃/窗梃/花梃/门梃]铤(快走貌)颋(正直)艇[飞艇/舰艇/快艇/汽艇/潜艇/游艇]◎梃**

【38】ning(ㄋㄧㄥ)宁[动归宁形安宁/康宁语鸡犬不宁]拧苧咛[叮咛]狞[狰狞]聍[耵聍]凝[冷凝] ‖ **拧◎宁佞[名谗佞/奸佞代不佞形奸佞]拧泞[泥泞]**非韵脚字 níng 柠

【39】ling(ㄌㄧㄥ)伶[坤伶/名伶/优伶]灵[名百灵/魂灵/精灵/神灵/生灵/亡灵/心灵/英灵/幽灵动乞灵/失灵/守灵/停灵/显灵/移灵形机灵/精灵/空灵/轻灵/水灵/鲜灵语心诚则灵/在天之灵/叫天天不应,叫地地不灵]苓[茯苓]泠[泠泠/清泠]玲[玲玲]柃瓴[高屋建瓴]铃[名车铃/串铃/电铃/风铃/杠铃/棉铃/哑铃动结铃/解铃/落铃/系铃语掩耳盗铃]鸰[鹡鸰]凌[名冰凌/冰激凌动欺凌/侵凌]陵[名丘陵/十三陵/中山陵动谒陵]聆(听)菱棂[窗棂]蛉[白蛉/螟蛉]翎[花翎/雁翎/野鸡翎]羚[斑羚/原羚/藏羚/高鼻羚/扭角羚]绫[白绫/红绫]棱[穆棱(地名)]祾(福)零[名奇零/畸零动打

零/挂零/飘零/拾零[形]凋零[拟声]丁零[语]感激涕零/化整为零]龄[[名]党龄/芳龄/高龄/工龄/婚龄/舰龄/军龄/炉龄/妙龄/年龄/树龄/学龄/艺龄[动]超龄[形]适龄]鲮酃‖**令岭[[名]海岭/南岭/秦岭/山岭/五岭/分水岭/大兴安岭[语]崇山峻岭/翻山越岭]领[[名]白领/本领/纲领/将领/蓝领/首领/要领/衣领/自治领[动]带领/率领/引领/占领/招领[语]提纲挈领]◎另令[[名]辞令/冬令/法令/号令/将令/节令/禁令/酒令/军令/口令/命令/时令/司令/条令/通令/夏令/县令/小令/政令/指令/叨叨令/绕口令/如梦令/太史令/逐客令[动]传令/当令/号令/命令/通令/下令/责令[连]即令[语]猜拳行令/发号施令/一个将军一个令]呤[嘌呤]**[非韵脚字] líng 囹

【40】jing(ㄐㄧㄥ)茎[阴茎/缠绕茎/攀缘茎/匍匐茎/直立茎]京[[名]北京/东京/南京[动]出京/进京/离京]泾经[[名]财经/茶经/东经/佛经/神经/圣经/五经/西经/月经/生意经[动]念经/取经/痛经/行经/自经[形]正经[副]曾经/已经[语]荒诞不经/一本正经/夫子门前卖《三字经》/家家有本难念的经]荆[[名]拙荆/紫荆[动]负荆/识荆/问荆]菁[草木菁菁]猄[黄猄]旌惊[[名]虚惊[动]吃惊/受惊/压惊/震惊[形]震惊[语]处变不惊/胆战心惊/石破天惊/受宠若惊/打着骡子马也惊]晶[[名]茶晶/结晶/墨晶/水晶/液晶[动]结晶]腈睛[[名]眼睛[动]定睛[语]画龙点睛/火眼金睛/目不转睛]粳兢[战战兢兢]精[[名]茶精/钢精/酒精/人精/妖精/白骨精/害人精/狐狸精[动]成精/受精/遗精[语]精益求精/体大思精/买家没有卖家精/百艺通不如一艺

精]鲸[长须鲸/抹香鲸]麖鶄[鵁鶄] ‖ 井[名枯井/矿井/市井/竖井/水井/天井/乡井/油井/藻井动投井语临渴掘井]阱[陷阱]汫刭[自刭]肼颈[脖颈/瓶颈]景[名背景/布景/场景/风景/光景/幻景/近景/美景/内景/年景/盆景/前景/情景/全景/胜景/外景/晚景/雪景/夜景/远景动取景语桑榆暮景/看景不如听景]儆憬璟(玉的光彩)警[名法警/匪警/火警/路警/门警/民警/片警/武警/巡警/交通警动报警/告警/示警形机警] ◎劲[苍劲/刚劲/强劲/遒劲/雄劲]径[名半径/荒径/捷径/口径/门径/曲径/山径/途径/蹊径/小经/行径/直径语独辟蹊径/终南捷径]净[形白净/纯净/干净/洁净/明净/清净/素净/匀净语窗明几净/眼不见为净]弪经胫(小腿)倞(强)痉竞[争竞]竟[毕竟/究竟]婧(女子有才能)靓(装饰)敬[名赀敬动崇敬/回敬/失敬/孝敬/致敬/尊敬形恭敬/尊敬语毕恭毕敬/肃然起敬/大不正则小不敬]靖[动平靖/绥靖形安靖/宁靖/平靖]静[名动静形安静/背静/沉静/寂静/冷静/宁静/僻静/平静/清净/肃静/恬静/文静/娴静/幽静/镇静语风平浪静/夜深人静]境[名边境/惨境/处境/国境/化境/环境/幻境/佳境/家境/窘境/绝境/苦境/困境/梦境/逆境/胜境/仙境/心境/意境动出境/离境/入境/压境语渐入佳境/学无止境/如入无人之境]獍镜[茶镜/花镜/画镜/明镜/墨镜/眼镜/凹透镜/穿衣镜/哈哈镜/凸透镜/西洋镜/照妖镜动借镜语波平如镜]

【41】qing(ㄑㄧㄥ)青[名丹青/靛青/冬青/汗青/沥青/知青/

愣头儿青/万年青/竹叶青[动]垂青/返青/看青/杀青/踏青[形]靛青/年青/铁青[语]炉火纯青/万古长青/人生自古谁无死，留取丹心照汗青]轻[[动]减轻/看轻[形]口轻/年轻[语]避重就轻/人微言轻/头重脚轻/无官一身轻]氢[重氢]倾[[形]右倾/左倾[语]大厦将倾]卿[公卿/卿卿]圊(厕所)清[[名]蛋清/血清[动]澄清/分清/划清/还清/结清/肃清/誊清[形]澄清/冷清[语]弊绝风清/海晏河清/旁观者清/天朗气清/玉洁冰清/跳进黄河洗不清/秀才遇见兵，有理说不清]鲭◎勍(强)情[[名]爱情/案情/表情/病情/春情/敌情/恩情/风情/感情/行情/激情/交情/军情/热情/人情/色情/神情/实情/世情/事情/温情/心情/性情/隐情/幽情/友情/灾情/真情/衷情/鱼水情[动]催情/动情/发情/讲情/领情/求情/热情/抒情/谈情/同情/托情/钟情/酌情[形]多情/矫情/无情/难为情[副]敢情/尽情[语]触景生情/睹物伤情/水火无情/一死一生，乃见交情]晴[[名]晚晴[动]放晴[形]响晴[语]雨过天晴/天意怜幽草，人间重晚晴]氰檠擎[引擎]黥‖**苘顷[[名]俄顷/少顷/有顷[量]公顷/市顷[语]碧波万顷]请[[动]报请/呈请/吃请/敦请/回请/敬请/恳请/聘请/申请/宴请/邀请[语]不情之请]庼(小厅堂)◎庆[[名]大庆/国庆/校庆[动]欢庆[形]吉庆/喜庆[语]额手称庆/普天同庆/弹冠相庆]箐[梅子箐(地名)]綮[肯綮]罄[石罄/钟罄]罄[告罄/售罄]**

[非韵脚字] qīng 蜻 qìng 亲

【42】xing(ㄒㄧㄥ)兴[[动]不兴/勃兴/晨兴/复兴/时兴/振兴/中兴[形]新兴[语]百废俱兴/家和万事兴]星[[名]秤星/歌星/寒

星/恒星/彗星/火星/救星/流星/明星/寿星/童星/卫星/笑星/新星/星星/行星/影星/准星/定盘星/吐沫星[形]零星[语]寥若晨星]骍(红毛马)猩[猩猩]惺[形]假惺惺[语]惺惺惜惺惺]腥[[名]荤腥[形]血腥[动]除腥/去腥[语]哪只猫不吃腥] ◎刑[[名]极刑/酷刑/肉刑/死刑/徒刑/严刑[动]处刑/动刑/服刑/缓刑/量刑/判刑/上刑/受刑/行刑]邢行[[名]暴行/德行/品行/兽行/先行/言行/罪行[动]颁行/不行/步行/出行/发行/放行/飞行/风行/奉行/航行/横行/环行/饯行/进行/举行/流行/旅行/履行/施行/时行/实行/试行/送行/通行/推行/先行/巡行/印行/游行/远行/执行[形]不行/流行/平行/现行[语]祸不单行/简便易行/雷厉风行/身体力行/一意孤行/三思而后行/忠言逆耳利于行/军马未动，粮草先行/明知山有虎，偏向虎山行]饧形[[名]雏形/地形/方形/环形/情形/体形/图形/线形/象形/原形/圆形[动]变形/忘形/显形/现形/整形[形]畸形/无形[语]得意忘形/如影随形]陉[井陉(地名)]型[[名]典型/类型/脸型/模型/砂型/血型/原型/造型/纸型/流线型[动]成型/定型/转型[形]大型/典型/小型/新型/中型/重型]荥钘硎[新发于硎] ‖ 省[[动]反省/警省/猛省/内省[语]发人深省]醒[[动]唤醒/惊醒/警醒/觉醒/猛醒/睡醒/苏醒/提醒[形]警醒/清醒[语]大梦初醒]擤◎兴[[名]豪兴/雅兴/意兴/游兴/余兴[动]败兴/乘兴/即兴/尽兴/遣兴/助兴[形]高兴/扫兴]杏[红杏/山杏/银杏]幸[[动]宠幸/庆幸/巡幸[形]薄幸/不幸/侥幸/荣幸/万幸/欣幸[语]三生有幸]性[[名]本性/禀性/词性/磁性/雌性/党性/个性/共性/

惯性/记性/碱性/理性/慢性/母性/耐性/男性/黏性/女性/派性/品性/气性/人性/食性/兽性/水性/酸性/弹性/特性/天性/同性/忘性/悟性/习性/小性/心性/雄性/血性/阳性/药性/异性/阴性/油性/中性/创造性/积极性/技术性/流行性/偶然性/思想性/先天性/艺术性/优越性 动 定性 形 恶性/理性/慢性/任性/同性/异性/硬性/中性 副 索性 语 豺狼成性/泥人也有个土性]姓[名 百姓/复姓/贵姓/外姓 动 同姓 语 大丈夫行不更名坐不改姓]荇悻[悻悻]婞(倔强固执)

【43】yong(ㄩㄥ)佣[名 帮佣/男佣/女佣/书佣 动 帮佣/雇佣]拥[动 簇拥/蜂拥/雪拥/坐拥 语 前呼后拥]痈邕庸[名 附庸/中庸 形 凡庸/昏庸/平庸/中庸 副 何庸/无庸]鄘雍慵壅臃鳙饔(早饭)◎喁[喁喁]颙‖永[隽永]甬咏[讽咏/歌咏/题咏/吟咏]泳[名 侧泳/蝶泳/潜泳/蛙泳/仰泳/游泳 动 游泳]俑[木俑/男俑/女俑/陶俑/作俑/兵马俑/歌舞俑]勇[名 余勇 动 逞勇 形 沉勇/奋勇/刚勇/神勇/武勇/骁勇/义勇/英勇/忠勇 语 大智大勇/匹夫之勇/散兵游勇/自告奋勇/好汉不提当年勇/将在谋而不在勇]涌[动 奔涌/潮涌/激涌/喷涌/腾涌/汹涌 语 风起云涌/泪如泉涌]恿[怂恿]蛹[蚕蛹]踊鲬◎用[名 费用/功用/花用/零用/日用/效用/信用/作用 动 备用/并用/采用/代用/盗用/调用/动用/服用/公用/惯用/国用/耗用/合用/家用/节用/借用/滥用/利用/连用/零用/留用/录用/挪用/聘用/启用/起用/任用/食用/使用/试用/套用/通用/习用/袭用/享用/叙用/选用/沿用/移用/引用/应用/援用/运用/占用/征用/重用/专用/擢用/自用/租用/作用 形 顶用/管用/军

用/民用/耐用/日用/实用/适用/受用/无用/应用/御用/中用 语 大材小用/古为今用/宽打窄用/物尽其用/学以致用/闲时学得忙时用/一心不可二用/用人不疑,疑人不用]佣

【44】jiong(ㄐㄩㄥ)坰(野外)扃‖炅迥[山高路迥]泂炯[目光炯炯]窘[动 发窘/受窘 形 枯窘/困窘]

【45】qiong(ㄑㄩㄥ)邛穷[动 哭穷/受穷 形 贫穷/无穷 语 层出不穷/理屈词穷/黔驴技穷/日暮途穷/人穷志不穷]茕[茕茕]穹[苍穹]筇琼蛩(蟋蟀)銎

【46】xiong(ㄒㄩㄥ)凶[名 帮凶/吉凶/元凶/正凶 动 帮凶/逞凶/行凶]兄[胞兄/表兄/从兄/弟兄/父兄/老兄/仁兄/师兄/世兄/孔方兄]芎匈讻[讻讻]汹[汹汹]胸[名 鸡胸/心胸 语 昂首挺胸/成竹在胸] ◎雄[名 雌雄/群雄/枭雄/英雄 动 称雄/争雄 语 时势造英雄/生当做人杰,死亦为鬼雄]熊[名 白熊/狗熊/黑熊/棕熊/北极熊 形 熊熊]

【47】weng(ㄨㄥ)翁[名 富翁/老翁/渔翁/白头翁/不倒翁/信天翁/主人翁 语 王师北定中原日,家祭无忘告乃翁]嗡(拟声词)滃鹟‖塕蓊(草木茂盛)滃◎瓮[名 菜瓮/酒瓮/水瓮 语 请君入瓮]蕹齆

附　　录

一、上古韵部及字表

【清代以来,研究音韵的学者们按照《诗经》用韵的实际情况,概括出《诗经》时代(主要指先秦)的韵部。顾炎武把古韵分为10部;段玉裁分为17部;江有诰分为21部;黄侃分为28部;王力主编的《古代汉语》,综合各家意见,把先秦古韵分为30部。】

韵部	例字	韵部	例字
1.之部	已己子之友	12.铎部	步作妒客度
2.职部	直服则食息	13.阳部	亡方央光防
3.蒸部	弓凌雄惩兴	14.歌部	化他皮多何
4.幽部	仇矛舟好牢	15.月部	月烈桀渴发
5.觉部	菽复肃督睦	16.元部	干反旦安言
6.霄部	刀郊苗悄桃	17.支部	支兮此斯儿
7.药部	悼暴乐酌弱	18.锡部	迹益隘适绩
8.侯部	厚姝隅垢驹	19.耕部	平正生名成
9.屋部	束足屋辱族	20.脂部	几死夷美迷
10.东部	公功凶江同	21.质部	穴室密惠替
11.鱼部	下土女户夫	22.真部	人均身信真

（续表）

韵部	例字	韵部	例字
23.微部	火衣依韦悲	27.侵部	心风耽淫阴
24.物部	慨醉位物术	28.冬部	冲宗忠宫穷
25.文部	先汶门贫云	29.叶部	甲法涉捷接
26.辑部	立集急袭泣	30.谈部	斩监谈瞻犯

★由此表可见三种情况：一是古代押韵现在仍押（如：3.蒸部 5.觉部 9.屋部 13.阳部 16.元部 19.耕部 22.真部 26.辑部 28.冬部 30.谈部的例字）；二是古代押韵，现在不押了（如："友"与"已己子之"古代统押"1.之部"，而现在"友"归"由求辙"，"已己子之"归"一七辙"）；三是古代不押韵，现在反而押韵了（如"化"古代归"14.歌部"、"甲"古代归"29.叶部"，现在它们都归"麻沙辙"）。这是因为《诗经》距今已两千多年，两千多年间，语音随着历史的发展而发展，以致形成了变与不变的差别与联系。

上古韵字表

一、之部

兹滋孳孜淄辎缁锱菑子秄梓滓字牸慈鹚词祠辞伺司丝思缌偲笥似祀姒耜寺嗣饲俟涘之芝止趾址沚芷祉痔峙庤時治志痣笞痴蚩媸嗤持耻齿诗时埘莳鲥史使驶始士仕事恃市侍而胹耳饵珥刵鄙坯丕伾駓邳嚭否痞圮拟厘狸李里理俚鲤悝吏姬箕基期己纪记跽忌欺其棋期旗萁淇祺骐麒琪綦起屺杞芑熙嘻僖熹徙屣葸喜禧枲医疑嶷怡诒贻饴颐矣已以苢部不菩母拇亩晦芣罘负妇侮郁埋薶霾殆迨怠绐待胎苔台骀抬态乃奶耐来莱徕赉睐灾哉栽宰载再在才材财裁采彩菜鳃腮豺茝该垓赅改咍咳孩骸海亥骇挨埃唉碍杯倍蓓胚醅培陪赔佩媒煤禖梅莓每龟悝灰恢诙悔贿晦诲洧鲔剖掊谋某否阄久玖灸疚旧柩丘邱蚯裘邮尤訧疣有友美又右佑宥囿侑敏能

二、职部

德得特慝忒勒则侧厕恻测塞色穑啬革克刻劾核踣墨默国馘帼或惑戒诫械织职直值殖植置帜陟骘炽饬敕食蚀饰识式轼试弑拭爽逼匿昵力亟殛棘极稷冀骥息熄媳异翼意薏忆臆噫弋翊翌牧服鹏伏茯福辐蝠幅葍匐副富域蜮緎昱煜麦代袋岱贷赛北背备邶贼黑

三、蒸部

崩绷朋鹏棚梦冯登蹬等嶝镫凳磴隥邓瞪腾滕縢塍藤誊螣棱增憎曾矰罾缯鄫

甑赠层蹭僧征症烝蒸拯证称偁澄惩乘塍承丞橙升胜绳渑乘剩賸仍礽亘恒冰掤凭凝陵绫菱凌兢兴膺鹰应蝇滕肱弓躬薨弘宏紘闳竑翃鋐泓穹芎熊雄朕肯孕

四、幽部

笛廸涤牡郛莩稃俘孚浮蜉桴阜戮铸倏儵戊务鹜骛雾婺旭轨晷簋褒包苞胞枹雹宝保堡葆褓緥饱报抱萢鲍刨泡袍炮庖咆匏炮茅矛蟊卯昴茆冒帽瞀茂懋袤茂岛祷捣导道稻蹈帱絛滔韬绦謟慆焘涛陶綯陶騊讨牢醪老嫪糟遭枣早蚤皂造糙曹槽漕嘈草骚搔慅扫考烤好皓浩翱彪凋调莜陶舀窈牟侔眸缪缶搜捜馊廋溲叟州洲周舟肘帚纣宙胄酎抽瘳惆稠绸俦筹畴酬踌愁仇雠酬儵丑臭收手守首瘦狩受绶授售寿柔揉輮蹂谬狃扭纽钮蟉流硫旒刘浏劉留骝瘤镏柳绺熘馏熘鸠纠赳酒九韭就鹫究救厩臼舅咎秋楸湫鳅酋蝤遒囚泅求球逑赇虬羞修休朽秀袖岫忧优麀悠攸幽呦由油游游輶犹猷儵酉莠黝诱柚鼬幼

五、觉部

寂戚目睦穆苜腹复覆蝮鳆馥督毒笃陆戮稑蹙蹴肃夙宿缩妯轴竹竺筑逐祝俶叔菽淑孰塾梏酷鹄匊菊鞠鞫趜畜蓄旭鬻育毓逵燠薁澳灶告诰靠奥隩窖粥肉六学

六、冬部

降洚绛芃风枫丰酆沣讽凤冬彤佟统农脓侬浓襛穠醲隆窿宗鬃踪粽综琮淙嵩宋中忠衷终螽潨仲众忡充冲虫种崇铳戎绒狨融躬宫穷

七、宵部

猫毛芼旄髦耄眊刀舠倒到菿盗叨桃逃捞劳痨唠涝澡藻躁燥操召招昭沼兆照诏超抄钞弨巢嘲朝潮晁炒吵梢捎筲稍韶少绍邵劭高膏羔糕缟稿犒蒿豪毫号壕濠耗昊镐号熬敖嗷獒骜鳌傲镳表苗描眇秒淼庙妙貂吊挑佻祧迢苕窕跳眺潦燎僚辽缭鹩疗交郊蛟茭鲛焦蕉鷦骄娇狡绞姣矫皎缴皦教校较醮噍轿敲蹻谯樵憔乔桥侨荞翘悄俏峭诮鞘宵消销霄硝道枭骁鸮肴淆小晓孝效校笑肖夭妖要腰邀肴摇瑶窑遥谣姚尧咬葽鹞徼窍

八、药部

乐鹤驳搦荦卓桌焯酌灼濯擢绰芍妁烁铄弱沃虐疟谑爵爝傕雀确榷约跃龠签乐的翟籴溺栎砾激檄瀑曝吁暴爆豹皃貌悼淖罩棹勺杓钓掉枼袅削耀药鉴

九、侯部

诛蛛株邾朱珠朱铢洙茱拄主驻柱注住蛀炷厨橱蹰刍雏枢姝输殳数戍竖树澍儒濡乳孺侮缕褛屡拘驹俱聚句屦具趋区驱躯鸲取娶趣需须媭禺隅愚俞逾榆渝愉瑜伛遇寓愈喻谕兜斗抖豆逗脰偷投头娄楼偻蒌蝼搂篓漏镂瘘緅陬邹驺走奏骤绉狗苟构购媾觏姤诟抠口叩扣寇后厚欧讴鸥瓯殴偶耦藕呕沤懦

十、屋部

壳剥涿捉琢啄斫浊镯浞龊握渥幄龌珏角悫岳卜扑濮仆璞朴木沐赴讣独读椟牍渎犊秃禄碌鹿麓漉簏辘录绿族镞足簇蔟促俗速粟蠋躅烛嘱瞩属触赎蜀漱束辱褥缛蓐谷毂哭斛縠縠屋局曲续玉狱欲浴窦耨奏嗾嗽彀角

十一、东部

帮邦蚌棒庞龙庬江讲耩虹腔项巷撞窗幢双泷蓬篷捧蒙朦封葑峰蜂锋烽丰逢缝奉俸东董懂冻栋动洞峒恫通同铜桐筒童瞳僮桶捅痛恸笼聋胧珑龙拢陇垅豵纵总囱骢从松耸送讼颂诵潨钟锺种踵肿众重冲舂宠茸颙容熔溶蓉工攻功公恭供龚拱巩贡共空孔恐控烘洪红鸿虹哄翁蓊瓮蛩邛凶匈讻雍雝壅饔邕痈臃拥庸佣镛墉甬勇涌俑踊用

十二、鱼部

巴笆芭把耙葩马骂祃拿家葭豭假贾椵稼嫁价遐虾霞瑕暇夏厦下鸦牙芽衙雅讶迓瓜寡夸姱跨胯哗华花骅遮者车奢舍社谟模所姐且邪冶野逋补哺捕布怖铺蒲脯匍葡圃普浦溥铺莽夫铁肤跗敷痡扶蚨芙府腑俯斧甫脯黼抚釜辅付赋傅父附驸鲋赙都堵赌睹杜肚妒徒屠猪涂途荼图土吐兔菟奴驽帑孥努弩怒卢炉芦鲈垆鸬庐胪鲁虏租祖组阻俎诅粗徂殂苏稣酥素猪潴诸煮渚着箸助贮宁初除储躇锄褚楚础处樗梳疏蔬书抒舒纾暑鼠黍署薯恕曙如茹汝孤呱觚姑辜沽酤鸪蛄古估牯盬罟诂股羖鼓瞽贾蛊故固锢雇顾枯刳苦库裤呼滹胡湖煳葫糊蝴狐弧瓠壶乎虎琥浒戽户扈沪怙祜互乌呜污洿巫诬吾梧鼯吴蜈无芜毋五伍午忤武舞怃庑悟寤晤误女闾吕侣旅膂虑疽雎苴狙居琚裾据举莒筥矩榘沮锯倨踞据巨拒距炬秬讵钜遽惧蛆祛胠渠蘧瞿衢去胥墟虚嘘吁徐许栩诩絮叙绪序壻淤迂纡鱼渔于馀余予舆欤虞娱于盂语屿与雨宇禹羽圄誉预豫芋御

十三、铎部

霸灞怕吒诈榨乍诧择泽坼赦射麝胳搁阁格骼各客壑赫吓额恶毫泊箔伯帛舶粕迫魄摸膜莫寞漠陌貊貉铎托擈箨柝魄诺洛落络骆烙雒昨祚阼胙作柞酢怍错措厝索朔槊溯斫若箬郭虢椁廓鞹蠖霍藿获镬获借藉谢榭夜掖液腋略掠脚却跖尺斥赤石释碧逆籍藉戟惜夕昔席席隙郄亦奕弈译怿斁驿绎步暮慕墓幕缚妒度渡路潞赂辂露鹭醋庶护濩白百柏拍宅窄拆薄

十四、阳部

榜膀谤傍滂雱旁傍彷螃忙芒茫邙盲虻氓方坊芳妨防房鲂彷纺彷彷舫访放当瑺裆党荡荡璗汤镗堂螳棠唐塘螗糖倘囊曩郎廊狼莨琅琅稂朗浪阆臧赃葬奘藏仓沧苍鸧丧桑颡张章樟彰漳璋长掌帐涨丈仗杖障昌倡猖阊菖伥苌肠场裳常偿尝嫦敞畅鬯怅唱商伤殇觞赏上尚攘禳穰壤让冈岗刚纲康慷亢伉抗犺杭航颃迒行沆昂昂盎酿良梁粱量粮凉两緉魉谅亮姜疆僵僵缰姜将浆襁繦蒋桨奖强酱匠羌枪斨跄锵强墙戕嫱蔷抢乡香相湘厢箱缃襄纕翔祥详庠痒享响飨想饷向向象像央秧殃鸯泱易杨阳扬炀旸疡扬羊洋佯鞅养仰怏漾样恙庄装壮状疮床创怆霜孀爽光洸广犷匡筐狂诳况贶旷圹纩框眶矿荒肓黄潢璜簧皇湟惶徨遑隍煌蝗篁凰谎晃愰汪王亡忘枉往网罔辋魍惘旺妄望彭盟萌氓勐孟瞠枨更庚鹒羹梗埂绠鲠鲠坑吭衡亢岈夯兵丙炳秉柄病并明皿京景境竟镜竞倞卿黥勍鲸庆英迎影映觥兄永泳咏罡黾

十五、支部

酒佳崖涯卦挂蛙洼街鞋携赀訾髭龇紫眦雌疵此泚斯厮酾虒知蜘支枝肢卮只咫枳轵纸智豸篪褫踟匙豉翅豕是氏儿俾睥髀裨婢鼙弭递题提醍媞缇騠蹏倪霓猊霓睨輗丽骊鹂俪逦难技伎妓芰歧岐跂只芪疷溪溪醯兮奚蹊傒嶲徙纚躧稗牌买卖柴晒卑碑蕊圭闺规阛窥奎

十六、锡部

画划责箦帻策册谪谪隔膈核厄轭扼解蟹懈邂鹏渍束刺赐寘啻寔湜适襞臂避辟璧壁噼霹癖譬僻辟辟甓滴嫡镝敌狄荻帝蒂谛缔惕剔惕逖历历鬲积击系迹迹绩析淅晰皙锡裼系系阋系缢溢镒益易埸役疫擘派脉摘隘

十七、耕部

争筝正征钲整净郑政赪柽呈程酲裎成诚城盛逞骋生甥笙声省圣盛耕耿硁铿并饼屏并俜平评苹屏瓶萍聘鸣名铭冥溟暝瞑螟茗命丁钉顶鼎订定听厅汀廷庭亭停町梃挺宁泞铃伶零龄苓蛉聆翎玲囹灵领岭令茎荆惊精睛菁旌经泾警儆井颈到敬静靖净劲径迳清青蜻轻倾情晴擎请顷磬罄星腥猩馨形刑型硎陉荥酲幸性姓莺樱嘤鹦婴缨撄璎萦盈楹赢嬴莹营茔萤荧郢颖颍荣扃垧炯迥洞琼贞祯桢侦姘聘

十八、脂部

皆阶喈偕谐资姿咨粢谘姊秭恣自茨瓷次私死四驷泗兕脂祗旨指旨雉鸱迟鸱迟鸱迟坻师狮尸鸤矢示视嗜尔迩二贰比妣秕匕陛比陛匕秕匕陛比篦比篦庇枇砒毗貔琵枇蚍迷弥弥猕瀰米氏低羝底抵抵邸弟悌娣第梯荑绨涕剃泥犁黎藜黧梨礼醴沣履利稽笄嵇饥嵇笄稽笄嵇笄嵇饥儿麂济霁荠剂妻凄凄萋栖齐脐蛴祁耆鳍

十九、质部

八戛黠瑟跌迭瓞垤絰耋咥铁涅节结拮桔诘届切颉襭血屑噎谲阕血穴肆侄致疐质踬至窒秩紩帙栉叱虱失实室日鼻闭秘閟毖必毕匹泌秘蜜谧密嚏替隶戾莅栗傈疾嫉蒺吉诘佶即计继季悸鲫七漆器弃悉蟋一壹乙羿殪曀懿肄逸佚轶抑橘恤恤洫矞鹬遹谮繐穗惠蕙蟪

二十、真部

编蝙褊扁匾遍篇偏翩骗谝沔丏眄麪颠巅癫滇电甸佃畋钿天田填阗瑱年怜坚千阡牵纤贤弦弦舷蚿烟胭咽浚玄绚泫眩炫炫渊珍榛蓁溱臻真缜稹镇瑱嗔瞋陈尘臣身申伸绅呻神慎人仁恩宾滨濒殡鬓摈膑缤频苹颦嚬岷缗民泯邻鳞磷麟辚璘蔺津矜紧进晋缙尽烬荩亲秦辛新薪莘信因姻茵絪寅夤螾引蚓尹印胤笋均钧荀询洵恂旬泛讯迅浚殉徇筠匀侫

二十一、微部

火机讥饥几玑畿虮祈圻颀岂希稀晞欷豨悕衣依沂遗排俳徘开凯恺铠垲哀衰乖淮怀槐坏悲裴枚飞非扉绯霏菲騑妃腓肥淝匪篚蜚诽菲斐翡馁雷擂罍累嫘蕾垒耒诔累堆推蓷颓罪崔催摧虽绥睢追锥隹骓椎谁水蕤瑰归鬼魁傀愧愧馈挥回茴毁虺讳微威葳嵬帷维惟唯薇巍韦违围帏闱猥委尾伟苇炜纬魏畏

二十二、物部

讷纥龁勃渤殁没佛拙茁倔崛掘笔暨既乞气讫迄忾毅屹仡弗绋拂突卒猝出黜
憷术述骨窟忽惚笏兀軏勿物律屈诎戌聿郁概溉慨忾爱暧僾瑷帅率悖妹昧魅寐沸
费内类对队退醉淬焠倅啐翠萃瘁粹碎祟谇邃遂隧燧柜贵溃匮馈汇位未味慰胃谓
渭猬

二十三、文部

典殿淀腆殄艰荐先铣洗跣燹限眼轸疹袗诊川舛钏悛员圆奔贲本笨喷盆门闷
分吩芬纷氛雰焚汾棼鼢坟粉粪奋愤忿份震振账辰晨宸诜裖蜄蜃忍刃仞轫认韧根
跟艮恳垦痕很狠恨彬邠贫旻闵悯吝巾斤筋仅瑾馑谨槿卺觐近靳芹勤欣炘昕衅掀
裡闉湮堙殷银垠龈隐敦顿囤沌盾钝遯屯豚臀论仑沦伦轮纶仑抡论尊遵村存忖寸
孙狲荪飧损谆准准椿春滑纯莼醇淳鹑蠢隼顺舜瞬衮鲧昆琨鲲坤捆阃困昏婚阍荤
浑魂溷恩温文纹雯蚊汶闻吻刎问紊军君窘竣俊骏畯浚峻郡困逡羣裙熏薰熏勋循
巡驯逊训云云耘郧陨闰润殒允愠蕴酝运晕韵旗西洗

二十四、歌部

罢麻麻他它那哪差沙纱鲨裟阿加嘉痂珈笳袈架驾化瓦蛇歌哥戈柯轲珂苛科
蝌稞窠颗可课诃呵河菏禾和龢盉荷贺莪哦娥峨鹅俄蛾讹吪譌饿波玻跛簸坡婆颇
破磨魔摩多堕惰拖驼纮陀沱跎酡佗傩罗萝锣裸赢羸左佐坐座磋搓蹉瘥嵯娑挲莎
琐锁锅过果裹货祸窝涡我嗟茄伽也瘸靴摛螭魑池驰弛侈施彼披罴皮疲縻縻蘼靡
地离篱醨漓褵蓠罹羁奇畸寄骑觭崎奇琦锜羲牺曦猗椠艘浅抟淆倚椅迤匜谊义议
差被随隋髓吹炊垂睡妫诡跪亏麾撝危为

二十五、月部

拔跋魃妭钹茇发伐筏阀垡茷罚发怛妲狚笪靼达大獭闼挞扎札察刹杀瞎辖轧
刮鸹话袜蜇哲辙折浙彻撤舌设热割葛渴喝曷褐遏拨末抹沫夺掇裰脱捋撮辍啜惙
说聒佸括栝适铦阔豁活斡鳖憋蒴别蹩撇瞥灭蔑篾揑涅啮臬闑列烈冽裂劣埒锊揭
桀杰讦羯竭碣截介界芥疥契锲歇蝎楔絜绁亵泄媟拽谒绝厥蹶蕨橛决抉诀觖缺阙
雪曰悦阅月刖越戉钺粤滞制制世势誓逝筮噬蔽敝币弊毙蟒棣厉励砺蛎例隶祭际
穄蓟契憩艺呓曳刈乂拜败湃迈劢逮带泰奈柰赖癞籁濑蔡虿盖丐害蔼霭艾夬侩浍
脍桧狯快哙外贝狈霈沛旆袂废肺芾吠兑蜕帨最岁缀赘税帨锐睿刽会绘荟彗慧秽

二十六、元部

班斑般搬瘢板版半绊伴拌攀潘番盘磻磐鞶蟠判泮叛畔蛮谩馒鳗蔓慢嫚缦幔
漫墁曼蕃藩翻幡番幡烦蘋蹯燔膰蕃繁蘩樊矾反返贩饭丹单殚箪疸旦诞但惮弹坛
檀坦袒炭叹难兰澜阑谰拦栏懒烂攒赞瓒餐残粲灿璨散繖饘旃毡鹯盏琖展辗栈战
缠躔鄽廛蝉禅单婵澶铲刬产阐颤山膻扇煽讪汕疝善鳝蟮鄯缮擅膳饍禅嬗然燃肰
干乾竿肝玕杆秆旰鼾寒韩邗虷汗罕汉熯旱翰瀚捍扞豻閈安鞍岸按桉鞭边笾变辨
辩卞抃汴忭弁昪便辫缏楩片緜绵棉免娩勉俛冕缅湎愐面碾辇捻连涟鲢莲练炼楝
湅恋艰间奸煎湔戋笺戋籛肩豜简柬拣翦剪蹇謇茧笕趼谏涧锏箭溅践贱饯建键健

腱荐见迁愆钱前浅遣缱仙籼鲜闲娴痫间涎癣显苋线羡宪献霰岘现县焉蔫嫣鄢颜延筵蜒埏綖言研妍沿巘演偃蝘雁赝晏彦谚唁堰砚燕咽宴端短断锻段缎湍团抟暖銮鸾峦栾圞挛脔娈卵乱钻缵纂篡筭专砖颛转撰馔篆传穿椽船遄喘软阮官棺观冠关管琯馆贯灌鹳观冠惯宽欢驩讙桓洹貆狟还环鬟寰圜钚缓浣唤焕奂涣换逭患宦擐剜豌弯湾完丸纨芄莞顽碗皖绾晚挽宛婉菀畹琬玩惋腕万镌娟捐涓鹃卷隽卷倦圈罥诠铨痊筌荃全泉牷权拳颧踡蜷畎犬劝券轩宣喧暄萱谖旋縼璇悬选烜渲蜎冤鸳缘元沅鼋原源嫄袁园辕猿爰援媛猿垣远院苑愿怨巽

二十七、缉部

答搭褡沓塔遝纳軜衲杂飒恰洽祫涩鸽合蛤颌盒汁执絷蛰挚贽鸷湿十什拾立粒笠苙集辑楫戢急级伋汲及岌给缉葺泣吸歙翕习袭隰揖邑悒浥挹入

二十八、侵部

凡帆梵泛耽躭眈酖探撢贪覃潭谭南楠男諵喃婪簪参骖蚕惨憯三湛掺杉衫感堪戡勘含涵函颔喊撼菡憾琀谙黯暗簟添忝舔念缄减碱僭潜黔钤縿咸咸谮岑涔森枕朕鸩琛郴沉忱谌深审渗葚甚壬稔荏饪任妊絍衽品林淋琳霖临廪凛懔赁祲綅今金衿襟锦禁浸侵钦嶔衾琴芩禽擒寝沁心歆音喑阴吟淫饮窨瘾荫寻浔禀

二十九、叶部

乏法榻遢蹋阘邋腊蜡匝眨插歃霎翣夹袷荚颊铗甲狭峡匣狎侠挟鸭押压慴摄涉韘嗑盍阖蝶谍牒聂蹑猎躐鬣接睫捷劫妾怯愜箧胁协挟燮靥厌叶业晔馌烨

三十、谈部

氾范犯担儋聃胆担澹啖憺谈郯惔痰澹毯蓝篮襤览揽滥缆暂惭沾觇詹瞻占斩站搀幨襜谗馋巉镵蟾谄芟苫闪剡赡髯染冉苒甘柑敢绀阚瞰蚶憨酣邯庵鹌晻埯砭贬点玷坫甜恬黏鲇廉镰帘匳濂歛脸殓潋监歼兼缣鹣蒹检睑俭鉴监槛渐剑签佥谦箝钳拑嗛嵌堑椠欠歉纤孅銛衔嫌险猃崄谦陷臽滔淹崦腌阉岩炎盐檐阎严奄掩晻魇琰剡俨验厌猒餍艳焰酽

二、诗韵韵目及字表

【隋代陆法言著《切韵》,盛行于世。这部书一共分为206韵。206韵过于繁细,故唐代规定相近的韵可以同用。南宋时代,平水刘渊索性把同用的韵合并起来,成为107韵。后人又减为106韵。这106韵被称为"平水韵",一般就叫做"诗韵"。】

上平声	1.东	2.冬	3.江	4.支	5.微
	6.鱼	7.虞	8.齐	9.佳	10.灰
	11.真	12.文	13.元	14.寒	15.删
下平声	16.先	17.萧	18.肴	19.豪	20.歌
	21.麻	22.阳	23.庚	24.青	25.蒸
	26.尤	27.侵	28.覃	29.盐	30.咸
上声	31.董	32.肿	33.讲	34.纸	35.尾
	36.语	37.麌	38.荠	39.蟹	40.贿
	41.轸	42.吻	43.阮	44.旱	45.潸
	46.铣	47.筱	48.巧	49.皓	50.哿
	51.马	52.养	53.梗	54.迥	55.有
	56.寝	57.感	58.琰	59.豏	
去声	60.送	61.宋	62.绛	63.寘	64.未
	65.御	66.遇	67.霁	68.泰	69.卦
	70.队	71.震	72.问	73.愿	74.翰
	75.谏	76.霰	77.啸	78.效	79.号
	80.箇	81.祃	82.漾	83.敬	84.径
	85.宥	86.沁	87.勘	88.艳	89.陷

（续表）

入声	90.屋	91.沃	92.觉	93.质	94.物
	95.月	96.曷	97.黠	98.屑	99.药
	100.陌	101.锡	102.职	103.缉	104.合
	105.叶	106.洽			

★近体诗必须用平声押韵，而且一韵到底。

古体诗可押平声韵也可押仄声韵，可以转韵，还可以邻韵通押；但除去上声韵和去声韵偶然可以相押外，不同声调一般是不相押的。

平水韵字表

【上平声】

1 东：东同铜桐筒童僮瞳中衷忠虫终戎崇嵩弓躬宫融雄熊穹穷冯风枫丰充隆空公功工攻蒙笼聋珑洪红鸿虹丛翁聪通蓬烘潼胧砻峒螽梦讧冻忡酆恫总侗窿懵庞种盅芎倥艨绒葱匆骢

2 冬：冬农宗钟龙舂松冲容蓉庸封胸雍浓重从逢缝踪茸峰锋烽蛩慵恭供淙侬松凶墉镛佣溶邛共憧喁邕壅纵龚枞脓淞匈汹禺蚣榕彤

3 江：江扛窗邦缸降双庞逢腔撞幢桩淙豇

4 支：支枝移为垂吹陂碑奇宜仪皮儿离施知驰池规危夷师姿迟眉悲之芝时诗棋旗辞词期祠基疑姬丝司葵医帷思滋持随痴维卮麋螭麾墀弥慈遗肌脂雌披嬉尸狸炊篱兹差疲茨卑亏蕤陲骑曦歧岐谁斯私窥熙欺疵赀笞羁彝颐资糜饥衰锥姨楣夔涯伊蓍追缁箕椎罴篪萎匙脾坻嶷治骊尸綦怡尼漪累牺饴而鸱推縻璃祁绥逵羲羸肢骐訾狮奇嗤咨堕其睢漓蠡噫馗辎胝鳍蛇陴淇淄丽筛厮氏痍貔比僖贻祺嘻鹂瓷琦嵋伲熹孜台蚩罹魑丕琪耆衰惟剂提禧居栀戏畸椅磁痿离佳虽仔寅委崎隋逶倭黎犁郦

5 微：微薇晖徽挥韦围帏违霏菲妃绯飞非扉肥腓威畿机几讥矶稀希衣依沂巍归诽痱欷葳颀圻

6 鱼：鱼渔初书舒居裾车渠余予誉舆胥狙锄疏蔬梳虚嘘徐猪闾庐驴诸除储如墟与畲疽苴于茹蛆且沮祛蜍榈淤好雎纾躇趄滁屠据匹咀衙涂虑

7 虞：虞愚娱隅刍无芜巫于盂衢儒濡襦须株诛蛛殊瑜榆谀愉腴区驱躯朱珠趋扶符凫雏敷夫肤纡输枢厨俱驹模谟蒲胡湖瑚乎壶狐弧孤辜姑觚菰徒途涂荼图屠奴呼吾梧吴租卢鲈苏酥乌枯都铺禺诬竽吁瞿劬需俞逾觎揄萸臾渝岖镂娄夫孚桴俘迂姝拘摹糊鸪沽呱蛄驽逋舻垆徂孥泸栌嚅蚨诹扶母毋芙喁颅轳句邾洙麸机膜瓠

恶芋呕驺喻枸侏龉葫懦帑拊

8 齐：齐蛴脐黎犁梨黧妻萋凄堤低氐诋题提荑缔折篦鸡稽兮奚嵇蹊倪霓西栖犀嘶撕梯鼙批挤迷泥溪圭闺睽奎携畦骊鹂儿

9 佳：佳街鞋牌柴钗差涯阶偕谐骸排乖怀淮豺侪埋霾斋娲蜗娃哇皆喈揩蛙楷槐俳

10 灰：灰恢魁隈回徊枚梅媒煤瑰雷催摧堆陪杯醅嵬推开哀埃台苔该才材财裁来莱栽哉灾猜胎孩虺崔裴培坏垓陔徕皑傀崃诙煨桅唉颏能茴酶偎隗咳

11 真：真因茵辛新薪晨辰臣人仁神亲申伸绅身宾滨邻鳞麟珍尘陈春津秦频苹颦银垠筠巾民珉缗贫淳醇纯唇伦纶轮沦匀旬巡驯钧均臻榛姻寅彬鹑皴遵循振甄岷谆椿询恂峋莘堙屯呻粼磷辚濒闽豳逡填狺泯洵溱夤荀竣娠纫鄞抡畛嶙斌氤

12 文：文闻纹云氛分纷芬焚坟群裙君军勤斤筋勋薰曛熏荤耘芸汾氲员欣芹殷昕贲郧雯蕲

13 元：元原源园猿辕坦烦繁蕃樊翻萱喧冤言轩藩魂浑温孙门尊存蹲敦墩暾屯豚村盆奔论坤昏婚阍痕根恩吞沅媛援爰幡番反埙鸳宛掀昆琨鲲扪荪髡跟垠抡蕴犍袁怨蜿溷昆炖饨臀喷纯

14 寒：寒韩翰丹殚单安难餐滩坛檀弹残干肝竿乾阑栏澜兰看刊丸桓纨端湍酸团抟攒官观冠鸾銮栾峦欢宽盘蟠漫汗郸叹摊奸剜棺钻瘢谩瞒潘胖弁拦完莞獾拌掸萑倌繁曼馒鳗谰洹滦

15 删：删潸关弯湾还环鹌鬟寰班斑颁般蛮颜菅攀顽山鳏艰闲娴悭孱潺殷扳讪患

【下平声】

16 先：先前千阡笺天坚肩贤弦烟燕莲怜田填钿年颠巅牵妍研眠渊涓蠲编玄县泉迁仙鲜钱煎然延筵禅蝉缠连联涟篇偏便全宣镌穿川缘鸢铅捐旋娟船涎鞭专圆员乾虔愆骞权拳椽传焉跹溅舷咽零骈阗鹃翩扁平沿诠痊悛荃遄卷挛戋佃滇婵颛犍搴嫣癣澶单竣鄢扇键蜷棉

17 萧：萧箫挑貂刁凋雕迢条跳苕调枭浇聊辽寥撩僚寮尧幺宵消霄绡销超朝潮嚣樵谯骄娇焦蕉椒饶烧遥姚摇谣瑶韶昭招飚标杓镳瓢苗描猫要腰邀乔桥侨妖夭漂飘翘祧佻徼侥哨娆陶橇劭潇骁獠料硝灶鹞钊蛲峤轿荞嘹逍燎憔剽

18 肴：肴巢交郊茅嘲钞包胶爻苞梢蛟庖匏坳敲胞抛鲛崤铙炮哮捎茭淆泡跑咬啁教咆鞘剿刨佼抓姣唠

19 豪：豪毫操髦刀萄猱桃糟漕旄袍挠蒿涛皋号陶翱敖遭篙羔高嘈搔毛艘滔骚韬缫膏牢醪逃槽劳洮叨绸饕骜熬臊涝淘尻挑嚣捞嗥薅咎谣

20 歌：歌多罗河戈阿和波科柯陀娥蛾鹅萝荷过磨螺禾哥娑驼佗沱峨那苛诃珂轲莎蓑梭婆摩魔讹坡颇俄哦呵皤么涡窝茄迦伽磋跎番蹉搓驮献蝌箩锅倭罗嵯锣

21 麻：麻花霞家茶华沙车牙蛇瓜斜邪芽嘉瑕纱鸦遮叉葩奢楂琶衙赊涯夸巴加耶嗟遐笳差蟆蛙虾拿葭茄挝呀枷哑娲爬杷蜗爷芭鲨珈骅娃哇洼畲丫夸裟瘕些桠杈痂哆爹椰咤笆桦划迦揶吾佘

22 阳：阳杨扬香乡光昌堂章张王房芳长塘妆常凉霜藏场央泱鸯秧嫱床方浆觞梁娘庄黄仓皇装殇襄骧相湘箱缃创忘芒望尝偿樯枪坊囊郎唐狂强肠康冈苍匡荒遑行妨棠翔良航倡伥羌庆姜僵缰疆粮穰将墙桑刚祥详洋徉佯粱量羊伤汤鲂樟彰漳璋猖商防筐煌隍凰蝗惶璜廊浪裆沧纲亢吭潢钢丧盲簧忙茫傍汪臧琅当庠裳昂障糖疡锵杭邙赃滂禳攘瓤抢螳踉眶炀闾彭蒋亡殃蔷镶孀搪彷胱磅膀螃

23 庚：庚更羹盲横觥彭棚亨英瑛烹平评京惊荆明盟鸣荣莹兵卿生甥笙牲檠擎鲸迎行衡耕萌氓宏闳茎莺樱泓橙筝争清情晴精睛菁旌晶盈瀛嬴营婴缨贞成盛城诚呈程声征正轻名令并倾萦琼赓撑瞠枪伧峥猩珩蘅铿嵘丁嘤鹦铮砰绷轰訇瞪侦顷榜抨趟坪请

24 青：青经泾形刑邢型陉亭庭廷霆蜓停丁宁钉仃馨星腥醒惺娉灵棂龄铃苓伶零玲翎瓴囹聆听厅汀冥溟螟铭瓶屏萍荧萤荥扃町瞑暝

25 蒸：蒸承丞惩陵凌绫冰膺鹰应蝇绳渑乘升胜兴缯凭仍兢矜征凝称登灯僧增曾憎层能棱朋鹏弘肱腾滕藤恒冯瞢扔誊

26 尤：尤邮优忧流留榴骝刘由油游猷悠攸牛修羞秋周州洲舟酬仇柔俦畴筹稠邱抽湫遒收鸠不愁休囚求裘球浮谋牟眸矛侯猴喉讴沤鸥瓯楼娄陬偷头投钩沟幽彪疣绸浏瘤犹啾酋售蹂揉搜叟邹貅泅球逑俅蜉桴罘欧搂抠髅蝼兜句妯惆呕缪繇偻篓馗区

27 侵：侵寻浔林霖临针箴斟沈深淫心琴禽擒钦衾吟今襟金音阴岑簪琳琛椹谌忱壬任黔歆禁喑森参淋郴妊湛

28 覃：覃潭谭参骖南男谙庵含涵函岚蚕探贪耽龛堪戡谈甘三酣篮柑惭蓝郯婪庵颔褴澹

29 盐：盐檐廉帘嫌严占髯谦奁纤签瞻蟾炎添兼缣尖潜阎镰粘淹箝甜恬拈暹詹渐歼黔沾苫占崦阉砭

30 咸：咸缄谗衔岩帆衫杉监凡馋芟喃嵌掺搀严

【上声】

31 董：董动孔总笼汞桶空拢洞懂侗

32 肿：肿种踵宠陇垄拥壅冗茸重冢奉捧勇涌踊俑蛹恐拱巩竦悚耸溶

33 讲：讲港棒蚌项耩

34 纸：纸只咫是枳砥抵氏靡彼毁委诡傀髓妓绮此褫徙髀尔迩弭弥婢侈弛豕紫捶揣企旨指视美訾否兕几姊匕比妣轨水唯止市徵喜已纪跪技迤鄙晷宄子梓矢雉

死履垒诔揆癸趾芷以已似姒巳祀史使驶耳里理李俚鲤起杞士仕俟始峙痔齿矣拟耻滓玺跬圮痞址悝娌秭倚被你仔

35 尾：尾鬼苇卉虺几伟韪炜斐诽菲岂匪蜚

36 语：语圄圉御吕侣旅膂抒宁杼与予渚煮汝茹暑鼠黍杵处贮褚女许拒距炬所楚础阻俎沮举莒序绪屿墅著巨讵咀纾去

37 麌：麌雨羽禹宇舞父府鼓虎古股贾土吐圃谱庚户树煦琥怙嵝篓卤努肚沪枸辅组乳弩补鲁橹睹竖腐数簿姥普拊侮五斧聚午伍缕部柱矩武脯苦取抚浦主杜祖堵愈祜扈雇虏甫腑俯估诂牯瞽酤怒浒诩栩拄剖鹉溥赌伛偻莽滏

38 荠：荠礼体米启醴陛洗邸底诋抵坻弟悌递涕济澧祢

39 蟹：蟹解骇买洒楷锴摆拐矮伙

40 贿：贿悔改采彩海在宰醢载铠恺待怠殆倍猥蕾诒蓓鼐颏浼汇璀每亥乃

41 轸：轸敏允引尹尽忍准隼笋盾闵悯泯菌蚓诊畛肾牝赈窘蜃陨殒蠢紧缜纯吮朕稹嶙

42 吻：吻粉蕴愤隐谨近恽忿坟刎殷

43 阮：阮远本晚苑返反阪损饭偃堰稳蹇键婉蜿宛阃鲧捆很恳垦圈盾绻混沌娩棍

44 旱：旱暖管满短馆盥缓碗款懒卵散伴诞浣瓒断侃算疃但坦袒悍澹纂趱

45 潸：潸眼版产限撰栈绾赧羼柬拣莞板

46 铣：铣善遣浅典转衍犬选冕辇免展茧辩篆勉翦卷显践饯眄喘软蹇演岘栈扁阐娈跣腆鲜戬吮辫件琏蠕单殄腼蚬缅沔键搴冼獮癣狷钱趁匾宴

47 筱：筱小表鸟了晓少扰绕娆绍秒沼眇矫蓼皎杳窈袅窕挑掉渺缈藐淼娇标悄缭僚昭夭燎赵兆

48 巧：巧饱卯狡爪鲍挠搅绞拗姣炒

49 皓：皓宝藻早枣老好道稻造脑恼岛倒祷抱讨考燥嫂槁潦保葆堡褓草昊浩颢镐皂袄缫蚤澡灏媪杲缟涝

50 哿：哿火舸柁沱我娜荷可坷轲左果裹朵锁琐堕垛惰妥坐裸跛簸颇叵祸卵娑爹揣隋

51 马：马下者野雅瓦寡社写泻夏冶也把贾假舍赭厦惹若踝姐哆哑且瘕洒

52 养：养痒鞅怏泱像象橡仰朗奖浆敞氅枉沆荡惘放仿两傥杖响掌党想爽广享丈仗幌晃莽襁纺蒋攘盎脏苍长上网荡壤赏往罔蟒魍抢慌厂慷向

53 梗：梗影景井岭领境警请屏饼永骋逞颖颖顷整静省幸颈郢猛炳杏丙打哽秉耿憬冷靖睛

54 迥：迥炯茗挺艇町醒溟酊到等鼎顶胫肯拯酩

55 有：有酒首手口母后柳友妇斗狗久负厚走守绶右否受牖偶耦阜九后咎吼帚垢亩舅藕朽臼肘韭剖诱牡缶酉扣欧黝蹂取钮莠丑苟糗某玖拇纣纠枸忸浏赳蚪培擞趣陡寿殴

56 寝：寝饮锦品枕审甚衽饪稔禀沈凛荏恁婶

57 感：感览榄胆澹啖坎惨敢颔撼毯喊橄嵌

58 琰：琰焰敛俭险检脸染掩点贬冉陕谄奄渐玷忝闪歉广俨

59 豏：豏槛范减舰犯湛斩黯掺阚喊滥歉

【去声】

60 送：送梦凤洞众弄贡冻痛栋仲中讽恸空控赣砻哄衷

61 宋：宋重用颂诵统纵讼种综俸共供从缝雍封恐

62 绛：绛降巷撞虹洚淙

63 寘：寘置事地意志治思泪吏赐字义利器位戏至次累伪寺瑞智记异致肆翠骑使试类弃饵媚鼻易辔坠醉议翅避粹侍谊帅厕寄睡忌萃穗臂嗣吹遂恣四骥季刺驷识痣志寐魅寘邃燧隧谥植织饲食积被芰懿悸觊冀暨匮馈篑比庇畀痹毖泌鸷贽挚渍迟祟豉珥示伺嗜自詈痢莉譬肂惴劓啻企腻施遗值柴出萎司诿陂二近始术瑟德

64 未：未味气贵费沸尉畏慰蔚魏胃渭谓讳卉毅溉既衣忾诽痱蜚翡

65 御：御处去虑誉署据驭曙助絮著豫翥恕与遽疏庶诅预茹语踞狙沮除如女讵欤楚嘘

66 遇：遇路赂露鹭树度渡赋布步固素具数怒务雾骛鹜附兔故顾雇句墓暮慕募注驻祚裕误悟寤住戍库护诉蠹妒惧趣娶铸傅付谕妪捕哺忤措错醋赴恶互孺怖煦寓酤瓠输吐屡塑捂瞿驱讣属作酗雨获镀圃驸足播苦铺姹

67 霁：霁制计势世丽岁卫济第艺惠慧币桂滞际厉涕契毙帝蔽敝锐戾裔袂系祭隶闭逝缀替细税例誓蕙偈诣砺励噬继谛系剂曳睇憩彗逮芮掣蓟妻挤弟题鳜蹶齐棣说齑离荔泥蜕赘揭唳泄娣薛呓滠捩羿谜缔切医

68 泰：泰会带外盖大濑赖蔡害最贝霭沛艾兑奈绘桧脍会太汰癞粝蜕酹狈

69 卦：卦挂懈隘卖画派债怪坏诫戒界介芥械拜快迈话败稗噫疥隘湃聩惫杀喝解祭蒯喟呗寨

70 队：队内塞爱辈佩代退载碎背秽菜对废诲晦昧戴贷配妹溃黛赉吠逮岱肺溉耒慨块赛刈耐悖淬敦铠焙在再孛柿睐裁采回粹栽北劾悔

71 震：震信印进润阵镇填刃顺慎鬓晋骏闰峻衅振舜吝烬讯胤殡迅瞬谆馑蔺徇赈觐摈仅认衬瑾趁韧汛磷躏浚缙娠引诊蜃亲

72 问：问闻运晕韵训粪奋忿郡分紊汶愠靳近斤郓员拼隐

73 愿：愿论怨恨万饭献健寸困顿建宪劝蔓券钝闷逊嫩贩涸远曼喷艮敦郾褪堰圈

74 翰：翰岸汉难断乱叹干观散奈旦算玩烂贯半案按炭汗赞漫冠灌窜幔灿璨换焕唤悍弹惮段看判叛腕涣绊惋钻缦锻瀚胖谰蒜泮谩摊侃馆滩盥

75 谏：谏雁患涧闲宦晏慢盼豢栈惯串苋绽幻讪绾谩汕疝瓣篡铲栅扮

76 霰：霰殿面县变箭战扇煽膳传见砚选院练燕宴贱电荐绢彦甸便眷线倦羡堰奠遍恋眩钏倩卞汴弁拼咽片禅谴谚缘颤擅援媛瑗佃钿淀狷煎悬袖穿茜溅拣缠牵先炫善缮遣研衍辗转饯

77 啸：啸笑照庙窍妙诏召邵要曜耀调钓吊叫燎峤少眺诮料肖尿剽掉鹞枭轿烧疗漂醮骠绕娆摇哨约嘹裱

78 效：效教貌校孝闹淖豹爆罩拗窖酵稍乐较钞敲觉

79 号：号帽报导盗操噪灶奥告诰暴好到蹈劳傲躁涝漕造冒悼倒骜缟懊澳膏犒部瀑旄靠糙

80 箇：箇个贺佐作逻坷轲大饿奈那些过和挫课唾簸磨座坐破卧货左惰

81 祃：祃驾夜下谢榭罢夏暇霸灞嫁赦借藉炙蔗假化舍价射骂稼架诈亚罅跨麝咤怕讶诧迓胯柘卸泻靶乍桦杷

82 漾：漾上望相将状帐浪唱让旷壮放向仗畅量葬匠障谤尚涨饷样藏舫访养酱嶂抗当酿亢况脏瘴王谅亮妄丧怅两圹宕忘傍砀恙吭炀张行广汤炕长创诳掠妨旺荡防怏偿荡盎仰挡傥

83 敬：敬命正令政性镜盛行圣咏姓庆映病柄郑劲竞净竟孟聘诤泳请倩硬檠晟更横榜迎娉轻评证侦并盟

84 径：径定听胜磬应乘媵赠佞称罄邓胫莹证孕兴经醒廷锭庭钉暝剩凭凝橙凳蹬

85 宥：宥候就授售寿秀绣宿奏富兽斗漏陋守狩昼寇茂懋旧胃宙袖岫柚覆复救臭幼佑右侑囿豆窦逗溜瘤留构遘媾购透瘦漱镂鹫走副诟究凑谬缪疚灸畜柩骤首皱绉戊句鼬蹂沤又逅蔻伏收犹油后厚扣吼读

86 沁：沁饮禁任荫谶浸鸩枕衽赁临渗妊吟深甚沈

87 勘：勘暗滥担憾缆瞰三暂参澹淡憨淦

88 艳：艳剑念验赡店占敛厌滟垫欠僭砭餍殓苫盐沾兼念埝俺潜忝

89 陷：陷鉴监汛梵帆忏赚蘸谗剑欠淹站

【入声】

90 屋：屋木竹目服福禄熟谷肉咒鹿腹菊陆轴逐牧伏宿读犊渎牍椟黩毂复粥肃育六缩哭幅斛戮仆畜蓄叔淑菽独卡馥沐速祝麓镞蹙筑穆睦啄覆鹜秃扑鬻辐瀑竺簇暴掬濮郁矗复塾朴蹴煜谡碌毓舳柚蝠辘夙蝮匐觫囿苜茯髑副孰谷

91 沃：沃俗玉足曲粟烛属录辱狱绿毒局欲束鹄蜀促触续督赎浴酷瞩躅褥旭欲渌逯告仆

92 觉：觉角桷较岳乐捉朔数卓汲琢剥趵爆驳邈雹璞朴确浊擢镯濯幄喔药握搦学

93 质：质日笔出室实疾术一乙壹吉秩密率律逸佚失漆栗毕恤蜜橘溢瑟膝匹黜弼七叱卒虱悉谧轶诘戌佶栉昵窒必侄蛭泌秫蟀嫉唧怵帅聿郅桎茁汨尼蒺

94 物：物佛拂屈郁乞掘讫吃绂弗诎崛勿熨厥迄不屹芴倔尉蔚

95 月：月骨发阙越谒没伐罚卒竭窟笏钺歇突忽勃蹶筏厥蕨掘阀讷殁粤悖兀碣猝樾羯汩咄渤凸滑孛纥核饽垡阏堀曰讦

96 曷：曷达末阔活钵脱夺褐割沫拔葛渴拨豁括聒抹秣遏挞萨掇喝跋獭撮刺泼斡捋袜适咄妲

97 黠：黠札拔猾八察杀刹轧刖戛秸嘎瞎刮刷滑

98 屑：屑节雪绝列烈结穴说血舌洁别裂热决铁灭折拙切悦辙诀泄咽噎杰彻别哲设劣碣掣谲窃缀阅抉挈捩楔鳖亵蔑捏竭契疖涅颉撷撤跌蔑浙澈蛭揭啜辍迭呐侄冽掇批橇

99 药：药薄恶略作乐落阁鹤爵若约脚雀幕洛壑索郭博错跃若缚酌托削铎灼凿却络鹊度诺橐漠钥著虐掠获泊搏勺酪谑廓绰霍烁莫铄缴谔鄂亳恪箔攫涸疟郝骆膜粕礴拓蠖鳄格昨柝摸貉愕柞寞膊魄烙焯厝噩泽矍各猎昔芍踱迮

100 陌：陌石客白泽伯迹宅席策碧籍格役帛戟壁驿麦额柏魄积脉夕液册尺隙逆画百辟赤易革脊获翮屐适剧碛隔益栅窄核掷责惜僻癖辟掖腋释舶拍择摘射斥弈奕迫疫译昔瘠赫炙谪虢腊硕螫藉翟亦鬲骼鲫借啧蜴帼席貊汐摭咋吓刺百莫蝈绎霸霹

101 锡：锡壁历枥击绩笛敌滴镝檄激寂翟逖籴析晰溺觅摘狄获戚涤的吃霹沥惕踢剔砾栎适嫡阋觋淅晰吊霓倜

102 职：职国德食蚀色力翼墨极息直得北黑侧饰贼刻则塞式轼域殖植敕饬棘惑默织匿亿忆特勒劾仄稷识逼克蜮唧即拭弋陟测冒抑恻肋亟殛忒嶷熄穑啬匐鲫或愎翌

103 缉：缉辑立集邑急入泣湆习给十拾什袭及级涩粒揖汁蛰笠执隰汲吸熠岌歙熠挹

104 合：合塔答纳榻杂腊蜡匝阖蛤衲沓鸽踏飒拉盍搭溘嗑

105 叶：叶帖贴牒接猎妾蝶箧涉捷颊楫摄蹑谍协侠荚睫慑蹀挟喋燮褶靥烨摺辄捻婕聂霎

106 洽：洽狭峡法甲业邺匣压鸭乏怯劫胁插押狎掐夹恰眨呷喋札钾

三、词韵韵目及字表

【古人填词，并没有特别规定的词韵，基本上也就是诗韵，只是比诗韵更宽些，更自由些。清朝人戈载“取古人之名词参酌而审定”的《词林正韵》，把词韵分为19部。这19部可以看作是对“诗韵”的大致合并，与古体诗的宽韵差不多。】

	平声	上声	去声	入声
第1部	东冬	董肿	送宋	
第2部	江阳	讲养	绛漾	
第3部	之微齐灰(部分)	纸尾荠贿(部分)	寘未霁泰(部分)队(部分)	
第4部	鱼虞	语麌	御遇	
第5部	佳(部分)灰(部分)	蟹贿(部分)	泰(部分)卦(部分)队(部分)	
第6部	真文元(部分)	轸吻阮(部分)	震问愿(部分)	
第7部	寒删先元(部分)	旱潸铣阮(部分)	翰谏愿(部分)霰	
第8部	萧肴豪	筱巧皓	啸效号	
第9部	歌	哿	箇	
第10部	麻佳(部分)	马	祃卦(部分)	
第11部	庚青蒸	梗迥	敬径	
第12部	尤	有	宥	
第13部	侵	寝	沁	
第14部	覃盐咸	感俭豏	勘艳陷	
第15部				屋沃
第16部				觉药
第17部				质陌锡职缉

（续表）

	平声	上声	去声	入声
第 18 部				物月曷黠屑叶
第 19 部				合洽

★这 19 部大约反映了宋词用韵的一般情况。其实在某些词人笔下，早有突破，如第 6 部与第 11、13 部通押，第 7 部与第 14 部通押；有些入声字也可进入第 3、4、5、8、9、10、12 部中通押（这些字，戈载书中一一用切声注明）。

词的用韵往往要受词调（词牌）的限制；其中的讲究多而杂，如《江城子》《捣练子》等，必须一韵到底用平声；《卜算子》《满江红》等，必须一韵到底用仄声；《忆秦娥》《念奴娇》越调《水龙吟》等，只宜押入声；《清商怨》宜单押上声；《翠楼吟》宜单押去声；《永遇乐》《齐天乐》等，上声去声通押；《西江月》则规定上下阕的第二句第三句押平声，第四句押仄声。

词林正韵字表

【第 1 部】

平声：东冬通用

【东】东同童僮铜桐峒筒瞳中[中间]衷忠盅虫冲终忡崇嵩[崧]菘戎绒弓躬宫穹融雄熊穷冯风枫疯丰充隆窿空公功工攻蒙濛朦瞢笼胧栊咙聋珑砻泷蓬篷洪荭红虹鸿丛翁嗡匆葱聪骢通棕烘崆

【冬】冬咚彤农侬宗淙锺钟龙茏舂松淞冲容榕蓉溶庸佣慵封胸凶匈汹雍邕痈浓脓重[重复]从[服从]逢缝峰锋丰蜂烽葑纵[纵横]踪茸蛩邛筇跫供[供给]蚣喁

上声：董肿

【董】董懂动孔总笼[东韵同]拢桶捅蓊蠓汞

【肿】肿种[种子]踵宠垅[陇]拥冗重[轻重]冢捧勇甬踊涌俑蛹恐拱竦悚耸巩怂奉

去声：送宋通用

【送】送梦凤洞众瓮贡弄冻痛栋恸仲中[击中]粽讽空[空缺]控哄赣

【宋】宋用颂诵统纵[放纵]讼种[种植]综俸供[供设，名词]从 [仆从]缝[隙也]重[再也]共

【第 2 部】

平声：江阳通用

【江】江缸窗邦降[降伏]双泷庞撞豇扛杠腔梆桩幢蛩[冬韵同]

【阳】阳扬杨洋羊徉佯芳妨方坊防肪房亡忘望[漾韵同]忙茫芒妆庄装奘香乡湘厢箱镶芗相[相互]襄骧光昌堂唐糖棠塘章张王常长[长短]裳凉粮量[衡量]梁粱良霜藏[收藏]肠场尝偿床央鸯秧殃郎廊狼榔踉浪[沧浪]浆将[持也送也]疆僵姜

缰舫娘黄皇遑惶徨煌仓苍舱沧伤殇商帮汤创[创伤]疮强[刚强]墙樯嫱蔷康慷[养韵同]囊狂糠冈刚钢纲匡筐荒慌行[行列]杭航桁翔详祥庠桑彰璋漳獐猖倡凰邙臧赃昂丧[丧葬]阊羌枪锵抢[突也]蛻跄篁簧璜潢攘瓤亢吭[漾养韵并同]旁傍[侧也]孀骦当[应当]裆珰铛泱炀蝗隍怏肓汪鞅滂螂怆[漾韵同]缃琅颃怅螳

上声:讲养

【讲】讲港项棒蚌耩

【养】养痒象像橡仰朗桨奖蒋敞鳖厂枉往颡强[勉强]惘两曩丈杖仗[漾韵同]响掌党想鲞榜爽广享向飨幌莽纺长[长幼]网荡上[上升]壤赏仿罔谠倘魍魉谎蟒漭嗓盎恍脏[肮脏]吭沆慷褓镪抢肮犷

去声:绛漾通用

【绛】绛降[升降]巷撞[江韵同]戆

【漾】漾上[上下]望[阳韵同]相[卿相]将[将帅]状帐唱让浪[波浪]酿旷壮放向忘仗[养韵同]畅量[数量]葬匠障瘴谤尚涨饷样藏[库藏]舫访觋嶂当[适当]抗桁妄怆宕怅创酱况亮傍[依傍]丧[丧失]恙谅胀鬯脏[内脏]吭砀伉圹纩桄挡旺炕亢[高亢]阆防

【第 3 部】

平声:支微齐灰(部分)通用

【支】支枝肢移簃为[施为]垂吹陂碑奇宜仪皮儿离施知驰池规危夷师姿迟龟眉悲之芝时诗棋旗辞词期祠基疑姬丝司葵医帷思滋持随痴维卮麾墀弥慈遗肌脂雌披嬉尸狸炊湄篱兹差[参差]疲茨卑亏蕤骑[跨马]歧岐谁斯澌私窥熙欺疵赀羁彝髭颐资縻饥衰锥姨夔祇涯[佳、麻韵同]伊追缁其箕治[治国]尼而推[灰韵同]匙陲魑锤缡璃骊羸帔罴縻靡脾芪畸牺羲曦欹漪猗崎崖萎筛狮蛳鸱绥虽粢瓷椎饴嫠痍惟唯机耆逵岿丕毗枇貔楣霉辎蚩嗤媸飔坩莳鲥鹚笞漓怡贻禧噫其琪祺麒嶷螭栀鹂累踟琵嵋

【微】微薇晖辉徽挥韦围帏违闱霏菲[芳菲]妃飞非扉肥威祈畿机几[微也]讥玑稀希衣[衣服]依归饥[支韵同]矶欷诽绯晞葳巍沂圻颀

【齐】齐黎犁梨妻[夫妻]萋凄堤低题提蹄啼鸡稽兮倪霓西栖犀嘶撕梯鼙赍迷泥溪蹊圭闺携畦嵇跻奚脐醯黧蠡醍鹈奎批砒睽荑篦斋藜猊鲵羝

【灰(部分)】灰恢魁隈回徊槐[佳韵同]梅枚玫媒煤雷颓崔催摧堆陪杯醅嵬推[支韵同]诙裴培盔偎煨瑰茴追胚徘坯桅傀傫[贿韵同]莓

上声:纸尾荠贿(部分)

【纸】纸只咫是靡彼毁委诡髓累技绮觜此泚蕊徙尔弭婢侈弛豕紫旨指视美否[否泰]痞兕几姊比水轨止徵[角徵]市喜已纪跪妓蚁鄙晷子仔梓矢雉死履垒癸趾址以已似耜祀史驶耳使[使令]里理李起杞圯跂士仕俟始齿矣耻麂枳峙鲤迤氏玺巳[辰巳]滓苡倚匕迤逦旖旎舣蚍秕芷拟你企诔捶屣棰揣豸祉恃

【尾】尾苇鬼岂卉几[几多]伟斐菲[菲薄]匪篚娓悱榧韪炜虺玮虮

【荠】荠礼体米启陛洗邸底抵弟坻柢涕悌济[水名]澧醴诋眯娣棨递昵睨蠡

【贿(部分)】贿悔罪馁每块汇[汇合]猥璀磊蕾傀儡腿

去声:寘未霁泰(部分)队(部分)通用

【寘】寘置事地意志思[名词]泪吏赐自字义利器位戏至次累[连累]伪寺瑞智记异致备肆翠骑[车骑,名词]使[使者]试类弃饵媚鼻易[容易]辔坠醉议翅避笥帜炽粹莳谊帅厕寄睡忌贰萃穗二臂嗣吹[鼓吹,名词]遂恣四骥季刺驷寐魅积[积蓄]被懿觊冀愧匮恚馈蒉篑柜暨庇豉莉腻秘比[近也]骘毖啻示嗜饲伺遗[馈遗]薏祟值惴屣眦詈企渍譬跛挚燧隧悴尿稚雉莅悸肆泌识[记也]侍踬为[因为]

【未】未味气贵费沸尉畏慰蔚魏纬胃汇[字汇]谓渭卉[尾韵同]讳毅既衣[着衣,动词]蜚溉[队韵同]翡诽

【霁】霁制计势世丽岁济[渡也]第艺惠慧币弟滞际涕[荠韵同]厉契[契约]敝弊毙帝蔽髻锐戾裔袂系祭卫隶闭逝缀翳替细桂税婿例誓筮蕙诣砺励瘗噬继脆睿毳曳蒂睇妻[以女妻人]递逮蓟蚋薜荔唳捩粝泥[拘泥]媲嬖彗睥睨剂嚏谛缔剃屉悌俪锲贳掣羿棣蟪娣说[游说]赘憩鳜彘呓谜挤

【泰(部分)】会旆最贝沛霈绘脍荟狈侩桧蜕酹外兑

【队(部分)】队内辈佩退碎背秽对废悔诲晦昧配妹喙溃吠肺耒块碓刈悖焙淬敦[盘敦]

【第 4 部】

平声:鱼虞通用

【鱼】鱼渔初书舒居裾琚车[麻韵同]渠蕖余予[我也]誉[动词]舆胥狙锄疏蔬梳虚嘘墟徐猪闾庐驴诸储除滁蜍如畬淤妤苴菹沮徂龉茹榈於祛蘧疽蛆醵纾樗躇[药韵同]欤据[拮据]

【虞】虞愚娱隅无芜巫于衢癯瞿氍儒襦濡须需朱珠株诛硃铢蛛殊俞瑜榆愉逾渝窬谀腴区躯驱岖趋扶符凫芙雏敷麸夫肤纡输枢厨俱驹模谟摹蒲逋胡湖瑚乎壶狐弧孤辜姑觚菰徒途涂荼图屠奴吾梧吴租卢鲈炉芦颅垆蚨孥帑苏酥乌污[污秽]枯粗都茱侏姝禺拘嵎蹰桴俘臾萸吁滹瓠糊醐呼沽酤泸舻轳鸬驽匍葡铺[铺盖]菟诬呜迂盂竽趺毋獳酴鸪骷刳蛄晡葫呱蝴劬殂猢邪孚

上声:语麌

【语】语[语言]圉圄吕侣旅杼伫与[给予]予[赐予]渚煮暑鼠汝茹[食也]黍杵处[居住、处理]贮女许拒炬距所楚础阻俎沮叙绪序屿墅巨去[除也]苣举讵溆浒钜醑咀诅苎抒楮

【麌】麌雨宇舞府鼓虎古股贾[商贾]估土吐圃庾户树[种植,动词]煦诩努辅组乳弩补鲁橹睹腐数[动词]簿竖普侮斧聚午伍釜缕部柱矩武五苦取抚浦主杜坞祖愈堵扈父甫禹羽怒[遇韵同]腑拊俯罟赌卤姥鹉拄莽[养韵同]栩窭脯妩庑否[是否]麈褛篓偻酤牡谱怙肚踽虏拏诂瞽牯羖祜沪雇仵缶母某亩蛊琥

去声:御遇通用

【御】御处[处所]去虑誉[名词]署据驭曙助絮著[显著]箸豫恕与[参与]遽疏[书疏]庶预语[告也]踞倨蓣淤锯觑狙[鱼韵同]翥薯

【遇】遇路辂赂露鹭树[树木]度[制度]渡赋布步固素具务雾骛数[数量]怒[麌韵同]附兔故顾句墓慕暮募注住注驻炷祚裕误悟寤戍库护屦诉妒惧趣娶铸绔傅付谕喻妪芋捕哺互孺寓赴冱吐[麌韵同]污[动词]恶[憎恶]晤煦酤讣仆[偃仆]赙驸婺锢蛀飓怖铺[店铺]塑愫蠹溯镀璐雇瓠迕妇负阜副富[宥韵同]醋措

【第5部】

平声:佳(部分)灰(部分)通用

【佳(部分)】佳街鞋牌柴钗差[差使]崖涯[支麻韵同]偕阶皆谐骸排乖怀淮豺侪埋霾斋槐[灰韵同]睚崽楷秸揩挨俳

【灰(部分)】开哀埃台苔抬该才材财裁栽哉来莱灾猜孩徕骀胎唉垓挨皑呆腮

上声:蟹贿(部分)

【蟹】蟹解洒楷[佳韵同]拐矮摆买骇

【贿(部分)】海改采彩在宰醢铠恺待殆怠乃载[岁也]凯闿倍蓓迨亥

去声:泰(部分)卦(部分)队(部分)通用

【泰(部分)】泰太带外盖大[个韵同]濑赖籁蔡害蔼艾丐奈柰汰癞霭

【卦(部分)】懈廨邂隘卖派债怪坏诫戒界介芥械薤拜快迈败稗晒瀣湃寨疥届蒯篑蒉喟聩块惫

【队(部分)】塞[边塞]爱代载[载运]态菜碍戴贷黛概岱溉慨耐在[所在]鼐玳再袋逮埭赉赛忾暧咳嗳睐

【第6部】

平声:真文元(部分)通用

【真】真因茵辛新薪晨辰臣人仁神亲申身宾滨槟缤邻鳞麟珍瞋尘陈春津秦频蘋颦濒银垠筠巾民岷泯[轸韵同]珉贫莼淳醇纯唇伦轮沦抡匀旬巡驯钧均榛遵循甄宸纶椿鹑嶙辚磷呻伸绅寅姻荀询峋氤恂嫔彬皴娠闽纫湮肫逡菌臻豳

【文】文闻纹蚊云分[分离]氛纷芬焚坟群裙君军勤斤筋勋薰曛醺芸耘芹欣氲荤汶汾殷雯贲纭昕熏

【元(部分)】魂浑温孙门尊[樽]存敦墩炖暾蹲豚村屯囤[囤积]盆奔论[动词]昏痕根恩吞荪扪裈昆鲲坤仑婚阍髡馄喷猻饨臀跟瘟飧

上声:轸吻阮(部分)

【轸】轸敏允引尹尽忍准隼笋盾[阮韵同]闵悯菌[真韵同]蚓牝殒紧蠢陨哂诊疹赈肾蜃膑黾泯窘吮缜

【吻】吻粉蕴愤隐谨近忿揾刎拉槿瑾恽韫

【阮(部分)】混棍阃悃捆衮滚鲧稳本畚笨损忖囤遁很沌恳垦龈

去声:震问愿(部分)通用

【震】震信印进润阵镇刃顺慎鬓晋骏闰峻衅振俊舜赆吝烬讯仞迅汛趁衬仅觐蔺

浚赈[轸韵同]龀认殡摈缙躏廑谆瞬韧浚殉馑

【问】问闻[名誉]运晕韵训粪忿[吻韵同]酝郡分[名分]紊愠近[动词]拉拚奋郓捃靳

【愿(部分)】论[名词]恨寸困顿遁[阮韵同]钝闷逊嫩溷诨巽褪喷[元韵同]艮搵

【第 7 部】

平声:元(部分)寒删先通用

【元(部分)】元原源沅鼋园袁猿垣烦蕃樊喧萱暄冤言轩藩媛援辕番繁翻幡鸳蜿湲爰掀燔圈谖

【寒】寒韩翰[翰韵同]丹单安鞍难[艰难]餐檀坛滩弹残干肝竿阑栏澜兰看[翰韵同]刊丸完桓纨端湍酸团攒官观[观看]鸾銮峦冠[衣冠]欢宽盘蟠漫[大水貌]叹[翰韵同]邯郸摊玕拦珊狻鼾杆蹒姗殚箪瘅谰獾倌棺剜潘拚[问韵同]槃般蹒瘢磐瞒谩馒鳗钻抟邗汗[可汗]

【删】删潸关弯湾还环鬟寰班斑蛮颜攀顽山闲艰间[中间]悭患[谏韵同]孱潺擐圜菅般[寒韵同]颁鬘疝讪斓娴鹇鳏殷[赤黑色]纶[纶巾]

【先】先前千阡笺天坚肩贤弦烟燕[地名]莲怜连田填巅鬈宣年颠牵妍研[研究]眠渊涓捐娟边编悬泉迁仙鲜[新鲜]钱煎然延筵毡旃蝉缠廛联篇偏绵全镌穿川缘鸢旋船涎鞭专圆员乾[乾坤]虔愆权拳椽传焉嫣鞯褰搴铅舷跹鹃筌痊诠悛邅禅婵躔颛燃涟琏便[安也]翩骈癫阗钿[霰韵同]沿蜒胭芊蝙胼滇佃畋咽湮狷蠲荐骞膻扇棉拴荃籼砖挛儇欢璇卷[曲也]扁[扁舟]单[单于]溅[溅溅]犍

上声:阮(部分)旱潸铣

【阮(部分)】阮远[远近]晚苑返反饭[动词]偃蹇琬沅宛婉畹菀蜿绻巘挽堰

【旱】旱暖管琯满短馆[翰韵同]缓盥[翰韵同]碗懒伞伴卵散[散布]伴诞罕瀚[浣]断[断绝]侃算[动词]款但坦袒纂缎拌澸谰莞

【潸】潸眼简版板阪盏产限绾柬拣撰馔赧皖汕铲羼楝栈

【铣】铣善[善恶]遣[遣送]浅典转[霰韵同]衍犬选冕辇免展茧辨篆勉剪卷显饯[霰韵同]践喘藓软蹇[阮韵同]演兖件腆跣缅缱鲜[少也]殄扁匾蚬岘畎燹隽键变泫癣阐颤膳鳝舛娩辗邅[先韵同]脔辫捻

去声:愿(部分)翰谏霰通用

【愿(部分)】愿怨万饭[名词]献健建宪劝蔓券远[动词]侃键贩畈曼挽[挽联]瑗媛圈[猪圈]

【翰】翰[寒韵同]瀚岸汉难[灾难]断[决断]乱叹[寒韵同]观[楼观]干[树干,干练]散[解散]旦算[名词]玩烂贯半案按炭汗赞漫[寒韵同。又副词,独用]冠[冠军]灌爨窜幔粲灿璨换焕唤涣弹[名词]惮段看[寒韵同]判叛绊鹳伴畔锻腕惋馆盰捍疸但罐盥婉缎缦侃蒜钻谰

【谏】谏雁患涧间[间隔]宦晏慢盼篆栈[潸韵同]惯串绽幻瓣苋办谩讪[删韵同]铲绾孪篡裥扮

【霰】霰殿面县变箭战扇煽膳传[传记]见砚院练链燕宴馔荐绢彦掾便[便利]眷倦羡奠遍恋峙眩钏倩卞汴片禅[封禅]谴溅饯善[动词]转[以力转动]卷[书卷]甸电咽茜单念〈念书〉眄淀靛佃钿[先韵同]镟漩拣缮现狷炫绚绽线煎选旋颤擅缘[衣饰]撰唁谚媛忭弁援研[磨研]

【第 8 部】

平声:萧肴豪通用

【萧】萧箫挑貂刁凋雕迢条髫调[调和]蜩枭浇聊辽寥撩寮僚尧宵消霄绡销超朝潮嚣骄娇蕉焦椒饶硝烧[焚烧]遥徭摇谣瑶韶昭招镳瓢苗猫腰桥乔娆妖飘逍潇鸮骁祧鹪鹩缭獠嘹夭[夭夭]幺邀要[要求]姚樵谯憔标飚嫖漂[漂浮]剽佻龆苕岧嶕哓跷侥了[明了]魈峣描钊轺桡铫鹞翘枵侨窑礁

【肴】肴巢交郊茅嘲钞包胶苞梢姣庖匏坳敲胞抛蛟崤鸡鞘抄蝥咆哮凹淆教[使也]跑艄捎爻咬铙茭炮[炮制]泡鲛刨抓

【豪】豪劳毫操[操持]髦绦刀萄猱褒桃糟旄袍挠[巧韵同]蒿涛皋号[号呼]陶鳌曹遭羔糕高搔毛艘滔骚韬缫膏牢醪逃濠壕饕洮淘叨啕篙熬遨翱嗷臊嗥鏖螯獒敖牦漕嘈槽掏唠涝捞痨毛

上声:筱巧皓

【筱】筱小表鸟了[未了,了得]晓少[多少]扰绕绍杪沼眇矫皎杳窈窕袅挑[挑拨]掉[啸韵同]肇缥缈渺淼茑赵兆缴缭[萧韵同]夭[夭折]悄舀侥蓼娆硗剿晁藐秒殍了[了望]

【巧】巧饱卯狡爪鲍挠[豪韵同]搅绞拗咬炒吵佼姣[肴韵同]昴茆獠[萧韵同]

【皓】皓宝藻早枣老好[好丑]道稻造[造作]脑恼岛倒[跌到]祷[号韵同]捣抱讨考燥扫[号韵同]嫂保鸨稿草昊浩镐杲缟槁堡皂瑙媪燠袄葆褓毛澡套涝蚤拷栲

去声:啸效号通用

【啸】啸笑照庙窍妙诏召邵要[重要]曜耀调[音调]钓吊叫眺少[老少]诮料疗潦掉[筱韵同]峤徼跳嘹漂镣廖尿肖鞘悄[筱韵同]峭哨俏醮燎[筱韵同]鹩鹞轿骠票铫[萧韵同]

【效】效教[教训]貌校孝闹豹罩棹觉[寤也]较窖爆炮[枪炮]泡[肴韵同]刨[肴韵同]稍钞[肴韵同]拗敲[肴韵同]淖

【号】号[号令]帽报导操[操行]盗噪灶奥告[告诉]诰到蹈傲暴[强暴]好[爱好]劳[慰劳]躁造[造就]冒悼倒[颠倒]燥犒靠懊瑁燠[皓韵同]耄糙套[皓韵同]纛[沃韵同]潦耗

【第 9 部】

平声:歌[独用]

【歌】歌多罗河戈阿和[和平]波科柯陀娥蛾鹅萝荷[荷花]何过[经过]磨[琢磨]螺禾珂蓑婆坡呵哥轲沱鼍拖驼跎佗[他]颇[偏颇]峨俄摩么娑莎迦疴苛蹉嵯驮箩逻锣哪挪锅诃窠蝌髁倭涡窝讹陂鄱皤魔梭唆骡挼靴瘸搓哦痤酡

上声：哿

【哿】哿火舸弹舵我拖娜荷［负荷］可左果裹朵锁琐堕惰妥坐［坐立］裸跛颇［稍也］夥颗祸椏婀逻卵那坷爹［麻韵同］簸叵垛哆硪么［歌韵同］峨［歌韵同］

去声：箇通用

【箇】箇贺佐大［泰韵同］饿过［歌韵同。又过失，独用］座和［唱和］挫课唾播破卧货簸轲［轗轲］驮髁［歌韵同］磋作做剁磨［磨磐］懦糯缚锉挼些［清楚些］

【第 10 部】

平声：佳(部分)麻通用

【佳(部分)】佳涯［支麻韵同］娲蜗蛙娃哇

【麻】麻花霞家茶华沙车［鱼韵同］牙蛇瓜斜邪芽嘉瑕纱鸦遮叉奢涯［支佳韵同］巴耶嗟遐加笳赊槎差［差错］蟆骅虾葭袈裟砂衙呀琶耙芭杷笆疤爬葩些［少也］佘鲨查楂渣爹挝咤拿椰珈蹦枷迦痂茄椏丫哑划哗夸胯抓洼呱

上声：马

【马】马下［上下］者野雅瓦寡社写泻夏［华夏］也把厦惹冶贾［姓贾］假［真假］且玛姐舍喏赭洒嘏剐打要那

去声：卦(部分)祃通用

【卦(部分)】卦挂画［图画］

【祃】祃驾夜下［降也］谢榭罢夏［春夏］霸暇灞嫁赦藉［凭藉］假［休假］蔗化舍［庐舍］价射骂稼架诈亚麝怕借卸帕坝靶鹧贳炙嗄乍咤诧罅吓娅哑讶迓华［姓华］桦话胯［遇韵同］跨衩柘

【第 11 部】

平声：庚青蒸通用

【庚】庚更［更改］羹盲横［纵横］觥彭亨英烹平枰京惊荆明盟鸣荣莹兵兄卿生甥笙牲擎鲸迎行［行走］衡耕萌甍宏闳茎罂莺樱泓橙争筝清情晴精睛菁晶旌盈楹瀛嬴赢营婴缨贞成盛［盛受］城诚呈程酲声征正［正月］轻名令［使令］并［并州］倾萦琼峥嵘撑粳坑铿撄鹦黥蘅澎膨棚浜坪苹钲伧檠嘤轰铮狰宁狞瞪绷怦璎砰氓鲭侦柽蛏茔赪茕赓黉瞠

【青】青经泾形陉亭庭廷霆蜓停丁仃馨星腥醒［醉醒］惺俜灵龄玲铃伶零听［径韵同］冥溟铭瓶屏萍荧萤荣扃垌蜻硎苓聆瓴翎娉婷宁暝瞑螟猩钉疔叮厅町泠棂囹羚蛉咛型邢

【蒸】蒸承丞惩澄陵凌绫菱冰膺鹰应［应当］蝇绳升缯凭乘［驾乘，动词］胜［胜任］兴［兴起］仍兢矜征［征求］称［称赞］登灯僧憎增曾矰层能朋鹏肱薨腾藤恒罾崩滕誊崚嶒姮塍冯症簦瞢凝［径韵同］棱楞

上声：梗迥

【梗】梗影景井岭领境警请饼永骋逞颖颍顷整静省幸颈郢猛丙炳杏秉耿矿冷靖哽绠荇艋蜢皿儆悻婧阱狰［庚韵同］靓惺打瘿并［合并］犷眚憬鲠

【迥】迥炯茗挺艇梃醒[青韵同]酩酊并[并行，并且]等鼎顶肯拯謦刭溟
去声：敬径通用
【敬】敬命正[正直]令[命令]证性政镜盛[茂盛]行[学行]圣咏姓庆映病柄劲竞靓净竟孟诤更[更加]并[梗韵同]聘硬炳泳迸横[蛮横]摒阱檠迎郑獍
【径】径定听胜[胜败]罄磬应[答应]赠乘[名词]佞邓证秤称[相称]莹[庚韵同]孕兴[兴趣]剩凭[蒸韵同]迳甑宁胫瞑[夜也]钉[动词]订饤锭謦泞瞪蹭蹬亘[亘古]镫[鞍镫]滢凳磴泾

【第12部】

平声：尤[独用]
【尤】尤邮优尤流旒留骝榴刘由油游猷悠攸牛修羞秋周州洲舟酬雠柔俦畴筹稠丘邱抽瘳遒收鸠搜驺愁休囚求裘仇浮谋牟眸侔矛侯喉猴讴鸥楼陬偷头投钩沟幽纠啾楸蚯踌绸惆勾娄琉疣犹邹兜呦咻貅球蜉蝣犹帱阄瘤硫浏庥湫泅酋瓯啁飕鍪篌抠篝诌骰偻沤[水泡，名词]蝼髅搂欧彪掊虬揉蹂抔不[与有韵"否"通]瓿缪[绸缪]
上声：有
【有】有酒首口母[麌韵同]妇[麌韵同]後柳友斗狗久负[麌韵同]厚手叟守否[麌韵同]右受牖偶走阜[麌韵同]九后咎薮吼帚垢舅纽藕朽臼肘韭亩[麌韵同]剖诱牡[麌韵同]缶酉苟丑糗扣叩某莠寿绶玖授蹂[尤韵同]揉[尤韵同]溲纣钮扭呕殴纠耦掊瓿拇姆擞绺抖陡蚪篓黝赳取[麌韵同]
去声：宥通用
【宥】宥候就售[尤韵同]寿[有韵同]秀绣宿[星宿]奏兽漏富[遇韵同]陋狩昼寇茂旧胄宙袖岫柚覆复[又也]救厩臭佑右囿豆饾窦瘦漱咒究疚谬皱逅嗅遘溜镂逗透骤又侑幼读[句读]堠仆副[遇韵同]锈鹫绉味灸籀酎诟蔻僦构扣购彀戊懋贸袤嗽凑鼬甃沤[动词]

【第13部】

平声：侵[独用]
【侵】侵寻浔临林霖针箴斟沈心琴禽擒衾钦吟今襟[衿]金音阴岑簪[覃韵同]壬任[负荷]歆森禁[力所胜任]骎喑琛涔祲参[参差]忱淋妊掺参[人参]椹郴芩檎琳蟫愔喑黔嵚
上声：寝
【寝】寝饮[饮食]锦品枕[枕衾]审甚[沁韵同]廪衽稔凛懔沈[姓氏]朕荏婶沈[沈阳]葚稟噤谂怎恁饪覃
去声：沁通用
【沁】沁饮[使饮]禁[禁令]任[信任]荫浸谮谶枕[动词]噤甚[寝韵同]鸩赁喑渗窨妊

【第14部】

平声：覃盐咸通用

【覃】覃潭参[参考]骖南楠男谙庵含涵函[包涵]岚蚕探贪耽眈龛堪谈甘三酣柑惭蓝担簪[侵韵同]谭昙坛婪戡颔痰篮褴蚶憨泔聃邯蟫[侵韵同]
【盐】盐檐廉帘嫌严占[占卜]髯谦奁纤签瞻蟾炎添兼缣沾尖潜阎镰黏淹钳甜恬拈砭詹蒹歼黔钤佥觇崦渐鹣腌襜阉
【咸】咸函[书函]缄岩谗衔帆衫杉监[监察]凡馋芟搀喃嵌掺巉
上声:感俭豏
【感】感览揽胆澹[淡,勘韵同]啖坎惨敢颔[覃韵同]撼毯糁湛菡萏罱椠喊嵌[咸韵同]橄榄
【俭】俭焰敛[艳韵同]险检脸染掩点簟贬冉苒陕谄俨闪剡忝[艳韵同]琰奄歉芡崭堑渐[盐韵同]罨捡弇崦玷
【豏】豏槛范减舰犯湛嵁[咸韵同]斩黯范
去声:勘艳陷通用
【勘】勘暗滥啖担憾暂三[再三]绀憨澹[咸韵同]瞰淡缆
【艳】艳剑念验堑赡店占[占据]敛[聚敛]厌焰[俭韵同]垫欠僭酽潋滟俺砭坫
【陷】陷鉴泛梵忏赚蘸嵌站馅
【第 15 部】
入声:屋沃通用
【屋】屋木竹目服福禄谷熟肉族鹿漉腹菊陆轴逐苜蓿宿[住宿]牧伏夙读[读书]犊渎牍椟黩毂复[恢复]粥肃碌骕鬻育六缩哭幅斛戮仆畜蓄叔淑倏独卜馥沐速祝麓辘镞蹙筑穆睦秃縠覆辐瀑郁[忧郁,郁郁葱葱]舳掬趜蹴踘茯袱鹏鸽髑槲扑匐簌蔟煜复[复杂]蝠菔孰塾矗竺曝鞠嗾谡簏国[职韵同]副
【沃】沃俗玉足曲粟烛属录辱狱绿毒局欲束鹄蜀促触续浴酷躅褥旭欲笃督赎渌纛碡北[职韵同]瞩嘱勖溽缛梏
【第 16 部】
入声:觉药通用
【觉】觉[知觉]角桷榷岳乐[音乐]捉朔数[频数]卓啄琢剥驳雹璞朴壳确浊擢濯渥幄握学龌龊槊搦镯喔邈荦
【药】药薄恶[善恶]作乐[哀乐]落阁鹤爵弱约脚雀幕洛壑索郭错跃若酌托削铎凿箔鹊诺萼度[测度]橐钥龠瀹着著虐掠获[收获]泊搏藿嚼勺谑廓绰霍镬莫箨缚貉各略骆寞膜鄂博昨柝格拓箨铄烁灼疟蒻笮芍踖却噱矍攫醵蹻魄酪络烙珞膊粕簿柞漠摸酢怍涸郝垩谔鳄噩锷颚缴扩椁陌[陌韵同]
【第 17 部】
入声:质陌锡职缉通用
【质】质日笔出室实疾术一乙壹吉秩率律逸佚失漆栗毕恤密蜜桔溢瑟膝匹述黜弼跸七叱卒[终也]虱悉戌嫉帅[动词]蒺侄踬怵蟋筚篥必泌荜秫栉唧帙溧谧昵轶聿诘鳌垤茁鹬窒捽苾觱

【陌】陌石客白泽伯迹宅席策册碧籍[典籍]格役帛戟璧驿麦额柏魄积[积聚]脉夕液尺隙逆画[动词]百辟赤易[变易]革脊翮屐获[猎获]适索厄隔益窄核舄掷责坼惜癖僻掖腋释译峄择摘弈奕迫疫昔赫瘠谪亦硕貊跖蹐碛鹡只炙[动词]踯斥穸鬲骼舶珀吓磔拆喀蚱舴剧檗擘栅啧帻箦扼划蜴辟帼蝈刺嵴汐藉螫蓦摭襞虢哑[笑声]绎射[音亦]

【锡】锡壁历枥击绩勣笛敌滴镝檄激寂觌溺觅狄荻幂戚鹢涤的吃沥雳霹惕剔砾翟籴倜析晰淅蜥劈甓嫡轹栎阒菂踢迪皙裼逖鲵阒汨[汨罗江]

【职】职国德食[饮食]蚀色力翼墨极殛息熄直值得北黑侧贼饰刻则塞[闭塞]式轼域蜮殖植敕亟棘惑忒默织匿慝亿忆臆薏特勒肋幅仄昃稷识[知识]逼克即唧[质韵同]弋拭陟恻测翊洫啬穑鲫抑或匐[屋韵同]

【缉】缉辑戢立集邑急入泣湿习给十拾袭及级涩楫[叶韵同]粒汁蛰执笠隰汲吸絷挹悒岌熠葺什芨廿揖煜[屋韵同]歙笈[叶韵同]圾褶翕

【第18部】

入声:物月曷黠屑叶通用

【物】物佛拂屈郁[馥郁,郁郁乎文哉]乞掘[月韵同]吃[口吃]讫绂弗勿迄不怫绋沸茀厥倔黻崛尉蔚契屹熨[未韵同]绂

【月】月骨发阙越谒没伐罚卒[士卒]竭窟笏钺歇突忽袜曰阀筏鹘[黠韵同]厥[物韵同]蹶蕨殁橛掘[物韵同]核蝎勃渤悖[队韵同]孛揭[屑韵同]碣粤樾鳜脖饽鹁捽[质韵同]猝惚兀讷[木讷]羯凸咄[曷韵同]矻

【曷】曷达末阔钵脱夺褐割沫拔[挺拔]葛闼渴拨豁括抹遏挞跋撮泼秣掇[屑韵同]聒獭[黠韵同]刺喝磕蘖瘌袜活鸹斡怛钹捋

【黠】黠拔[拔擢]八察杀刹轧戛瞎刮刷滑辖镲猾捌叭札扎帕茁鹘揠萨捺

【屑】屑节雪绝列烈结穴说血舌洁别缺裂热决铁灭折拙切悦辙诀泄锲咽[呜咽]轶噎彻澈哲鳖设啮劣抉截窃孽浙孑桔颉拮撷揭褐[曷韵同]缬碣[月韵同]挈抉亵薛拽[曳]软冽瞥迭跌阅餮耋垤捏页阕觖谲鸩撇蹩篾楔缀辍啜缀撤绁杰桀涅霓蜺[齐、锡韵同]批[齐韵同]

【叶】叶帖贴牒接猎妾蝶叠箧惬涉鬣捷颊楫[缉韵同]聂摄慑镊蹑协侠荚挟铗浃睫厌靥蹀躞燮摺辄婕谍堞霎嗫喋碟鲽捻晔躐笈[缉韵同]

【第19部】

入声:合洽通用

【合】合塔答纳榻杂阁腊匝阖蛤衲沓鸽踏拓拉盍塌咂盒卅搭褡飒磕榼遢蹋蜡溘邋趿

【洽】洽狭峡法甲业邺匣压鸭乏怯劫胁插锸押狎夹恰蛱硖掐劄袷眨胛呷歃闸霎[叶韵同]

四、曲韵韵目及常用字表

【元朝人周德清根据北曲的用韵情况，写成《中原音韵》，就是人们认识中的"曲韵"了。它反映的是当时我国北方的实际语音系统。它把"平水韵"（"诗韵"）的 106 韵部归并为 19 韵部，显著特点是没有入声（把原来的入声字分别归派到平、上、去三声中）。又因为北曲是平、上、去通押，所以也就不再另立上、去两声的韵目。】

韵　部	例　字			
	平声		仄声	
	阴平	阳平	上声	去声
1. 东钟	冬中通松冲	同戎龙脓虫	董肿孔桶汞	洞凤贡宋弄
2. 江阳	姜邦桑双章	扬忙粮亡郎	讲痒蒋两想	绛象亮样壮
3. 支思	资差（参差）诗	儿（女儿）慈时	纸尔此子瑟★	是似次字志
4. 齐微	机归虽逼★疾★	维黎尼石★及★	倚美耻吉★失★	未桂翠日★立★
5. 鱼模	居苏粗仆★淑★	庐如谋独★伏★	语吕主谷★菊★	虑锯恕鹿★律★
6. 皆来	街该灾台帛★	鞋怀埋白★宅★	海采宰百★窄★	懈态艾麦★额★
7. 真文	分昏因申春	邻贫民人伦	诊肯紧隐敏	震信刃吝鬓
8. 寒山	删丹千安奸	韩兰还残坛	反伞晚板简	旱旦万叹案
9. 桓欢	官搬潘端宽	峦瞒桓丸团	馆纂满暖卵	唤玩漫断算
10. 先天	仙煎坚颠娟	连眠然蝉前	远演卷鲜腆	院劝见献电
11. 萧豪	消刁捎娇博★	毫辽苗毛踱★	小鸟杳脚★索★	笑眺钓岳★莫★
12. 歌戈	哥科锅梭他	罗摩和跋★活★	锁果可渴★抹★	贺挫祸寞★落★
13. 家麻	加巴沙花搽	牙霞茶达滑	马雅洒假察	驾跨凹怕纳
14. 车遮	嗟奢靴些竭	爷斜瘸舌捷	野者惹屑切	社谢夜灭业

（续表）

韵部	例字			
	平声		仄声	
	阴平	阳平	上声	去声
15. 庚青	京生争工兵	平明灵朋层	景顷内影冷	敬硬庆命政
16. 尤侯	鸠搜休勾秋	尤流柔矛熟	有柳丑竹宿	舅受秀宙肉
17. 侵寻	针金深音心	林任寻吟琴	凛稔婶噤饮	枕甚渗浸赁
18. 监咸	庵眈监甘酣	南函婪谈惭	感览胆喊毯	勘撼淡滥暗
19. 廉纤	瞻兼淹尖添	帘黏蟾炎甜	掩捡脸冉闪	艳赡欠店念

★字右肩标★者为古入声字。

无论小令或套曲，北曲都是一韵到底，中间不换韵。北曲以平仄通押为常规。北曲不忌重韵（出现相同的韵脚字）和赘韵（不必用韵的地方用韵）。

曲韵常用字表

1. 东钟：

阴平

东冬钟中忠衷终通松嵩冲充春种忡憧雍邕空宗风枫丰封蜂峰锋烽匆葱聪囱纵枞穹倾工公功攻弓蚣躬恭宫供宫龚烘轰薨胸凶兄翁壅泓崩绷烹

阳平

同铜童桐筒峒瞳潼戎绒蓉龙隆窿穷蛩邛胧笼珑砻聋咙脓农浓重虫慵鳙崇冯逢缝丛琮熊雄容溶蓉佣镛墉庸融荣蒙朦盲萌红虹洪鸿宏弘横嵘从蓬彭篷鹏棚

上声

董懂肿踵种冢孔恐桶统汞陇垅拢耸竦拱巩珙勇涌踊佣永猛蜢艋懵捧宠

去声

洞栋动冻凤奉讽缝共供贡宋送弄砻控空讼诵颂瓮痛众中仲重种纵从综孟梦用咏莹哄横粽迸

2. 江阳：

阴平

江姜僵疆杠邦梆帮桑丧霜孀双章樟漳獐张璋商伤殇觞汤浆将庄装桩妆冈钢缸刚纲扛亢康糠光胱当挡荒肓香乡相箱湘襄镑滂羌腔蜣鸯央殃秧泱方芳坊肪妨昌猖娼阊汤镗抢锵匡筐眶汪仓苍疮窗臧脏

阳平

阳扬样羊佯洋徉茫忙邙芒粮良凉梁量忘亡郎廊榔螂琅狼浪杭航颃行昂床幢撞旁傍房庞防长肠场常裳尝偿唐糖塘搪堂翔祥详墙樯嫱戕黄簧潢篁皇凰惶藏强娘降王狂囊

上声

讲锵港养痒鞅奖桨蒋两魉想莽蟒爽响享飨夯敞氅昶放仿肪仿网罔辋枉往嗓榜傥党掌长朗慌谎仰广强抢赏晌

去声

绛降虹强相象亮辆谅量养怏殃漾恙样状壮撞尚上氅昶帐胀涨丈杖障瘴巷向项匠酱将唱倡畅怅创忘望妄旺王放访荡当宕挡浪阆傍谤蚌棒藏葬亢抗炕旷圹纩晃幌况酿仰丧胖行怆盎饯钢汤

3. 支思：

阴平

支肢枝栀卮氏之芝脂胝孳孜滋兹资咨淄姿差施诗师蓍尸狮斯撕思司私厮丝鸶蛳雌

阳平

儿而瓷慈磁疵茨匙时词祠辞

上声

纸砥咫址底旨指止趾芷祉徵尔迩耳饵珥此使驶弛史矢豕始子紫姊梓死齿仔涩★瑟★塞★

去声

是氏市柿士侍弑仕谥嗜使示施恃事试视噬似巳赐姒嗣汜饲祀伺俟寺食思四肆泗驷刺次字渍自恣志至二贰饵翅厕

4. 齐微：

阴平

几机矶玑讥肌饥基箕鸡姬奇稽羁归圭龟闺规奮挤跻斋虽绥尿妥睢低氐堤羝妻栖凄萋西犀嘶灰挥辉晖晖麾徽悲卑碑陂追骓锥威煨隈飞非扉绯菲妃霏溪骑欺希稀曦羲熹嘻僖牺熙衣依伊猗漪医臆吹炊推披批邳丕呸醅胚魁盔亏窥奎瑰痴蚩笞螭鸱崔催衰堆知蜘梯

阳平

微维薇唯离黎犁篱藜璃骊鹂丽狸蜊厘漓泥尼梅枚莓嵋糜媒煤眉湄楣累雷檑羸随隋齐回徊围韦闱桅帏逶巍危为肥淝奇骑祁萁祈其耆祇芪岐蕲琪绮期旗麒歧鬐奚兮携蹊移倪霓猊嶷姨夷沂宜仪彝贻怡饴眙圯颐遗提蹄题啼醍梯垂锤陲裴陪培皮葵馗夔逵池弛迟持墀颓脾疲罴疲比迷弥谁摧蕤

［入声作平声］掷★疾★秩★夕★逼★实★十★什★石★射★食★拾★蚀★直★值★侄★嫉★集★寂★习★席★袭★获★狄★敌★笛★及★极★惑★贼★劾★

［去声作平声］鼻

上声

迤尾倚椅蚁已矣苡以拟美己几纪耻痞否鬼轨癸桅悔毁弃比匕妣礼醴里李鲤娌理履挤济底邸诋洗玺徙屣起启岂绮杞米眯弥你旎祢彼鄙喜委猥伟唯苇垒磊蕾儡体腿蕊髓水馁只★质★炙★织★汁★七★戚★漆★刺★匹★劈★僻★吉★击★激★棘★戟★急★汲★给★笔★北★室★失★识★适★拭★饰★释★轼★湿★积★唧★稷★绩★迹★脊★鲫★必★壁★璧★毕★碧★筚★吸★隙★檄★昔★惜★息★锡★淅★尺★尺★赤★叱★的★滴★嫡★得★德★涤★踢★剔★乞★泣★讫★国★黑★一★

去声

未味胃谓渭卫慰纬秽魏畏位贵柜跪桧愧悸桂绘吠沸费肺废芾会晦诲惠蕙讳慧溃翠脆淬悴萃异裔义议谊艺毅易意气器弃憩契霁祭济际替剃涕嚏帝缔谛弟第娣背贝狈倍被焙婢备避辈币臂帔利唳俐莉例离历砺丽荔妻砌细醉罪最对队兑计记寄系继妓技髻忌季骑既闭蔽庇嬖毙比秘陛谜睡税说瑞退蜕岁祟隧遂彗碎粹邃燧穗坠赘缒缀制置雉滞稚治帜智质世势逝誓累泪擂类来佩配沛悖妹昧媚魅袂寐瑁戏系泥腻锐芮蚋吹内 日★入★觅★蜜★密★墨★立★粒★笠★历★厉★沥★力★栗★雳★易★逸★译★驿★溢★镒★益★一★掖★液★役★疫★逆★射★乙★揖★邑★忆★翼★勒★肋★剧★匿★

5. 鱼摸：

阴平

居裾琚车驹俱诸猪珠朱姝株蛛诛侏苏酥枢粗刍梳蔬疏嘘墟虚吁蛆趋疽雎狙沮孤姑鸪沽蛄辜觚枯刳于迂纡呜污乌书舒输区躯驱岖须胥需夫肤孚莩麸趺桴敷呼初都租

阳平

庐闾驴蒌茹如儒嚅濡无芜巫诬摸谟模谋徒图途荼涂屠奴驽卢芦颅鲈泸炉鱼渔虞余于竽与舆妤欤誉盂愚禺隅臾榆谀腴愉俞逾渝瑜吴吾蜈梧娱雏锄殊茱洙铢渠衢瞿除滁蜍厨储蹰扶夫芙凫蚨符浮蒲脯湖胡糊壶瑚鹕弧乎徐

[入声作平声]读★独★渎★牍★毒★犊★突★复★佛★袱★伏★服★斛★鹄★鹘★属★赎★秫★述★术★俗★续★逐★轴★族★镞★仆★局★淑★蜀★孰★熟★塾★

上声

语雨与圄御愈羽宇禹庾吕侣旅缕偻主煮拄翥墅汝乳鼠黍暑阻处杵楮褚杼数所组祖舞武鹉侮土吐鲁卤橹虏睹堵赌古沽诂牯股蛊贾鼓估五伍忤午邬坞虎浒补圃浦普谱溥甫斧抚脯俯腑父否母牡某亩姥楚础举矩榉莒努弩许诩取苦咀女屿伛去谷★骨★毂★缩★谡★速★复★福★幅★蝠★拂★腹★覆★卜★不★局★菊★忽★筑★烛★竹★粥★粟★宿★屈★曲★哭★酷★窟★出★黜★畜★叔★菽★督★暴★扑★触★束★簇★足★促★秃★卒★蹙★屋★兀★沃★

去声

御芋驭妪谕遇裕誉预豫虑滤屡句锯惧踞讵炬苣据巨屦拒具树恕庶戍竖署曙趣觑

娶注住著柱铸炷驻贮数疏絮序叙绪茹孺杜蠹肚度渡赴父釜辅付仆富傅赋讣妇附阜负户岵怙扈获戽务雾戊骛素诉塑暮慕墓募路鹭露潞赂故固顾锢雇误悟恶污瘔布怖部哺簿捕步醋错措做诅兔吐怒铺互去聚助禄★鹿★漉★麓★木★沐★穆★睦★没★目★录★绿★陆★戮★律★物★勿★辱★入★褥★玉★狱★欲★浴★育★郁★鹆★

6. 皆来：

阴平

皆阶街楷偕该垓陔哉栽灾钗差台胎邰骀哀唉埃挨猜衰腮歪开揩齐乖筛揣

阳平

来莱鞋谐骸牌排俳怀槐淮埋霾皑孩柴豺侪崖捱才材财裁台苔抬能

[入声作平声]白★舶★帛★宅★泽★画★划★

上声

海诒给骇蟹宰载彩采蔼霭乃奶蒯凯铠拐揣摆矮解楷买改拍★珀★魄★册★策★蹦★栅★测★伯★百★柏★迫★骼★革★隔★格★客★刻★责★帻★摘★侧★窄★仄★谪★色★穑★索★掴★摔★吓★则★

去声

懈械獬寨债态泰太汰丐盖爱艾捱隘奈耐害亥戴带怠待代袋大黛岱戒诫解界芥届外快哙块再在载迈卖赖籁拜败稗湃惫菜蔡晒洒煞塞赛坏慨派帅率麦★陌★蓦★脉★额★厄★搦★

7. 真文

阴平

分纷芬汾嗔昏婚晕因姻殷菌申绅身伸春椿询荀吞暾谆根跟欣忻昕氲真珍振甄新薪辛宾滨彬坤君军均钧臻榛醺薰勋嚑昆鲲温瘟孙荪莘尊樽敦墩奔贲巾斤筋村亲遵恩喷津

阳平

邻辚粼鳞磷麟贫频颦濒民仁人伦纶抡轮沦群裙勤芹们扪论文纹闻蚊银龈垠寅鄞盆陈臣尘辰晨宸嗔趁秦唇淳醇纯鹑巡旬驯循云芸纭耘匀坟焚魂浑臀豚饨屯神存蹲痕纫娠

上声

轸疹诊肯恳垦龈紧槿谨瑾隐引蚓尹闵悯敏泯准吻刎笋允殒陨狁畚本壶悃蜃哂品很狠不忍盾损蠢稳瞬衮

去声

震阵振赈镇信讯迅烬尽进晋刃认仞吝蔺磷鬓殡膑肾慎运恽蕴酝愠晕韵忿分粪奋近觐印孕峻浚殉逊俊骏舜顺闰润问紊顿钝盾遁囤沌闷懑奔训郡困喷论混寸嫩褪诨趁

8. 寒山：

阴平

山潸删丹单殚箪干竿肝玕乾安鞍奸间艰菅刊看关纶拴鳏班般扳颁弯湾滩摊番蕃藩翻反珊跚攀餐殷
阳平
寒邯韩汗翰阑兰栏斓拦还环鬟寰闤残闲鹇坛弹檀烦繁帆樊凡难蛮颜潺顽
上声
反返坂板伞散晚挽简拣产铲赶秆竿坦袒罕侃懒绾盏眼
去声
旱悍汉鼾翰瀚汗旦诞弹但惮万蔓曼叹炭案岸按干灿粲璨栈绽盼馔渲慢谩惯赞瓒患幻宦豢谏间涧讪汕疝办瓣扮绊饭贩范畈泛犯限晏看灿篡散难腕

9. 恒欢：

阴平
官冠棺观搬般欢獾潘端豌蜿酸狻宽钻撺
阳平
峦鸾栾銮滦瞒谩漫缦馒镘桓丸完纨抟团盘瘢弁磐般蟠胖攒
上声
馆管满暖浣卵短
去声
唤换焕奂涣缓玩腕惋幔镘漫窜撺蹿断锻段蒜算判拼贯冠观灌鹳祼半伴绊畔泮钻乱

10. 先天：

阴平
先仙鲜跹煎笺溅坚肩甄颠癫巅鹃涓娟边编鞭蝙暄喧萱煽扇膻专砖千阡迁芊轩掀烟燕胭咽嫣牵骞愆篇扁偏蹁翩渊冤宛蜿鸳诠荃悛宣揎川穿圈天
阳平
连莲怜绵眠然燃缠禅蝉钱前填田阗畋钿贤弦舷悬玄延研妍焉言沿蜒缘乾虔元圆员园袁猿辕原源垣援捐铅全泉权旋璇还船传椽拳权颧鬈骈胼便联挛年涎
上声
苑远阮畹兖堰偃演衍鼹卷鲜跣洗铣筅藓癣腆殄剪翦碾辗辇琏孪脔转啭贬扁匾沔眄免冕喘舛阐典显犬浅展遣软
去声
院愿怨远援劝券见建健件绢现献县宪绚殿电甸靛佃钿填阗奠燕砚谚唁咽堰彦宴缘掾眷倦绢圈绻面片骗变便遍辩辫卞弁汴线羡霰川穿钏扇善煽单擅禅鳝荐箭煎贱溅饯践牮旋选诞传砖篆战颤缠谴牵练炼恋楝

11. 萧豪：

阴平
萧潇绡消销宵霄魈硝蛸刁貂凋枭嚣骁枵捎梢筲娇骄焦蕉椒樵标膘腰飙杓交茭蛟

郊胶教咬包苞胞嘲抓碉高膏篙羔糕皋槔刀叨骚搔臊缫艘遭糟麈朝招昭夭邀幺腰妖要飘漂抛脬胞掏饕叨滔韬橇哮敲抄坳凹蒿薅烧褒掏超锹操

阳平

豪毫号嚎濠辽寮僚聊鹩饶荛挠苗描毛茅猫旄髦铙猱呶挠牢劳涝捞醪迢髫调蜩条跳佻潮朝韶遥摇谣瑶窑尧姚樵谯瞧嗷鳌敖獒遨骜乔荞桥翘侨爻肴淆袍炮咆庖跑匏桃逃陶萄淘涛曹漕嘈螬槽巢瓢

[入声作平声]浊★镯★濯★擢★铎★度★踱★箔★薄★泊★博★学★缚★鹤★涸★凿★锅★著★芍★

上声

小筱皎缴桥矫袅鸟了★燎蓼杳夭舀绕娆扰眇渺杪藐悄宝保堡褓葆卯昴狡搅娇铰绞茭姥老獠撩潦脑恼嫂扫漂殍剽枣早藻澡蚤倒岛捣祷缟镐槁袄懊媪考栲挑窕沼少表巧晓饱爪炒讨草好挠咬稍脚★角★觉★捉★卓★琢★酌★斫★灼★缴★烁★铄★雀★鹊★拓★托魄★索★朔★郭★廓★剥★驳★爵★削★作★柞★错★阁★各★壑★绰★谑★戳★

去声

笑啸肖眺跳钓吊调掉抱报暴鲍皂灶造躁漕料廖疗镣傲鳌赵兆照诏召肇少绍邵烧号皓好灏昊浩道盗导悼到稻蹈焘要耀曜鹞叫轿噍醮造操糙峭俏诮鳔孝效校窖教校觉较酵徼罩棹笊拗乐凹冒帽貌耄茂泡炮告诰劳涝部燥躁扫庙妙闹奥澳钞尿哨窍覆岳★乐★药★约★跃★钥★诺★末★幕★漠★寞★莫★沫★落★络★烙★洛★珞★酪★鳄★萼★恶★愕★弱★略★掠★虐★

12. 歌戈：

阴平

歌哥柯科窠蝌珂轲戈锅过砂蓑唆梭娑挲搓磋蹉瘥他拖佗诧阿窝涡倭坡颇波玻番呵诃多么

阳平

罗萝箩锣螺骡椤蠡摩蘑魔挪那禾和何河荷苛驼陀沱跎驮哦鹅峨蛾俄娥婆鄱皤讹

[入声作平声]合★盒★鹤★盍★跋★魃★缚★拂★活★获★箔★勃★薄★泊★渤★度★铎★浊★濯★镯★夺★凿★着★

上声

锁琐果裹蜾裸赢躲娜那荷可坷轲颇叵跛簸我左妥火伙葛★割★鸽★阁★蛤★钵★拔★跋★泼★粕★括★渴★撮★脱★抹★

去声

贺荷左佐坐座舵惰堕剁大驮挫磋锉祸货和逻簸播磨么卧懦糯那个饿些过课唾破嗑乐★岳★跃★钥★月★幕★末★沫★莫★寞★诺★弱★若★落★洛★络★烙★酪★乐★鄂★萼★鳄★鹗★垩★恶★掠★略★虐★疟★

13. 家麻：

阴平

加笳家葭痂珈袈迦佳嘉巴疤芭笆蛙洼娲蜗沙砂纱裟鲨查楂喳抓鸦丫呀叉杈差夸虾葩花瓜

阳平

麻蟆华划骅牙芽涯衙霞瑕遐琶杷爬茶搽槎拿咱达挞踏沓滑猾狎辖侠峡匣洽乏伐筏罚拔杂闸

[入声作平声]达★挞★踏★沓★滑★猾★狎★辖★鍩★侠★峡★洽★匣★袷★乏★伐★筏★罚★拔★杂★闸★

上声

妈马雅哑洒寡塔★獭★榻★霎★杀★扎★札★匝★砸★插★察★法★发★甲★胛★夹★答★搭★嗒★撒★飒★萨★笈★瞎★八★掐★恰★

去声

嫁稼价架假凹胯跨髁亚迓讶砑诧姹咤帕怕诈乍榨下夏吓暇厦化画话桦华那罢霸坝靶钯卦挂骂蜡★腊★拉★辣★错★粝★纳★衲★压★押★鸭★抹★刷★

14. 车遮：

阴平

嗟奢赊车遮爹靴些

阳平

爷耶呆斜邪蛇佘瘸徕

[入声作平声]协★穴★撷★侠★杰★碣★竭★叠★迭★谍★牒★喋★垤★蝶★跌★凸★撅★镢★折★舌★涉★捷★睫★截★别★绝★

上声

野也冶者赭泻写舍惹若诺哆姐且薛★屑★泄★绁★亵★燮★切★窃★妾★沏★结★劫★颊★荚★怯★挈★客★节★接★楫★血★歇★蝎★阕★缺★阙★决★诀★蕨★谲★餮★铁★贴★帖★撇★瞥★鳖★别★拙★辍★澈★撤★掣★辙★哲★摺★褶★浙★折★设★摄★雪★说★

去声

舍社射麝赦谢卸榭泻夜射柘鹧蔗炙借藉聂★啮★镊★捏★臬★蹑★蔑★篾★灭★咽★谒★叶★烨★拽★业★邺★额★裂★冽★猎★列★鬣★月★悦★阅★说★越★刖★樾★钺★热★劣★

15. 庚青：

阴平

京庚赓耕羹更粳泾惊荆经兢矜精睛旌菁晶生甥牲笙猩筝争丁钉仃征正蒸贞祯兵冰并灯登轰薨增曾憎罾铮狰铛撑瞠称秤柽蛏英瑛应樱璎婴鹦膺缨萦轻倾铿坑卿馨兴清青鲭升声胜听厅汀星醒惺腥崩僧哼兄泓烹

阳平

评平萍瓶枰凭屏娉冯盟名明铭鸣螟冥溟瞑灵棂令零聆龄蛉翎苓伶铃菱绫瓴陵凌朋鹏棚楞层曾能狞藤腾疼滕誊茎恒赢盈瀛萤茔营迎蝇凝擎鲸行形刑邢衡情黥亭停婷廷庭蜓霆琼澄呈成城诚承丞乘惩塍盛荧盲氓萌甍横宏弘嵘橙荣宁仍绳

上声

儆景警境颈梗更绠哽顷丙炳秉饼屏醒惺省影郢颖瘿矿蜢艋整拯茗酩皿骋逞岭领鼎酊顶挺艇町冷井请等永

去声

敬径镜竞竟獍更劲应凝硬庆磬罄磐命暝请倩净挣邓凳磴镫正政郑证莹并病柄凭令凌胜圣剩盛乘姓性娉聘泞佞甯净静靖清杏幸兴行胫称秤定订钉赠听孟横撑亘

16. 尤侯：

阴平

阄鸠啾湫搜飕邹驺鲰陬休咻讴鸥瓯欧沤区钩勾沟篝兜秋楸鳅尤幽优修羞馐抽周啁洲舟丘偷彪收抠

阳平

尤攸疣蚰由游邮牛猷犹悠侯喉猴篌刘留瘤榴流骝柔揉蹂鞣矛眸牟蝥楼娄搂髅泅囚稠绸俦踌仇酬筹畴惆求裘球逑仇虬酋遒投头骰愁

[入声作平声]轴★逐★熟★

上声

有酉友牖莠诱黝柳狃纽钮忸丑九韭久玖纠灸疚首手守薮叟斗蚪陡抖狗垢苟枸偶藕耦呕欧搂篓肘酎朽酒剖吼走否揉口竹★烛★粥★宿★

去声

又右佑宥幼囿侑袖昼咒胄纣宙舅臼旧咎救厩柩究受授售绶寿兽首狩秀岫袖绣宿漱嗽皱骤溜留馏浏瘤扣寇蔻侯后後堠厚就鹫豆窦斗逗勾遘媾诟购彀耩凑漏陋镂瘘谬缪臭嗅瘦逅奏透贸懋肉★褥★六★

17. 侵寻：

阴平

针箴砧斟椹金今衿襟禁浸深簪森参郴琛音喑阴心歆钦衾侵歆

阳平

林淋琳霖临任壬妊寻鲟浔吟淫琴芩禽擒噙岑沉涔忱湛忱

上声

廪懔凛稔衽荏沈审婶锦噤枕饮您怎寝

去声

朕沈枕鸩甚衽荏任禁噤荫窨饮恁沁临淋渗赁

18. 监咸：

阴平

庵鹌谙担耽儋湛监缄堪戡龛三甘柑泔杉衫贪探参憨酣簪嵌搀

阳平

南楠男喃咸衔函烂蓝婪篮岚覃谭谈昙潭痰惭蚕含涵邯谗馋岩喒

上声

敢感览揽胆惨喊毯减碱砍坎昝俺黯斩腩

去声

勘磡绀赣淦憾撼颔淡啖担陷馅槛滥缆阚瞰嵌站蘸湛赚鉴监暂錾暗三探惨忏

19.廉纤：

阴平

沾瞻詹占粘霑兼鹣缣淹腌恹阉纤尖歼渐掂谦添佥

阳平

帘奁廉拈粘鲇钤黔蟾盐炎阎檐严甜恬髯潜嫌

上声

掩餍奄崦琰魇剡拣脸染冉髯闪陕舔忝险点谄

去声

艳焰厌餍滟验酽苫赡欠芡歉店垫玷殓潋敛念剑俭渐堑茜染占韂

五、十三辙、十八韵与普通话韵母对照表

【“十三辙”(“辙”是韵的通俗称呼)是明清以来,北方说唱文学用以押韵的韵部。“十八韵”指1941年黎锦熙、魏建功等“参照国音”编订的韵书《中华新韵》,它把韵文押韵的范围归纳为十八类(每类用同韵字为名),是很常见的一种现代语音押韵系统。】

十三辙	普通话韵母					十八韵
	开口呼	齐齿呼	合口呼	撮口呼	例字	
一、麻沙	a(ㄚ)啊	ia(ㄧㄚ)呀	ua(ㄨㄚ)哇		他俩夸	1. 麻
二、梭波	o(ㄛ)喔		uo(ㄨㄛ)窝		摸索	2. 波
	e(ㄜ)鹅				车	3. 歌
三、乜斜	ê(ㄝ)诶	ie(ㄧㄝ)耶		üe(ㄩㄝ)约	解决	4. 皆
四、姑苏			u(ㄨ)乌		都	5. 姑
五、衣期	-i 资雌思的韵母				字词似	6. 支
	-i 知蚩诗日的韵母				支持时日	
	er(ㄦ)儿				尔	7. 儿
		i(ㄧ)衣			七	8. 齐
				ü(ㄩ)迂	女	9. 鱼
六、怀来	ai(ㄞ)哀		uai(ㄨㄞ)歪		开快	10. 开
七、灰堆	ei(ㄟ)诶		uei(ㄨㄟ)威		杯水	11. 微
八、遥迢	ao(ㄠ)熬	iao(ㄧㄠ)腰			咆哮	12. 豪
九、由求	ou(ㄡ)欧	iou(ㄧㄡ)忧			头牛	13. 侯
十、言前	an(ㄢ)安	ian(ㄧㄢ)烟	uan(ㄨㄢ)弯	üan(ㄩㄢ)冤	半天转圈	14. 寒

（续表）

十三辙	普通话韵母					十八韵
	开口呼	齐齿呼	合口呼	撮口呼	例字	
十一、人辰	en（ㄣ）恩	in（ㄧㄣ）因	uen（ㄨㄣ）温	ün（ㄩㄣ）晕	狠心昏君	15. 痕
十二、江阳	ang（ㄤ）昂	iang（ㄧㄤ）央	uang（ㄩㄤ）汪		挡亮光	16. 唐
十三、中东	eng（ㄥ）亨的韵母	ing（ㄧㄥ）英	ueng（ㄨㄥ）翁		诚请功	17. 庚
	ong（ㄨㄥ）轰的韵母	iong（ㄩㄥ）雍			棕熊	18. 东

★从表中可以看出，依近、现代北京语音音系归纳建立起来的“十三辙”“十八韵”，跟普通话韵母有着清楚的对应关系。我们完全可以拿过来，进一步分析研究，总结出一套适合人民大众新诗创作的较宽的普通话新诗韵。

“十三辙”与“十八韵”的区别是把“梭波辙”细分为“波、歌”两韵，“衣期辙”细分为“支、儿、齐、鱼”四韵，“中东辙”细分为“庚、东”两韵；也就是说，“十三辙”的押韵较之“十八韵”更宽泛。这种宽泛是符合现代语音实际的，比如“摸、车”的韵母都是舌后、半高的舌面元音，只有嘴唇圆与不圆的区别；比如“七、女”的韵母都是舌前、高的舌面元音，只有嘴唇拢圆与否的区别；比如“诚、熊”的韵母 eng、ong 都是舌位略有不同的舌根鼻音韵母。这种宽泛也是有渊源的，比如词韵韵母的第三部，大致等于十三辙的“衣期辙”加部分“灰堆辙”的用字。

六、普通话声韵十三辙总表

序号	韵辙	声 韵	例字																					
			零	b	p	m	f	d	t	n	l	g	k	h	j	q	x	zh	ch	sh	r	z	c	s
1.	麻沙	a	啊	巴	趴	妈	发	搭	他	拿	拉	嘎	喀	哈				渣	插	杀		杂	擦	洒
		ia	丫					嗲			俩				加	掐	瞎							
		ua	哇									瓜	夸	花				抓	欻	刷	挼			
2.	梭波	e	额			么		德	特	讷	乐	歌	科	河				遮	车	舌	热	则	策	涩
		o	喔	波	坡	摸	佛				咯													
		uo	窝					多	脱	挪	罗	锅	扩	火				捉	戳	说	弱	坐	错	所
3.	乜斜	ie	野	憋	撇	灭		爹	铁	捏	烈				街	切	歇							
		üe	约							虐	略				觉	确	雪							
4.	姑苏	u	吴	部	扑	目	夫	独	图	奴	鹿	姑	哭	胡				竹	出	书	如	族	粗	苏
5.	衣期	i	衣	逼	皮	迷		敌	体	泥	立				吉	妻	喜							
		ü	鱼							女	律				居	去	许							
		-i[ʅ]																知	吃	诗	日			
		-i[ɿ]																				资	慈	思
		er	儿																					
6.	怀来	ai	哀	摆	拍	买		代	台	耐	来	该	开	海				摘	柴	筛		灾	财	塞
		uai	歪									怪	快	坏				拽	踹	摔				
7.	灰堆	ei	诶	北	配	美	飞	得	忒	内	类	给		黑				这		谁		贼		
		uei	威					堆	推			归	亏	灰				追	吹	水	瑞	最	催	岁
8.	遥迢	ao	熬	包	跑	毛		刀	掏	恼	老	高	考	好				照	抄	少	扰	早	草	扫
		iao	腰	表	飘	苗		叼	条	鸟	料				叫	桥	笑							
9.	由求	ou	欧		剖	谋	否	豆	头	耨	露	够	口	后				舟	愁	收	肉	走	凑	搜
		iou	友			谬		丢		牛	流				究	求	秀							

（续表）

序号	韵辙	声＼韵	例字																					
			零	b	p	m	f	d	t	n	l	g	k	h	j	q	x	zh	ch	sh	r	z	c	s
10.	言前	an	安	办	盼	满	犯	淡	叹	难	烂	甘	看	寒				战	产	山	然	赞	残	散
		ian	烟	边	篇	面		电	天	年	连				尖	前	仙							
		uan	弯					断	团	暖	乱	官	宽	欢				专	船	拴	软	钻	窜	酸
		üan	冤												绢	全	选							
11.	人辰	en	恩	本	盆	门	分	扽		嫩		根	肯	恨				针	陈	伸	人	怎	岑	森
		in	音	宾	品	民				您	林				金	琴	新							
		uen	温					吨	吞	黁	抡	滚	昆	昏				准	春	顺	润	尊	村	孙
		ün	云																					
12.	江阳	ang	昂	帮	旁	忙	方	当	唐	囊	朗	纲	康	航				章	昌	商	让	葬	仓	丧
		iang	央							娘	良				江	强	香							
		uang	汪									光	狂	荒				装	窗	双				
13.	中东	eng		崩	朋	梦	风	登	腾	能	冷	耕	坑	横				争	成	生	仍	增	层	僧
		ing	英	兵	平	名		丁	听	宁	灵				敬	轻	兴							
		ong[uŋ]						东	同	农	龙	工	空	轰				中	虫		荣	宗	从	松
		iong	雍												迥	穷	凶							
		ueng	翁																					

★从表中可以看到：(1)声母 b、p、m、(双唇音)只跟开口呼、齐齿呼、合口呼(限于 u)韵母相拼，不能跟撮口呼韵母相拼；(2)f(唇齿音)只跟开口呼、合口呼(限于 u)韵母相拼，不能跟齐齿呼、撮口呼韵母相拼；(3)声母 d、t(舌尖中清音)只跟开口呼、齐齿呼、合口呼韵母相拼，不能跟撮口呼韵母相拼；(4)声母 n、l(舌尖中浊音)能跟开口呼、齐齿呼、合口呼、撮口呼四类韵母相拼；(5)声母 g、k、h(舌根音)zh、ch、sh、r(舌尖后音)z、c、s(舌尖前音)只跟开口呼、合口呼韵母相拼，不跟齐齿呼、撮口呼韵母相拼；(6)声母 j、q、x(舌面音)能跟齐齿呼、撮口呼韵母相拼，不跟开口呼、合口呼韵母相拼；(7)零声母能跟四呼中所有韵母相拼；(8)普通话语系中，声韵母能相拼成字的音节只有表中所列的 406 个(加本表未列入的 eng 鞥、yo 哟、m 姆、ng 嗯，则为 410 个)。